高等院校土木工程专业系列教材

道 路 工 程

主　编　孙吉书
副主编　张彩利　李　霞　李宁利
主　审　杨春风

中国建材工业出版社

图书在版编目（CIP）数据

道路工程 / 孙吉书主编. --北京 ：中国建材工业出版社，2020.10

ISBN 978-7-5160-2908-4

Ⅰ. ①道…　Ⅱ. ①孙…　Ⅲ. ①道路工程-高等学校-教材　Ⅳ. ①U41

中国版本图书馆 CIP 数据核字（2020）第 074791 号

内 容 简 介

本书基于道路工程最新的相关规范及标准编写，编写过程中积极引入道路工程建设技术、建设理念、建筑材料等方面的最新研究成果。本书共分为两篇，第一篇道路勘测设计，包括绪论、平面设计、纵断面设计、道路横断面、选线及定线、道路交叉设计、道路公用设施设计；第二篇道路路基路面工程，包括路基路面工程总论、道路路基工程、道路基层、道路沥青路面、道路水泥混凝土路面、道路排水设计。

本书为土木工程专业教材，也可供从事交通工程、城市规划及有关道路工程的设计、管理、施工、研究人员学习使用。

道路工程
Daolu Gongcheng
主编　孙吉书

出版发行：中国建材工业出版社
地　　址：北京市海淀区三里河路 1 号
邮　　编：100044
经　　销：全国各地新华书店
印　　刷：北京雁林吉兆印刷有限公司
开　　本：787mm×1092mm　1/16
印　　张：21
字　　数：520 千字
版　　次：2020 年 10 月第 1 版
印　　次：2020 年 10 月第 1 次
定　　价：75.00 元

本社网址：www. jccbs. com，微信公众号：zgjcgycbs
请选用正版图书，采购、销售盗版图书属违法行为

举报信箱：zhangjie@tiantailaw.com　　**举报电话：（010）68343948**
本书如有印装质量问题，由我社市场营销部负责调换，联系电话：（010）88386906

前　言

改革开放以来，我国的国民经济持续快速发展，道路工程建设事业取得了举世瞩目的成就。目前，我国社会经济发展到了新的历史起点上，中国特色社会主义进入了新的发展阶段，这对道路工程建设及其科学技术发展提出了更高的要求。交通强国战略的实施，使公路与城市道路等交通基础设施建设事业成为社会发展的基础产业，掌握道路工程的专业知识是对现代土木工程师的基本要求。

本书基于道路工程最新的相关规范及标准编写，编写过程中积极引入道路工程建设技术、建设理念、建筑材料等方面的最新研究成果。本书在内容整合上总体考虑了公路与城市道路的共性与不同，强化路线设计、路基工程、路面工程的基本概念、基本理论和方法，注重理论知识与工程实践的紧密结合，突出学生工程实践能力与创新能力的培养，使学生能够逐步掌握道路工程的专业知识，并能正确应用有关标准、规范及规程，分析和解决工程中的实际问题。

本书第一篇的第一、五、六章由孙吉书编写，第二、三、四、七章由李霞编写，第二篇的第八、九、十三章由张彩利编写，第十、十一、十二章由李宁利编写，全书由孙吉书统稿，河北工业大学杨春风教授主审。

本书在编写过程中参考或引用了大量相关文献，参考文献中若有遗漏或引用谬误之处，敬请有关作者谅解。

限于编者水平，书中疏漏及不当之处在所难免，敬请广大读者批评指正。

编　者

2020 年 7 月

目　　录

第一篇　道路勘测设计

第一篇　道路勘测设计

第一章　绪　　论

学　习　要　求

学习目标：了解我国道路发展历史、现状及发展目标，熟悉道路分级标准及设计依据。

学习重点：道路分级标准及设计依据。

学习安排：课内 2 学时。

第一节　道路勘测设计的目的及任务

道路是带状的三维空间人工构造物，包括路基、路面、桥梁、涵洞、隧道等工程实体。道路设计要从线形和结构两大方面进行研究。

在结构设计上要求用最小的投资，尽可能少的外来材料及养护力量，使其在自然力及车辆荷载的共同作用下，在使用年限内保持良好状态，满足使用要求。这些内容将在有关课程中进行学习及研究。

道路的线形设计是本书的研究内容，这是很重要的一项工作，是随着交通的质和量的发展而被人们逐渐认识的。道路的等级和规模不取决于构造物的结构如何，而是取决于线形的几何构造尺寸，一是道路宽度的构成，二是线形的几何构成。道路线形的几何构成的重要性表现在：

1. 几何构造尺寸是构筑良好环境的基础、伴随道路设计和施工的全过程；
2. 几何构造尺寸决定了车辆行驶的安全性、舒适性及道路建设与运营的经济性；
3. 几何构造尺寸决定了道路的等级与规模。

道路线形设计涉及的学科及知识是多方面的，设计中要综合考虑如下因素：

1. 汽车在运动学及力学方面是否快速、安全、舒适；
2. 在视觉及运动心理学方面是否良好；
3. 与环境景观是否协调；
4. 从地形方面看在经济上是否妥当。

因此，线形设计涉及人、车、路及环境等方面，要合理解决好其间的相互关系。驾驶者的心理、汽车运行的轨迹、动力性能以及交通量和交通特性都与道路的几何设计有着直接关系，在本书中因篇幅有限一般直接引用已有研究结论或稍加论述。

对于三维空间体的道路，为了设计表达及表述的方便，故把它分解为平面、纵断面和横断面来分别研究处理，然后结合地形及自然条件综合考虑。

本书除了阐明几何设计理论和实践之外，还把线形几何设计同结构设计及其有关的调查勘测结合起来，使学生初步掌握综合设计及勘测的方法。

第二节　道路运输的发展及规划

交通运输是国民经济的命脉，是基础产业之一，是联系工业与农业、城市与乡村、生产与消费的纽带，在政治、经济、军事、文化等方面都有重要作用和地位。世界经济的发展证明，要实现国民经济的现代化，必须实现交通运输的现代化，同时交通运输的现代化程度，既反映国民经济的发展水平，也是综合国力的体现。

一、交通运输方式的组成及其特点

综合交通运输系统由铁路、公路、水运、航空和管道五种运输方式组成，每种运输方式又自成系统，这些运输系统在技术经济上各具特点。在交通运输系统的规划中，必须以国民经济发展规划为指导，各子系统合理分工，协调发展，相互衔接，取长补短。

铁路运输运距长、运量大，是大动脉，是运输的骨干，一般用于大宗长距离及人流的运输，但其基础设施投资大，只能沿钢轨附近作业，需其他交通运输系统与其配合转运，才能最终完成运输任务。至 2019 年年末，全国铁路营业里程达到 13.9 万 km，居世界第二位；高铁运营里程达到 3.5 万km，居世界第一位。

水运利用天然水资源，具有通行能力大、运量大、耗能低、运输成本少的优点，但其受航道限制，受自然环境影响大，运输连续性差，速度慢，同样需其他运输系统与其配合才能最后完成运输任务。2019 年年末，我国内河航道通航里程 12.73 万km，等级航道 6.67 万km，占总里程的 52.4%。其中，三级及以上航道 1.38 万 km，分别占总里程的 10.9%。

航空速度快，舒适性好，用于长途旅行、国际往来及鲜活、高档货物的运输，但其运输成本高，受自然环境影响大。只能实现点到点的运输，需要道路运输为其集散运输。至 2019 年年末共有颁证民用航空机场 238 个，其中定期航班通航机场 237 个，定期航班通航城市 234 个。

管道运输运输量大、占地少、能耗小、安全可靠、无污染、运输成本低、不受气候影响、可以实现封闭运输，损耗少，是借助管道输送气体、液体、流体的运输技术，目前已成为陆上油、气、颗粒煤运输的主要运输方式，但其专用性强，运输货物过于专门化，运输物品仅限于气体、液体、流体，且管道起输量与最高运输量间的幅度小，因此，在油田开发初期，采用管道运输困难时，还要以公路、路、水陆运输作为过渡。2018 年年底，我国累计建成油气管道总里程 13.6 万 km，覆盖了全国 31 个省市区。2010 年俄罗斯开通经东西伯利亚向中国输送原油的管道，这条管道全长 67km，始自东西伯利亚的斯科沃罗季诺（Skovorodino)，终点是中国东北边境，它是俄罗斯正在建造的通往太平洋方向的一条原油输出管道的支线，为亚洲快速增长的能源市场提供了一扇战略窗口。

道路运输速度快、适应性强、通达深度广、覆盖面大、具有高度的灵活性；技术特性简单、车辆易于驾驶、投资回收快，是我国综合运输体系中最活跃的一种运输方式。道路是社会公共基础设施，道路运输在综合交通运输体系中起着基础地位的作用，随着道路运输的发展其优越性越发明显，在综合交通运输体系中的作用越发重要，主要体现在以下几个方面：

1. 道路运输自成体系，并可以实现铁路、水运、航空运输的货物及旅客的集中与分散运输；

2. 道路运输与铁路、内河运输分流，补充铁路长距离运输的不足，如西藏、青海、新疆的运输及晋、冀、鲁、豫、皖的部分煤炭的外运；

3. 道路运输可以完全实现面上运输（农村运输、城乡运输、市内运输、港站的集散运输）；

4. 道路运输在国防运输中有不可替代的作用；

5. 道路运输是唯一一种可实现门到门运输的运输方式。随着道路等级及管理水平的提高，客货运量将极大地增加，在综合运输体系中所占比重将处于绝对优势。

改革开放以来随着社会主义市场经济的发展及农村经济的发展，以大城市为中心的卫星城的建立，道路运输的重要性日益显见。“要想富，先修路”“要快富，修高速”已成共识，所以近年交通运输事业及道路建设取得了更进一步的发展。

二、我国道路发展的历史

我国道路建设历史悠久，已有2000余年的历史。从轩辕氏造舟车、秦始皇的“车同轨”法令、公元前二世纪的通往中亚及欧洲的丝绸之路，到清代已形成了层次分明、功能较完善的道路系统——“官马大路”“大路”“小路”，分别为京城到各省城、省城至地方重要城市及重要城市到市镇的三级道路。但是由于封建统治对生产力的束缚，其长期停留在人力及畜力拉车的水平。

1902年，我国输入第一批汽车，至此通行汽车的道路才发展起来。从20世纪初到中华人民共和国成立前的40年时间中，全国通行汽车的道路才8.1万km。中华人民共和国成立后，经过几十年的建设，交通运输工业有了很大的发展，公路网规模不断扩大。至2019年年末，全国公路总里程501.25万km，公路密度为52.21km/百km^2。全国高速公路里程达14.96万km，高速公路车道里程66.94万km。总体上实现了“东网、中联、西通”的目标。东部地区基本形成高速公路网，长江三角洲、珠江三角洲、环渤海地区形成较完善的城际高速公路网络；中部地区对外连接通道全面建成，地区内部中心城市间实现高速沟通；西部地区建成8条省际公路通道中的高速公路，实现东西互动、通江达海。

一大批科技成果得到推广应用，航测遥感、计算机辅助设计技术已转化为生产力，改变了公路勘测的落后面貌。同时随着道路交通的快速建设，设计理念也发生了明显的变化，从单纯的以设计速度为依据，到宽容性设计、交通环境设计，从而改变了传统中的设计理念。

但是，当前公路运输现状还不能完全适应国民经济发展的需要，主要表现在以下方面。

1. 数量少，目前通车里程虽达到501.25万km，但按国土面积而言，密度仍然很低，公路密度每百km^2为52.21km，而美国为67km，英国为160km，法国为147km，日本为303km，印度为61km。我国仅为美国的0.78，英国的0.33，法国的0.36，日本的0.17，印度的0.86，通达深度仍不够与发达国家相比，仍然相差较大。

2. 质量差，在通车的里程中，全国等级公路里程469.87万km，等级公路占公路总里程的93.7%。其中，二级及以上公路里程67.20万km，占公路总里程的13.4%。按公路技术等级划分，高速公路占通车总里程的3.0%，一级公路占2.3%，二级公路占8.1%，三级公路占8.9%，四级公路占71.4%，等外公路占6.3%。按行政管理体制划分，国道36.61万km，省道37.48万km。农村公路里程420.05万km，其中县道58.03万km，乡道119.82万km，村道242.20万km。由于质量差，行车速度达不到设计速度及经济时速的要求，因而浪费大量运力及燃料，造成的交通事故也相当严重。同时管理不善，造成汽车利用率不高，道路拥挤。公路桥梁大部分宽度不够，承载力低。还有几百个渡口无桥，通行能力很低。

3. 通达性尚有不足，路网不完善；部分村镇还不通道路，目前全国通公路的乡（镇）占全国乡（镇）总数的99.99%，通公路的建制村占全国建制村总数的99.98%。

欲保持经济平稳较快发展，需进一步增强交通运输保障能力，所以仍必须注重公路建设。在当前道路交通的发展状况下，应适当增加新线，加大对旧路进行技术升级改造，进一步增加道路运输的能力及安全性，提高通行能力。

三、发展规划

1981年，原国家计划委员会、国家经济委员会和交通部印发的《国家干线公路网（试行方案）》明确，国道由“12射、28纵、30横”共70条路线组成，总规模约11万km。

为发展我国公路、水运交通，交通部在“八·五”期末制定了交通发展长远规划。即：从“八·五”开始用30年左右的时间建设公路主骨架、水运主通道、港站主枢纽和交通支持系统的“三主一支持”交通长远规划，具体实施中分阶段实现如下规划目标：

第一阶段，交通运输紧张状况明显缓解，改善交通运输对国民经济的制约状况；

第二阶段，到2020年前后交通运输状况基本适应国民经济和社会发展的需要；

第三阶段，到21世纪中叶总体实现交通运输的现代化，达到中等国家的发展水平。

“三主一支持”中的公路主骨架即国道主干线系统，从“八·五”开始实施，用30年左右的时间，在进一步提高路网密度及通达深度的同时，集中力量重点放在建设国道主干线，建成45个公路主枢纽，将全国重要城市、工业中心、交通枢纽和主要陆上口岸连接起来，逐步形成一个与国民经济发展格局相适应，与其他运输方式相协调，主要由高速公路和一、二级公路组成的快速、高效、安全的国道主干线系统，以适应国民经济发展的需要。这个系统建成后，车辆行驶速度可提高一倍。城市间、省际间、经济区域间400～600km的公路运输当日往返，800～1000km的可当日到达，这标志着现代化公路运输网络的形成。

21世纪初，重点建设和完善了“五纵七横”国道主干线中的“两纵两横”和“三个主要路段”（两纵：黑龙江的同江至海南三亚、北京至广东珠海；两横：江苏连云港至新疆霍尔果斯、上海至成都；三个主要路段：北京至沈阳、北京至上海、重庆至广西北海），总长度约18500km。建成后有效地改善了我国交通运输的紧张情况，并为“五纵七横”的全面实现打下了良好基础。

2004年批准的《国家高速公路网规划》，规划未来我国国家高速公路网将形成“7918”的布局，即7条射线、9条纵线、18条横线，总里程约8.5万km，其中北京至各省会城市的 7 条射线总里程约为 1.8 万km，高速公路网将连接所有现状人口在 20 万以上的 319 个城市，包括所有的省会城市以及港澳台。

2007 年，为适应新时期公路交通发展的要求，加快与国家高速公路网相协调，与铁路、港口等其他运输方式紧密衔接，布局合理、运转高效的国家公路运输枢纽的建设，制定了《国家公路运输枢纽布局规划》。公路运输枢纽是在公路运输网络的节点上形成的货物流、旅客流及客货信息流的转换中心。我国公路运输枢纽建设取得了重要进展，有效缓解了公路运输站场设施严重落后的状况，显著提升了公路运输服务能力和水平。本规划是对国家高速公路网规划的进一步完善，国家公路运输枢纽将与国家高速公路网共同构筑全国便捷、高效的公路快速运输网络。

为适应社会经济的发展需要，2013 年对 1981 年及 2004 年规划进行了调整，提出了《国家公路网规划（2013—2030 年）》。按该规划国家公路网由普通国道网与高速公路网组成，至 2030 年，建成国家公路网约 40.1 万km。

普通国道网由 12 条首都放射线、47 条南北纵线、60 条东西横线和 81 条联络线组成，总规模约 26.5 万km；其中利用原国道 10.4 万km、原省道 12.4 万km、原县乡道 2.9 万km，合计占规划里程的 97%，其余 3%约 0.8 万km 需要新建；目前达到二级及以上技术标准的普通国道路线约占 60%，按照未来基本达到二级及以上标准测算，共约 10 万km 需要升级改造。

国家高速公路网由 7 条首都放射线、11 条北南纵线、18 条东西横线，以及地区环线、并行线、联络线等组成，约 11.8 万km，另预留 1.8 万km 的远期展望线。

公路近期建设目标是："十三五"末，公路网规模进一步扩大，技术质量明显提升。公路总里程达到 500 万km，国家高速公路网基本建成，高速公路总里程达到 15 万km，国省道总体技术状况达到良等水平，建制村通硬化路率达到 99%以上。

第三节　道路的分级与技术标准

一、公路分级与技术标准

（一）公路分级

根据交通部 2015 年 1 月 1 日实施的《公路工程技术标准》（JTG B01—2014）（以下简称《标准》）将公路根据使用任务、功能和适应的交通量分为高速公路、一级公路、二级公路、三级公路、四级公路五个等级。

1. 高速公路

高速公路为专供汽车分方向、分车道行驶，并全部控制出入的多车道公路。高速公路的年平均日设计交通量宜在 15000 辆小客车以上。

2. 一级公路

一级公路为供汽车分向、分车道行驶，并可根据需要控制出入的多车道公路。一级公路的年平均日设计交通量宜在 15000 辆小客车以上。

3. 二级公路

二级公路为供汽车行驶的双车道公路。二级公路的年平均日设计交通量宜为 5000～

15000 辆小客车。

4. 三级公路

三级公路为供汽车、非汽车交通混合行驶的双车道公路。三级公路的年平均日设计交通量宜为 2000～6000 辆小客车。

5. 四级公路

四级公路为供汽车、非汽车交通混合行驶的双车道或单车道公路。双车道四级公路年平均日设计交通量宜在 2000 辆小客车以下；单车道四级公路年平均日设计交通量宜在 400 辆小客车以下。

为方便道路的建设及管理，根据公路的位置以及在国民经济中的地位和运输特点按行政管理体制划分为：国道、省道、县乡（镇）道及专用公路。国道由中央统一规划，由各所在省、市、自治区负责建设、管理、养护。省道是在国道网的基础上，由省对具有全省意义的干线公路加以规划，并且建设、管理、养护。县道中的主要路段由省统一规划、建设和管理，一般路段由县自定并建设、管理和养护。乡（镇）路主要为乡里服务，由县统一规划，县乡（镇）组织建设、养护和使用。专用道路为厂区、林区、矿区、港区的道路，由专用部门自行规划、建设、使用和养护。

（二）技术标准

技术标准是根据理论和总结公路建设的经验及国家政策而拟定的，是法定的技术要求，反映了我国公路建设的技术方针。大致可归纳为“几何标准”“载重标准”和“净空标准”，设计时都必须严格遵守，各级公路的技术指标汇总详见表 1-1。具体到一条道路采用什么标准则取决于：

① 路线在公路网中的性质及任务；

② 远景设计交通量及交通组合；

③ 地形及其他自然条件；

④ 采用的设计速度。

表 1-1 各级公路主要技术指标汇总简表

公路等级			高速公路			一级公路			二级公路		三级公路		四级公路	
设计速度（km/h）			120	100	80	100	80	60	80	60	40	30	30	20
车道数			≥4	≥4	≥4	≥4	≥4	≥4	2	2	2	2	2 或 1	
单车道宽（m）			3.75	3.75	3.75	3.75	3.75	3.5	3.75	3.5	3.5	3.25	3.00 或 3.50	
圆曲线一般最小半径（m）			1000	700	400	700	400	200	400	200	100	65	65	30
圆曲线极限最小半径（m）	最大超高	10%	570	360	220	360	220	115	220	115	—	—	—	—
		8%	650	400	250	400	250	125	250	125	60	30	30	15
		6%	710	440	270	440	270	135	270	135	60	35	35	15
		4%	810	500	300	500	300	150	300	150	65	40	40	20
不设超高最小半径（m）	路拱≤2%		5500	4000	2500	4000	2500	1500	2500	1500	600	350	350	150
	路拱>2%		7500	5250	3350	5250	3350	1900	3350	1900	800	450	450	200

续表

公路等级		高速公路			一级公路			二级公路		三级公路		四级公路	
视距（m）	停车视距	210	160	110	160	110	75	110	75	40	30	30	20
	会车视距	—	—	—	—	—	—	220	150	80	60	60	40
	超车视距	—	—	—	—	—	—	550	350	200	150	150	100
最大纵坡（%）		3	4	5	4	5	6	5	6	7	8	8	9
荷载标准	桥涵	公路—Ⅰ级								公路—Ⅱ级			
	路面	标准轴载：双轮组单轴载 100kN											

注：本表仅为简单汇总，所列各项技术指标应按有关条文规定选用。

《标准》明确了公路功能作为确定技术等级和主要技术指标的主要依据。要求在公路建设时，首先要根据项目的地区特点、交通特性、路网结构，分析拟建项目在路网中的地位和作用，明确公路功能及类别；然后以功能为主，结合交通量、地形条件选用技术等级；再以技术等级为主，结合地形条件选用设计速度，并由设计速度控制路线平纵设计；最后，根据公路功能、等级、设计速度，结合交通量、地形条件、通行能力等因素综合考虑选用车道数、横断面各组成部分的尺寸、各类构造物的技术指标或参数、各类设施的配置水平等。

（三）公路技术等级的选用

公路技术等级选用应在论证确定公路功能的基础上，结合项目所在地区的综合运输体系、远景发展规划及设计交通量论证确定。

为突出以公路功能选取技术等级的理念，同时考虑到不同地区经济发展水平与地形、地貌差异的影响，各地公路交通发展不均衡，为了体现差异性，同一功能类别的公路不宜只对应一个技术等级的公路。选用技术等级时，应首先根据公路网规划、地区特点、公路的交通特性等因素确定公路功能，然后根据功能结合交通量论证选用公路等级。

公路按照交通功能分为干线公路、集散公路和支线公路。干线公路分为主要干线公路和次要干线公路，集散公路分为主要集散公路和次要集散公路。

主要干线公路应选用高速公路，次要干线公路应选用二级及二级以上公路，主要集散公路宜选用一、二级公路，次要集散公路宜选用二、三级公路，支线公路宜选用三、四级公路。当既有公路不能满足功能需要时，应结合公路网发展规划，有计划地进行改建。

二、城市道路技术分级

城市道路按照道路在城市道路网中的地位、交通功能以及对沿线建筑物的服务功能，分为四个等级。

1. 快速路

快速路应为城市中大容量、长距离、快速交通服务。快速路双向行车道之间应设置中间分车带、全部控制出入、控制出入口间距及形式，应实现交通连续通行，单向设置不应少于两条车道，并应设有配套的交通安全及管理设施。

快速路两侧不应设置吸引大量车流、人流的公共建筑物的进出口，两侧一般建筑物的进出口应加以控制。

2. 主干路

主干路应为连接城市各主要分区的干路，以交通功能为主。自行车交通量大时用机动车与非机动车分隔的形式，如三幅路或四幅路。

主干路两侧不应设置吸引大量车流、人流的公共建筑物的进出口。

3. 次干路

次干路应与主干路结合组成干路网，起集散交通的作用，兼有服务功能。

4. 支路

支路宜与次干路和居住区、工业区、交通设施等内部道路相连接，解决局部地区交通，以服务功能为主。

城市道路主要技术指标列于表 1-2。

表 1-2　城市道路主要技术指标汇总简表

道路等级		快速路			主干路			次干路			支路		
设计速度（km/h）		100	80	60	60	50	40	50	40	30	40	30	20
横断面采用形式		双幅路、四幅路			三幅路、四幅路			单幅路、双幅路、三幅路			单幅路		
单车道宽（m）		3.5～3.75			3.5～3.25			3.5～3.25			3.5～3.25		
中间分车带设置		必须设置			应设			可设、可不设			不设		
双向机动车道数（条）		≥4			2～4 或＞4			2～4			2		
不设超高最小半径（m）		1600	1000	600	600	400	300	400	300	150	300	150	70
设超高最小半径（m）	一般值	650	400	300	300	200	150	200	150	85	150	85	40
	最小值	400	250	150	150	100	70	100	70	40	70	40	20
停车视距（m）		160	110	70	70	60	40	60	40	30	40	30	20
最大纵坡（%）		4	5	6	6	6	7	6	7	8	7	8	8
荷载标准	桥涵	城—A 级或城—B 级			城—A 级			城—A 级或城—B 级			城—B 级		
	路面	标准轴载：双轮组单轴载 100kN											

注：① 设计速度大于 60km/h 时，大型车或混行车道为 3.75m，小客车道为 3.5m；

② 设计速度小于或等于 60km/h 时，大型车或混行车道为 3.5m，小客车道为 3.25m。

第四节　设计基本依据

一、设计车辆

道路上行驶的车辆种类很多，设计中一般选择有代表性的车辆。道路首先应满足汽车行驶的需要，而汽车的物理及力学特性，以及各种汽车的组成对道路几何设计有着重要的意义。在道路设计中，作为道路几何设计的依据对汽车进行分类，其分类及基本外轮廓尺寸见表 1-3。

表 1-3　设计车辆外廓尺寸

车辆类型		总长（m）	总宽（m）	总高（m）	前悬（m）	轴距（m）	后悬（m）
公路	小客车	6	1.8	2	0.8	3.8	1.4
	大型客车	13.7	2.55	4	2.6	6.5+1.5	3.1
	铰接客车	18	2.5	4	1.7	5.8+6.7	3.8
	载重汽车	12	2.5	4	1.5	6.5	4
	铰接列车	18.1	2.55	4	1.5	3.3+11	2.3
城市道路	小客车	6	1.8	2	0.8	3.8	1.4
	大型车	12	2.5	4	1.5	6.5	4
	铰接车	18	2.5	4	1.7	5.8+6.7	3.8

注：① 总长：车辆前保险杠至后保险杠的距离；
② 总宽：车厢宽度（不包括后视镜）；
③ 总高：车厢顶或装载顶至地面的高度；
④ 前悬：指车体前面至前轮车轴中心的距离；
⑤ 轴距：指前轮车轴中心至后轮车轴中心的距离；
⑥ 后悬：指后车轴中心至车体后面的距离；
⑦ 铰接列车的轴距（3.3+11）m：3.3m 为第一轴到铰接点的距离，11m 为铰接点到最后轴的距离。

在实际使用中，需根据公路功能、设施类型及交通组成情况综合确定设计车型。设计车辆的外廓尺寸、载重量和动力性能是确定公路几何参数的主要依据。

大中城市的近郊及居民密集区有较多的自行车及其他非机动车通行，在道路设计时要充分注意。其外廓尺寸见表 1-4。

表 1-4　非机动车设计车辆及外廓尺寸表

车辆类型	总长（m）	总宽（m）	总高（m）
自行车	1.93	0.6	2.25
三轮车	3.40	1.25	2.25

注：① 总长：自行车为前轮前缘至后轮后缘的距离；三轮车为前轮前缘至车厢后缘距离；
② 总宽：自行车为车把宽度；三轮车为车厢宽度；
③ 总高：自行车为骑车人骑在车上时，头顶至地面的高度；三轮车为载物顶至地面的高度。

二、速度

（一）设计速度

设计速度是指气候正常、交通密度小、汽车运行只受道路本身条件（几何线形、路面及附属设施）的影响时，一般驾驶员能保持安全而舒适地行驶的最大行驶速度。

设计车速是确定道路几何形状的重要依据。各等级道路设计车速的确定，与汽车的最高行驶车速、经济车速、平均技术速度及地形、工程经济有关。《公路工程技术标准》及《城市道路工程设计规范》中综合考虑上述因素，对各等级道路设计车速的规定见表 1-1 和表 1-2。

设计速度是确定公路几何线形并能使其相协调的基本要素，是在充分发挥各项道路设计要素功能的基础上，具有中等驾驶水平的驾驶人员能够保持顺适行车的速度。设计速度对确定公路的曲线半径、超高、视距、纵坡等技术指标起着决定性的作用，同时也影响着车道的尺寸和数目以及路肩宽度等指标的确定。设计速度的选用应根据公路的功能和技术等级，结合地形、工程经济、预期的运行速度和沿线土地利用性质等因素综合论证确定。

一般情况下高速公路设计速度不宜低于 100km/h，受地形、地质等条件限制，可以选用 80km/h。高速公路和作为干线的一级公路的特殊困难局部路段，且因新建工程可能诱发工程地质病害时，经技术、经济论证可选用 60km/h 的设计速度，但长度不宜大于 15km，或仅限于相邻两互通式立体交叉之间。一、二、三、四级公路应按公路在路网中的交通功能和地形地质等限制条件选择速度，功能级别高的选择较高的设计速度，功能级别低的选择较低的设计速度，当受地形、地质等条件限制时，可相应降低一档。比如作为干线的一级公路，设计速度宜采用 100km/h；受地形、地质条件限制，可采用 80km/h。作为集散的一级公路，设计速度宜采用 80km/h；受地形、地质条件限制，可采用 60km/h。

城市道路同等级道路设计速度的选用应根据交通功能、交通量、控制条件以及工程建设性质等因素综合确定。快速路和主干路的辅路设计速度宜为主路的 0.4 倍～0.6 倍；立体交叉范围内，主路设计速度应与路段一致，匝道及集散道路设计速度宜为主路的 0.4 倍～0.7 倍；平面交叉口内的设计速度宜为路段的 0.5 倍～0.7 倍。

（二）运行速度

运行速度指的是中等技术水平的驾驶人员根据实际道路条件、交通条件、良好气候条件等能保持的安全速度。通常采用测定速度的第 85 百分位行驶速度作为运行速度。

设计速度对一特定路段而言是一固定值，但实际的行驶速度总是随公路线形、车辆动力性能及驾驶员特性等各种条件的改变而变化，只要条件允许，驾驶员总是倾向于采用较高车速行驶。从公路使用者的安全角度考虑，在路线设计中，应采用运行速度对线形设计进行检验，相邻路段运行速度之差应小于 20km/h，保证相邻路段运行速度的协调性和一致性，同一路段运行速度与设计速度之差宜小于 20km/h，提高公路运行安全和使用质量。

三、交通量

交通量是指单位时间内通过道路某断面的交通流量（即单位时间内通过道路某断面的车辆数）。其具体数值由交通调查及预测确定。单位时间可用一小时或一日，分别为小时交通量和日交通量。交通量随季节、气候和时间而变化。

交通量的调查、分析及预测是对道路建设项目进行可行性研究、评价及几何线形设计的重要依据之一，交通量确定的合理、正确与否，将直接影响到项目的决策科学性及工程技术的经济合理性。

我国常用的交通量有以下几种。

1. 设计交通量

设计交通量的常用计量单位是年平均日交通量（即 AADT），其量是全年总交通量除以 365。设计交通量是指待建道路远景设计年限能达到的年平均日交通量（辆/日）。

远景设计年平均交通量可用下式推算：

$$N_d = N_0 (1+\gamma)^{n-1} \tag{1-1}$$

式中 N_d——远景年设计年平均日交通辆（辆/日）；

N_0——预测初年平均日交通量（辆/日）；

γ——交通量年平均增长率（%）；

n——远景设计年限。高速公路和一级公路的预测年限为 20 年；二、三级公路为 15 年；四级公路可根据实际情况确定。城市道路快速路、主干路的预测年限应为 20 年；次干路为 15 年；支路应为 10 年～15 年。

由于交通量随季节、气候条件和时间而变化，它在确定道路等级、论证道路计划费用及各项结构设计中有重要作用，但直接用于几何设计并不适宜。

2. 设计小时交通量

交通量具有随时间变化和出现高峰小时的特点，在进行设计交通量的确定时，必须考虑这个特点。工程上为了保证道路在规划期内满足绝大多数小时车流能够顺利通过，不造成严重阻塞，同时避免建成后车流量过低，投资效益不高，规定要选择适当的小时交通量作为设计小时交通量。

研究表明，第 30 位小时交通量与年平均日交通量之比 k 值变化不大，所以设计小时交通量一般用年第 30 位小时交通量。亦可根据各地交通量资料选用第 20 位至第 40 位小时之间最为合理时位的交通量。

3. 交通量的方向分配

设计小时交通量是双向运行的总交通量，在设计中必须知道每个运行方向的小时交通不均衡性。

在同样的 AADT 情况下，在高峰时间段内交通不均衡性大的道路，其所需要的车道数可能大于交通不均衡性小的道路。例如，一条双向公路设计小时交通量为 4000 辆/h，如果设计小时内双向交通量是均衡的，即单向 2000 辆/h，则每一方向设两条车道即可，如果 80%的双向小时交通量在一个方向上，对于 3200 辆/h，则每一方向需要三条车道了。设计小时交通量的方向不均衡情况，必须在预建道路或相似道路上现场调查。

主要设计方向的小时交通量可按下式计算：

$$N_Z = N_d D k \tag{1-2}$$

式中 N_Z——主要设计方向的小时交通量（veh/d）；

N_d——预测年度的年平均日交通辆（veh/d）；

D——方向不均衡系数（%），取经验数值或根据当地交通量观测资料确定；

k——设计小时交通量系数（%）。

4. 交通量换算

在道路上行驶的车辆种类很多，其行驶速度和所占面积亦各不相同，计算交通量时，除分类统计计算外，有时需要折换成一种类型进行统计。各种车辆的折算系数与车辆的行驶速度和该车行车时占用道路净空有关。《公路工程技术标准》以小客车为标准的折算系数见表 1-5。

公路上行驶的拖拉机每辆折算为 4 辆小客车，畜力车、人力车、自行车等非机动车，在交通量换算中按路侧干扰因素计。

公路通行能力分析所要求的车辆折算系数应针对路段、交叉口等形式，按不同的地形条件和交通需求，采用相应的折算系数。

表 1-5　车辆换算系数

公路	车辆类型	小客车	中型车	大型车	汽车列车
	换算系数	1.0	1.5	2.5	4.0
城市道路	车辆类型	小客车	大型客车	大型货车	铰接车
	换算系数	1.0	2.0	2.5	3.0

注：① 小客车包括：≤19 座的客车和载质量≤2t 的货车；

② 中型车包括：>19 座的客车和载质量>2t，≤7t 的货车；

③ 大型车包括：载质量>7t，≤20t 的货车；

④ 拖挂车包括：载质量>20t 的货车。

四、通行能力

道路通行能力亦称道路交通容量，是指在一定的道路条件及交通条件下，单位时间内通过道路上某一断面处的最大车辆数，以辆/h 表示。它是正常条件下道路交通的极限值。

影响通行能力的因素有：道路条件、交通条件、汽车性能、交通管理、气候环境及驾驶员技术等，另有一些影响因素尚不能定量分析。国内外不少专家学者仍在进一步研究中。

道路通行能力是道路设施所能疏导交通流的能力，反映了在保持规定的运行质量前提下，道路所能通行的最大小时交通量，可作为公路规划、设计和运行管理的重要参数。

通行能力与服务水平有密切关系。道路服务水平是描述道路上交通流内的运行条件及其对驾驶员、乘客所提供的服务程度的一种质量标准，一般用速度、密度、驾驶自由度、行驶时间、方便与安全等来描述。公路服务水平根据公路设施所提供的服务程度分为 6 级，分别代表一定运行条件下驾驶员的感受。具体规定见表 1-6、表 1-7 和表 1-8。

表 1-6　高速公路路段服务水平分级

服务水平等级	v/C 值	设计速度（km/h）		
		120	100	80
		最大服务交通量［pcu/（h・ln)］	最大服务交通量［pcu/（h・ln)］	最大服务交通量［pcu/（h・ln)］
一	$v/C \leqslant 0.35$	750	730	700
二	$0.35 < v/C \leqslant 0.55$	1200	1150	1100
三	$0.55 < v/C \leqslant 0.75$	1650	1600	1500
四	$0.75 < v/C \leqslant 0.90$	1980	1850	1800
五	$0.90 < v/C \leqslant 1.00$	2200	2100	2000
六	$v/C > 1.00$	0～2200	0～2100	0～2000

注：v/C 是在基准条件下，最大服务交通量与基准通行能力之比，基准通行能力是五级服务水平条件下对应的最大服务交通量，下同。

表 1-7　一级公路路段服务水平分级

服务水平等级	v/C 值	设计速度（km/h）		
		100	80	60
		最大服务交通量 [pcu/（h·ln）]	最大服务交通量 [pcu/（h·ln）]	最大服务交通量 [pcu/（h·ln）]
一	$v/C \leqslant 0.3$	600	550	480
二	$0.3 < v/C \leqslant 0.5$	1000	900	800
三	$0.5 < v/C \leqslant 0.7$	1400	1250	1100
四	$0.7 < v/C \leqslant 0.9$	1800	1600	1450
五	$0.9 < v/C \leqslant 1.0$	2000	1800	1600
六	$v/C > 1.00$	0～2000	0～1800	0～1600

表 1-8　二、三、四级公路路段服务水平分级

服务水平等级	延误率（%）	设计速度（km/h）									
		80				60				≤40	
		速度（km/h）	v/C 禁止超车区（%）			速度（km/h）	v/C 禁止超车区（%）			v/C 禁止超车区（%）		
			<30	30～70	≥70		<30	30～70	≥70	<30	30～70	≥70
一	≤35	≥76	0.15	0.13	0.12	≥58	0.15	0.13	0.11	0.14	0.12	0.10
二	≤50	≥72	0.27	0.24	0.22	≥56	0.26	0.22	0.20	0.25	0.19	0.15
三	≤65	≥67	0.40	0.34	0.31	≥54	0.38	0.32	0.28	0.37	0.25	0.20
四	≤80	≥58	0.64	0.60	0.57	≥48	0.58	0.48	0.43	0.54	0.42	0.35
五	≤90	≥48	1.00	1.00	1.00	≥40	1.00	1.00	1.00	1.00	1.00	1.00
六	>90	<48	—	—	—	<40	—	—	—	—	—	—

注：延误率为车头时距小于或等于 5s 的车辆数占总交通量的百分比。

各级公路采用的设计服务水平规定见表 1-9。

表 1-9　各级公路设计采用的服务水平

公路等级	高速公路	一级公路	二级公路	三级公路	四级公路
服务水平	三级	三级	四级	四级	—

注：① 一级公路作为集散公路时，可采用四级服务水平。

② 长隧道以及特长隧道路段、非机动车及行人密集路段、互通式立体交叉的分合流区段、匝道以及交织区段，设计服务水平可降低一级。

相应的各级公路的基本通行能力和设计通行能力见表 1-10～表 1-12。

表 1-10　高速公路的基本通行能力与设计通行能力

设计速度（km/h）	120	100	80
基本通行能力 [pcu/(h·ln)]	2200	2100	2000
设计通行能力 [pcu/(h·ln)]	1600	1400	1200

表 1-11　一级公路的设计通行能力

设计速度（km/h）	100	80	60
基本通行能力 [pcu/(h·ln)]	2000	1800	1600
具干线功能的一级公路 [pcu/(h·ln)]	1400	1200	900
具集散功能的一级公路 [pcu/(h·ln)]	850～1000	700～900	550～700

表 1-12　二、三、四级公路的设计通行能力

公路等级	设计速度（km/h）	基本通行能力（pcu/h）		不准超车区（%）	v/C	设计通行能力（pcu/h）
二级公路	80	9.0m	2500	<30%	0.64	550～1600
	60	7.0m	1400	30%～70%	0.48	
	40		1300	>70%	0.42	
三级公路	40	7.0m	1300	<30%	0.54	400～700
	30	6.5m	1200	>70%	0.35	
四级公路	20	<6.0m	<1200	>70%	<0.35	小于 400

城市道路基本路段服务水平分为一级（自由流）、二级（稳定流上段）、三级（稳定流）、四级（包括饱和流和强制流）4 个级别，快速路应根据交通流行驶特征分为基本路段、分合流区和交织区，应分别采用相应的通行能力和服务水平，城市快速路基本路段服务水平见表 1-13，新建道路应按三级服务水平设计。

表 1-13　快速路基本路段服务水平

设计速度（km/h）	服务水平等级		密度 [pcu/(km·ln)]	平均速度（km/h）	负荷度 v/C	最大服务交通量 [pcu/(h·ln)]
100	一级（自由流）		≤10	≥88	0.40	880
	二级（稳定流上段）		≤20	≥76	0.69	1520
	三级（稳定流）		≤32	≥62	0.91	2000
	四级	（饱和流）	≤42	≥53	≈1.00	2200
		（强制流）	>42	<53	>1.00	—
80	一级（自由流）		≤10	≥72	0.34	720
	二级（稳定流上段）		≤20	≥64	0.61	1280
	三级（稳定流）		≤32	≥55	0.83	1750
	四级	（饱和流）	≥50	≥40	≈1.00	2100
		（强制流）	<50	<40	>1.0	—
60	一级（自由流）		≤10	≥55	0.30	590
	二级（稳定流上段）		≤20	≥50	0.55	990
	三级（稳定流）		≤32	≥44	0.77	1400
	四级	（饱和流）	≥57	≥30	≈1.00	1800
		（强制流）	<57	<30	>1.00	—

城市快速路的基本路段通行能力见表 1-14。

表 1-14　城市快速路基本路段一条车道的通行能力

设计速度（km/h）	100	80	60
基本通行能力［pcu/(h·ln)］	2200	2100	1800
设计通行能力［pcu/(h·ln)］	2000	1750	1400

城市道路的其他等级道路根据交通流特性和交通管理方式，可分为路段、信号交叉口、无信号交叉口等，分别采用相应的通行能力和服务水平。

五、环境及安全

1. 环境

一条道路不单是提供交通服务，其还有广泛的作用，必须把道路看作是整个环境的一个组成部分。这里所说的环境是人们周围环境的总体：社会的、物质的、自然的和人为的，它包括人类、植物和动物三类群体以及对这三类群体起作用的各种因素。道路的选线及设计可以而且必须能使其环境更加完美，并作为改善环境的促进因素。

拟建道路通过的这个地区，是一个自然的、人为的、社会的变量，三者相互关联的系统。在这个系统中，如果没有对其他变量的某种影响，就不会出现一个变量的变化，某些结果可以忽略不计，但另一些则可能对环境（包括人类生存和生活方式的性质）有强烈的和持久的影响，所以一条道路的修建必须总体考虑对环境变化的影响。

2. 安全

道路设计应保证用路者的安全、快速及舒适。为了满足交通安全的要求除了采用相应的技术设计外，必须综合考虑人、车、路的综合影响，在以人为本的前提下，在设计中对安全事故以预防为先，在发生交通事故的情况下，也应该使驾驶者能够避免出现严重事故。

第五节　道路勘测设计的程序

一、勘测设计程序

道路工程建设属国家基本建设，必须按规定的建设程序进行。基本建设程序一般分为三个阶段，即建设前期（规划与研究阶段）、投资建设期（设计及建设阶段）及生产运营期。

建设前期是指从投资意向形成到项目评价决策的全过程。这一时期的中心任务是对项目进行科学论证和决策，对项目进行由粗到细的可行性研究，确认了项目在技术上、经济上和环境上有生命力及竞争力时，才会做出投资决策。这一过程一般要经过规划研究、项目建议书及可行性研究等环节。

（一）可行性研究

可行性研究是建设前期工作的重要组成部分，是建设项目立项、决策的主要依据。

可行性研究的任务是：在充分调查研究、评价预测和必要的勘测工作基础上，对项目建设的必要性、经济合理性、技术可行性、实施可能性，提出综合的研究论证报告。

可行性研究按期工作深度，分为工程预可行性研究和工程可行性研究。

预可行性研究，重点阐明建设项目的必要性，通过踏勘和调查研究，提出建设项目的规模、技术标准和进行简要的经济效益分析。工程可行性研究，通过必要的测量、地质勘探，在深入调查研究的基础上，对不同建设方案从经济上、技术上进行综合论证和方案比选，提出推荐建设方案。

可行性研究一般由下级单位编制后按规定上报审批。可行性研究一般包括以下内容。

1. 区域或地区综合运输网交通运输现状，现有公路在综合运输网中的地位和作用。

2. 现有公路状况及存在的问题。

3. 公路建设项目提出的背景、建设的必要性、紧迫性及社会经济意义。

4. 公路项目所在地区的经济特征及其与建设项目的关系，包括历年地区国民经济部门结构、布局、发展趋势和地区的城镇发展规划、交通运输结构、发展趋势，以及地区经济结构和经济指标与公路客货运输量、交通量增长的关系，其他有关因素与公路运输量、交通量的关系。

5. 公路运输量、交通量预测。

6. 公路建设规模与技术标准，如公路等级和建设方案，建设里程，技术标准，主要技术指标及其与互通式立交连接道路的改善情况等。

7. 建设条件，如工程项目的地理位置，地质、气候、水文条件，有关研究、试验的结论，沿线筑路材料来源分布及运输条件分析，社会环境分析等。

8. 路线走向、方案比选和主要控制点。

9. 主要工程数量，征地、拆迁数量及水利、电力、通信、铁路等部门的拆迁协调等。

10. 投资估算和资金筹措，包括主体工程的投资和使用计划，附属、配套工程的投资和使用计划，建设总投资，拟利用外资的工程及计划，资金来源及筹措方式等。

11. 建设安排和实施计划，包括工期安排和资金安排两部分。

12. 经济评价，内容包括国民经济评价参数的确定，国民经济评价的计算及评价结果，以及敏感性分析。

13. 收费公路的财务分析，如收费制式、收费标准及收费收入，财务分析，国内贷款偿还能力等。

14. 环境影响评价。

15. 土地利用评价。

16. 节能评价。

17. 社会评价。

18. 风险评价。

进行可行性研究要进行大量的调查、勘察和测绘工作，包括经济调查、交通量调查、路况调查、地形图或航测照片定线、路线桥、隧的勘测、地质调查、建筑材料调查以及必要的路线、桥、隧测量和地质勘察、钻探等工作。要有专门人员组织和实施。

（二）勘测设计阶段

建设期一般为可行性研究评估后，正式进入建设阶段，包括工程设计及建设施工阶段，即具体建设工程的阶段。道路工程设计一般采用两阶段设计，即两阶段初步设计和两阶段施工图设计。对于技术简单、方案明确的小型建设项目，可采用一阶段设计，即一阶段施工图设计；技术上复杂，基础资料缺乏和不足的建设项目或建设项目中的特大桥、互通式立体交叉、隧道、高速公路和一级公路的交通工程及沿线设施中的机电设备等，必要时采用三阶段设计，即三阶段初步设计、三阶段技术设计和三阶段施工图设计。

初步设计应根据批复的可行性研究报告、测设合同和初测、初勘或定测、详勘资料编制。

一阶段施工图设计应根据批复的可行性报告、测设合同和定测、详勘资料编制。

两阶段设计时，施工图设计应根据批复的初步设计、测设合同和定测、详勘（含补充定测、详勘）资料编制。

三阶段设计时，技术设计应根据批复的初步设计、测设合同和定测、详勘资料编制。

施工图设计应根据批复的技术设计、测设合同和补充定测、补充详勘资料编制。

采用一阶段设计的建设项目，编制施工图预算。

采用两阶段设计的建设项目，初步设计编制设计概算；施工图设计编制施工图预算。

采用三阶段设计的建设项目，初步设计编制设计概算；技术设计编制修正概算；施工图设计编制施工图预算。

二、设计文件的组成

设计文件的组成视初步设计、技术设计和施工图设计而稍有不同，一般包括以下内容：

第一篇　总体设计

第二篇　路线

第三篇　路基、路面

第四篇　桥梁、涵洞

第五篇　隧道

第六篇　路线交叉

第七篇　交通工程及沿线设施

第八篇　环境保护与景观设计

第九篇　其他工程

第十篇　筑路材料

第十一篇　施工方案（或施工组织计划）

第十二篇　设计概算（或修正概算、施工图预算）

附件　基础资料

改建公路的初步设计文件除按上述规定编制外，尚应增加下列内容。

1. 原有公路的等级、历史和现状，现有交通量及其组成，交通量增长率和适应情况，以及存在问题等的简要说明。

2. 原有公路现状表，列出公路路基、路面现状和不符合改建技术标准路段的最小平曲线半径、最大纵坡及坡长等。

3. 原有公路构造物现状表，列出构造物位置（桩号和地名等）、构造物名称、结构类型，设计标准及各主要尺寸、修建年月、是否利用等，并附简要说明。

4. 改建的设计原则、技术标准和利用原有公路的情况。

5. 对原有桥梁等重要构造物应进行技术鉴定或荷载实验。根据鉴定结果确定利用（包括加固、加宽）或改建，并按实际需要增加必要的图表和简要说明。

本章小结：道路交通是交通运输大系统中不可或缺的，从基本建设程序上讲道路建设需要经过规划、可行性研究、设计、施工等环节。本章重点介绍了勘测设计的目的及任务，道路的分级与技术标准，道路基本设计依据及我国公路的发展历史及规划。

关键概念：综合运输、道路勘测、通行能力、服务水平、技术标准

复习思考题

1. 简述交通运输系统的构成及各自的特点。
2. 公路、城市道路如何分级？其依据是什么？设计等级如何选用？
3. 设计阶段如何划分？
4. 什么是设计车辆、设计速度、交通量、通行能力？
5. 交通量如何折算？
6. 两阶段施工图设计包括哪些内容？
7. 简述设计文件的组成内容。

第二章　平面设计

学　习　要　求

学习目标：掌握平面线形设计要素的确定依据，能够熟练地进行平面线形设计。

学习重点：线形三要素及组合设计。

学习难点：缓和曲线及计算。

学习安排：课内 6 学时。

第一节　道路平面线形

道路是三维的空间实体，路线是指该三维空间实体中线的空间位置。在工程设计中，一般将三维空间实体分解表达为平面、纵断面和横断面。

路线在水平面的投影称作路线的平面；沿中线竖直剖切再行展开在立面上的投影则是路线的纵断面；中线上任意点的法向切面是道路在该点的横断面。因此路线设计是指确定路线在平、纵、横三维体上各部位组成及尺寸的工作。

无论是公路还是城市道路设计，都要受到社会经济、自然地理和技术条件等因素的制约，设计者必须掌握大量的实际资料，进行深入的调查研究才能设计出一条符合相应技术标准、满足行车要求、工程造价最合理的路线来。在设计的顺序上，一般是尽量顾及平纵组合、纵断线形安排及横断面稳定的前提下先确定平面线形。

道路在受地形地物等障碍的制约时，必须要设置转折避让障碍，也就是在转折处设置曲线或是曲线的组合。另外，为了使线形美观和保证汽车行驶的顺畅，在直线和圆曲线或不同半径的圆曲线之间插入曲率不断变化的过渡曲线，过渡曲线称为缓和曲线。由此可见，直线、圆曲线、缓和曲线是平面线形的组成要素。在平原区，直线作为主要线形是适宜的，它具有汽车在行驶中视觉最好，距离最短，运营经济，行车舒适，线形容易选定等特点，但过长的直线又容易引起驾驶员的单调疲劳及超速行驶，对跟车距离估计不足而导致交通事故。圆曲线是平面线形的主要原素之一，采用平缓而适当的圆曲线既可引起驾驶员的注意又可以美化线形。为缓和汽车的行驶，保证线形的舒顺，回旋线长度应随圆曲线半径的增大而增大。

在平面线形中，基本线形是和汽车的行驶状态相对应的，具有如下几种性质。

1. 直线：曲率为零，汽车车身轴向与汽车行驶方向的夹角为零。
2. 圆曲线：曲率为不为零的常数，汽车车身轴向与汽车行驶方向的夹角为固定值。

3. 缓和曲线：曲率为变数，汽车车身轴向与汽车行驶方向的夹角为变数。

现代道路的平面线形正是由上述三种线形——直线、圆曲线和缓和曲线构成的，我们称之为“平面线形三要素”。

第二节 直　　线

作为平面线形要素之一的直线，具有短捷、直达的印象，行驶受力简单，方向明确，驾驶操作简易，且测设简单方便，在公路和城市道路中使用很广泛。一般在定线时，只要地势平坦，无大的地物障碍，定线人员首先考虑使用直线通过。但过长的直线并不好，直线线形大多难以和地形相协调，若长度运用不当，不仅破坏了线形的连续性，线形自身也不协调。另外过长的直线在交通量不大且景观缺乏变化时，尤其是在行车速度较高的情况下，容易使驾驶员感到疲倦，难以目测车间距离，于是可能产生尽快驶出直线的急躁情绪，超速行驶，从而导致交通事故的发生。

一、直线的运用

采用直线线形时必须注意线形与地形的关系，宜使用直线的路段有以下几种。

1. 不受地形、地物限制的平坦地段或山间的开阔谷地。

2. 市镇及其近郊或是规划方正的农耕区以直线线形为主的地区。

3. 含有较长的桥梁、隧道等构筑物的路段。

4. 路线交叉点及其前后的路段。

5. 双车道公路提供超车的路段。

在直线的使用中，值得注意的是有关直线长度的问题，一般来说对直线的长度应该有所限制。当不得已采用过长直线时，为弥补景观单调之缺陷，应结合沿线具体情况，采取相应的技术措施予以处理。但还要注意以下几个问题。

1. 在长直线上纵坡不宜过大。因为长直线再加下陡坡行驶，更容易导致超速行驶，造成交通事故。

2. 长直线适于与大半径凹形竖曲线组合。

3. 当道路两侧地形过于空旷时，应采取一定的技术措施改善单调的景观。

4. 长直线或长下坡尽头，宜连接大半径的平曲线。

“长直线”的量化是一个正在研究的课题。各国有各国的不同经验，德国和日本规定直线的最大长度（以 m 计）为 $20V$（以 km/h 计），即 72s 行程；西班牙规定不宜超过 80%的设计速度的 90s 行程；法国认为长直线宜采用半径 5000m 以上的圆曲线代替；美国规定线形应尽可能直捷，但应与地形一致；俄罗斯对直线的运用未做规定，但多采用中央分隔带改善路容。

我国地域广阔，各地的地形条件、气候条件都有很大的差异，因此做出统一的规定具有很大的难度。但通过对道路现状和交通事故的调查以及对驾驶人员和乘客的心理反应的调查，也得出了带有普遍意义的结果。

1. 位于城市附近的道路，由于建筑物和城市风光的映衬，一般来说对于直线长度没有太多的限制。

2. 对于乡间的公路，由于道路周围的环境过于单调，如果直线过长，就会使人的情绪受到影响，驾驶人员就会希望快速驶离直线，这时极易导致驾驶员超速行驶造成交通事故且事故危害程度随直线的增长而增大。

3. 对于大戈壁、大草原等地域开阔的地区，有时直线长度会达数十公里。在这样的地区行车，驾驶员极易疲劳，也容易超速行驶，但除了选择直线以外别无选择，所以人为地设置曲线往往不能改善景观的单调，反而会增加路线长度和驾驶操作的难度。

由此看来，对于直线的使用一定要因地制宜，不能片面地追求长直线，也不能人为地设置过多的弯曲，应该做到宜直则直、宜曲则曲。当具体项目中因条件限制采用长直线时，应结合运行速度分析和安全性评价，增设必要的提醒和警示标志，避免出现疲劳驾驶等现象。

二、直线的最小长度

为保证线形的连续性和行车舒适，在两相邻曲线之间直线不宜过短。否则，对相邻同向曲线宜做成一个大曲线或把相邻曲线直接相连做成复曲线。当两个圆曲线直接相连时为二圆复曲线，三个以上圆曲线直接相连时为多圆复曲线。

（一）同向曲线间的直线最小长度

同向曲线是指转向相同的相邻两曲线，同向曲线间插入短直线，这种线形组合工程上称为断背曲线，这种曲线很容易使驾驶员产生错觉，即把直线和两端的曲线看成反向曲线，甚至看成一个曲线，破坏了线形的连续性，极易造成驾驶员判断和操作的失误，如图 2-1 所示，我们在设计中应尽量避免这种现象的发生。在《公路路线设计规范》中明确规定：同向曲线之间的最短直线长度以不小于 6V（V 以 km/h 计）为宜。对于较高等级的公路（$V \geq$ 60km/h）应尽量保证，而对于较低等级的公路（$V \leq$ 40km/h）可以参照实际情况，放宽此要求。如果条件允许，也可以插入大半径的曲线或组成复曲线。

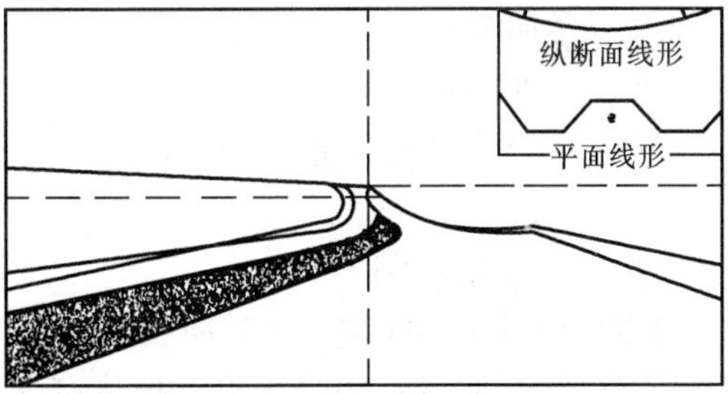

图 2-1　同向曲线之间插入短直线

（二）反向曲线间直线的最小长度

在反向曲线之间，为满足设置超高、加宽的需要，应有一定长度的直线。我国在《规范》中明确提出反向曲线之间的直线最小长度以不小于 2V（V 以 km/h 计）为宜。当受到地形、地物等各方面的限制时，可将反向缓和曲线首尾相接，但此时要注意路面排水的问题。

对于直线的长度主要是根据驾驶员的视觉和心理上的承受能力来确定的。但有时，由于各种自然环境的限制，难以满足上述要求，这时就要求设计人员根据地物、自然景观以及设计经验来进行判断决定。必要时可在建立公路及沿线环境的三维模型之后，通过仿真和模拟驾驶等技术措施，对公路视距、运行速度协调性等检验评价后确定直线长度取值。

第三节　圆　曲　线

在公路和城市道路的设计中，无论转角的大小，都应设置平曲线。而圆曲线又是平曲线的主要组成部分。圆曲线具有易与地形适应、可循性好、线形美观、易于敷设等特点，所以在设计中使用相当广泛。在我们常用的单曲线、复曲线以及回头曲线中都包含圆曲线。

一、圆曲线的几何元素

圆曲线以转角 α 及半径 R 表示，右转角为 α_y，左转角为 α_z。对于确定了转角及半径的圆曲线，当不设缓和曲线时几何要素（图 2-2）计算公式如下：

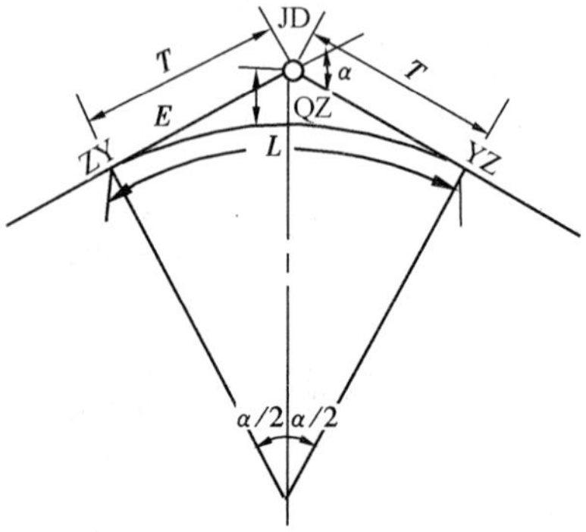

图 2-2　圆曲线几何要素

$$T = R \cdot \tan\frac{\alpha}{2}$$

$$L = \frac{\pi}{180}\alpha \cdot R = 0.01745\alpha \cdot R$$

$$E = R\left(\sec\frac{\alpha}{2} - 1\right)$$

$$J = 2T - L$$

式中　T——切线长（m）；

L——曲线长（m）；

E——外距（m）；

J——校核数或是超距（m）；

α——转角（°）；

R——圆曲线半径（m）。

当需要设置缓和曲线时，其曲线元素的计算见第四节。

当不设缓和曲线，平曲线主点桩位有三个，分别为 ZY（直线与圆曲线相接的点）点、QZ（曲线中点）点及 YZ（圆曲线与直线相接的点）点，当交点 JD 里程已知时，主点桩位里程计算如下：

JD 里程 $-T=$ZY 里程

ZY 里程 $+L=$YZ 里程

YZ 里程 $-L/2=$QZ 里程

QZ 里程 $+J/2=$JD 里程

二、圆曲线半径

汽车在曲线上行驶时，除受重力作用以外，还受到离心力的作用，也正是离心力的作用，使行驶在平曲线上的车辆有横向失稳的危险。横向失稳一是汽车向外滑移，二是汽车向外倾覆。

（一）汽车行驶横向稳定性分析

1. 汽车在曲线上行驶时受到的附加力——离心力 F

在平曲线上行驶的汽车所受到的离心力为 F（图 2-3）。离心力作用于汽车的重心，方向水平背离圆心。

$$F = \frac{G}{g}\frac{v^2}{R} = \frac{GV^2}{127R}$$

式中　G——汽车所受重力（N）；

R——圆曲线的半径（m）；

g——重力加速度（9.81m/s^2）；

v、V——汽车的行驶速度，分别以 m/s、km/h 计。

2. 抵消部分离心力的工程措施——超高

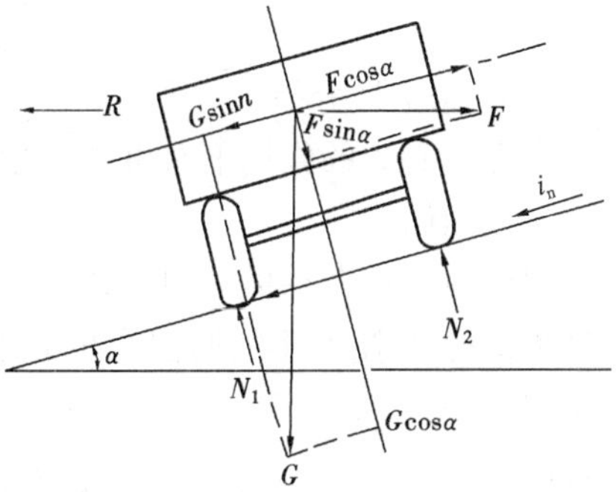

图 2-3　在曲线上汽车的受力分析

如果离心力过大，将对行车安全产生不良影响，所以在工程中为抵消部分离心力的作用，保证汽车在平曲线上行驶的稳定性，把路面做成内侧低外侧高的单向横坡形式，也就是超高，单向横坡的坡度为超高率。汽车在具有超高的平曲线上行驶，重力的水平分力可以抵消一部分离心力的作用，其余可由横向摩阻力来平衡。

3. 汽车行驶中受到的横向力

沿着平行于路面的横向 X 和垂直于路面的竖向 Y 对离心力 F 和汽车重力 G 进行分解（图 2-3），可得下式：

$$X = F\cos\alpha - G\sin\alpha$$

$$Y = F\sin\alpha + G\cos\alpha$$

由于路面的横向倾角 α 一般很小，$\sin\alpha \approx \tan\alpha = i_h$，$\cos\alpha \approx 1$，其中 i_h 称为横向超高坡度（也称超高率）。因此可以得到横向力为：

$$X = F - Gi_h = \frac{Gv^2}{gR} - Gi_h = G\left(\frac{v^2}{gR} - i_h\right)$$

在汽车行驶的过程中，横向力 X 是一个不稳定的因素，为了表示汽车所受横向力的程度，一般采用单位车重所受的横向力这个概念，也就是用横向力系数 μ 来衡量汽车所受横向力的程度，即：

$$\mu = \frac{X}{G}$$

将车速 v(m/s) 变成 V(km/h)，可以得到：

$$\mu = \frac{V^2}{127R} - i_h \tag{2-1}$$

式中　μ——横向力系数；

i_h——超高横坡度（或称超高率）；

V——设计车速度（km/h）；

R——平曲线半径（m）。

上式表达了横向力系数和车速、平曲线半径以及超高率之间的关系。从中可以看到，横向力系数越大，则汽车行驶的稳定性越差。

从式（2-1）可得：

$$R = \frac{V^2}{127(\mu + i_h)} \tag{2-2}$$

$$V=\sqrt{127R(\mu+i_h)} \tag{2-3}$$

4. 横向稳定性分析

汽车在离心力的作用下有可能产生如下两种失稳。

（1）横向倾覆

横向倾覆指汽车在横向力的作用下，可能产生绕外侧车轮触地点向外倾覆的危险，其产生条件为横向力 X 产生的倾覆力矩大于车重所产生的稳定力矩。

倾覆力矩： $X\cdot h_g=(F\cos\alpha-G\sin\alpha)h_g$

稳定力矩： $Y\cdot\frac{b}{2}=(G\cos\alpha+F\sin\alpha)\frac{b}{2}$

式中 h_g——汽车重心高度（m）；

b——汽车轮距（m）。

由极限平衡条件得：$X\cdot h_g=Y\cdot\frac{b}{2}=(G\cos\alpha+F\sin\alpha)\frac{b}{2}$，而 α 很小，$\cos\alpha\approx1$，$\sin\alpha\approx\tan\alpha=i_h$，则 $G\gg F\sin\alpha\approx F\cdot i_h$，故有：

$X\cdot h_g=G\cdot\frac{b}{2}$，变换得$\frac{X}{G}=\frac{b}{2h_g}$，代入式（2-2）、式（2-3）可计算出汽车在平曲线上行驶时，不产生横向倾覆的最小平曲线半径或最大允许行驶速度：

$$R=\frac{V^2}{127\left(\frac{b}{2h_g}+i_h\right)} \tag{2-4}$$

$$V=\sqrt{127R\left(\frac{b}{2h_g}+i_h\right)} \tag{2-5}$$

（2）横向滑移

横向滑移指汽车在横向力的作用下，可能产生沿横向力方向的侧向滑移，其产生条件是横向力大于轮胎与路面之间的横向摩阻力，因此，横向滑移极限平衡条件为：

$X=Y\cdot\varphi_x\approx G\cdot\varphi_x$，变换得$\frac{X}{G}=\varphi_x$，式中 φ_x 为横向摩阻力系数，将其代入式（2-2）和式（2-3）可计算出汽车在平曲线上行驶时，不产生横向滑移的最小平曲线半径或最大允许行驶速度：

$$R=\frac{V^2}{127(\varphi_x+i_h)} \tag{2-6}$$

$$V=\sqrt{127R(\varphi_x+i_h)} \tag{2-7}$$

（3）两种失稳的比较

由式（2-4）、式（2-5）、式（2-6）、式（2-7）可知，倾覆与滑移出现的先后顺序取决于 $\frac{b}{2h_g}$ 与 φ_x 的值，若 $\frac{b}{2h_g}>\varphi_x$，则滑移先于倾覆；反之则倾覆先于滑移。对现代汽车来说，轮距宽、重心低，一般 $\frac{b}{2h_g}>\varphi_x$，所以滑移先于倾覆。因此，在道路设计中，若能保障汽车不滑移（$\mu<\varphi_x$），则同时就保障了汽车行驶的倾覆稳定性。

（二）横向力系数和超高率

由前述公式可以看出，在 V 一定的前提下，曲线的最小半径取决于容许的最大横向力系数以及最大超高率。因此首先对这两个因素进行讨论。

1. 横向力系数 μ 及 μ_{max}

μ_{max} 是一个规定值，根据燃油的经济性，汽车的使用寿命、行车安全、行车速度综合而定。横向力系数 μ 的存在会对行车产生种种不利的影响，μ 越大行车越不利，主要表现在如下几个方面。

（1）行车安全方面

汽车在路面上不发生滑移的前提条件是横向力系数 μ 不大于轮胎与路面之间的横向摩阻系数 φ_x，即 $\mu \leqslant \varphi_x$。

φ_x 与车速、路面类型及状态、轮胎状态及载重等有着直接的关系。汽车行驶过程中，在横向力的作用下车轮的驱动方向与汽车前进方向形成一个角度，称为横向力偏移角 δ，当 δ 过大时，μ 不再变化，其受路面及轮胎的制约，这个值为 φ_x。一般情况下干燥路面上为 0.4～0.8；在潮湿的沥青路面上则降低到 0.25～0.4；在路面结冰或积雪时会降到 0.2 以下。可见在不同情况下横向摩阻系数不同，因此当横向力系数大于横向摩阻系数时，车就会发生横向滑移的危险。并且在横向力的作用下，汽车轮胎会发生变形，增加了汽车驾驶操作上的困难。当 $\delta > 5°$ 时，特别是在车速较高时，更不容易保持驾驶方向上的稳定。

（2）增加燃料消耗和轮胎磨损

在平曲线路段，由于横向力系数的存在，使车辆的燃油消耗和轮胎磨损较平直路段有所增加，表 2-1 是实测的燃料消耗和轮胎磨损情况。

表 2-1　实测的燃料消耗和轮胎磨损

横向力系数 μ	燃料消耗（%）	轮胎磨损（%）	横向力系数 μ	燃料消耗（%）	轮胎磨损（%）
0	100	100	0.15	115	300
0.05	105	160	0.20	120	390
0.10	110	220			

（3）乘客感觉不舒适

横向力系数的存在不仅造成驾驶员操作的困难、燃油消耗及轮胎磨损的增加，还对乘客的乘车感觉造成不良影响。在 μ 过大时，乘客的感觉不舒适。据试验，乘客的心理随 μ 的变化如下。

当 $\mu < 0.10$ 时，不感到有曲线存在，很平稳；

当 $\mu = 0.15$ 时，稍感到有曲线存在，尚平稳；

当 $\mu = 0.20$ 时，已感到有曲线存在，并感到不平稳；

当 $\mu = 0.35$ 时，感到有曲线存在，不稳定；

当 $\mu > 0.40$ 时，转弯非常不稳定，车辆有倾覆的危险。

综上所述，μ 值的采用，关系到行车安全、经济与舒适时，必须确定一个合理的限界。

通过研究一般认为由 0.10 到 0.16 是比较合理的一个范围，在设计中可以根据道路等级来采用不同的值。

2. 超高横坡度 i_h

设置超高是为了抵消部分离心力的作用，但道路上行驶车辆的速度并不一致，特别是在混合交通的道路上，不仅要照顾快车，也要照顾慢车。因此要选择合适的超高率才能保证行车的安全。

确定最大的超高率，除了根据道路所在的地区的气候条件外，还应充分考虑驾驶员和乘客的心理反应。对重山区、城市附近、交叉口以及有相当数量的非机动车的道路，最大超高率比一般路段要小些。我国《公路工程技术标准》明确规定：超高的横坡度按计算行车速度、半径大小，结合路面类型、自然条件和车辆组成等情况确定。一般地区，圆曲线最大超高值应采用 8%；积雪冰冻地区，最大超高值应采用 6%；以通行中、小型客车为主的高速公路和一级公路，最大超高值可采用 10%；城镇区域公路，最大超高值可采用 4%；当超高横坡度的计算值小于路拱坡度时，应设置等于路拱的超高。

城市道路上车辆实际行驶速度普遍偏低，且有相当数量的非机动车道行驶，其最大超高率取值要更低一些。《城市道路路线设计规范》明确规定：设计速度为 100km/h 和 80km/h 的城市道路最大超高横坡度应不大于 6%；设计速度为 60km/h 和 50km/h 的城市道路最大超高横坡度应不大于 4%；设计速度为 40km/h、30km/h 和 20km/h 的城市道路最大超高横坡度应不大于 2%；积雪或冰冻地区的道路应根据实际情况适当折减。

（三）圆曲线最小半径计算

1. 公路圆曲线最小半径的计算

（1）极限最小半径

根据上面的论述，横向力系数可以控制在 0.10～0.17 之间，最大超高率则根据路况不同分别取用 4%、6%、8%、10%，按照式（2-2）即可以计算出平曲线最小半径值。我国现行的《公路工程技术标准》中的极限最小半径是参照各省市以及国外的具体情况，选用适当的 μ_{max} 和 i_{hmax}，并将其计算结果进行归纳得出的，见表 2-2。

（2）一般最小半径

在选用圆曲线的半径值时，一方面要考虑汽车行驶的稳定性和乘客的舒适性，另一方面也要考虑工程的可行性和工程量的限制。因此，在现行的《公路工程技术标准》中充分地考虑了这几方面的情况，横向力系数值采用 0.05～0.06，超高值采用 6%～8%，确定了一般最小半径值，见表 2-2。

（3）不设超高的最小半径

当选用的圆曲线半径大到一定的程度，在曲线上即使不设超高也能满足车辆行驶的稳定性和乘客的舒适性要求时，在曲线上可以不设置超高。此时，对于在曲线外侧行驶的车辆存在着一个“反超高”也就是超高横坡率为负值，大小同路拱，为此选用更小的横向力系数。

我国《公路工程技术标准》中，当路拱坡度≤2.0%时，取 μ =0.035～0.040。其中 i_h 为 1.5%时，μ 取 0.035，i_h 为 2%时，μ 取 0.040；当路拱坡度＞2.0%时，取用 μ =0.040～0.050。其中 i_h 为 2.5%时，μ 取 0.040，i_h 为 3%时，μ 取 0.045，i_h 为 3.5%时，μ 取 0.05；最终确定的不设超高圆曲线最小半径见表 2-2。

表 2-2　圆曲线最小半径

设计速度（km/h）		120	100	80	60	40	30	20
一般值（m）		1000	700	400	200	100	65	30
极限值（m）	10%	570	360	220	115	—	—	—
	8%	650	400	250	125	60	30	15
	6%	710	440	270	135	60	35	15
	4%	810	500	300	150	65	40	20
不设超高最小半径（m）	路拱≤2.0%	5500	4000	2500	1500	600	350	150
	路拱>2.0%	7500	5250	3350	1900	800	450	200

2. 城市道路最小半径计算

城市道路圆曲线最小半径分三类：不设超高最小半径、设超高最小半径一般值及极限值。考虑我国城市道路大型客、货车较多的特点，城市道路不设超高圆曲线最小半径按 $\mu=0.067$ 和 $i_h=-2\%$ 计算得出；设超高圆曲线最小半径一般值按 $\mu=0.067$ 和 $i_h=2\%\sim6\%$ 计算得出。城市道路由于非机动车的干扰、交叉口较多，一般车速偏低，因此 μ 值可以增大些，且对于已建成区道路两侧建筑已成型，如设超高较大时，与两侧建筑物标高不好配合且影响街景美观，所以城市道路宜适当降低标准。故城市道路设超高圆曲线最小半径极限值按不同的设计速度，$\mu=0.14\sim0.16$，$i_h=2\%\sim6\%$ 计算得出。圆曲线半径规范采用值见表 2-3。

表 2-3　城市道路圆曲线最小半径计算表

设计速度（km/h）		100	80	60	50	40	30	20
不设超高最小半径（m）		1600	1000	600	400	300	150	70
设超高最小半径（m）	一般值	650	400	300	200	150	85	40
	极限值	400	250	150	100	70	40	20

当地形条件受限制时，可采用超高圆曲线最小半径的一般值；当地形条件特别困难时，可采用设超高圆曲线最小半径的极限值；当设计速度大于或等于 40km/h 时，机动车最大纵坡的下坡段尽头，其圆曲线半径应大于或等于不设超高的最小半径；当条件受限制而采用设超高最小半径时，应采取防护措施。

第四节　缓 和 曲 线

缓和曲线是设置在直线和圆曲线之间的或半径相差较大的两个同向的圆曲线之间的一种曲率逐渐变化的曲线。《公路工程技术标准》中规定除四级公路以外，其余各级公路都应设置缓和曲线。在道路设计中，无论是公路还是城市道路，都广泛应用了缓和曲线，既增加了汽车行驶的舒适性和安全性，又美化了线形。

一、缓和曲线的作用和性质

（一）缓和曲线的作用

1. 缓和曲线通过其曲率逐渐变化，可更好地适应汽车转向的行驶轨迹

汽车在转弯过程中，其行驶轨迹是一条曲率连续变化的轨迹线。它的形式和长短，随行车速度、曲率半径和司机转动方向盘的快慢而定。从安全角度出发，缓和曲线的合理设计有利于车辆在行驶过程中不致偏离车道，从而保证交通安全。

2. 曲率发生突变时，使离心加速度逐渐变化

汽车行驶在曲线上会产生离心力，离心力的大小与曲线的曲率成正比。直线与圆曲线直接相接或半径相差较大两圆曲线直接相接时，如果不设置缓和曲线，其曲率会产生突变。在一定的车速情况下，乘客就会有不舒适的感觉。设置了缓和曲线，其曲率是逐渐过渡的，离心加速度的过渡也是逐渐的，乘客就不会有不舒服的感觉。

3. 缓和曲线可以作为超高和加宽变化的过渡段

路线在弯道上要设置超高和加宽，从双面横坡过渡到单面横坡，和由直线上的正常宽度过渡到圆曲线上的加宽宽度，这一过程变化一般是在缓和曲线长度内完成的。

4. 缓和曲线的设置可使线形美观连续

在曲率变化处用缓和曲线进行过渡，消除了视觉上的不连续感觉，使线形平顺、圆滑、顺适，增加线形美观的同时也增加了行车安全感。

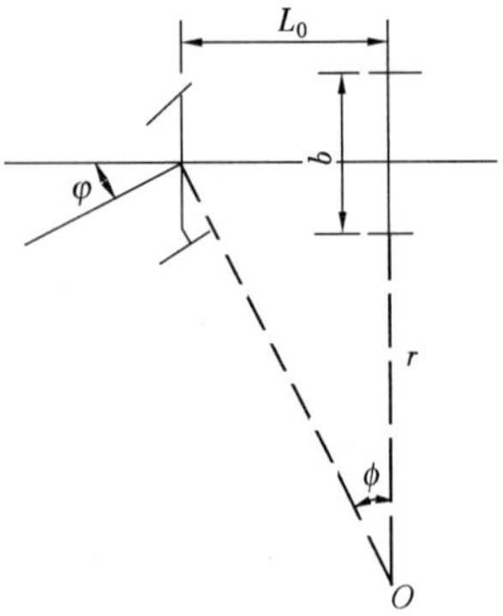

图 2-4　汽车转弯行驶状况图

（二）缓和曲线的性质

汽车行驶轨迹是圆滑的，最大宽度由前外轮后内轮决定。轨迹的几何特征具有三个特性，一是轨迹曲线是连续的；二是轨迹曲线的曲率是连续的；三是轨迹曲率的变化是连续的。对轨迹曲线的几何特征是随着交通的质和量的变化而被认识的。设置的缓和曲线的形式要比较好地符合汽车行驶轨迹。

汽车由直线进入圆曲线，其行驶轨迹的曲率是逐渐变化的。假定汽车是等速行驶，司机匀速转动方向盘。当方向盘转动角度为 φ 时，前轮相应转动角度为 ϕ（图 2-4），它们之间的关系为：

$$\phi = k\varphi \text{ (rad) } (k < 1)$$

方向盘转动的角速度为 ω，则汽车前轮转动的角度为：$\varphi = k \cdot \phi = k \cdot \omega t$。根据图 2-4，可知轨迹曲率半径：$r = \dfrac{L_0}{\tan\phi}$。

因为 ϕ 很小，因此可以近似地表示为：$r \approx \dfrac{L_0}{\phi} = \dfrac{L_0}{k\omega t}$。

汽车以 v 等速行驶，因此存在如下关系，$l = vt$，代入上式并整理得到 $l = v\dfrac{L_0}{k\omega r}$。

式中，v、L_0、k、ω 都为常数，因此定义 $\dfrac{vL_0}{k\omega} = C$，故此得到 $l = \dfrac{C}{r}$ 或 $rl = C$。

式中　l——汽车自曲线起点开始转弯，经 t（s）后行驶的距离（m）；

r——汽车行驶 t（s）后的曲线半径（m）；

C——常数。

此式为回旋线的极坐标方程，与汽车的行驶轨迹有良好的吻合性。

二、缓和曲线的数学表达式

（一）缓和曲线的数学表达式

1. 极坐标方程表达式

回旋线是曲线长度成比例变化的曲线，且曲线上任一点到回旋线原点的弧长与曲线该点曲率半径之乘积为一常数，这一性质与汽车由直线进入圆曲线（或相反）的轨迹相符，因此，在道路设计中最常用的缓和曲线是回旋线。回旋线的基本公式为：

$$r \cdot l = C \tag{2-8}$$

式中 r——回旋线上任意点的曲率半径（m）；

l——回旋线上任意点到原点的曲线长（m）；

C——常数。

由于 $r \cdot l$ 的量纲是（m^2），因此为使量纲一致，故令常数 $C = A^2$，表示回旋线的曲率变化的缓急程度。对于回旋线的终点处，$r = R$，$l = L_S$ 则上式可以表示为：

$$R \cdot L_S = A^2 \text{ 或 } A = \sqrt{R \cdot L_S}$$

式中 R——回旋线所连接的圆曲线的半径（m）；

L_S——缓和曲线的长度（m）；

A——回旋线参数。

2. 直角坐标方程表达式

回旋线作为缓和曲线，我们所使用的范围是曲率半径 $r=\infty$ 至 $r=R$（圆曲线半径），其直角坐标方程数学表达式推导如下，由图 2-5 可知：

$$\mathrm{d}l = r \cdot \mathrm{d}\beta$$

$$\mathrm{d}x = \mathrm{d}l \cdot \cos\beta$$

$$\mathrm{d}y = \mathrm{d}l \cdot \sin\beta$$

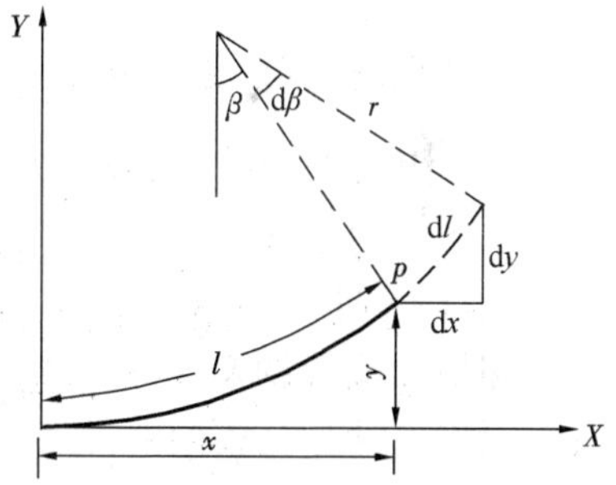

图 2-5 回旋线

以 $r \cdot l = A^2$ 代入得：

$$\mathrm{d}l = \frac{A^2}{l}\mathrm{d}\beta$$

积分得：$l^2 = 2A^2\beta$，则缓和曲线角：

$$\beta = \frac{l^2}{2A^2} \tag{2-9}$$

缓和曲线终点处，$l = L_S$，$r = R$，则 $\beta = \beta_0 = \dfrac{L_S}{2R}$。

将 $\beta = \dfrac{l^2}{2A^2}$ 代入 $dx = dl \cdot \cos\beta$、$dy = dl \cdot \sin\beta$ 式中，并将 $\cos\beta$、$\sin\beta$ 用泰勒级数展开并积分整理得：

$$x = l - \frac{l^5}{40C^2} + \frac{l^9}{3456C^4} - \cdots$$

$$y=\frac{l^3}{6C}-\frac{l^7}{336C^3}+\frac{l^{11}}{42240C^5}-\cdots \tag{2-10}$$

在回旋曲线终点处，$l=L_S$（L_S为回旋线长度），$r=R$，代入上式得：

$$x=x_0=L_S-\frac{L_S^3}{40R^2}+\frac{L_S^5}{3456R^4}-\cdots$$

$$y=y_0=\frac{L_S^2}{6R}-\frac{L_S^4}{336R^3}+\frac{L_S^6}{42240R^5}-\cdots \tag{2-11}$$

实际计算中，式（2-10）和式（2-11）可取前两项计算。

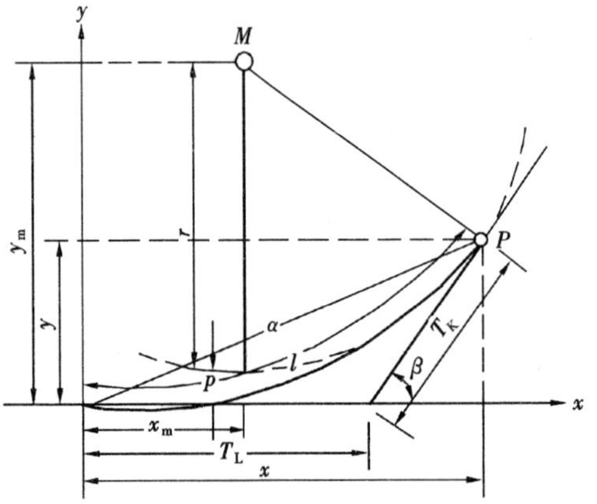

图 2-6　回旋线要素

（二）回旋线的几何要素计算

1. 回旋线上任意点 P 的要素计算，如图 2-6 所示。

（1）P 点的曲率半径：$r=\dfrac{A}{\sqrt{2\beta}}$；

（2）P 点的回旋线长度：$l=A\sqrt{2\beta}$；

（3）缓和曲线角：$\beta=\dfrac{l^2}{2A^2}=\dfrac{l^2}{2rl}=\dfrac{l}{2r}$；

（4）长切线长：$T_L=x-\dfrac{y}{\tan\beta}$；

（5）短切线长：$T_K=\dfrac{y}{\sin\beta}$；

（6）P 点的弦长：$a=\sqrt{x^2+y^2}=\dfrac{y}{\sin\delta}=\dfrac{x}{\cos\delta}$；

（7）P 点的偏角：$\delta=\arctan\dfrac{y}{x}=\dfrac{\beta}{3}$（rad）；

（8）P 点曲率圆的内移值：$p=y-r(1-\cos\beta)$；

（9）P 点曲率圆圆心 M 点的坐标：$x_m=x-r\sin\beta$；$y_m=r+p=y+r\cos\beta$。

2. 有缓和曲线的道路平曲线的几何要素

道路平面线形的基本组合为：直线-缓和曲线-圆曲线-缓和曲线-直线，如图 2-7 所示。其几何元素的计算公式如下。

$$q=x_0-R\sin\beta_0=\frac{L_S}{2}-\frac{L_S^3}{240R^2}$$

$$\Delta R=y_0-R+R\cos\beta_0=\frac{L_S^2}{24R}$$

$$\beta_0=\frac{L_S}{2R}$$

$$T_h=(R+\Delta R)\tan\frac{\alpha}{2}+q$$

$$L_h=(\alpha-2\beta_0)\frac{\pi}{180°}R+2L_S$$

$$E_h=(R+\Delta R)\sec\frac{\alpha}{2}-R$$

$$J_h=2T_h-L_h$$

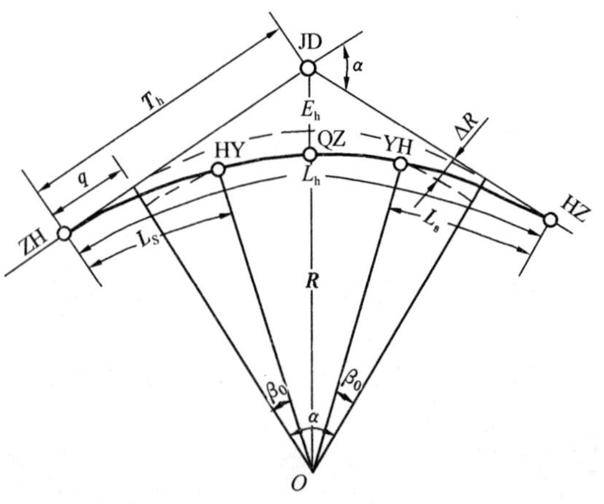

图 2-7　基本型曲线图

式中　q——缓和曲线起点到圆曲线原起点的距离，也称为切线增值（m）；

ΔR——设缓和曲线后圆曲线内移值（m）；

β_0——缓和曲线终点缓和曲线角（rad）；

L_S——缓和曲线长（m）；

R——圆曲线半径（m）；

α——偏角（°）；

T_h——切线长（m）；

L_h——曲线长（m）；

E_h——外距（m）；

J_h——超距（m）。

（三）主点桩里程推算

设有缓和曲线的平曲线有五个主点桩位，分别是ZH、HY、QZ、YH、HZ，当交点JD里程已知时，主点桩的里程推算如下：

$$\begin{array}{c} \text{JD} \\ \underline{-T_h} \\ \text{ZH} \\ \underline{+L_S} \\ \text{HY} \\ \underline{+L_y\ (=L_h-2L_g)} \\ \text{YH} \\ \underline{+L_S} \\ \text{HZ} \\ \underline{-L_h/2} \\ \text{QZ} \\ \underline{+J_h/2} \\ \text{JD} \end{array}$$

（四）带有缓和曲线的平曲线现场敷设

曲线的现场敷设有多种方法，尤其现代测设设备及手段都有了较大的进步，但其基本原理无太大变化，常用的敷设方法有以下几种。

1. 切线支距法

（1）测放缓和曲线

$$x = l - \frac{l^5}{40C^2} \quad y = \frac{l^3}{6C}$$

（2）测放圆曲线时

$$x = q + R\sin\varphi_m \quad y = \Delta R + R(1-\cos\varphi_m)$$

$$\varphi_m = \alpha_m + \beta_0(\text{rad}) \quad \alpha_m = \frac{l_m}{R}(\text{rad})$$

式中　l_m——圆曲线上待放点至缓和曲线终点（HY或YH）的弧长（m）；

α_m——l_m所对应的圆心角；

φ_m——平曲线从起点（ZH或HZ）到待放点所转过的角度。

其他参数同上。

2. 偏角法

偏角法有支镜（仪器）于曲线的起终点法及支镜（仪器）于JD法，原理大同小异。以支镜（仪器）于JD法为例，测放公式如下：

偏角 $\delta = \arctan\frac{y}{T_h - x}$，弦长 $a = \sqrt{(T_h - x)^2 + y^2}$，$x$、$y$ 的计算公式如前。

3. 坐标法

坐标法放桩利用先进的测量仪器如GPS仪及全站仪进行，详见《测量学》等教材。

三、缓和曲线的长度及参数

（一）缓和曲线长度

汽车在缓和曲线上要完成不同曲率的过渡行驶，因此要使缓和曲线有足够的长度，以使驾驶员有足够的时间来操作方向盘。对于缓和曲线的长度我们可以从如下几个方面来确定。

1. 控制离心加速度变化率 p

汽车在缓和曲线上行驶，其离心加速度随缓和曲线曲率变化而变化，若变化过快，将增加司机操作的难度，同时从乘客感觉出发，这种离心加速度的变化率应控制在一定的范围之内。

$$p = \frac{\alpha}{t} = \frac{v^2/R}{l/v} = \frac{v^3}{l \cdot R}\ (\mathrm{m/s^3})$$

式中 α——离心加速度（$\mathrm{m/s^2}$）；

v——汽车行驶速度（m/s）；

R——圆曲线半径（m）；

p——离心加速度变化率（$\mathrm{m/s^3}$）；

t——汽车在缓和曲线上的行驶时间（s）。

在公路设计中，我们一般取 $p \leqslant 0.6$（$\mathrm{m/s^3}$），代入上式，缓和曲线的最小长度为：

$$L_S = 0.036\frac{V^3}{R}(\mathrm{m}) \tag{2-12}$$

式中 V——设计速度（km/h）。

设计中可根据实际情况选用不同的 p 值，一般快速路要小些，慢速路可大些。

2. 保证司机操作反应时间

$$L_S = v \cdot t = \frac{V}{3.6}t(\mathrm{m})$$

缓和曲线长度应使司机在其上行驶时操作从容，不能过于匆忙，一般情况下以3s行程控制为佳，代入上式则有：

$$L_S = \frac{3V}{3.6} = \frac{V}{1.2}\ (\mathrm{m}) \tag{2-13}$$

3. 行车道外侧因超高产生的附加坡度不过大

曲线外侧由于设置超高而抬高，造成路线纵坡变化，纵坡变化过大对路容及行车舒适产生不利影响，所以对因超高产生的附加坡度宜加以控制。

绕边线旋转：

$$L_S = \frac{B \cdot i_h}{\Delta p}\ (\mathrm{m}) \tag{2-14}$$

绕中轴旋转：
$$L_S = \frac{B}{2\Delta p}(i_h + i_G)\ (m) \tag{2-15}$$

式中 B——路面宽度（m）；

i_h——超高率（%）；

i_G——路拱坡度（%）；

Δp——超高附加坡度渐变率，其值见表 2-4。

表 2-4 超高附加坡度渐变率

设计速度（km/h）	超高旋转轴位置	
	中线	边线
120	1/250	1/200
100	1/225	1/175
80	1/200	1/150
60	1/175	1/125
40	1/150	1/100
30	1/125	1/75
20	1/100	1/50

4. 满足视觉要求

根据视觉条件和实践研究可知：$L_S = \frac{R}{9} \sim R$ 或 $A = \frac{R}{3} \sim R$，可使线形舒顺协调。相当于缓和曲线螺旋角 $\beta_{max} \leqslant 28°38'52''$，$\beta_{min} \geqslant 3°11'08''$。

考虑了以上各种因素，我国在《公路工程技术标准》和《城市道路工程设计规范》中都规定了缓和曲线的最小长度，见表 2-5 和表 2-6。

表 2-5 各级公路缓和曲线最小长度

设计速度（km/h）	120	100	80	60	40	30	20
缓和曲线最小长度（m）	100	85	70	50	35	25	20

注：四级公路为超高、加宽过渡段长度。

表 2-6 城市道路缓和曲线最小长度

设计速度（km/h）	100	80	60	50	40	30	20
缓和曲线的最小长度（m）	85	70	50	45	35	25	20

（二）缓和曲线参数 A 的确定

1. 依汽车在缓和曲线缓和行驶确定参数 A

由 $p = \frac{v^3}{L \cdot R}$ 得 $A^2 = \frac{v^2}{p}$，

则
$$A = \sqrt{\frac{0.0214}{p}} \cdot \sqrt{V^3} \tag{2-16}$$

我们可以依据 p 确定缓和曲线的参数 A。

2. 依行驶时间决定缓和曲线的参数 A

从安全和心理的角度出发，要求汽车在缓和曲线上行驶的最小时间为 t（s），汽车的速度保持匀速 v（m/s），则有 $L = vt$，

所以 $A=\sqrt{RL}=\sqrt{R\cdot vt}=\sqrt{R\frac{1}{3.6}Vt}=\sqrt{\frac{RVt}{3.6}}$

我们取 $t=3\text{s}$，

则
$$A=\sqrt{\frac{RV}{1.2}} \tag{2-17}$$

3. 依据视觉条件确定缓和曲线的参数 A

确定合理的缓和曲线参数 A，可以使线形达到顺适与美观的要求。根据跟踪司机的视觉发现，当缓和曲线角小于 3°时，曲线极不明显，在视觉上容易被忽略。当缓和曲线角大于 29°时，曲线过于弯曲很难与相接的圆曲线顺接。保持缓和曲线角 β 在 3°～29°，我们就可以确定合适的 A 值。

$$\beta_0=\frac{L_S}{2R}\text{ 则 }L_S=2R\beta_0,$$

所以
$$A=\sqrt{RL_S}=\sqrt{R\cdot 2R\beta_0}=R\sqrt{2\beta_0}$$

我们将 $\beta_0=3°$和 $\beta_0=29°$代入上式，可得到下面的关系：

$$\frac{R}{3}\leqslant A\leqslant R \tag{2-18}$$

上述关系只适用于 R 在某种范围内。当 R 较大时（$R\geqslant 3000\text{m}$），即使 A 小于 $\frac{R}{3}$，在视觉上也是没有问题的；当 R 较小时（$R<100\text{m}$），即使 A 大于 R，在视觉上也是没有问题的。

四、缓和曲线的省略

当圆曲线的半径 R 大到一定程度时，缓和曲线的内移值 p 很小，即使直线与圆曲线直接衔接，汽车也能正常行驶，所以在这样的段落可以省略缓和曲线。因此《公路路线设计规范》规定，在下列情况下可不设缓和曲线。

1. 当圆曲线半径大于或等于表 2-2 所列的不设超高的最小半径时。

2. 半径不同的同向圆曲线径相连接处，应设置缓和曲线，但符合下列条件时可以不设缓和曲线。

（1）小圆半径大于表 2-2 所列的不设超高的最小半径时。

（2）小圆半径大于表 2-7 所列半径，且符合下列条件之一时。

① 小圆曲线按规定设置相当于最小缓和曲线长度的回旋线时，其大圆与小圆的内移值之差不超过 0.10m。

② 设计速度≥80km/h 时，大圆半径（R_1）与小圆半径（R_2）之比小于 1.5。

③ 设计速度<80km/h 时，大圆半径（R_1）与小圆半径（R_2）之比小于 2。

表 2-7　复合曲线中小圆临界曲线半径

设计速度（km/h）	120	100	80	60	40	30
临界圆曲线半径（m）	2100	1500	900	500	250	130

《城市道路路线设计规范》充分结合城市道路特点，也给出了城市道路缓和曲线的省略条件：

1. 当圆曲线半径大于表 2-8 所列不设缓和曲线的最小圆曲线半径时。

表 2-8　不设缓和曲线的最小圆曲线半径

设计速度（km/h）	100	80	60	50	40
不设缓和曲线的最小圆曲线半径（m）	3000	2000	1000	700	500

2. 当设计速度小于 40km/h 时，缓和曲线可采用直线代替，直线长度应满足缓和曲线最小长度的要求。

3. 当设计速度大于或等于 40km/h 时，半径不同的同向圆曲线连接处应设置缓和曲线。当受地形限制并符合下列条件之一时，可采用复曲线：

① 小圆半径大于或等于不设缓和曲线的最小圆曲线半径；

② 小圆半径小于不设缓和曲线的最小圆曲线半径，但大圆与小圆的内移值之差小于或等于 0.1m；

③ 大圆半径与小圆半径之比值小于或等于 1.5。

第五节　行 车 视 距

为了行车安全，驾驶员需要看到前方相当一段距离，以便发现前方障碍物或来车，能及时采取措施，保证交通安全，我们把这一必需的最短距离称为行车视距。行车视距是道路使用质量的重要指标之一，行车视距是否充分将直接关系到行车安全。

根据驾驶员所采取的措施不同，行车视距分为如下几种。

1. 停车视距：汽车行驶时，从驾驶员发现前方障碍物时起，至障碍物前能安全制动停车，所需的最短距离。

2. 会车视距：在同一车道上，两对向行驶的汽车在发现对方后，采取刹车措施安全停车，防止碰撞所需的最短距离。

3. 错车视距：在无明确分道线的双车道道路上，两对向行驶的汽车在发现对方后，采取措施避让安全错车所需的最短距离。

4. 超车视距：在双向行驶的双车道道路上，后面的快车超越慢车时，从开始驶离原车道，到完成超车回到自己的车道所需要的距离。

《公路路线设计规范》中规定高速公路、一级公路应满足停车视距的要求；其他各级公路一般应满足会车视距的要求，受地形条件或其他特殊情况限制而采取分道行驶措施的路段，可采用停车视距；根据计算分析得知，会车视距约是停车视距的两倍，也就是只要计算出停车视距就可以了。此外，二级公路、三级公路、四级公路对向行驶的双车道公路，应根据需要并结合地形，在适当的距离内设置具有超车视距的路段，具有干线功能的二级公路宜在 3min 的行驶时间内，提供一次满足超车视距要求的超车路段，因此，还需了解超车视距的计算过程。

一、停车视距

停车视距是指在汽车行驶时，当视线高为 1.2m，障碍物高 0.1m 时，驾驶员发现前方障碍物，经判断决定采取制动措施到汽车在障碍物前安全停住所需的最短距离。

停车视距由驾驶者在反应时间内行驶的距离、开始制动到刹车停止所行驶的距离组成。

另应增加安全距离5～10m，以保证汽车有一定的安全距离，在障碍物前安全地停下来而不至于冲到障碍物上。按下式计算：

$$S_T = S_1 + S_2 + (5 \sim 10)\text{m} \tag{2-19}$$

式中　S_1——反应距离（m）；

S_2——制动距离（m）。

1. 反应距离

驾驶员的反应时间是指驾驶员发现障碍物后，进行判断直至采取制动措施生效的时间。反应时间与驾驶员有着直接的关系，根据测定的资料，设计上采用人的反应时间是1.5s，制动生效时间是1.0s是比较合适的，也就是总的反应时间是2.5s。在这个时间内汽车行驶的距离为：

$$S_1 = vt = \frac{V}{3.6}t \tag{2-20}$$

2. 制动距离

制动距离是指汽车从制动生效到汽车完全停止，在这段时间内汽车行驶的距离。根据为汽车的制动性或功能守恒原理。

$$S_2 = \frac{V^2}{254(\varphi \pm \psi)} \tag{2-21}$$

式中　V——汽车的行驶速度（km/h）；

φ——路面与轮胎之间的纵向摩阻系数；

ψ——道路阻力系数，$\psi = f + i$；

f——道路滚动阻力系数；

i——道路坡度，上坡为“+”，下坡为“－”；

一般情况下，$\psi = f + i$对视距计算值的影响在5%左右，计算中略去其对视距的影响。

综上所述，停车视距的计算公式应为：

$$S_T = S_1 + S_2 = \frac{V}{3.6}t + \frac{V^2}{254\varphi} \tag{2-22}$$

依上式计算，路面处于潮湿状态的小客车停车视距见表2-9。

表2-9　各级公路停车和超车视距

设计速度（km/h）	行驶速度（km/h）	φ	停车视距（m）		超车视距（m）		二级、三级、四级公路会车视距规定值（m）
			计算值	规定值	一般值	极限值	
120	102	0.29	212.0	210	—	—	—
100	85	0.30	153.7	160	—	—	—
80	68	0.31	105.9	110	550	350	220
60	54	0.33	73.2	75	350	250	150
40	36	0.38	38.3	40	200	150	80
30	30	0.44	28.9	30	150	100	60
20	20	0.44	17.3	20	100	70	20

城市道路视距计算与公路相仿，取值相同。

此外，因货车存在空载时制动性能差、轴向荷载难以保证均匀分布、一条轴侧滑会引发其他车轴失稳、半挂车铰接制动不灵等现象，因此，高速公路、一级公路一级大型车比例高的二级公路、三级公路的下坡路段，应满足表 2-10 所示下坡段货车停车视距的要求。

表 2-10　下坡段货车停车视距（m）

设计速度（km/h）		120	100	80	60	40	30	20
纵坡坡度（%）	2	245	180	125	85	50	35	20
	3	265	190	130	89	50	35	20
	4	273	195	132	91	50	35	20
	5	—	200	136	93	50	35	20
	6	—	—	139	95	50	35	20
	7	—	—	—	97	50	35	20
	8	—	—	—	—	—	35	20
	9	—	—	—	—	—	—	20

二、超车视距

在对向行驶的双车道公路上，当视高为 1.2m，物高为 1.2m，后面的快车超越前面的慢车的过程中，从开始驶离原车道之处起，至可见逆向来车并能超越慢车后安全驶回原车道所需的最短距离，如图 2-8 所示。为了超车的安全，驾驶员必须看到前面足够长度的车流空隙，以便保证超车时的交通安全。

超车视距可分为四个部分，如下式：

$$S_c = S_1 + S_2 + S_3 + S_4 \tag{2-23}$$

式中　S_c ——全超车视距；

S_1 ——超车汽车加速行驶的距离；

S_2 ——超车汽车在对向车道上行驶的距离；

S_3 ——超车汽车完成超车时，其与对向来车之间的安全距离；

S_4 ——在整个超车过程中，对向汽车的行驶距离。

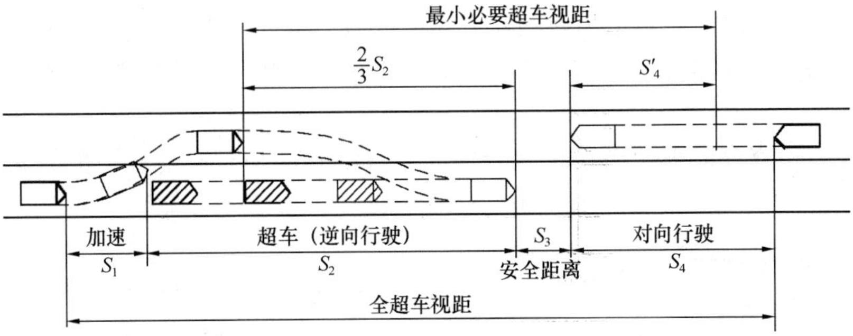

图 2-8　超车视距

1. 超车汽车加速行驶的距离

超车汽车加速行驶的距离指当欲超车的快车认为有超车可能时，加速行驶移向对向车道，在进入对向车道前所行驶的距离。

$$S_1 = \frac{V_0}{3.6}t_1 + \frac{1}{2}at_1^2 \tag{2-24}$$

式中　V_0 ——被超车的行驶速度（km/h），可认为较设计速度低 5～20km/h；

t_1 ——加速时间（s），一般为 2.7～4.5s；

a ——平均加速度（m/s^2），0.60～0.66m/s^2。

2. 超车汽车在对向车道上行驶的距离

$$S_2 = \frac{V}{3.6}t_2 \tag{2-25}$$

式中　V ——超车汽车在加速后的速度（km/h），可认为是设计车速；

t_2 ——在对向车道上行驶的时间（s），一般在 7.5～11.4s 之间。

3. 超车完了时，超车汽车与对向汽车之间的安全距离

这个安全距离根据不同等级公路上的计算行车速度的不同而采用不同的值。一般取用 20～100m。

4. 超车汽车从开始超车到完成超车的过程中，对向汽车所行驶的距离

$$S_4 = \frac{V}{3.6}(t_1 + t_2) \tag{2-26}$$

在实际的超车过程中，不需要这样理想化的全超车距离，并且在地形较为复杂的地段要实现这一目标也较为困难。实际上在超车汽车加速追上被超汽车后，一旦发现有对向来车而距离不足时，还可以回到原来的车道。这个时间一般可取 $\frac{2}{3}t_2$，所行驶的距离为 $\frac{2}{3}S_2 = \frac{2V}{10.8}t_2$；对向来车的行驶时间只考虑超车汽车进入对向车道后的时间就能够保证交通安全了。所以保证超车安全的最小超车视距为 $\frac{2}{3}S_2 + S_3 + S'_4$。在《公路工程技术标准》的制定过程中，充分考虑了超车时的各种因素，确定了各级公路的最小超车视距，见表 2-9。正常情况下，超车视距应满足一般值要求，条件受限时可采用极限值。

三、平面视距的保证

汽车在弯道上行驶时，弯道内侧的树木、建筑物、路堑边坡或是其他障碍物要避免遮挡司机的视线。因此，在路线设计时必须检查平曲线的视距是否得到保证，将阻碍视线的障碍物清除，如图 2-9 所示。

一般来说，检查弯道内平面视距能否保证的方法有两种，一是视距曲线法，二是横净距法。

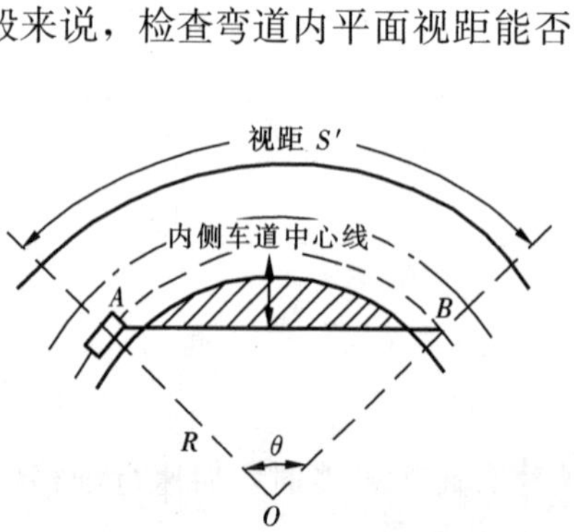

图 2-9　弯道内平面视距障碍物的清除

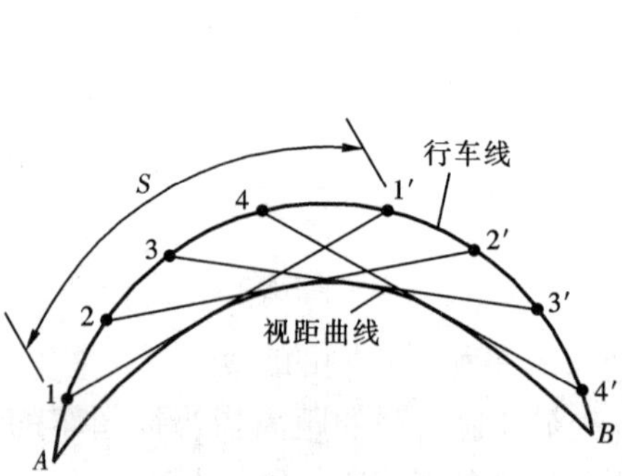

图 2-10　弯道内侧应保证的区域

（一）视距曲线法

如图 2-10 所示，AB 是行车轨迹线，从汽车行驶轨迹线上的不同位置（图中的 1、2、3……各点）引出一系列弧长等于需要的最短视距 S 的视线（图中的 1—1′，2—2′，3—3′等），与这些视线相切的曲线（包络线）称为视距曲线。在视距曲线与轨迹线之间的空间范围，是应保证通视的区域，在这个区域内如有障碍物则要予以清除。

（二）横净距计算方法

在弯道各点的横断面上，汽车轨迹线与视距曲线之间的距离称横净距。以不设缓和曲线的平曲线为例，计算横净距的方法分两种情况，一是曲线长度大于视距的情况，二是曲线长度小于视距的情况，如图 2-11 所示。

1. 当 $L>S$ 时

$$Z=R_S-R_S\cos\frac{\beta}{2}=R_S\left(1-\cos\frac{S}{2R_S}\right)$$

将 $\cos\frac{S}{2R_S}$ 按三角级数展开，即可得到：

$$Z\approx\frac{S^2}{8R_S} \tag{2-27}$$

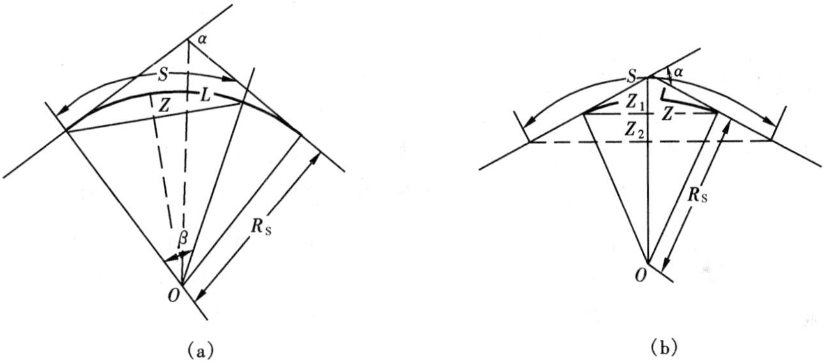

图 2-11　弯道横净距计算示意图

(a) 当 $L>S$ 时；(b) 当 $L<S$ 时

2. 当 $L<S$ 时

$$Z=Z_1+Z_2=R_S\left(1-\cos\frac{\alpha}{2}\right)+\frac{S-L}{2}\sin\frac{\alpha}{2}$$

$$=R_S\left(1-\cos\frac{L}{2R_S}\right)+\frac{S-L}{2}\sin\frac{L}{2R_S}$$

将 $\cos\frac{L}{2R_S}$ 和 $\sin\frac{S}{2R_S}$ 按三角级数展开，即可得到：

$$Z\approx\frac{L}{8R_S}(2S-L) \tag{2-28}$$

式中　R_S——路面未加宽前曲线内侧边缘半径加 1.5m（1.5m 是司机位置至路面边缘的距离）；

S——视距；

α——路线偏角；

β——视距 S 所对应的曲线圆心角（rad）。

计算出弯道的横净距以后，对于横距范围内的所有障碍物都要予以清除，如图 2-12 所示。对于敷设了缓和曲线的平曲线可以近似按上述方法计算，也可以参照缓和曲线及平曲线变化进行推导。鉴于篇幅，请读者自行推导，或参阅《公路路线设计规范》。

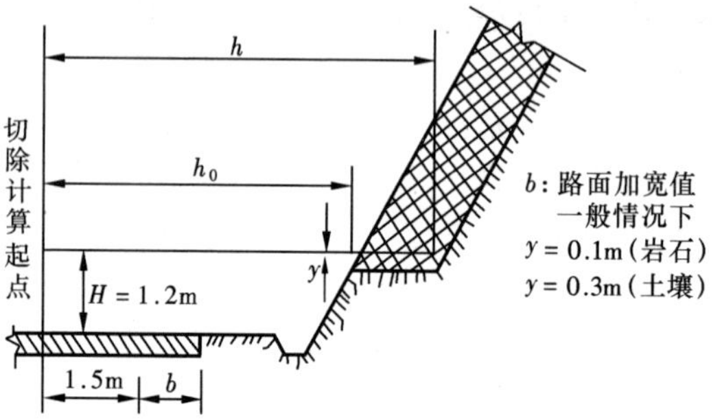

图 2-12　弯道横净距内障碍物的清除

第六节　平面线形的设计

一、平面线形设计的一般原则

（一）平面线形应直捷、连续、顺适，并与地形、地物相适应，与周围环境相协调

在地势平坦开阔的平原微丘区，路线直捷舒顺，在平面线形三要素中直线所占比例较大。而在地势有很大起伏的山岭和重丘区，路线弯曲多变，曲线所占比例较大。可以设想，如果在没有任何障碍物的开阔地区（如戈壁、草原等）故意设置一些不必要的弯道，或者在高低起伏的山区硬拉长直线都将会令人产生不协调的感觉。路线要与地形相适应，这是集美学、经济和保护生态环境于一体的问题。直线、圆曲线、缓和曲线的选用与合理组合取决于地形、地物等具体条件，片面强调路线要以直线为主或以曲线为主，或人为规定三者的比例都是不合理的。

（二）除满足汽车行驶力学上的基本要求外，还应满足驾驶员和乘客在视觉和心理上的要求

高速公路、一级公路以及设计速度大于 60km/h 的公路，应注重立体线形设计，尽量做到线形连续、指标均衡、视觉良好、景观协调、安全舒适。计算行车速度越高，线形设计所考虑的因素就应更周全。

对于设计速度小于 40km/h 的公路，应在保证行车安全的前提下，使用平面线形要素最小值，但应在条件允许也不过多增加工程量的情况下力求做到各种线形要素的合理组合，并尽量避免和减少不利的组合，以期充分发挥投资效益。

（三）保持平面线形的均衡与连贯

为了使一条公路上的车辆尽量以均匀的速度行驶，应注意各线形要素保持连续性而不出现技术指标的突变。以下几点在设计时应充分注意：

1. 长直线尽头不能接以小半径曲线。长的直线和长的大半径曲线会导致较高的车速，

若突然出现小半径曲线，会因减速不及而造成事故。特别是长下坡方向的尽头更要注意。若由于地形所限小半径曲线难免时，中间应插入过渡性曲线，并使纵坡不要过大。

2. 高、低标准之间要有过渡。同一等级的公路由于地形的变化在指标的采用上也会有变化。或同一条公路按不同计算行车速度的各设计路段之间也会形成技术标准的变化。遇有这种高、低标准变化的路段，除满足有关设计路段在长度和梯度上的要求外，还应结合地形的变化，使路线的平面线形指标逐渐过渡，避免出现突变。不同标准路段相互衔接点，应选在交通量发生变化处，或者驾驶者能够明显判断前方需要改变行车速度的地方，如大型构造物、互通式立体交叉、平面交叉、沿线主要村镇节点的前后，或路侧环境条件明显变化处。

（四）应避免连续急弯的线形

这种线形给驾驶者造成不便，给乘客的舒适性也带来不良影响。设计时可在曲线间插入足够长的直线或缓和曲线。

（五）平曲线应有足够的长度

如平曲线太短，汽车在曲线上行驶时间过短会使驾驶操纵来不及调整，一般都应控制平曲线（包括圆曲线及其两端的缓和曲线）的最小长度。

道路弯道在一般情况下是由两段缓和曲线（或超高、加宽缓和段）和一段圆曲线组成，缓和曲线的长度不能小于该级公路对其最小长度的规定，中间圆曲线的长度宜有大于 3s 的行程。当条件受限时，可将缓和曲线在曲率相等处对接，此时的圆曲线长度为 0。道路平曲线最小长度规定见表 2-11。

表 2-11　各级道路平曲线最小长度

设计车速（km/h）		120	100	80	60	40	30	20
平曲线最小长度（m）	一般值	600	500	400	300	200	150	100
	最小值	200	170	140	100	70	50	40

注：“一般值”为正常情况下的采用值；“最小值”为条件受限时可采用的值。

路线偏角的大小反映了路线的舒顺程度。但如果转角过小，即使设置了较大的半径也容易把曲线长看成比实际的要短，造成急转弯的错觉。这种倾向偏角越小越显著，以致造成驾驶者枉作减速转弯的操作。一般认为，$\alpha<7^\circ$应属于小转角弯道。对于小偏角弯道应设置较长的平曲线，其长度应大于表 2-12 中规定的“一般值”。但受地形及其他特殊情况限制时，可减短至表中的“低限值”。

表 2-12　公路偏角等于或小于 7°时的曲线长度

设计速度（km/h）		120	100	80	60	40	30	20
平曲线长度（m）	一般值	$1400/\theta$	$1200/\theta$	$1000/\theta$	$700/\theta$	$500/\theta$	$350/\theta$	$280/\theta$
	低限值	200	170	140	100	70	50	40

注：当 $\theta<2^\circ$时，按 2°计算。

城市道路中心线转角 α 小于或等于 7°时，设计速度为 100km/h、80km/h、60km/h 时也应满足表 2-11 的规定。

二、平面线形要素的组合与衔接

（一）基本型

按直线—缓和曲线—圆曲线—缓和曲线—直线的顺序组合，如图 2-13 所示。基本型中的缓和曲线参数、圆曲线最小长度都应符合有关规定。两缓和曲线参数可以相等，也可以根据地形条件设计成不相等的非对称型曲线。从线形的协调性看，宜将缓和曲线、圆曲线、缓和曲线之长度比设计成 1∶1∶1。

（二）S 型

两个反向圆曲线用回旋线连接的组合，如图 2-14 所示。S 型相邻两个缓和曲线参数宜相等。当采用不同的参数时，A_1与 A_2之比应小于 1.5 为宜。此外，在 S 型曲线上，两个反向缓和曲线之间不应设置直线。不得已插入直线时，必须尽量地短，其短直线的长度或重合段的长度应符合下式：

$$l \leqslant \frac{A_1 + A_2}{40} \text{ (m)} \tag{2-29}$$

式中　l——反向回旋线间短直线或重合段的长度（m）；

A、A_2——回旋线参数。

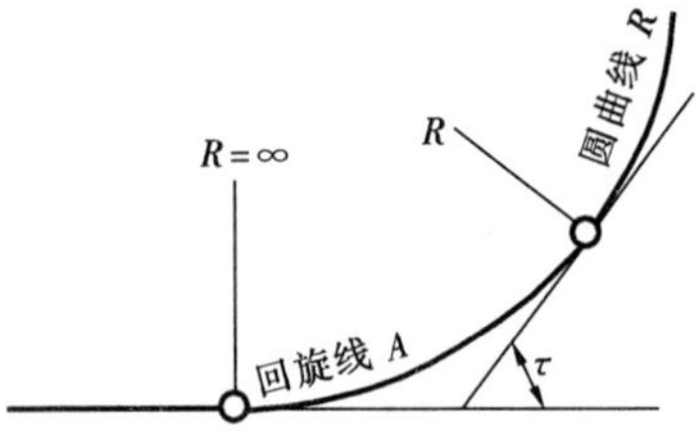

图 2-13　基本型

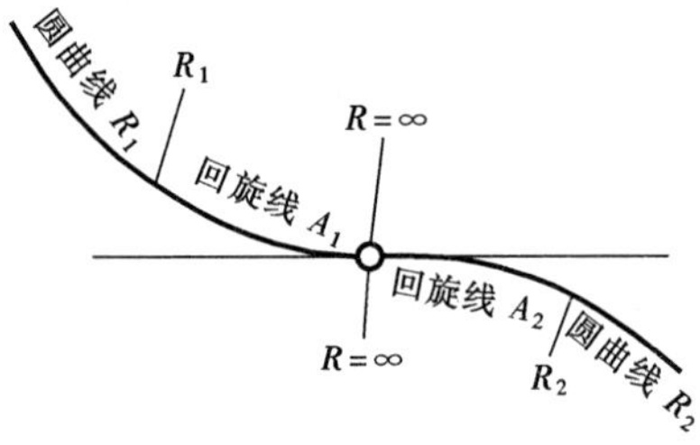

图 2-14　S 型

S 型两圆曲线半径之比不宜过大，一般控制在

$$\frac{R_1}{R_2} = 1 \sim \frac{1}{3} \tag{2-30}$$

式中　R_1——小圆半径（m）；

R_2——大圆半径（m）。

（三）卵型

用一个缓和曲线连接两个同向圆曲线的组合，如图 2-15 所示。卵型上的缓和曲线参数 A 不应小于该级公路关于缓和曲线最小参数的规定，同时为满足视觉要求，宜控制在下列范围之内：

$$\frac{R_1}{2} \leqslant A \leqslant R_1 \tag{2-31}$$

式中　A——缓和曲线参数；

R_1——小圆半径（m）。

两圆曲线半径之比也应控制在下式的范围之内：

$$0.2 \leqslant \frac{R_1}{R_2} \leqslant 0.8 \tag{2-32}$$

式中　R_1——小圆半径（m）；

　　　R_2——大圆半径（m）。

（四）凸型

在两个同向缓和曲线之间不插入圆曲线而径相衔接的组合，如图 2-16 所示。凸型的缓和曲线的参数及其连接点的曲率半径，应分别符合容许最小缓和曲线参数和圆曲线一般最小半径的规定。

凸型曲线尽管在各衔接处的曲率是连续的，但因中间圆曲线的长度为零，对驾驶操纵还是造成一些不利因素，所以只有在布设路线特别困难时方可采用凸形。

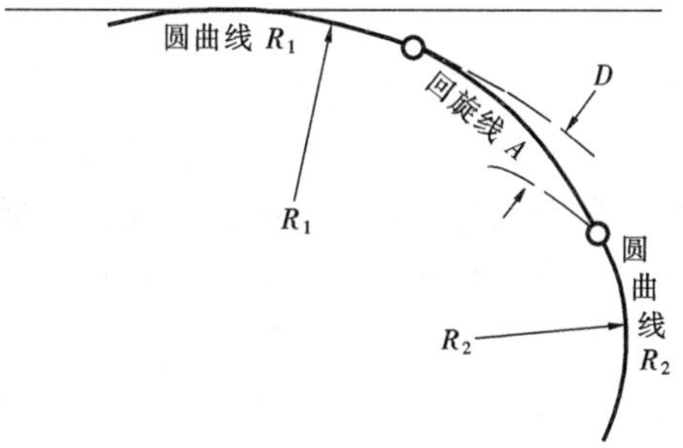

图 2-15　卵型

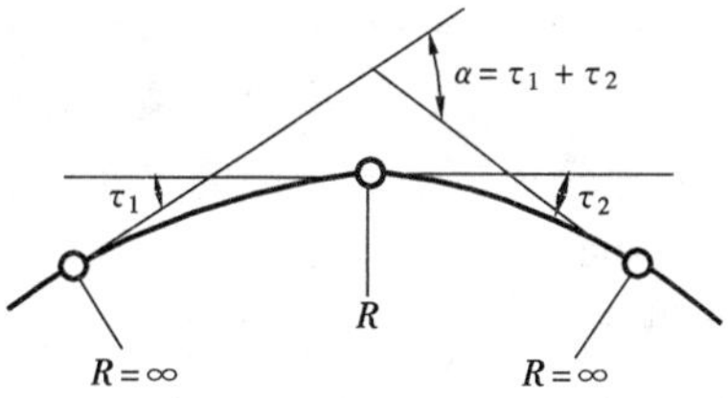

图 2-16　凸型

（五）复合型

两个以上同向缓和曲线间在曲率相等处相互连接的形式，如图 2-17 所示。复合型的两个缓和曲线参数之比应控制在：$A_1:A_2=1:1.5$。

复合型回旋线除了受地形和其他特殊限制的地方外一般很少使用，多出现在互通式立体交叉的匝道线形设计中。

（六）C 型

同向曲线的两回旋线在曲率为零处径相衔接的形式，如图 2-18 所示。其连接处的曲率为零，相当于两基本型的同向曲线中间直线长度为零，这种线形对行车也会产生不利影响。因此，C 型曲线只有在特殊地形条件下方可采用。

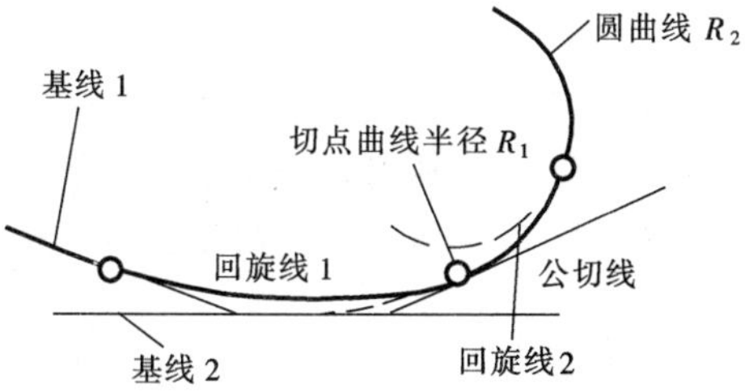

图 2-17　复合型

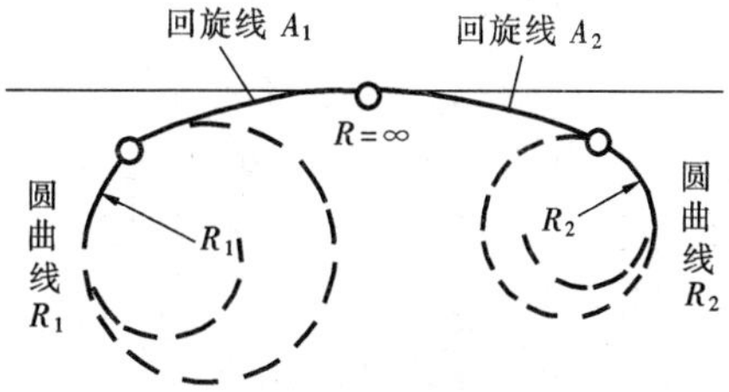

图 2-18　C 型

第七节　道路平面设计成果

道路平面设计成果主要有说明书、图、表等表达形式。平面设计所包括的主要设计图纸有：路线平面设计图、路线交叉设计图、平面布置图等。主要表格有：直线、曲线及转角表、路线交点坐标表、逐桩坐标表、路线固定点表、总里程及断链桩号表等。各种图纸的绘制和各种图表的填写都应符合交通部颁发的“设计文件图表示例”中的要求。

一、路线平面设计图

（一）公路路线平面设计图

路线平面设计图是道路设计文件的重要组成部分。该图全面、清晰地反映了道路平面位置和经过地区的地形、地物等，是设计人员设计意图的重要体现。

1. 平面图的比例尺和测绘范围

公路路线平面图是指包括道路中线在内的有一定宽度的带状地形图。若用于工程可行性研究、初步设计阶段的方案研究与比选，可采用1∶5000或1∶10000的比例尺测绘（或向国家测绘部门和其他工程单位搜集）。但作为初步设计、施工图设计的设计文件组成部分应采用更大的比例尺，一般常用的是1∶2000，在平原微丘区可用1∶5000。在地形特别复杂地段的路线初步设计、施工图设计可用1∶1000。若为纸上移线，则比例尺将更大。

路线带状地形图的测绘宽度，一般为中线两侧100～200m。对1∶5000的地形图，测绘宽度每侧应不小于200m。若有比较线，应将比较线包括进去。

2. 路线平面图的内容及绘制方法

（1）导线及道路中线的展绘

在展绘导线或中线以前，需按图幅的合理布局，绘出坐标方格网，坐标方格网尺寸采用5cm或10cm，要求图廓网格的对角线长度和导线点长度误差不大于0.05m。然后按导线点（或交点，下同）坐标X、Y精确地点绘在相应的位置上。每张导线图展绘完毕后，逐点复核各点间距，并校核每个角度是否与计算相符。复核无误后，再按“逐桩坐标表”所提供的数据，展绘曲线，并注明各曲线主要点以及公里桩、百米桩、断链桩位置。对导线点、交点逐个编号，注明路线在本张图中的起点和终点里程等。

（2）控制点的展绘

各种比例尺的地形图均应展绘和测出的等级三角点、导线点、图根点、水准点等，按规定的符号表示。

（3）各种构造物的测绘

各类建筑物、构造物及其主要附属设施应按《工程测量规范》的规定测绘和表示。各种线状物，如管线、高低压线等应实测其支架或电杆的位置。道路及其附属物应按实际形状测绘。公路交叉口应注明每条公路的走向。铁路应注明轨面高程，公路应标记路面类型，涵洞应注明洞底标高。

（4）水系及其附属物的测绘

海洋的海岸线位置；水渠顶边及底边高程；堤坝顶部及坡脚的高程；水井井台高程；水塘塘顶边及塘底的高程。河流、水沟等应注明水流流向。

（5）地形、地貌、植被、不良地质、地带等均应详细测绘并用等高线和国家测绘局制定的“地形图图式”符号及数字注明。

3. 公路路线平面设计图示例（图2-19）

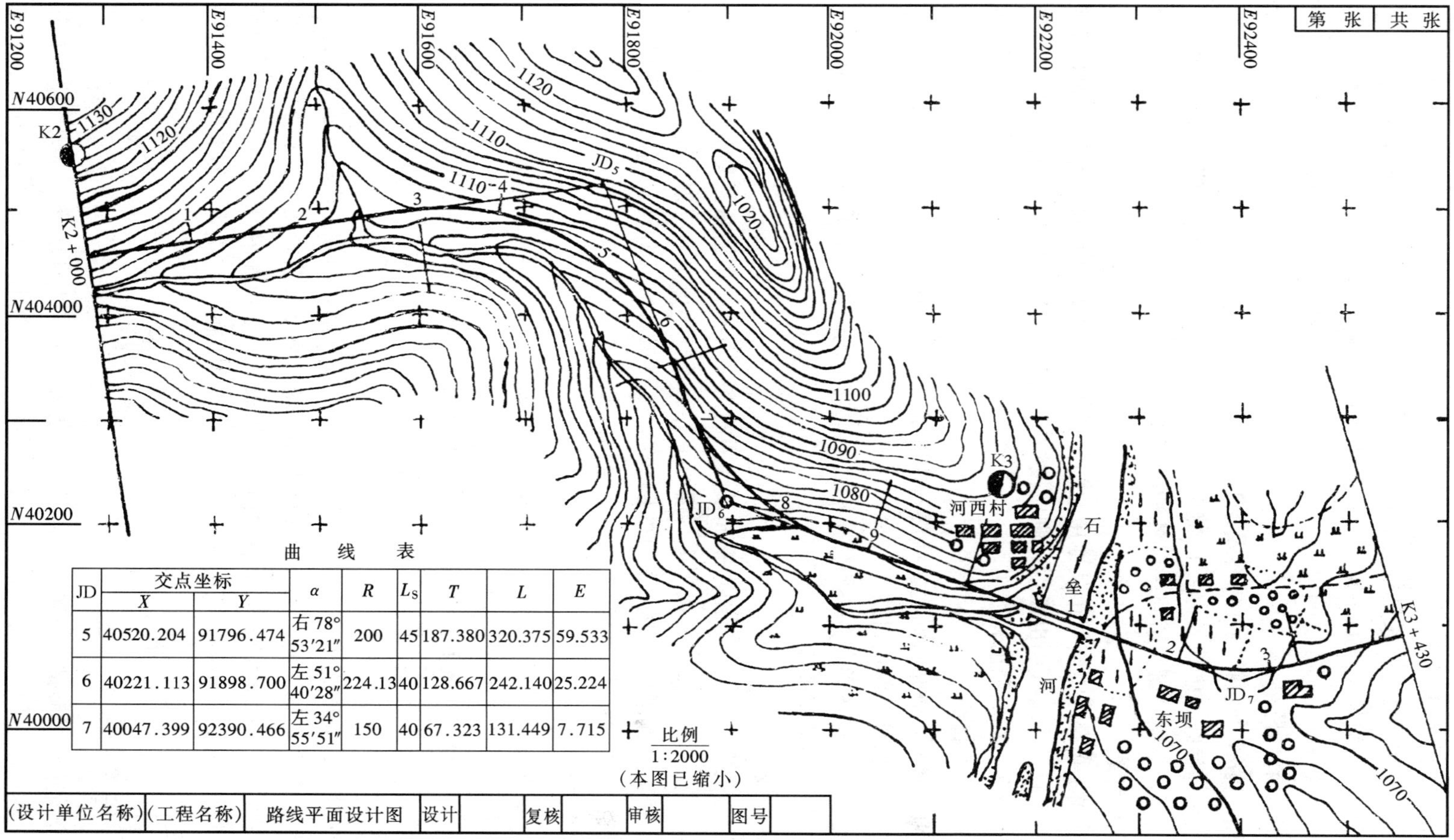

曲 线 表

JD	交点坐标 X	交点坐标 Y	α	R	L_S	T	L	E
5	40520.204	91796.474	右 78°53′21″	200	45	187.380	320.375	59.533
6	40221.113	91898.700	左 51°40′28″	224.13	40	128.667	242.140	25.224
7	40047.399	92390.466	左 34°55′51″	150	40	67.323	131.449	7.715

图 2-19　公路路线平面设计图示例

（二）城市路线平面设计图

1. 绘图比例尺和测绘范围

城市道路相对于公路，长度较短而宽度较宽，在绘图比例尺的选用上一般比公路大。在做技术设计时，可采用1∶500～1∶1000的比例尺绘制。绘图的范围，视道路等级而定，等级高的范围应大一些，等级低的可小些。通常在道路两侧红线以外各20～50m，或中线两侧各50～150m，特殊除外。

2. 城市道路平面设计图的内容及绘制方法

城市道路的导线、中线及路线两侧的地形、植物、水系、植被等的绘制方法与公路相同，不再重复，下面就城市道路中线各种设施的绘制方法进行介绍。

（1）规划红线

道路红线是道路用地与城市其他用地的分界线，红线之间的宽度也就是城市道路的总宽度，所以当道路的中心线画出以后，则应按城市道路的规划宽度画出道路红线。如果有远期规划和近期规划，都应画出并注明。

（2）坡口、坡脚线

新建道路由于原地面高低起伏必然有填有挖。填方路段在平面图中应画出路基的坡脚线；挖方路段画出路基的坡口线。

路基的坡口线与坡脚线在一般公路平面图中由于比例尺较小不易表达，但在高速公路和一级公路中有时也要求绘制。

（3）车道线

城市道路的车道线是城市道路平面设计图的重要内容。在路幅宽度内，有机动车道、非机动车道，在机动车道中还分快车道、慢车道等。各种车道线的位置、宽度可在横断面布置图中查得，一一画在平面图中。车道的曲线部分应按设计的圆曲线半径、缓和曲线长度绘制。各车道之间的分隔带、路缘带等也应绘出。

（4）人行道、人行横道线、交通岛

按设计绘出人行道、人行横道线和交通岛的位置及尺寸。

（5）管线及排水设施

按设计绘制地上、地下管线的走向和位置，雨水进水口、窨井、排水沟等都应在图中标出。必要时，需分别另绘出排水管线平面图纸。

（6）交叉口

平面交叉口、立体交叉口虽然有专门的交叉口设计图，但在平面设计图中也应该按平面图的比例尺画出并详细注明交叉口的各路去向、交叉角度、曲线元素以及路缘石转弯半径。

一张完整的平面设计图，除了清楚而正确地表达上述设计内容外，还可以画出某些细部设施或构件的大样图。最后在图中的空白处写一些简要的工程说明。如工程范围、采用坐标系、引用的水准点位置等。

二、逐桩坐标表

高等级公路的线形指标一般较高，具体反映就是圆曲线半径较大，缓和曲线较长，在测设和放线过程中要求使用坐标法，以便保证测量精度。因此，在设计文件中提供逐桩坐标表是十分必要的。逐桩坐标即是每个中桩的坐标，一般按如下步骤进行计算。

1. 计算导线点坐标

采用两阶段勘测设计的公路或一阶段设计但遇地形困难的路段，一般都要先作平面控制测量，而路线的平面控制测量多采用导线测量的方法，在有条件时可优先采用全球定位系统（简称 GPS）测量的方法。导线测量的方法，又有经纬仪导线法，光电测距仪法和全站型电子速测仪法。其中全站仪可以直接读取导线点的坐标，其他方法可以在测得各边边长及其夹角后，用坐标增量法逐点推算其坐标。用 GPS 定位技术观测，则可在测站之间不通视的情况下，高精度、高效率地获得测点的三维坐标。

2. 计算交点坐标

当导线点的精度满足要求并经平差后，即可展绘在图纸上，用以测绘地形图（纸上定线），或以导线点为依据在现场直接测得路线各交点的坐标（直接定线）。纸上定线的交点坐标可以在图纸上量取，而直接定线的交点坐标若是用全站仪测量则可以很方便地获得（见《测量学》所学内容，这里不再重复）。

3. 计算各中桩坐标

可先计算直线和曲线主桩点坐标，然后计算缓和曲线、圆曲线上每一个中桩的坐标。有关中桩坐标的计算方法，可参见测量课所学内容，这里不再赘述。将计算结果列表，见表 2-13。

有关坐标的计算方法，可参见测量学所学内容，这里不再赘述。

表 2-13 某公路 K1＋500.00～K2＋700.00 路段的逐桩坐标表

桩　号	坐　标（m）		方向角	桩　号	坐　标（m）		方向角
	X	Y			X	Y	
K1＋500.00	40632.336	90840.861	116°46′33.0″	K1＋840.00	40479.166	91144.405	116°46′33.0″
K1＋540.00	40614.316	90876.572	116°46′33.0″	ZH＋856.31	40471.593	91159.412	116°46′33.0″
K1＋570.00	40600.801	90903.355	116°46′33.0″	K1＋870.00	40465.708	91171.216	115°56′42.1″
K1＋600.00	40587.286	90930.139	116°46′33.0″	HY＋896.81	40455.191	91195.860	109°08′09.7″
K1＋630.33	40573.623	90957.216	116°46′33.0″	K1＋900.00	40454.177	91198.885	107°55′03.1″
K1＋669.00	40556.202	90991.740	116°46′33.0″	QZ＋922.01	40448.963	91220.253	99°30′30.3″
K1＋680.00	40551.246	91001.561	116°46′33.0″	K1＋940.00	40447.061	91238.126	92°38′19.1″
K1＋700.00	40542.236	91019.416	116°46′33.0″	YH＋947.00	40446.902	91245.344	89°52′50.9″
K1＋720.00	40533.226	91037.272	116°46′33.0″	K1＋960.00	40447.413	91258.112	85°46′43.6″
K1＋750.00	40519.711	91064.055	116°46′33.0″	K1＋980.00	40449.567	91277.993	82°29′23.3″
K1＋780.00	40506.196	91090.838	116°46′33.0″	HZ＋987.22	40450.531	91285.148	82°14′27.0″
K1＋800.00	40497.186	91108.694	116°46′33.0″	K2＋000.00	40452.257	91297.811	82°14′27.0″
K1＋820.00	40488.176	91126.549	116°46′33.0″	K2＋010.00	40453.607	91307.719	82°14′27.0″

续表

桩　号	坐　标 (m)		方向角	桩　号	坐　标 (m)		方向角
	X	Y			X	Y	
K2+030.00	40456.307	91327.536	82°14′27.0″	K2+400.00	40496.383	91694.506	99°53′23.8″
K2+050.00	40459.007	91347.353	82°14′27.0″	K2+420.00	40491.969	91714.005	105°37′10.3″
K2+070.00	40461.707	91367.170	82°14′27.0″	K2+440.00	40485.631	91732.965	111°20′56.7″
K2+100.00	40465.757	91396.895	82°14′27.0″	K2+460.00	40477.431	91751.198	117°04′43.2″
K2+120.00	40468.458	91416.712	82°14′27.0″	QZ+476.08	40469.544	91765.206	121°41′06.9″
K2+140.00	40471.158	91436.529	82°14′27.0″	K2+500.00	40455.794	91784.761	128°32′16.2″
K2+160.00	40473.858	91456.346	82°14′27.0″	K2+520.00	40442.573	91799.757	134°16′02.6″
K2+180.00	40476.558	91476.163	82°14′27.0″	K2+540.00	40427.920	91813.357	139°59′49.1″
K2+200.00	40479.258	91495.980	82°14′27.0″	K2+560.00	40411.983	91825.427	145°43′35.6″
K2+220.00	40481.959	91515.797	82°14′27.0″	K2+580.00	40394.921	91835.845	151°27′22.1″
K2+240.00	40484.659	91535.613	82°14′27.0″	YH+591.27	40384.875	91840.947	154°41′05.3″
K2+260.00	40487.359	91555.430	82°14′27.0″	K2+600.00	40376.910	91844.518	156°46′35.0″
K2+280.00	40490.059	91575.247	82°14′27.0″	K2+620.00	40358.262	91851.740	160°17′15.4″
K2+300.00	40492.759	91595.064	82°14′27.0″	GQ+636.27	40342.893	91857.077	161°07′48.0″
ZH+315.89	40494.905	91610.809	82°14′27.0″	K2+650.00	40329.916	91861.563	160°31′48.6″
K2+340.00	40497.902	91634.730	84°05′26.5″	K2+670.00	40311.219	91868.655	157°30′02.7″
HY+360.89	40499.302	91655.568	88°41′08.7″	K2+700.00	40284.324	91881.898	149°57′30.4″
K2+380.00	40498.828	91674.665	94°09′37.3″				

三、直线、曲线及转角一览表

直线、曲线及转角一览表是平面设计的主要成果之一。它反映了平面线形设计的直线、曲线要素及数据，是施工时恢复路线的主要依据之一，见表 2-14。

表 2-14 直线、曲线及转角一览表

交点号	交点坐标		交点桩号	转角值		曲线要素值（M）									曲线主点桩号					直线长度及方向			备注
	S（X）	E（Y）		左偏	右偏	半径	第一缓和曲线参数 A1	第一缓和曲线长度 Ls1	第二缓和曲线参数 A1	第二缓和曲线长度 Ls2	第一切线长度 T1	第二切线长度 T2	曲线长度 L	外矢距 E	第一缓和曲线起点 ZH	第一缓和曲线终点或圆曲线起点 HY（ZY）	曲线中点 QZ	第二缓和曲线终点或圆曲线起点 YH（YZ）	第二缓和曲线终点 HZ	直线段长（M）	交点间距（M）	计算方向角	
0	10003.742	957.231	K0+000																				
1	9999.97	1000.33	K0+043.26	13°20′25″		170	77.1	35	77.1	35	37.41	37.41	74.58	1.46	k0+005.85	k0+040.85	k0+043.14	k0+045.43	k0+080.43	5.85	43.25		
2	1000.33	1542.13	K0+590.62	5°22′43″		760	0	0	0	0	35.7	35.7	71.35	0.84	k0+554.92	k0+554.92	k0+590.59	k0+626.27	k0+626.27	474.49	547.59		
3	10082.87	1609.26	K0+657.79	4°30′46″		798.47	0	0	0	0	31.46	31.46	62.89	0.62	k0+626.27	k0+626.27	k0+657.78	k0+689.22	k0+689.22	0	67.2		
4	10109.666	1799.745	K0+850.122																	160.9	192.4		
5	10232.675	2626.091	K1+685.573																	835.45	835.45		
6	10256.024	2777.365	K1+838.638																	153.07	153.07		
7	10474.072	4242.51	K3+319.919																	1481.3	1481.3		
8	10554.858	4751.977	K3+835.750	74°59′56″		15	0	0	0	0	11.51	11.51	19.63	3.91	k3+824.24	k3+824.24	k3+834.06	k3+843.88	k3+843.88	504.32	515.82		
9	11001.084	4798.805	K4+281.05		91°01′54″	20	0	0	0	0	20.36	20.36	31.78	8.54	k4+260.68	k4+260.68	k4+276.57	k4+292.46	k4+292.46	416.8	437.2		
10	10993.154	4876.151	K4+336.955																	44.495	64.895		
11	10914.34	5591.809	K5+069.832																	732.88	732.88		

四、其他成果

道路平面设计成果除了以上主要成果以外，还有：

1. 总里程及断链桩号表；
2. 路线固定桩一览表。

本章小结：直线在平面线形中占有一定的比例，有其一定的使用场合，尤其要注意短直线的合理应用问题；理论上圆曲线半径的确定要依据汽车在曲线上行驶的横向稳定性，实用中要结合地形及直、缓、圆的合理组合，视具体情况采用；缓和曲线只有在四级公路及圆曲线半径大于规定值时才不设，一般均应设置缓和曲线。

关键概念：道路平面、直线、圆曲线、缓和曲线、视距

复习思考题

1. 平面线形三要素是什么？各有什么特点？

2. 直线的适用场合，长短直线的概念及实际如何应用。

3. 圆曲线半径确定的理论依据是什么？标准中有几种规定值？实用中如何选择曲线半径？

4. 缓和曲线的作用是什么？

5. 什么是视距？分几种？不同视距在什么情况下需要满足？

6. 平面线形三要素有哪几种组合形式？

7. 如果弯道的半径很小，路面横坡 i_h 不适当，汽车的轮距 b 较窄，装载重心 h_g 又过大，车速 v 很高，则汽车有倾覆的可能性。试分析汽车开始倾覆时上述诸因素的关系。设 $b=1.7\text{m}$，$h_g=1.8\text{m}$，$i_y=-0.03$（反超高）。求倾覆时的临界速度 V。

8. 在气候良好，交通量不大时，部分汽车会采用较设计车速更高的速度，特别是在低速路上。据测一些胆大的司机采用的 μ 值可大至 0.3。问在半径 50m，超高率为 0.06 的弯道上，这类汽车的时速可高至多少？

9. 在冰雪覆盖的光滑路面上，一般司机会降低车速保持转弯时 μ 不超出 0.07，以保证安全。问在半径为 50m，超高率为 0.06 的弯道上，时速不应超过多少公里？

10. 一条二级平原区路线，JD_3 的里程为 K5＋146.94，$\alpha_y=45°25'30''$，$L_3=35\text{m}$，$R=150\text{m}$。

计算：(1) 计算曲线要素；

(2) 推算主点桩里程；

(3) 缓和曲线上 10m 一桩，圆曲线上 15m 一桩，分别用支距法及偏角法计算放桩数据。

第三章　纵断面设计

学　习　要　求

学习目标：熟悉纵断面设计一般规定，能够熟练进行纵坡设计。
学习重点：平纵协调设计。
学习难点：竖曲线计算。
学习安排：课内 6 学时。

第一节　概　　述

沿道路中线竖向剖切，然后展开的剖面称为道路的纵断面图，它反映了道路中线原地面的起伏情况以及路线设计的纵坡情况。路线纵断面设计即是根据自然地理条件、气候情况、汽车的动力特性以及道路等级等情况，拟定的道路竖向起伏变化的空间线形。

图 3-1 为路线的纵断面示意图，把它和路线的平面图结合起来，即可确定道路的空间位置。

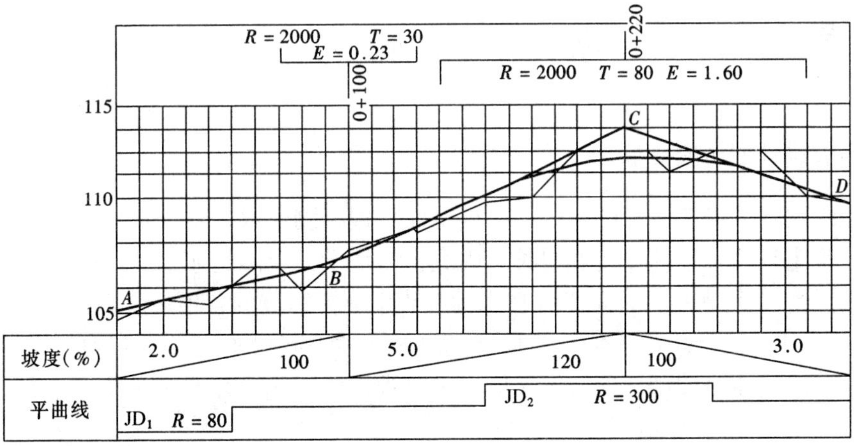

图 3-1　路线纵断面图

纵断面图上主要反映两条线：一是地面线，是根据道路中线上各桩的高程而点绘成的一条不规则的折线，反映了原地面的起伏变化情况。二是设计线，它是经过技术上、经济上以及美学上等多方面进行比较及研究后确定出来的一条具有规则形状的几何线形，反映了道路路线的起伏变化情况。纵断面设计线是由直坡段及曲线段组成的，直坡段有上坡、下坡之分，上坡为正坡，下坡为负坡，用坡度（%）及坡长（m）表示，坡长为直坡段的水平投影长。直坡段坡度的大小直接影响车辆的行驶速度、行驶安全及运输效率，它们一些极限值的确定及限制，是受汽车类型及行驶动力制约的。在两直坡的变坡点处为平顺行车及必要的视距，以一曲线进行过渡，称为竖曲线。竖曲线分凹、凸，以半径大小及水平投影长表示。

纵断面上的设计标高，即路基设计标高规定如下。

新建的高速公路和一级公路宜采用中央分隔带的外侧边缘标高；二、三、四级公路宜采用路基边缘标高，在设置超高、加宽地段为设超高、加宽前该处边缘标高。

改建公路一般宜按新建公路的规定执行，也可视具体情况而采用中央分隔带中线或行车道中线标高。

城市道路宜采用道路设计中线处的路面设计高程；当有中间分隔带时可采用中间分隔带外侧边缘线处的路面设计高程。

沿河及可能受水浸淹的道路，按设计标高推算的最低侧路基边缘标高，应高出表 3-1 规定洪水频率计算水位加壅水高、波浪侵袭高和 0.5m 的安全高度。

表 3-1　路基设计洪水频率

公路等级	高速公路	一	二	三	四
设计洪水频率	1/100	1/100	1/50	1/25	按具体情况确定

沿水库上游岸边的路线，路基最低侧边缘标高应考虑水库水位升高后地下水位壅升，以及水库淤积后壅水曲线抬高及浪高的影响；在寒冷地区还应考虑冰塞壅水对水位增高的影响。

大、中桥桥头引道（在洪水泛滥范围内）的路基最低侧边缘标高，一般应高于该桥设计洪水位（并包括壅水和浪高）至少 0.5m；小桥涵附近的路基最低侧边缘标高应高于桥（涵）前壅水水位至少 0.5m（不计浪高）。

第二节　纵坡设计

一、纵坡设计的一般要求

为了使纵坡达到经济合理的目的，必须全面掌握勘测资料，结合选线的意图进行综合分析、比较，确定较为合理的坡度及坡长。因此，纵坡设计应满足如下的一些要求。

1. 纵坡设计必须满足《公路工程技术标准》中有关纵坡的各项规定。

2. 保证行驶的安全性，纵坡应具有一定的平顺性，起伏不宜过大和频繁。尽量避免采用极限坡值。山区道路的垭口处的纵坡应尽量放缓一些。连续升坡或降坡，应尽量避免设置反坡。

3. 纵坡设计应对沿线的自然条件，如地形、土壤地质、水文、气候等做综合考虑，具体情况具体处理，最大限度地保证路基的稳定和道路交通的畅通。

4. 填挖平衡是纵坡设计的重要控制因素，尽量就近移填作挖以减少借方，节省土石方数量和其他工程量，降低工程造价。

5. 纵坡设计时应充分考虑农田水利方面的需要，尽量照顾当地民间运输工具、农业机械等运输条件的要求。

6. 尽量减少道路修建对环境的影响。

二、纵坡设计的基本规定

道路纵断面设计线的起伏状况如前节所述，以坡度及坡长表示。坡度的大小及坡长直接与行驶的车辆有关。为了保证车辆行驶的安全、快速与舒适，纵坡设计必须满足车辆行驶的要求。在充分考虑汽车行驶、自然条件、工程经济等因素后，《公路工程技术标准》对纵坡有如下规定。

（一）最大纵坡度

最大纵坡是指在进行纵坡设计时，各级公路所允许采用的最大纵坡值。它是纵坡设计的一项重要控制指标，在地形起伏较大的地区，最大纵坡的控制将直接影响路线的长短、使用质量、运输成本以及工程造价。

各级道路的最大纵坡一般根据汽车的动力特性、道路等级、自然条件等因素确定。

1. 汽车的动力特性

按照道路上行驶车辆的类型及其动力特性来确定汽车在规定速度下的爬坡能力，最后确定道路的最大设计纵坡。

2. 道路等级

道路等级越高，交通密度越大，行车速度越高，也就要求纵坡设计越平缓；相反，较低等级的道路，可采用较大的纵坡值。

3. 自然因素

道路所经过地区的地形起伏情况、海拔高度、气候条件等因素均对汽车的行驶造成影响，因此在进行纵坡设计时应充分考虑道路所经地区自然条件以保证汽车行驶的安全性。

针对上述情况，充分考虑各级道路的行驶条件，《公路工程技术标准》中对各级道路的最大纵坡做了相应的规定，见表 3-2。

表 3-2　公路最大纵坡

设计速度（km/h）	120	100	80	60	40	30	20
最大纵坡（%）	3	4	5	6	7	8	9

纵坡过大会对行车造成极大危害，汽车沿较大坡度上坡行驶时，因要克服较大阻力需增大牵引力，车速将降低，若坡长过长，汽车水箱可能出现开锅、汽阻的情况，严重时还可能使发动机熄火，使驾驶条件变坏；下坡行驶时，制动次数增加，制动器容易发热、失效，容易引发车祸。当道路泥泞时，情况更加严重。

各级公路的设计最大纵坡必须满足规定，当设计速度为 120km/h、100km/h、80km/h 的高速公路，受地形条件或其他特殊情况限制时，经技术经济论证，最大纵坡可增加 1%；设计速度为 40km/h、30km/h、20km/h 的公路，改建工程利用原有公路的路段，经技术经济论证，最大纵坡可增加 1%；四级公路位于海拔 2000m 以上或积雪冰冻地区的路段，最大纵坡不应大于 8%。

城市道路中非机动车交通量较多，对节能减排、环保效益方面比公路要求更高，故最大纵坡规定更严格一些。《城市道路路线设计规范》规定，机动车道最大纵坡应符合表 3-3 的规定。

表 3-3 城市道路机动车道最大纵坡

设计速度（km/h）		100	80	60	50	40	30	20
最大纵坡（%）	一般值（%）	3	4	5	5.5	6	7	8
	极限值（%）	4	5	6	6	7	8	8

新建道路应采用小于或等于最大纵坡的一般值；对改建道路，受地形条件或其他特殊情况限制时，可采用最大纵坡极限值；除快速路外的其他等级道路，受地形条件或其他特殊情况限制时，经技术经济论证后，最大纵坡极限值可增加 1.0%；积雪或冰冻地区的快速路最大纵坡不应大于 3.5%，其他等级城市道路最大纵坡不应大于 6.0%；海拔 3000m 以上高原地区城市道路的最大纵坡一般值可减小 1.0%，当最大纵坡折减后小于 4.0%时，仍可采用 4.0%。

（二）高原坡度折减

在高原地区因空气稀薄而使汽车的功率和汽车的驱动力降低，从而导致汽车的爬坡能力下降。另外，在高原地区由于汽车水箱中的水易于沸腾而导致汽车的冷却系统破坏。因此在高原地区宜采取措施使汽油充分燃烧，避免随海拔增高而使车辆功率降低过大，道路纵坡设计中宜采用较小的最大纵坡。设计速度小于或等于 80km/h 且位于海拔 3000m 以上高原地区的公路，最大纵坡应按表 3-4 的规定予以折减。最大纵坡折减后若小于 4%，则仍采用 4%。

表 3-4 高原纵坡折减值

海拔高度（m）	3000～4000	4000～5000	5000 以上
折减值（%）	1	2	3

（三）平均纵坡

平均纵坡是指在一定的长度范围内，路线在纵向所克服的高差与水平距离之比，是衡量纵断面线形好坏的重要指标之一。

在纵坡设计中，特别是地形较为复杂的地区，设计者有可能多次使用最大纵坡，但如何控制最大纵坡的使用频率，使纵断面线形在整体上满足规范的要求？为此《公路工程技术标准》中规定：二、三、四级公路越岭线的平均纵坡，应不大于 5.5%（相对高差为 200～500m）和 5%（相对高差大于 500m），并注意任何相连 3km 路段的平均纵坡不宜大于 5.5%。城市道路的平均纵坡可以相应地减小 1%。对于海拔高度在 3000m 以上的高原地区，平均纵坡应低于规定值 0.5%～1.0%。

平均纵坡的计算公式：

$$i_p = \frac{H}{L} \times 100\% \tag{3-1}$$

式中 i_p——平均坡度（%）；

L——路线长度（m）；

H——路线长度 L 两端的高差（m）。

山区高速公路连续下坡路段平均纵坡的路线长度大于表 3-5 中的值时为连续长陡下坡路段，其长度按以下原则确定：

1. 平均纵坡小于 2%时，不限坡长，称为长缓坡；

2. 当连续下坡中出现长度较短的反坡或缓坡时，仍应作为一个连续长、陡下坡路段；

3. 连续长、陡下坡路段两端延长线的平均纵坡应小于 2%。

表 3-5 山区高速公路连续长、陡下坡路段的界定标准

分类	平均纵坡度（%）						
	2.0	2.5	3.0	3.5	4.0	4.5	5.0
路线长度（km）	15	7.5	3.5	3.0	2.5	2.0	2.0

高速公路、一级公路连续长、陡下坡路段的平均坡度与连续坡长不宜超过表 3-6 的规定；超过时，应进行交通安全性评价，提出路段速度控制和通行管理方案，完善交通工程和安全设施，并论证增设货车强制停车区。

表 3-6 连续长、陡下坡的平均坡度与连续坡长

平均坡度（%）	<2.5	2.5	3.0	3.5	4.0	4.5	5.0	5.5	6.0
连续坡长（km）	不限	20.0	14.8	9.3	6.8	5.4	4.4	3.8	3.3
相对高差（m）	不限	500	450	330	270	240	220	210	200

（四）最小纵坡

为保证路基的排水，防止水分渗入路基，公路纵坡不宜小于 0.3%，特别是长路堑、低填方或横向排水不畅通的路段，均应设置不小于 0.3%的最小纵坡，一般情况下以不小于 0.5%为宜。当必须设置平坡时，应进行边沟的纵向排水设计。在干旱地区及横向排水良好，不产生路面积水的路段，设计时可不考虑最小纵坡的限制。

在弯道路段，为了使行车道外侧边缘不出现反坡，设计最小纵坡不宜小于超高允许渐变率。

（五）合成坡度

合成坡度是路线纵坡 i 与弯道超高横坡或路拱横坡 i_h 组合而成的坡度。汽车在弯道上行驶，如果合成坡度过大将会向着合成坡度的方向倾斜或滑移，因此应将合成坡度控制在适当的范围以内。我国《公路工程技术标准》中明确规定合成坡度不得超过表 3-7 的规定值，在条件允许时，宜采用较小的合成坡度。合成坡度计算公式如式 3-2 所示。

$$I=\sqrt{i_h^2+i^2} \tag{3-2}$$

式中 I——合成坡度（%）；

i——路线设计纵坡坡度（%）；

i_h——超高横坡度或路拱横坡度（%）。

表 3-7 各级公路允许的合成纵坡值

公路等级	高速公路、一级公路				二级公路			三级公路		四级公路	
设计速度（km/h）	120	100	80	60	80	60	40	40	30	30	20
合成坡度值（%）	10.0	10.0	10.5	10.5	9.0	9.5	10.0	10.0	10.0	10.0	10.0

当遇到以下情况之一时，合成坡度必须小于 8%，并按运行速度分析结果采用相应较小的合成坡度。

1. 冬季路面有积雪、结冰的地区。

2. 自然横坡较陡峻的傍山路段。

3. 非汽车交通量较大的路段。

各级公路最小合成坡度不宜小于0.5%；在超高过渡的变化处，合成坡度不应设计为0%；当合成坡度小于0.5%时，应采取综合排水措施，保证公路排水畅通。

城市道路中非机动车辆较多，机动车辆实际行驶速度也往往较低，为照顾慢车及非机动车的行驶安全性，《城市道路路线设计规范》明确规定，最大合成坡度应符合表3-8的规定。

表3-8　最大合成坡度

设计速度（km/h）	100，80	60，50	40，30	20
最大合成坡度（%）	7.0	7.0	7.0	8.0

积雪或冰冻地区道路的最大合成坡度应小于或等于6.0%。

（六）坡长限制

坡长限制主要有两个方面的内容，即最小坡长的限制和最大坡长的限制。

1. 最小坡长限制

在纵坡设计中，如果不限制最小坡长，会造成变坡点过多，车辆行驶颠簸，频繁变化在增重和失重当中，导致乘客感觉不舒适，这种情况在车速高时表现得更加突出。从路容上看，相邻两竖曲线的敷设和纵断面视距保证等条件也要求坡长应控制一定的最短长度。

我国现行《公路工程技术标准》中规定了各级公路的最小坡长，见表3-9。《城市道路路线设计规范》中也明确规定了城市道路的最小坡长，见表3-9。但平面交叉口、立体交叉的匝道以及过水路面可不在此限制之列。

表3-9　道路最小坡长

设计速度（km/h）		120	100	80	60	50	40	30	20
最小坡长（m）	公路	300	250	200	150	—	120	100	60
	城市道路	—	250	200	150	130	110	85	60

2. 陡坡最大坡长限制

各级公路不同纵坡最大坡长见表3-10。

表3-10　各级公路不同纵坡最大坡长（m）

设计速度（km/h）		120	100	80	60	40	30	20
纵坡坡度（%）	3	900	1000	1100	1200			
	4	700	800	900	1000	1100	1100	1200
	5		600	700	800	900	900	1000
	6			500	600	700	700	800
	7					500	500	600
	8					300	300	400
	9						200	300
	10							200

《城市道路工程设计规范》对机动车道最大坡长进行限制，见表3-11。非机动车道最大

纵坡应满足表3-12的规定。

表3-11 城市道路机动车道不同纵坡时的最大坡长

设计速度（km/h）	100	80	60			50			40		
纵坡（%）	4	5	6	6.5	7	6	6.5	7	6.5	7	8
最大坡长（m）	700	600	400	350	300	350	300	250	300	250	200

表3-12 城市道路非机动车道不同纵坡时的最大坡长

纵坡（%）		3.5	3.0	2.5
最大坡长（m）	自行车	150	200	300
	三轮车	—	100	150

（七）缓和坡段

当纵坡的设计达到限制坡长时，应设置一段缓坡，用以恢复在陡坡上降低的速度。设计速度小于或等于80km/h时，缓和坡段的纵坡应不大于3%；设计速度小于80km/h时，缓和坡段的纵坡应不大于2.5%，其长度应符合纵坡长度的规定。

缓和坡段的具体设置应结合纵向地形起伏情况，尽量减少填挖方工程量。一般情况下缓和坡段应设置在直线或较大半径的平曲线上，最大限度地发挥缓和坡段的作用。当有必要在较小半径的平曲线上设置缓和坡段时，应适当增加缓和坡段的长度，使缓和坡段端部的竖曲线位于平曲线之外。

在实际设计中，有时某一坡度坡长未达到限制坡长时，可变换坡度，但其长度应按坡长限制的规定进行折算。如一条设计速度为60km/h的公路，一段纵坡为5.0%，长500m，该长度是限制坡长的5/8，如相临的坡段的坡度是6.0%，其坡长则不应超过600×3/8=225m。

（八）桥上及桥头纵坡

1. 小桥处的纵坡应随路线纵坡设计；

2. 特大、大、中桥上的纵坡不宜小于0.3%，不宜大于4%，桥头引道纵坡不宜大于5%，引道紧接桥头部分的线形应与桥上线形相配合；

3. 位于城镇混合交通繁忙处的桥梁及桥头引道纵坡均不得大于3%；

4. 高架路的桥面最小纵坡不应小于0.5%；困难时不应大于3.5%，并应采取保证高架路纵横向及时排水的措施。

（九） 隧道及洞口两端路线的纵坡

1. 隧道内的纵坡应控制在0.3%～3%之间，但短于100m的隧道不受此限制；

2. 高速公路、一级公路的中、短隧道，当条件受限时，经技术经济论证后最大纵坡可适当加大，但不宜大于4%；

3. 隧道的纵坡宜设置成单向坡，地下水发育的隧道及特长、长隧道宜采用人字坡。

（十）互通式立交范围内主线的纵坡

互通式立交范围内主线的最大纵坡规定见表3-13。当主线以较大的下坡进入互通式立体交叉，且减速车道也为下坡，随后的匝道线形指标较低时，主线纵坡不得大于括号内的值。

表 3-13　互通式立交区主线最大纵坡

设计速度（km/h）		120	100	80	60
最大纵坡（%）	一般值（m）	2	2	3	4.5(4.0)
	最大值（m）	2	3	4(3.5)	5.5(4.5)

（十一）城镇附近路线纵坡

位于城镇附近非汽车交通比例较大的路段，纵坡可根据具体情况适当放缓：平原、微丘区不宜大于 2%～3%；山岭、重丘区不宜大于 4%～5%。

城市道路非机动车道最大纵坡不宜大于 2.5%；困难时不应大于 3.5%。

第三节　竖　曲　线

在道路纵断面上，为了行车的安全舒适，对于两个不同坡度的坡段，在转折处需要设置一段曲线进行缓和，我们把这一段曲线称为竖曲线。

竖曲线的形式可以采用抛物线或圆曲线等多种形式，这里只介绍抛物线型竖曲线。

一、竖曲线要素的计算公式

1. 坡度差 ω

变坡点前后两侧纵坡坡度分别为 i_1 和 i_2，上坡为"+"，下坡为"−"，用 ω 表示坡度差，即 $\omega = i_2 - i_1$，当 $\omega > 0$ 时，竖曲线为凹形竖曲线；$\omega < 0$ 时，竖曲线为凸形竖曲线，如图 3-2 所示。

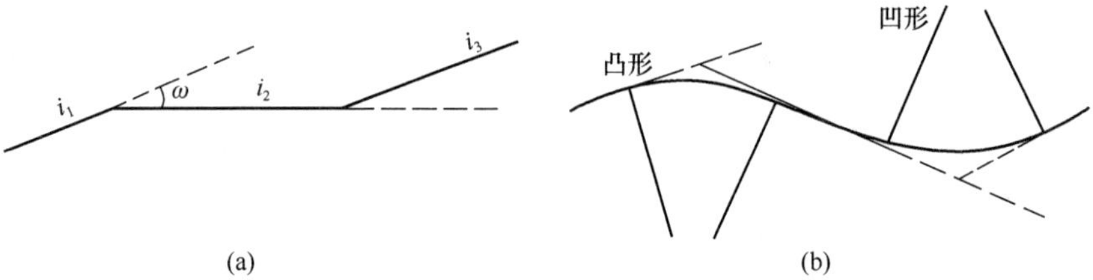

图 3-2　纵坡变坡点转折示意图

2. 竖曲线的基本方程式

取 XOY 坐标系，如图 3-3 所示。竖曲线一般采用二次抛物线作为基本方程式，在图示坐标系下，二次抛物线的一般方程式为：

$$y = kx^2 \tag{3-3}$$

对竖曲线上的任一点 P，其切线的斜率（纵坡）为：

$$\frac{dy}{dx} = 2kx = i$$

抛物线上任一点的曲率半径为：

$$R = \frac{\left[1 + \left(\frac{dy}{dx}\right)^2\right]^{\frac{3}{2}}}{\frac{d^2y}{dx^2}},$$

$\frac{dy}{dx}=i, \frac{d^2y}{dx^2}=2k$，代入上式得 $R=\frac{(1+i^2)^{\frac{3}{2}}}{2k}$

因为 i 介于 i_1 和 i_2 之间，且 i_1、i_2 均很小，故 i^2 可以略去，则 $R=\frac{1}{2k}$，将其代入式（3-3）得：

$$y=\frac{x^2}{2R} \tag{3-4}$$

$$\frac{dy}{dx}=i=\frac{x}{R}$$

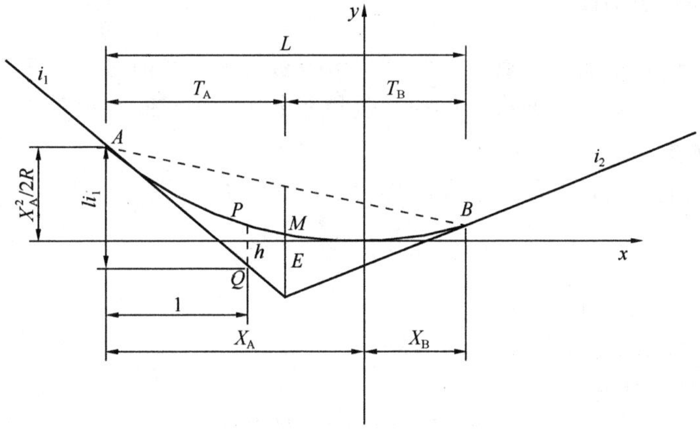

图 3-3 曲线要素示意图

3. 切线上任意一点与竖曲线的距离 h

$$\begin{aligned} h=PQ=y_P-y_Q&=\frac{1}{2R}(x_A+l)^2-\left(\frac{x_A^2}{2R}+li_1\right) \\ &=\frac{1}{2R}(x_A^2+2x_Al+l^2)-\left(\frac{x_A^2}{2R}+l\frac{x_A}{R}\right)=\frac{l^2}{2R} \end{aligned} \tag{3-5}$$

注意 l 值从竖曲线的起讫点算起。

4. 竖曲线长度 L

$$L=x_B-x_A=Ri_2-Ri_1=R\omega \tag{3-6}$$

5. 竖曲线切线长 T

因为在变坡点处 $h=E=\frac{T_A^2}{2R}=\frac{T_B^2}{2R}$，所以：

$$T_A=T_B=T=\frac{L}{2} \tag{3-7}$$

6. 外距 E

由式（3-5）得
$$E=\frac{T^2}{2R} \tag{3-8}$$

7. 内距 M

由
$$M+E=\frac{1}{2}\left(\frac{L^2}{2R}\right)$$

得
$$M=\frac{L^2}{4R}-\frac{L^2}{8R}=\frac{L^2}{8R}=\frac{R\omega^2}{8} \tag{3-9}$$

设计竖曲线时常用的公式如下：

$$L = R\omega$$

$$T = \frac{L}{2}$$

$$E = \frac{T^2}{2R}$$

$$h = \frac{l^2}{2R}$$

二、竖曲线的最小半径

在纵断面设计中，竖曲线的设计要受到很多因素的限制，但对于竖曲线的最小半径和最小长度主要有三个因素限制，即汽车行驶的缓和冲击、行驶时间、视距要求。

（一）缓和冲击

汽车在竖曲线上行驶，将产生径向离心力 F，其值为：

$$F = ma = \frac{Gv^2}{gR} = \frac{GV^2}{127R} \tag{3-10}$$

式中 a——径向离心加速度（m/s^2）；

R——竖曲线半径（m）；

v——汽车行驶速度（m/s）；

V——设计速度（km/h）；

t——汽车在竖曲线上的行驶时间（s）。

这个力的存在对乘客的感觉会产生不良的影响，在凸形竖曲线上是减重，在凹形竖曲线上是增重。当这种变化达到一定程度时，乘客就会有不舒适的感觉，所以在确定竖曲线的半径时，应对所受的竖向离心力进行控制。一般可控制 $\frac{F}{G}$ 的大小。

由式（3-10）整理得：$R = \dfrac{V^2}{127\dfrac{F}{G}}$

根据经验数据，$\left(\dfrac{F}{G}\right)_{max}$ 可控制在 0.020～0.030 之间，当取 0.028 时，则有：

$$R_{min} = \frac{V^2}{3.6}$$

$$L_{min} = \frac{V^2\omega}{3.6} \tag{3-11}$$

（二）行驶时间不宜过短

汽车在竖曲线上行驶的时间不宜过短，否则，汽车倏忽而过，乘客会有不舒服的感觉。一般要求汽车在竖曲线上行驶的时间不应小于 3s，即

$$L_{min} = \frac{V}{3.6}t = \frac{V}{1.2} \tag{3-12}$$

（三）满足视距的要求

汽车在凸形竖曲线上行驶，当半径很小时，会阻挡司机的视线，因此为了安全，我们一般对凸形竖曲线的最小半径和最小长度加以限制。对于凹形竖曲线也存在着视距方面的问

题，特别是起伏较大的道路、高速公路及城市道路上的跨线桥、门式标志等都存在着视距方面的要求。

综上所述，我们可以看到不论是凸形竖曲线还是凹形竖曲线都受到这三个因素的限制。但我们在工作中应该分析哪种因素是最不利的，只有这样才能对其进行有效的控制。

1. 视距对凸形竖曲线的影响

凸形竖曲线主要是以满足行车视距来进行控制，也就是凸形竖曲线的最小长度应满足行车视距的要求。根据竖曲线的长度与停车视距 S_T 相互关系可分为如下两种情况。

（1）当 $L < S_T$ 时，

$$L_{min} = 2S_T - \frac{2(\sqrt{h_1}+\sqrt{h_2})^2}{\omega} = 2S_T - \frac{4}{\omega}$$

$$R = \frac{L}{\omega} = \frac{2S_T}{\omega} - \frac{4}{\omega^2} \tag{3-13}$$

（2）当 $L \geqslant S_T$ 时，

$$L_{min} = \frac{S_T^2\omega}{2(\sqrt{h_1}+\sqrt{h_2})^2} = \frac{S_T^2\omega}{4}$$

$$R = \frac{L}{\omega} - \frac{S_T^2}{4} \tag{3-14}$$

式中 h_1 ——司机的视线高，一般为 1.2m；

h_2 ——障碍物高，一般为 0.1m；

ω ——竖曲线的变坡角，即坡度差，$\omega = i_2 - i_1$；

R ——竖曲线半径（m）；

S_T ——停车视距（m）。

比较以上两种情况，显然式（3-14）计算结果大于式（3-13）计算结果，以 $L \geqslant S_T$ 作为有效控制。

根据缓和冲击和行驶时间也可以计算出凸形竖曲线的最小半径和最小长度，但要控制其最主要的控制因素。

2. 视距对凹形竖曲线的最小半径的影响

凹形竖曲线主要是满足汽车行驶中径向离心力冲击的作用，但在某些情况下也要满足视距的要求，即保证夜间行车安全，前灯应满足有足够的距离和跨线桥下行车的视距要求。

1）夜间行车前灯的照射距离的要求

根据凹形竖曲线的长度 L 与停车视距 S_T 的相互关系，可分为如下两种情况。

（1）当 $L < S_T$ 时，

$$L_{min} = 2\left(S_T - \frac{h + S_T\tan\delta}{\omega}\right) \tag{3-15}$$

式中 h ——车前灯的高度，一般为 0.75m；

δ ——车前灯光束扩散角，一般为 1.5°。

（2）当 $L \geqslant S_T$ 时，

$$L_{min} = \frac{S_T^2\omega}{2(h + S_T\tan\delta)} \tag{3-16}$$

式中的符号同上一种情况。

2）跨线桥下行车视距的要求

(1) 当 $L < S_T$ 时，

$$L_{min} = 2S_T - \frac{4h_{max}}{\omega}\left[1 - \frac{h_1 + h_2}{2h_{max}} + \sqrt{\left(1 - \frac{h_1}{h_{max}}\right)\left(1 - \frac{h_2}{h_{max}}\right)}\right]$$

式中　h_{max} ——桥下设计净空，一般为 4.5～5.0m；

h_1 ——司机的视线高，一般为 1.5m；

h_2 ——障碍物高，一般为 0.75m。

将已知数据代入上式，得：

$$L_{max} = 2S_T - \frac{26.92}{\omega} \tag{3-17}$$

(2) 当 $L \geqslant S_T$ 时，

$$L_{min} = \frac{S_T^2\omega}{\left[\sqrt{2(h_{max} - h_1)} + \sqrt{2(h_{max} - h_2)}\right]^2}$$

式中符号同式（3-17），将已知数据代入，得：

$$L_{min} = \frac{S_T^2\omega}{26.92} \tag{3-18}$$

对于以上各种情况下的公式推导，读者可参考相关书籍。

无论凸形竖曲线还是凹形竖曲线都可以根据它的三个控制因素计算出最小半径和最小长度，但我们在设计中一般要控制其最主要的控制因素，因此我国现行的《公路工程技术标准》根据计算结果和进行的大量实际调查，规定了竖曲线的最小半径值和最小长度值，见表 3-14。凸形竖曲线最不利的情况是视距方面的控制；凹形竖曲线最不利的情况是径向离心力的冲击，故应以离心力作为有效控制。

表 3-14　竖曲线最小半径和最小长度

设计速度（km/h）		120	100	80	60	50	40	30	20
凸形竖曲线半径（m）	极限最小值	11000	6500	3000	1400	900	450	250	100
	一般最小值	17000	10000	4500	2000	1350	700	400	200
凹形竖曲线半径（m）	极限最小值	4000	3000	2000	1000	700	450	250	100
	一般最小值	6000	4500	3000	1500	1050	700	400	200
竖曲线长度（m）	极限最小值	100	85	70	50	40	35	25	20
	一般最小值	250	210	170	120	100	90	60	50

第四节　爬坡车道、变速车道及避险车道

一、爬坡车道

爬坡车道是在陡坡路段主线外侧增设的供载重汽车使用的专用车道。

在纵坡较大的路段，由于载重汽车爬坡时需要克服较大的坡度阻力，致使汽车的速度下降，会较大程度地影响到小汽车的行驶自由度，从而导致道路的通行能力降低，这时应该设

置爬坡车道。特别是高等级公路为消除这种不利影响，更应在陡坡路段设置爬坡车道。把重车从车流中分离出去，可确保交通安全，增大该路段的通行能力。

设置爬坡车道是一种权宜之计，我们所求的是设计最理想的纵坡。但有时要从经济、技术出发，权衡两个方面的利益，选择最合适的方案。

（一）爬坡车道的设置条件

《公路工程技术标准》中规定，高速公路、一级公路以及二级公路的连续上坡路段，当通行能力、运行安全受到影响时应设置爬坡车道，爬坡车道宽度应为 3.5m。这只是一般规定，在实际使用中，还应充分考虑爬坡路段大型车的混入率对降低路段通行能力的影响程度以及其他各方面的因素，根据分析结果来决定是否设置爬坡车道。通过论证分析，对符合下列情况者，可以设置爬坡车道。

1. 沿上坡方向载重汽车的行驶速度降低到表 3-15 所列的容许最低速度以下时。

表 3-15　上坡方向容许最低速度

设计速度（km/h）	120	100	80	60	40
容许最低速度（km/h）	60	55	50	40	25

2. 单一纵坡长超过最大坡长的规定或上坡路段的设计通行能力小于设计小时交通量时。

3. 经设置爬坡车道与改善主线纵坡不设爬坡车道技术经济比较论证，设置爬坡车道的效益费用比、行车安全性较优时。

对于双向六车道以上的高速公路可以不设爬坡车道，当处于不利地形条件时，可以将外侧车道作为爬坡车道使用。

对于山岭地区的高速公路，由于地形条件较为复杂，纵坡设计的控制因素较多，设计速度一般控制在 80km/h 以下。对于是否设置爬坡车道，应从工程的任务、性质以及投资规模和工程技术出发，综合考虑建设条件，进行详细的论证以后再确定。

（二）爬坡车道的设计

爬坡车道的起点应设于陡坡路段上坡方向载重汽车的运行速度降低到表 3-15 的容许最低速度处。

爬坡车道的终点应设于载重汽车爬经陡坡路段后恢复至容许最低速度处，因此载重汽车爬坡完后，应设置一段附加长度以便于载重车辆恢复速度至最低容许速度。陡坡路段后延伸的附加长度规定见表 3-16。

表 3-16　陡坡路段后延伸的附加长度

附加路段的纵坡（%）	下坡	平坡	上坡			
			0.5	1.0	1.5	2.0
附加长度（m）	100	150	200	250	300	350

爬坡车道的起、终点的具体位置还应充分考虑与线形的关系。通常应设在通视条件良好的路段，容易辨认，并且容易与主线连接顺适的位置。

爬坡车道的起、终点应分别设置分流渐变段和汇流渐变段。渐变段长度用以使驶离及驶入正线的车辆分别顺势进入爬坡车道及正线。分流、汇流渐变段长度规定见表 3-17。

表 3-17 爬坡车道分流、汇流渐变段长度

公路等级	分流渐变段长度（m）	汇流渐变段长度（m）
高速公路、一级公路	100	150～200
二级公路	50	90

爬坡车道的总长度应由分流渐变段长度、爬坡车道长度（含附加长度）和汇流渐变段长度组成，如图 3-4 所示。

相邻两爬坡车道相距较近时，宜将两爬坡车道直接相接。

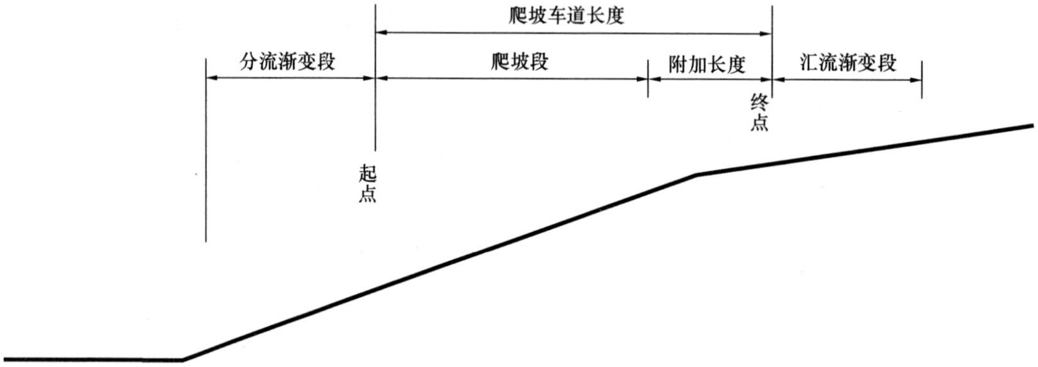

图 3-4 爬坡车道组成示意图

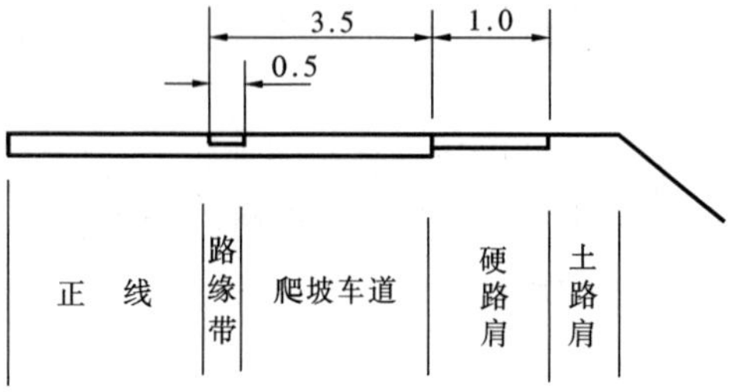

图 3-5 爬坡车道横向布置示意图

爬坡车道设置于上坡方向的主线行车道的右侧，如图 3-5 所示。爬坡车道一般行车速度较低，车道宽度可以设置为 3.5m，设置爬坡车道的路段可以设置较窄的硬路肩，一般为 1m。土路肩同正线。

较窄的硬路肩不能用于停车，因此在较长的爬坡车道路段，其右侧应按规定设置紧急停车带。

如果爬坡车道位于弯道上，由于车辆的行驶速度一般较主线要低，所以为了行车安全，可以减小爬坡车道的超高坡度，见表 3-18。

表 3-18 弯道上爬坡车道的超高坡度值

主线上超高坡度值（%）	10	9	8	7	6	5	4	3	2
爬坡车道的超高值（%）	5		4					3	2

超高坡度的旋转轴为爬坡车道的内侧边缘线。

如果爬坡车道位于直线路段上，爬坡车道的横坡度的大小可以与正线的横坡度相同。

爬坡车道的总长度由三部分组成，即起点处分流渐变段长度、爬坡车道的主线长度（含附加长度）、终点处的汇流渐变段长度，平面布置如图 3-6 所示。

高速公路的爬坡车道应紧靠车道的外侧设置，可利用硬路肩宽度，爬坡车道的外侧可只设土路肩［图 3-6(a)］。

一级公路、二级公路的爬坡车道应紧靠车道的外侧设置，原来供混合车辆行驶的硬路肩部分移至爬坡车道的外侧［图 3-6(b)、(c)］。

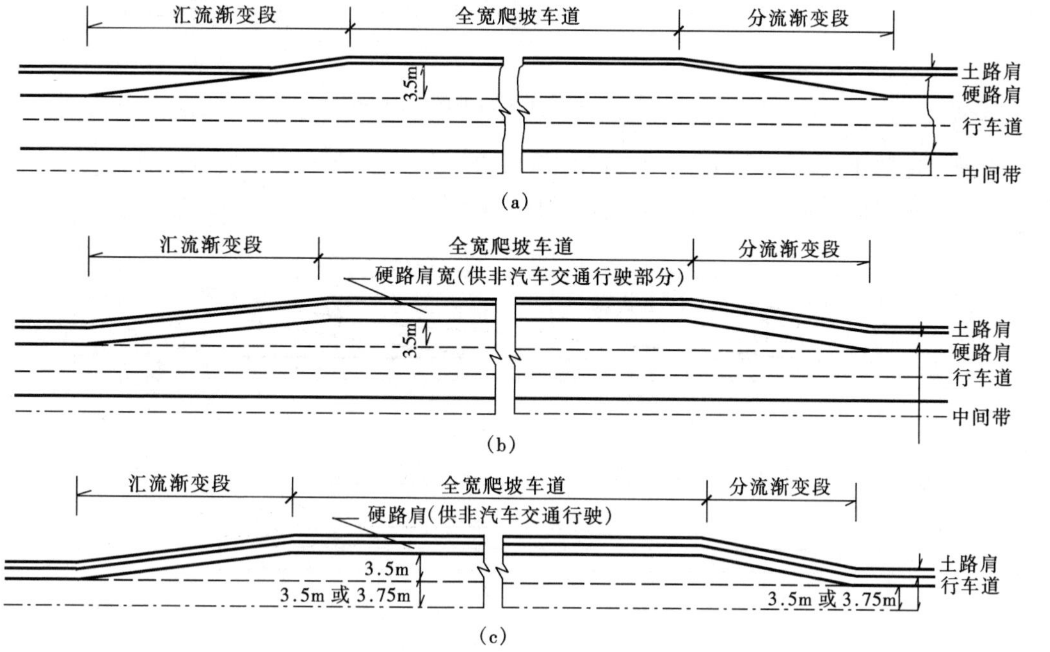

图 3-6　典型爬坡车道（半幅平面）

(a) 高速公路；(b) 一级公路；(c) 二级公路

高速公路、一级公路爬坡车道长度大于 500m 时，应在其右侧按规定设置紧急停车带。

爬坡车道的曲线加宽按一个车道曲线加宽规定执行。

二、变速车道

变速车道是加速车道和减速车道的总称。加速车道是为了使车辆在进入主线之前，能安全地加速以保证汇流所需的距离而设的变速车道。减速车道是为了保证车辆驶出高速公路时能安全减速而设置的变速车道。

（一）变速车道的布置条件

在《公路工程技术标准》中明确规定：高速公路、一级公路的互通式立体交叉、服务区、停车区、客运汽车停靠站、管理与养护设施、观景台等与主线衔接出入口处，应设置加减速车道，其宽度应为 3.50m。枢纽互通式立体交叉的加减速车道宽度宜为 3.75m。

二级公路在服务区、停车区、客运汽车停靠站、管理与养护设施、加油站、观景台等的各类出入口处，应设置过渡段。

（二）变速车道的设计

变速车道有直接式和平行式两种。一般加速车道多采用平行式；减速车道原则上采用直接式。

变速车道的横断面形式与一般车道相同，布置在主线的右侧，如图 3-7 所示。设置加减速车道路段，路基应相应加宽，不得占用硬路肩宽度。

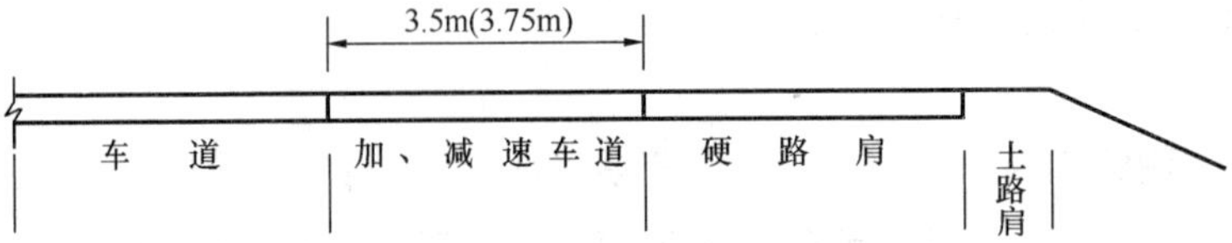

图 3-7 加减速车道横断面组成

变速车道的平面由加（减）速车道和三角段组成，主要设计尺寸包括：加（减）速车道的长度、三角段的长度和流入（出）角，如图 3-8 所示。

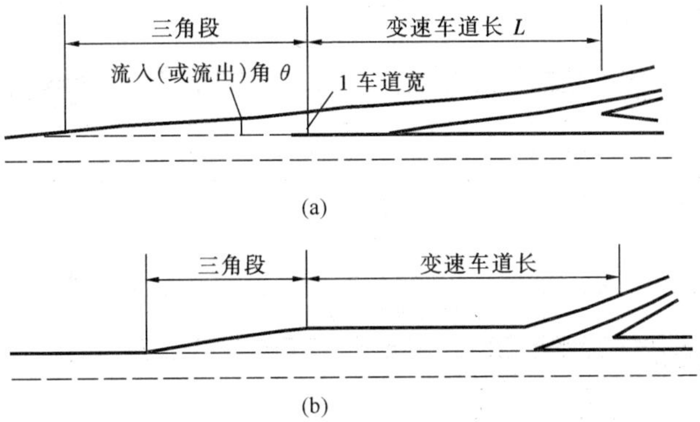

图 3-8 变速车道平面布置图

(a) 直接式；(b) 平行式

1. 加（减）速车道的长度

加速车道是指车辆从匝道加速到驶入主线进行合流所必需的长度；减速车道指从主线驶出的车辆驶入匝道前减速所必需的长度。一般按下式计算：

$$L=\frac{V_2^2-V_1^2}{26a} \tag{3-19}$$

式中 V_1 ——匝道设计速度（km/h）；

V_2 ——主线设计速度（km/h）；

a ——汽车平均的加（减）速度（m/s^2），一般加速 $a=2\sim3m/s^2$；减速 $a=0.8\sim1.2m/s^2$。

2. 流入（出）角

流入（出）角是指直接式变速车道中线与主线的夹角。匝道出入口端部的设置应使车辆变速圆滑而安全地进行，并使匝道端部处主线与匝道线形协调，相互通视易于识别。一般来说流入（出）角 θ 可在下列范围内取值：

$$\theta\begin{cases}出口处\ \theta=1/15\sim1/30\\入口处\ \theta=1/30\sim1/50\end{cases}$$

我国京津塘高速公路的采用值：减速车道 100m，加速车道 200m，三角段的长度 70m 流出角 1/25，流入角 1/40。

三、避险车道

公路连续长、陡下坡路段，应结合交通安全性评价论证设置避险车道，有条件时，宜在避险车道右侧平行设置救援车道。当平均纵坡≥4%，纵坡连续长度≥3km；车辆组成内大、中型重车占50%以上，且载重车缺乏辅助制动装置。为避免车辆在行驶中速度失控而造成事故，应在长、陡下坡地段的右侧山坡上的适当位置设置避险车道。避险车道为大上坡断头路，其位置如图3-9所示，避险车道的长度根据主线下坡运行速度及避险车道纵坡而定，其规定见表3-19。

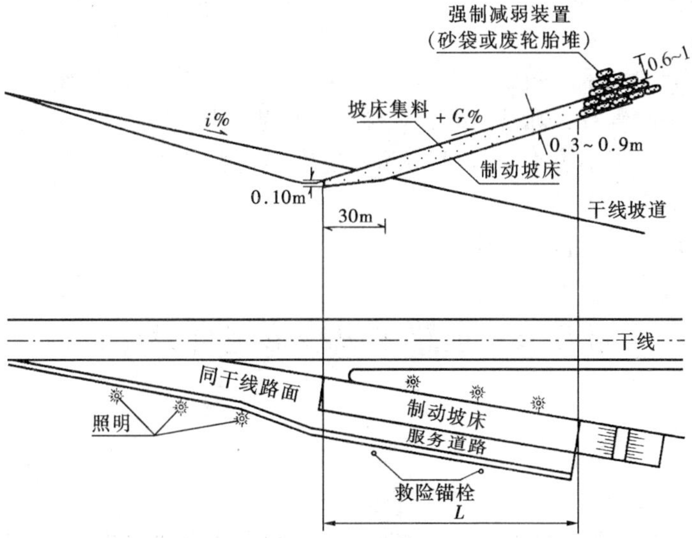

图3-9　避险车道

表3-19　避险车道长度

主线驶出车速（km/h）	制动坡床纵坡 G（%）	坡床集料	坡床长度（m）	强制减弱装置堆砌高度（m）
100	10	碎砾石	239	1.5
		砾　石	179	1.5
		砂	143	1.5
		豆砾石	102	1.5
100	15	碎砾石	179	1.2
		砾　石	143	1.2
		砂	119	1.2
		豆砾石	90	1.2
110	15	碎砾石	220	1.5
		砾　石	176	1.5
		砂	147	1.5
		豆砾石	110	1.5

续表

主线驶出车速 (km/h)	制动坡床纵坡 G（%）	坡床集料	坡床长度 (m)	强制减弱装置堆砌高度 (m)
110	20	碎砾石	176	1.2
		砾　石	147	1.2
		砂	126	1.2
		豆砾石	98	1.2

1. 避险车道应布置在直线上，入口必须保证车辆能高速安全驶入，入口前应保证足够视距。

2. 避险车道（制动坡床）起点采用 0.1m 厚，以 30m 长度渐变至坡床集料总厚度。

3. 坡床集料采用碎砾石、砾石、砂、豆砾石等松散材料。

4. 制动坡床宽度应不小于 4.5m，服务道路宽度不宜小于 3.5m。

5. 救险锚栓间隔不宜大于 90m。

6. 纵断面上变坡处应设置竖曲线。

第五节　道路平纵线形组合设计

一、视觉分析

1. 视觉分析的意义

道路设计时除应充分考虑自然条件、汽车运动力学等方面的要求以外，还必须考虑驾驶员的心理和视觉上的反应。汽车在道路上快速行驶时，驾驶员通过视觉、运动感觉和时间变化感觉来判断道路线形条件、路面条件以及其他交通信息，其中接收这些信息的主要是视觉，因此，视觉是连接道路与汽车的重要媒介。

从运动视觉出发研究道路的空间线形与周围景观的配合是现代较为先进的设计理论，这样能充分保持线形的连续性，使行车具有足够的舒适感和安全感。

2. 驾驶员的视觉规律

驾驶员的视觉规律与车速密切相关，车速越快，则视线的集中点越远，视角越小。国内外的研究表明：驾驶员的注意力集中和心理紧张程度随车速的增加而增加。在汽车高速行驶时，驾驶员对前景细节的视觉开始变得模糊不清，视角也随车速的增加逐渐变窄。

综上所述，驾驶员在高速行车时，主要注意力是用来观察视点较远路段的线形状况，因此，必须使驾驶员能准确地了解线形，避免由于判断失误而导致交通事故。

二、道路平、纵线形组合设计

道路的线形状况是指道路的平面和纵断面所组成的立体形状。线形设计首先从路线规划开始，然后按照选线、平面线形设计、纵断面线形设计和平纵线形组合设计的过程进行，最终展现在驾驶员面前的平、纵、横三者组合的立体线形，特别是平、纵线形的组合对立体线形的优劣起着至关重要的作用。

平、纵线形组合设计是指在满足汽车动力学和力学要求的前提下，研究如何满足视觉和心理方面的连续、舒适，与周围环境的协调和良好的排水条件。特别在高等级公路的设计中必须注重平、纵线形的合理组合。

（一）平、纵线形组合的一般设计原则

1. 在视觉上能自然地诱导驾驶员的视线，并保持视线的连续性。任何使驾驶员感到迷惑和判断失误的线形都有可能导致操作的失误，最终导致交通事故。

2. 保持平、纵线形的技术指标大小均衡。它不仅影响线形的平顺性，而且与工程费用密切相关，任何单一提高某方面的技术指标都是毫无意义的。

3. 为保证路面排水和行车安全，必须选择适合的合成坡度。

4. 注意和周围环境的配合，以减轻驾驶员的疲劳和紧张程度。特别是在路堑地段，要注意路堑边坡的美化设计。

（二）平曲线和竖曲线的组合

1. 平曲线和竖曲线应相互重合，且平曲线应稍长于竖曲线

这种组合是使平曲线和竖曲线相互对应，竖曲线的起终点落在平曲线的两个缓和曲线内，即“平包竖”。图 3-10 即为平、竖曲线相互重合的透视形状。这种立体线形不仅能起到诱导视线的作用，而且可以取得平顺而流畅的效果。但在实际生产中往往不能完全做到这一点，如果平、竖曲线的顶点错开不超过曲线长度的四分之一，即可取得较好的视觉效果。

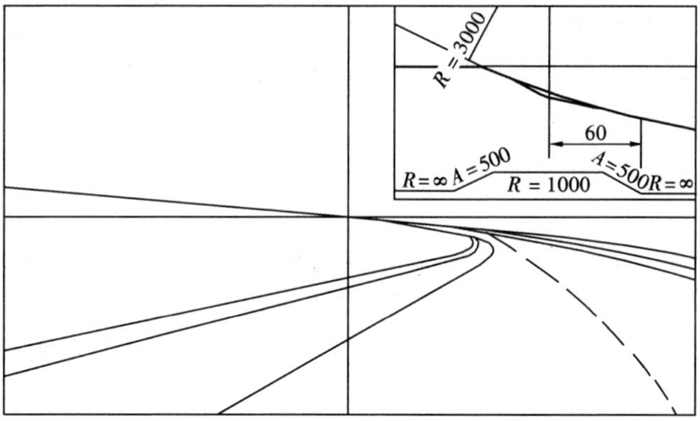

图 3-10　平、竖曲线组合透视图

2. 平、竖曲线大小应保持均衡

平、竖曲线的线形，其中一方大而平缓时，另一方切忌形成多而小。一个长的平曲线内有两个以上的竖曲线，或一个长的竖曲线内含有两个以上的平曲线，从视觉上都会形成扭曲的形状，如图 3-11 所示。

德国的统计资料表明，当平曲线的半径小于 1000m，竖曲线的半径为平曲线的10～20倍时，即可以达到均衡的目的。

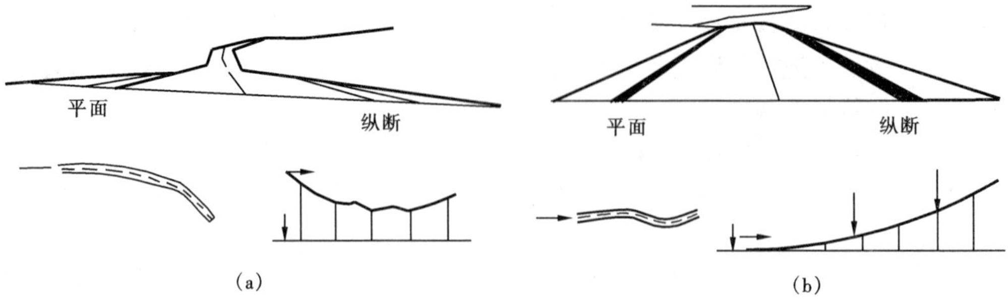

图 3-11　平曲线与竖曲线大小不均衡

(a) 平曲线内有两个以上竖曲线；(b) 竖曲线内有两个以上平曲线

3. 明、暗弯与凹、凸竖曲线的组合

明弯与凹形竖曲线及暗弯与凸形竖曲线的组合是合理的，比较符合驾驶员的心理反应和视觉反应。

对于明弯与凸形竖曲线及暗弯与凹形竖曲线的组合，当坡差较大时，一般给人留下舍坦坡、近路不走，而故意爬坡、绕弯的感觉。搞山区公路设计，有时难以避免这种情况，但只要坡差不大，对行车的影响也不是太大。

4. 避免的组合

对于平、竖曲线的组合设计能够满足上述要求是最好的，但有时往往受各种条件的限制难以满足，这时应避免如下组合的出现。

(1) 要避免使凸形竖曲线的顶部或凹形竖曲线的底部与反向平曲线的拐点重合。二者都存在不同程度的扭曲外观；前者会使驾驶员操作失误，引起交通事故；后者虽无视线诱导问题，但路面排水困难，易产生积水。

(2) 小半径竖曲线不宜与缓和曲线相重叠。对凸形竖曲线诱导性差，事故率较高；对凹形竖曲线路面易排水不良。

(3) 计算行车速度≥40km/h 的道路，应避免在凸形竖曲线顶部或凹形竖曲线底部插入小半径的平曲线。前者失去诱导视线的作用，驾驶员须接近坡顶才发现平曲线，导致不必要的减速或交通事故；后者会出现汽车高速行驶时急转弯的情况，行车极不安全。

（三）直线与纵断面的组合

平面的长直线与纵断面的直坡线配合，对双车道道路超车方便，在平坦地区易与地形相适应，但行车单调乏味，容易导致驾驶员的疲劳。直线上只有一次变坡是很好的平、纵组合，从美学观点讲以包括一个凸形竖曲线为好，而包括一个凹形线次之；直线中短距离内二次以上变坡会形成反复凸凹的“驼峰”和“凹陷”，看上去线形既不美观也不连贯，使驾驶员的视线中断。因此，只要路线有起有伏，就不要采用长直线，最好使平面路线形随纵坡的变化略加转折，并把平、竖曲线合理地组合。尽量避免驾驶员一眼能看到路线方向转折两次以上或纵坡起伏三次以上。

（四）平、纵线形组合与景观的协调配合

道路作为一种人工构造物，应将其视为景观对象来研究。修建道路会对自然景观产生影响，有时还会产生一定破坏作用。而道路两侧的自然景观反过来又会影响道路上汽车的行驶，特别是对驾驶员的视觉、心理以及驾驶操作等都有很大影响。

平、纵线形组合必须在充分与道路所经地区的景观相配合的基础上进行。否则，即使线形组合满足有关规定也不一定是良好的设计。对于驾驶员来说，只有看上去具有滑顺优美的线形和景观的道路，才能称为舒适和安全的道路。对计算行车速度高的道路，平纵线形组合设计与周围景观配合尤为重要。

第六节　道路纵断面设计

一、纵断面设计的方法和步骤

1. 准备工作：纵坡设计（俗称拉坡）之前需在图纸上，按比例标注里程桩号和点绘地面线，填写有关内容。同时应收集和熟悉有关资料，并领会设计意图和要求。

2. 标注控制点：控制点是指影响纵坡设计的标高控制点。如路线起、终点，越岭垭口，重要桥涵，地质不良地段的最小填土高度，最大挖深，沿溪线的洪水位，隧道进出口，平面交叉和立体交叉点，铁路道口，城镇规划控制标高以及受其他因素限制路线必须通过的标高控制点等。山区道路还有根据路基填挖平衡关系控制路中心填挖值的标高点，称为“经济点”。它是用“路基断面透明模板”在横断面图上得到的，如图 3-12 所示。在使用时将“模板”扣在横断面图上使中线重合，上下移动，使填、挖面积大致相等，此时“模板”上路基顶面到中桩地面线的高差为经济填、挖值，将此值按比例点绘到纵断面相应桩号上即为经济点。平原区道路一般无经济点问题。

3. 试坡：在已标出“控制点”“经济点”的纵断面图上，根据技术指标、选线意图，结合地面起伏变化，本着以“控制点”为依据，照顾多数“经济点”的原则，在这些点位间进行穿插与取直，试定出若干直坡线。对各种可能坡度线方案反复比较，最后定出既符合技术标准，又满足控制点要求，且土石方较省的设计线作为初定坡度线。将前后坡度线延长交会出变坡点的初步位置。

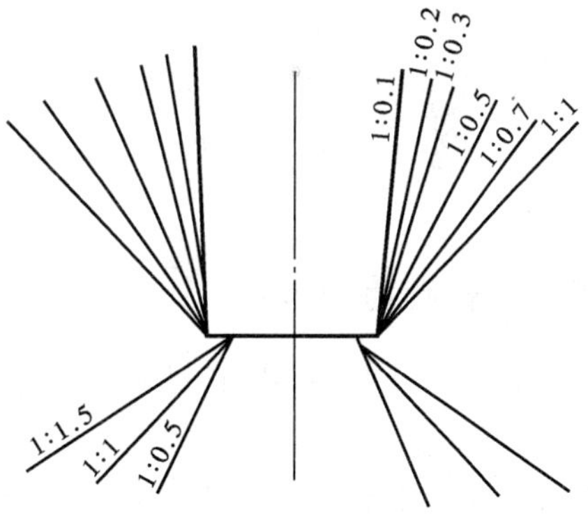

图 3-12　路基断面模板

4. 调整：将所定坡度与选线时坡度的安排比较，二者应基本相符。若有较大差异时应全面分析，权衡利弊，决定取舍。然后对照技术标准检查设计的最大纵坡、最小纵坡、坡长限制等是否满足规定，平、纵组合是否适当，以及路线交叉、桥隧和接线等处的纵坡是否合理，若有问题应进行调整。调整方法是对初定坡度线平抬、平降、延伸、缩短或改变坡度值。

5. 核对：选择有控制意义的重点横断面，如高填深挖、地面横坡较陡路基、挡土墙、重要桥涵以及其他重要控制点等，在纵断面图上直接读出对应桩号的填、挖高度。用“模板”在横断面图上“戴帽子”，检查是否填挖过大、坡脚落空或过远、挡土墙工程过大、桥梁工程过高或过低、涵洞过长等情况，若有问题应及时调整纵坡。在横坡陡峻地段核对工作更显重要。

6. 定坡：经调整核对无误后，逐段把直坡线的坡度值、变坡点桩号和标高确定下来。坡度值可用三角板推平行线法确定。要求取值到 0.1%，变坡点一般要调整到 10m 的整桩号上，相邻变坡点桩号之差为坡长。变坡点标高是由纵坡度和坡长依次推算而得。

7. 设置竖曲线：拉坡时已考虑了平、纵组合问题，该步是根据技术标准、平纵组合均衡等确定竖曲线半径，计算竖曲线要素。

二、纵坡设计应注意的问题

1. 设置回头曲线地段，拉坡时应按回头曲线技术标准先定出该地段的纵坡，然后从两端接坡。应注意在回头曲线地段不宜设竖曲线。

2. 大、中桥上不宜设置竖曲线，桥头两端竖曲线起、终点应设在桥头 10m 以外，如图 3-13所示。

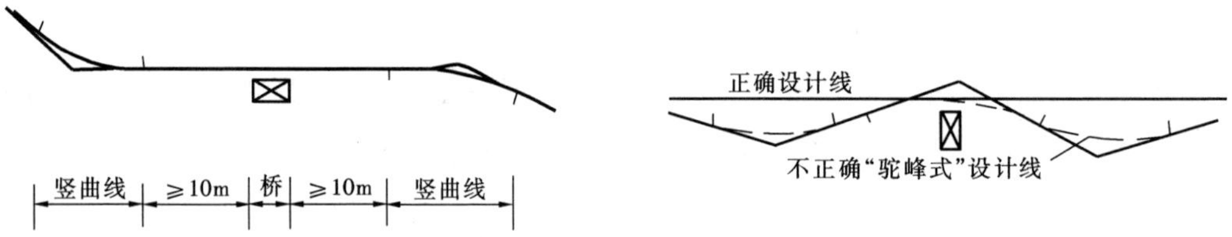

图 3-13　桥涵纵坡处理

3. 小桥涵允许设在斜坡地段或竖曲线上，为保证行车平顺，应尽量避免在小桥涵处出现“驼峰式”纵坡，如图 3-13 所示。

4. 注意平面交叉口纵坡及两端接线要求。道路与道路交叉时，一般宜设在水平坡段，其长度应不小于最短坡长规定。两端接线纵坡应不大于 3%，山区工程艰巨地段不应大于 5%。

三、纵断面图的绘制

纵断面设计图是道路设计重要技术文件之一，也是纵断面设计的最后成果。

纵断面采用直角坐标，以横坐标表示里程和桩号，纵坐标表示高程。为了明显地反映沿着中线地面起伏形状，通常横坐标比例尺采用 1∶2000（城市道路采用 1∶500～1∶1000），纵坐标采用 1∶200（城市道路为 1∶50～1∶100）。如图 3-14 和图 3-15 所示。

纵断面图是由上、下两部分内容组成的。上部主要用来绘制地面线和纵坡设计线，另外，也用以标注竖曲线及其要素，坡度及坡长（有时标在下部）；沿线桥涵及人工构造物的位置、结构类型、孔数和孔径；与道路、铁路交叉的桩号及路名；沿线跨越的河流名称、桩号、常水位和最高洪水位；水准点位置、编号和标高；断链桩位置、桩号及长短关系等。

下部主要用来填写有关内容，自下而上分别填写：超高；直线及平曲线；里程桩号；地面标高；设计标高；坡度（%）/坡长（m）；土壤地质说明；设计排水沟沟底线及其坡度、距离、标高、流水方向等。

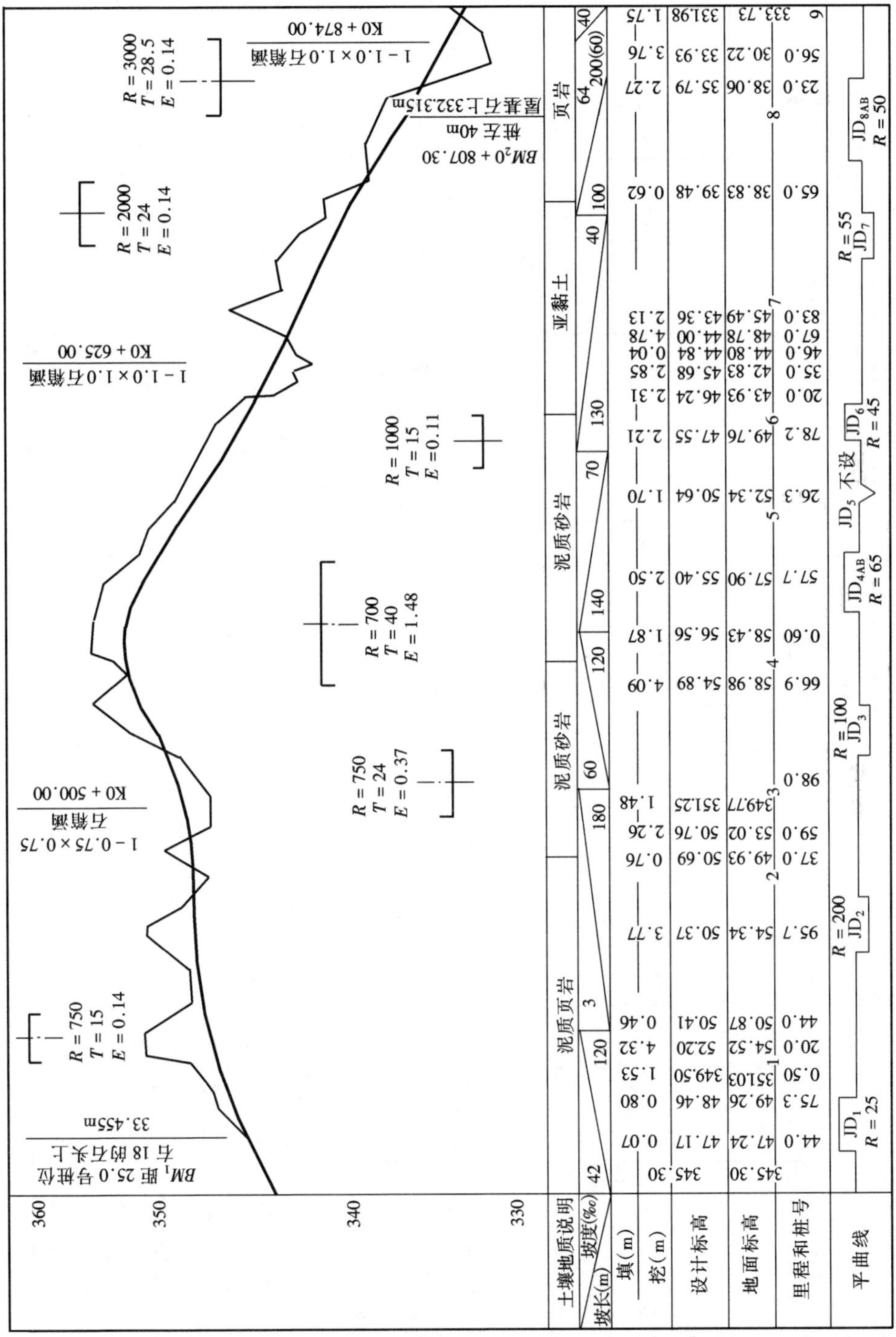

图 3-14 公路纵断面设计图

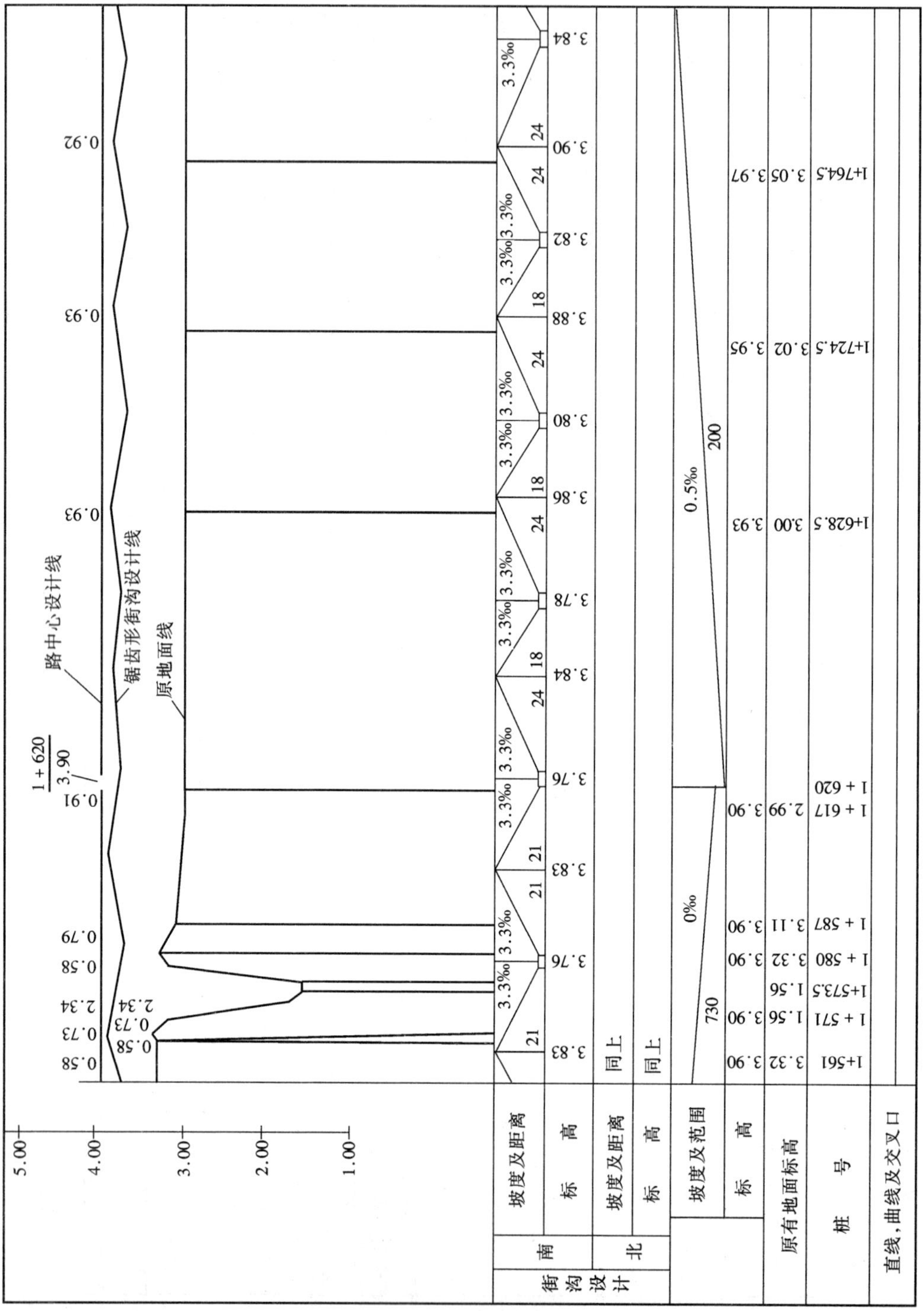

图 3-15 城市道路纵断面设计图

四、城市道路纵断面设计的一般原则

城市道路纵断面设计的要求，除了前面讲述的最大和最小纵坡、坡长限制、合成坡度、平均纵坡、竖曲线最小半径和最短长度、平纵组合的要求以外，还应满足由城市道路的特点所决定的具体要求。

1. 纵断面设计应参照城市规划设计标高，适应临街建筑立面布置以及沿路范围内地面水的排除。

2. 应与相交道路、街坊、广场和沿街建筑物的出入口有平顺的衔接。

3. 山城道路及新建道路的纵断面设计应尽量使土石方平衡。

4. 旧路改建宜尽量利用原有路面，若加铺结构层时，不得影响沿路范围的排水。

5. 机动车与非机动车混合行驶的车行道，最大纵坡宜不大于3%，以满足非机动车爬坡能力的要求。

6. 道路最小纵坡应不小于0.5%，困难时不小于0.3%，特别困难情况下小于0.3%时，应设置锯齿形街沟或采取其他综合排水措施。

7. 道路纵断面设计必须满足城市各种地下管线最小覆土深度的要求（参见城规）。

本章小结：汽车动力性能及稳定性是纵坡在设计时的重要依据，理解动力性能能很好地理解纵坡设计的一些基本规定。竖曲线设计是纵坡设计的重要内容之一。选定的合理与否不仅关系到纵断面本身，同时也影响平纵配合的合理性。

关键概念：纵断面、纵坡设计、平纵组合、竖曲线

复习思考题

1. 纵坡设计的基本规定有哪些？依据是什么？

2. 平纵配合的原则是什么？注意什么问题？

3. 某条路线纵断面一变坡点桩号为K2+200，高程为300.00m，$i_1=5\%$，$i_2=-4\%$，已选定$R=1600$m。

（1）判断凹凸；

（2）计算竖曲线要素；

（3）推算K2+160，K2+200，K2+240各桩的设计标高。

4. 陡坡为什么限长？相邻两陡坡连续相接时，如前一陡坡$i_1=5.5\%$，坡长480m，试问后一坡段$i_2=6.2\%$，坡长允许长为多少？（设$5\%<i<6\%$，陡坡限长800m，$6\%<i<7\%$，陡坡限长500m）。

5. 表3-16中设计所确定的坡度、竖曲线和边坡点桩号及里程，已部分给出，并算出了一部分设计高程，请把表内未算出的设计高程补齐。

表的填法说明如下：

（1）竖曲线的要素E一般取两位小数，填入“坡度及竖曲线”栏。

（2）根据已给的变坡点桩号和T值，算出竖曲线起讫点的桩号，注在“坡度及竖曲线”栏内。

(3) 变坡点以前 l=计算点桩号－竖曲线起点桩号，变坡点以后 l=竖曲线讫点桩号－计算点桩号，填在“竖曲线计算”栏内。

(4)“竖曲线计算”栏内，$h=\dfrac{l^2}{2R}$。

(5) 根据所给的边坡点高程、桩号及坡度，计算坡线上各桩号的高程。方法是以边坡点的桩号与各计算点桩号之差乘以坡度，视上坡和下坡加或减变坡点高程即为计算点高程。

(6) 竖曲线段的设计高程=切线上高程$\pm h\begin{cases}\text{凹曲线}\\\text{凸曲线}\end{cases}$

(7)“切线上高程”栏只在竖曲线范围内填注。

表 3-16　竖曲线计算表

桩号	坡度及竖曲线		竖曲线设计			设计高程	地面高程	填挖值	
	凹	凸	切线高程	l	h			T	W
K2+052.99	+6%		970.59	12.99	0.03	970.55	965.38		
+057.99		R=3000 T=30 E=0.15	970.88	17.99	0.05	970.83	965.64		
+062.99			971.18	22.99	0.09	971.09	970.84		
+070.51	+070		971.62	29.48	0.14	971.48	972.09		
+078.03	971.60		971.92	21.97	0.08	971.84	973.10		
+083.03			972.12	16.97	0.05	972.07	974.88		
+088.03			972.30	11.97	0.02	972.30	977.36		
+093.03			972.52	6.97	0.01	972.51	979.88		
ZY+098.03			972.72	1.97	0	972.72	973.66		
+103.03		+100				972.92	973.01		
+108.03						973.12	972.88		
+113.03						973.32	975.66		
+118.03						973.52	973.52		
QZ+123.88						973.72	974.08		
+129.73	4%					973.99	970.55		
+134.73						974.19	970.12		
+139.73						974.39	970.00		
+144.73						974.59	971.55		
YZ+149.73	+150					974.79	974.22		
+154.73	R=4000 T=20 E=0.05						975.45		
+159.73							981.66		
+164.73							980.45		
+169.73		+170					976.88		
+174.15		975.60					975.66		
+179.15							976.66		
+184.15							977.83		
+189.15							970.12		
ZY+194.15	+190						971.38		
+199.15							972.78		
K2+204.15							975.66		
							976.99		
	5%						975.32		

6. 某山岭区一级公路，有一弯道 R=200m，该段纵坡初定为 5%，超高横坡度为 8%，检查合成坡度是否符合要求。

第四章　道路横断面

学　习　要　求

学习目标：掌握横断面的组成及布置，能进行横断面形式选择；平曲线加宽、超高设计；土石方计算及调配。
学习重点：横断面的组成及布置。
学习难点：横断面超高设计。
学习安排：课内 4 学时。

道路的横断面是指道路中线上各点的法向切面，它是由横断面设计线和地面线构成的。其中横断面设计线包括行车道、路肩、分隔带、边沟边坡、截水沟、护坡道以及取土坑、弃土堆、环境保护等设施。城市道路的横断面组成中，还包括机动车道、非机动车道、人行道、绿带、分车带等。

道路横断面设计，应根据道路交通性质、交通量（包括人流量）、行车速度，结合地形、气候、土壤等条件进行道路车行道、中央分隔带、人行道、路肩等的布置，以确定其横向几何尺寸，并进行必要的结构设计以保证它们的强度和稳定性。

第一节　道路横断面组成

一、公路横断面组成

公路路基横断面形式应根据公路功能、技术等级、交通量和地形等条件确定。在保证必要的通行能力、交通安全与畅通的前提下，尽量做到用地省，投资少，道路能发挥其最大的经济效益和社会效益。

（一）路幅的构成

路幅是指公路路基顶面两路肩外侧边缘之间的部分。对于路幅有两种布置方式，一种是有分隔带，另一种是无分隔带。等级高、交通量大的公路（如高速公路，一级公路）适用于第一种方式。通常是将上、下行车辆分开。分隔的方式有两种：一种是用分隔带分隔，另一种是将上、下行车道放在不同的平面（或高程）上加以分隔；前者称作整体式断面，后者称作分离式断面。整体式断面包括车道、中间带（中央分隔带及左侧路缘带）、路肩（硬路肩及土路肩）以及紧急停车带、爬坡车道、加（减）速车道等组成部分；分离式断面包括行车道、路肩（硬路肩及土路肩）以及紧急停车带、爬坡车道、加（减）速车道等组成部分。一级公路在慢行车辆较多时，可利用硬路肩（宽度不足时应加宽）设置慢车道，并应在快车道和慢车道之间设置隔离设施。不设分隔带的整体式断面二级公路的路基横断面包括行车道、路肩、爬坡车道等组成部分；二级公路慢行车辆较多时，可根据需要采用加宽硬路肩的方式设置慢车道，并应增加必要的交通安全设施，加强交通组织管理；三、四级公路的路基横断面包括行车道、路肩以及错车道等组成部分，应根据道路的实际情况选用。非机动车道、行人密集公路和城市出入口的公路，可根据需要设置侧分隔带、非机动车道和人行道。图 4-1 为

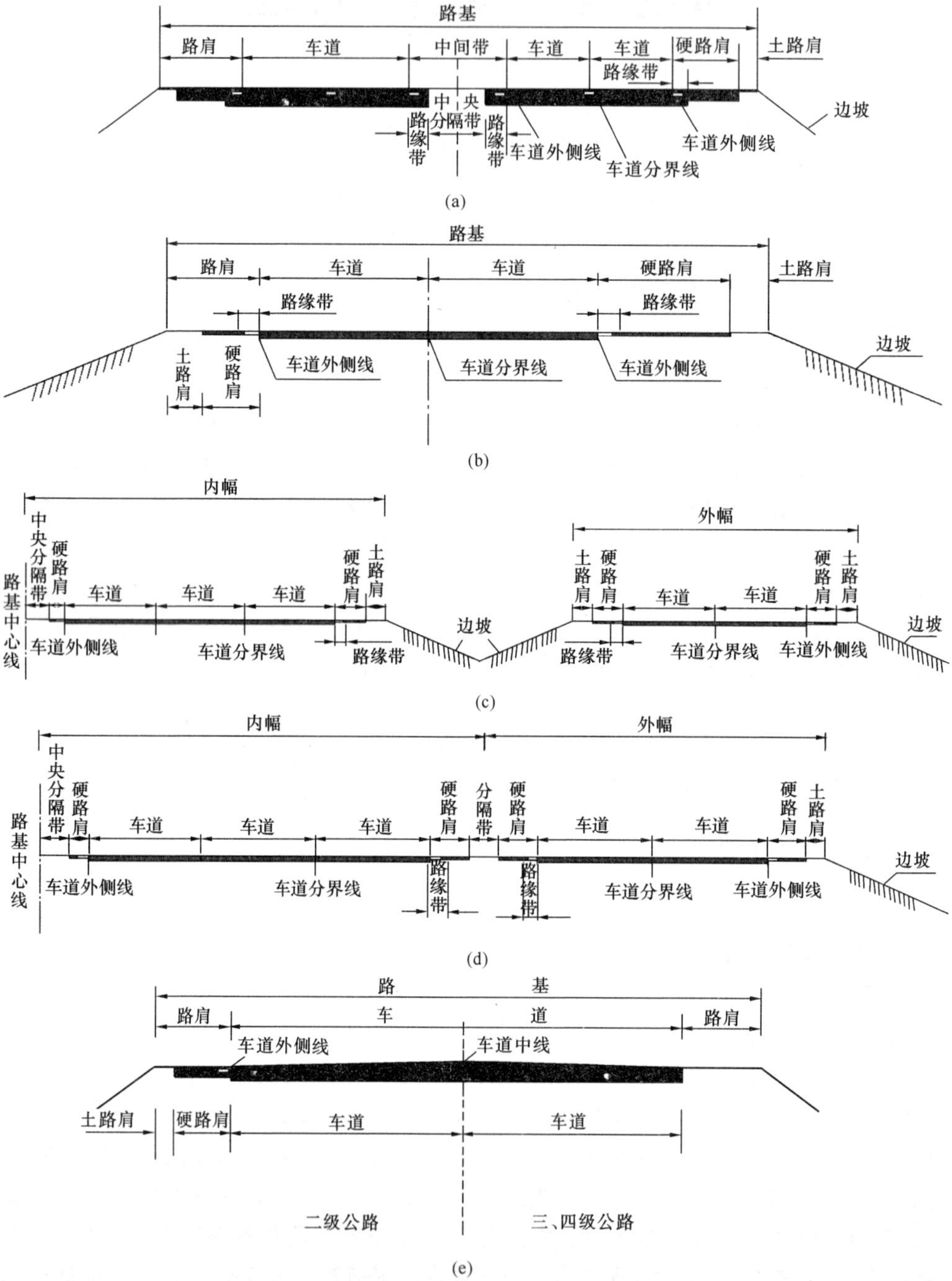

图 4-1 公路的横断面布置图

(a) 高速公路、一级公路整体式断面形式；(b) 高速公路、一级公路一般分离式断面形式（右幅断面）；(c) 高速公路分离复合式断面形式（内、外幅路基分离）；(d) 高速公路整体复合式断面形式（内、外幅整体式）；(e) 二、三、四级公路路基标准横断面

公路的几种典型横断面组成。

路基横断面形式选用时，高速公路、一级公路应根据需要采用整体式或分离式路基断面形式；双向十车道及以上车道数的高速公路可采用复合式断面形式；二级公路、三级公路、四级公路应采用整体式路基断面形式。

公路的小半径曲线路段与直线路段的宽度有所不同，在小半径曲线上，路幅宽度还包括行车道加宽的宽度。

（二）路幅布置形式

1. 单幅双车道

单幅双车道公路指的是整体式的双车道公路。这类公路的交通量范围大，最高达15000辆/昼夜，行车速度可以从20km/h至80km/h。二级公路、三级公路和一部分四级公路都属于这一种。此类公路的最大缺点是混合交通所造成的交通干扰。

2. 双幅多车道

四车道、六车道和更多车道的公路，中间一般都设中间带或做成分离式路基而构成“双幅”路。有些分离式路基为了利用地形或处于风景区等原因甚至做成两条独立的单向行车的道路。

这种类型的公路设计车速高、通行能力大，每条车道能担负的交通量比一条双车道公路的还多，而且行车顺适、事故率低。我国《公路工程技术标准》中的高速公路和一级公路属于此种类型。

高速公路和一级公路的主要差别在于是否全立交和全封闭以及各种服务设施、安全设施、环境美化等方面的完备程度。

3. 单幅单车道

对交通量小、地形复杂、工程艰巨的山区公路或地方性道路，可采用单车道，我国《公路工程技术标准》中的山区四级公路路基宽度为4.50m，路面宽度为3.50m的就属于此类。此类公路虽然交通量很小，但仍然会出现错车和超车，为此，应在不大于300m的距离内选择有利地点设置错车道，使驾驶员能够看到相邻两错车道驶来的车辆。错车道处的路基宽度不小于6.5m，有效长度不小于20m。详细布置如图4-2所示。

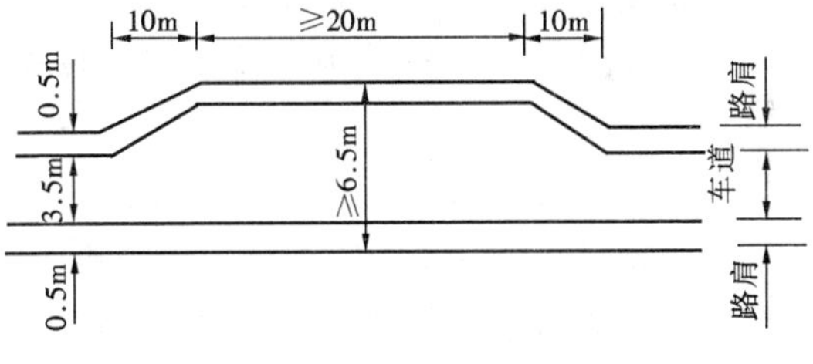

图4-2　错车道

4. 多幅多车道

高速公路，当双向车道数达到十条及以上时，可采用内外幅分离的复合式断面形式。其中，内外幅完全分离的称为分离复合式断面，内外幅以分隔带分隔的称为整体复合式断面。内幅以通行过境交通或客运交通为主，外幅以通行区域交通或货运交通为主。

（三）路基宽度

公路路基宽度为车道宽度与路肩宽度之和。当设有中间带、紧急停车带、爬坡车道、加（减）速车道、错车道、超车道、侧分隔带、非机动车道（或慢车道）和人行道等时，还应包括这些部分的宽度。各组成部分的宽度应根据其功能、公路技术等级、交通量和交通组成等确定。

二、城市道路横断面组成

城市道路横断面设计应在城市规划的红线宽度范围内进行。横断面形式、布置、各组成部分尺寸及比例应按道路等级、设计车速、设计年限的机动车与非机动车交通量和人流量、交通特性、交通组织、交通设施、地上杆线、地下管线、绿化、地形等因素统一安排，以保障车辆和行人交通的安全畅通。

城市道路的交通性质和组成比较复杂，尤其表现在行人和各种非机动车较多，各种交通工具和行人的交通问题都需要在横断面设计中综合予以解决，所以城市道路路线设计中的横断面设计是矛盾的主要方面，一般都放在平面和纵断面设计之前进行。

城市道路上供各种车辆行驶的部分统称为行车道。在行车道断面上，供汽车、无轨电车、摩托车等机动车行驶的部分称为机动车道；供自行车、三轮车等非机动车行驶的部分称作非机动车道。此外，还有供行人步行使用的人行道和分隔各种车道（或人行道）的分隔带及绿带。

城市道路各组成部分相互联系和影响，其位置的安排和宽度的确定必须首先保证车辆和行人的安全通畅，同时要与道路两侧的各种建筑及自然景观相协调，并能满足地面、地下水和各种管线埋设的要求。横断面设计应注意近期与远期相结合，使近期工程成为远期工程的组成部分，并预留好管线位置，以免造成“拉链”。路面宽度及高度等均应有发展的余地。

影响城市道路横断面形式与组成部分的因素众多，应综合考虑城市规模、道路红线宽度、交通量、设计速度、地理位置、排水方式、结构物的位置、相交道路交叉形式等。断面横向布置常见的几种形式有单幅路、两幅路、三幅路及四幅路，如图 4-3 所示。

1. 单幅路：俗称“一块板”断面，各种车辆在车道上混合行驶。在交通组织上可以有以下几种方式。

（1）划出快、慢车行驶分车线，快车在中间行驶，慢车和非机动车靠两侧行驶。

（2）不划分车线，车道的使用可以在不影响安全的条件下予以调整。如只允许机动车辆沿着同一方向行驶的“单行道”；限制载重汽车和非机动车行驶，只允许小客车和公共汽车通行的街道；限制各种机动车辆、只允许行人通行的“步行道”等。上述措施，可以是相对不变的，也可以是按规定的周期变换的。

单幅路适用于交通量不大的次干路、支路以及用地不足、拆迁困难的旧城区道路。

2. 两幅路：俗称“两块板”断面，在车道中心用分隔带或分隔墩将车行道分为两半，上、下行车辆分向行驶，各自再根据需要决定是否划分快、慢车道。

两幅路机动车与非机动车混合行驶，适用于单向两条机动车道以上，非机动车较少的道路，对绿化、照明、管线敷设均较有利。如中心商业区、经济开发区、风景区、高科技园区或别墅区道路、郊区道路、城市出入口道路。

两幅路适用于机动车交通量不大、非机动车较少的主干路；红线宽度较宽的次干路；对横向高差较大的特殊地形路段，宜采用上下分行的两幅路。两幅路单向机动车车道数不应少于 2 条。

快速路两侧不设置辅路时，应采用两幅路。

3. 三幅路：俗称“三块板”断面，中间为双向行驶的机动车道，两侧为靠右侧行驶的

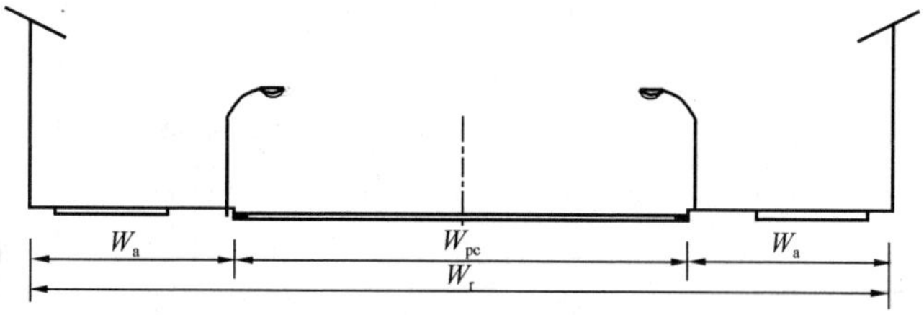

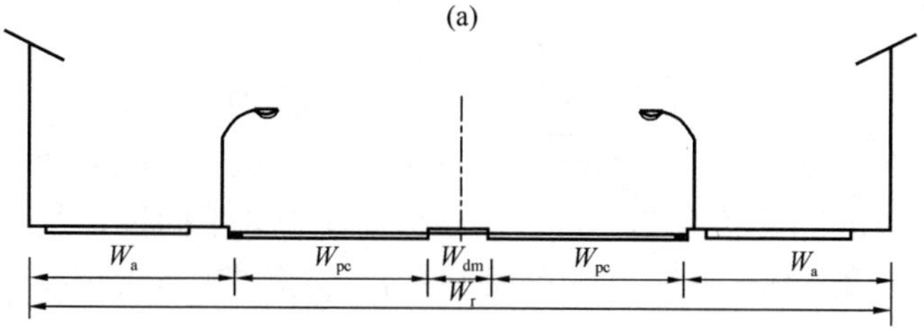

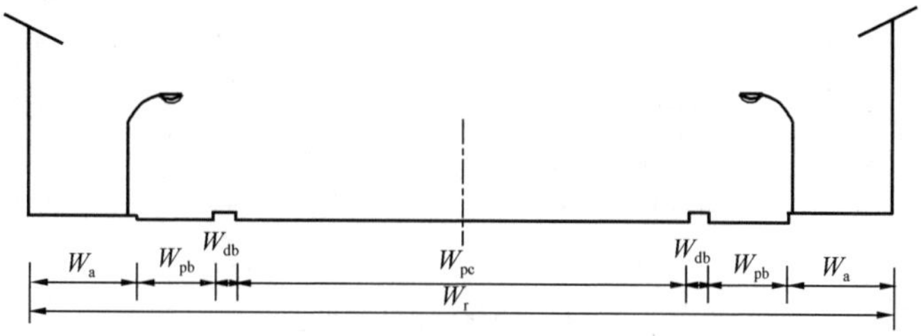

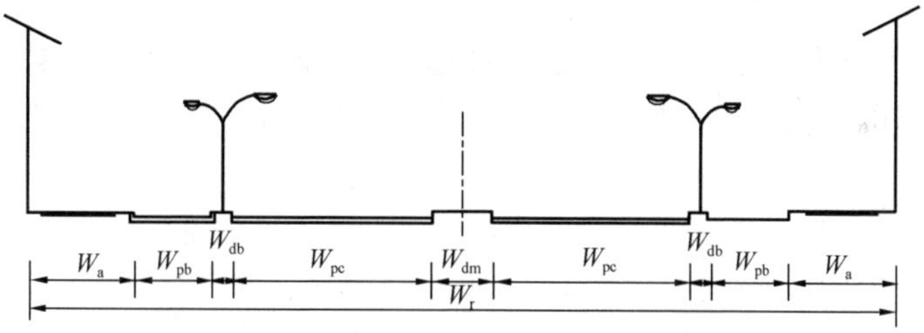

图 4-3　城市道路横断面的几种常见形式

（a）单幅路；（b）两幅路；（c）三幅路；（d）四幅路

非机动车道。

三幅路实现了机动车（设置辅路时，为主路机动车）与非机动车的分隔行驶，保障了交通安全，提高了机动车的行驶速度。这种横断面布置形式适用于机动车及非机动车交通量大，红线宽度大于或等于 40m 的道路。主辅分行适用于两侧机动车进出需求量大，红线宽度大于或等于 50m 的主干路。主、辅路或机、非之间需设分隔带，可采用绿化带分割。

三幅路适用于机动车和非机动车交通量较大的主干路；需设置辅路的主干路；红线宽度较宽的次干路。

4. 四幅路：俗称“四块板”断面，在三幅路的基础上，再将中间机动车道分隔为二，分向行驶。

四幅路实现了机动车（设置辅路时，为主路机动车）与非机动车的分隔行驶，保障了交通安全，提高了机动车的行驶速度。适用于机动车车速高，单向机动车车道 2 条以上，非机动车多的快速路与主干路。当有较高景观要求时人行道、两侧带、中央分隔带的宽度可适当增加。

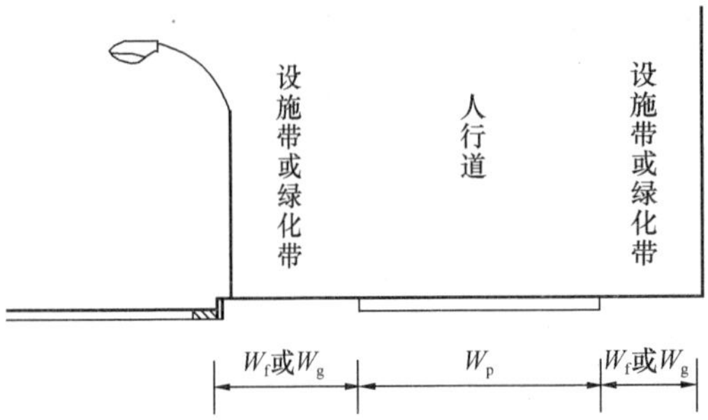

图 4-4　城市道路路侧带布置图

四幅路适用于需设置辅路的快速路和主干路；机动车和非机动车交通量较大的主干路。

城市道路的路侧带可由人行道、绿化带、设施带等组成，如图 4-4 所示。分车带按其在横断面中的不同位置及功能，可分为中间分车带（简称中间带）及两侧分车带（简称两侧带），分车带由分隔带及两侧路缘带组成，如图 4-5 所示。

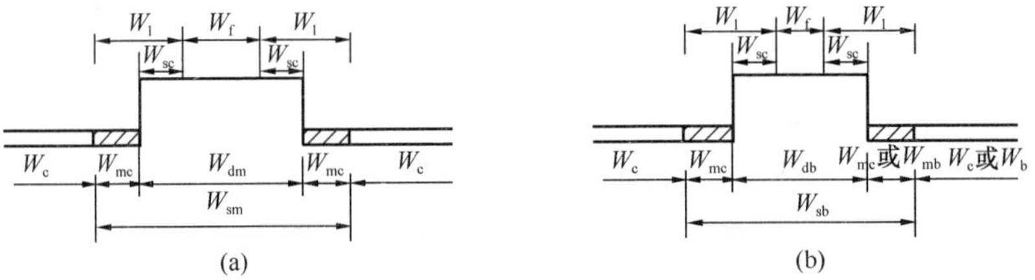

图 4-5　城市道路分车带布置图

（a）中间带；（b）两侧带

高架路是城市快速路或主干路布置的一种形式。横断面设计时，根据不同地形条件和交通组织设计，可采用整体式、分离式、双层式或组合形式，应因地制宜选用，灵活掌握。常用的布置如图 4-6 所示。

整体式高架路一般适用于城市建筑密集区、用地拆迁受限制、红线宽度较窄、交通流量大、路口间距较小的快速路或主干路，应按城市总体规划交通发展、用地范围、地形条件、立交设置、出入口设置，以及环境等因素，经技术经济综合比较后选用。

分离式高架路主路交通功能较好，上下行交通不在同一断面上，行车安全，可减少夜间眩光的干扰，有利于车辆快速疏解；两幅独立的桥位于地面道路两侧，两桥间留出采光空间，便于桥下辅路布设；但地面道路交通组织较复杂，需增加相应的交通设施引导交通。

当路线高程受限，或遇到无法动迁的障碍物，或敏感性地区以及特殊环保景观要求时，道路只能从地下以路堑式或隧道形式穿越。

路堑式横断面中的地面以下路堑部分应为主路，地面两侧或一侧宜设置辅路，如图 4-7 所示。

隧道式横断面中的地面以下隧道部分应为主路，地面道路宜设置辅路，如图 4-8 所示。

同一条路宜采用相同形式的横断面布置，以保证行车安全及景观要求；当横断面有变化时，变化点宜设置在大型构筑物前或路口处，并留有足够的渐变段以保障司机的反应时间。

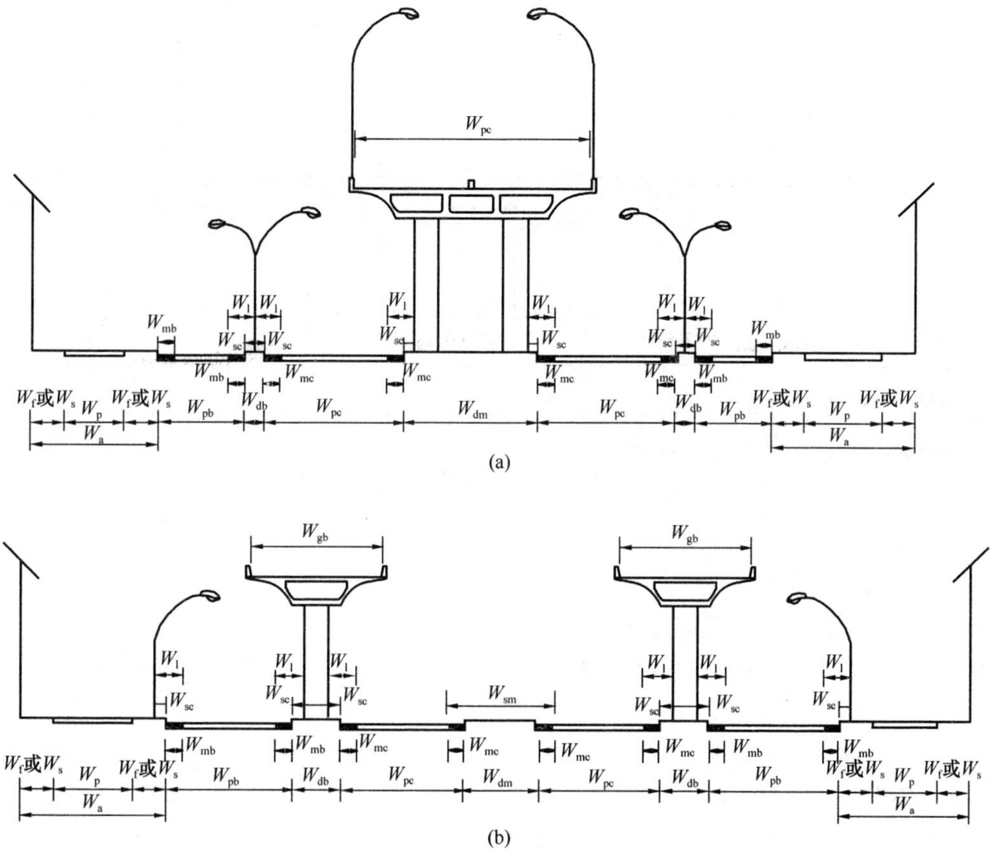

图 4-6　高架路横断面

(a) 整体式高架路；(b) 分离式高架路

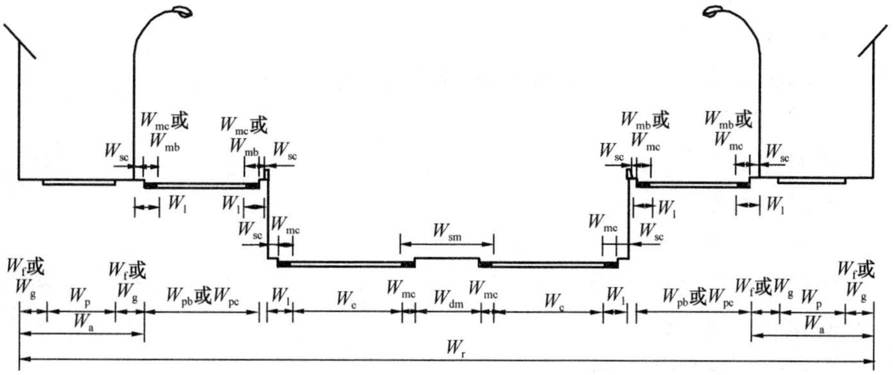

图 4-7　路堑式横断面

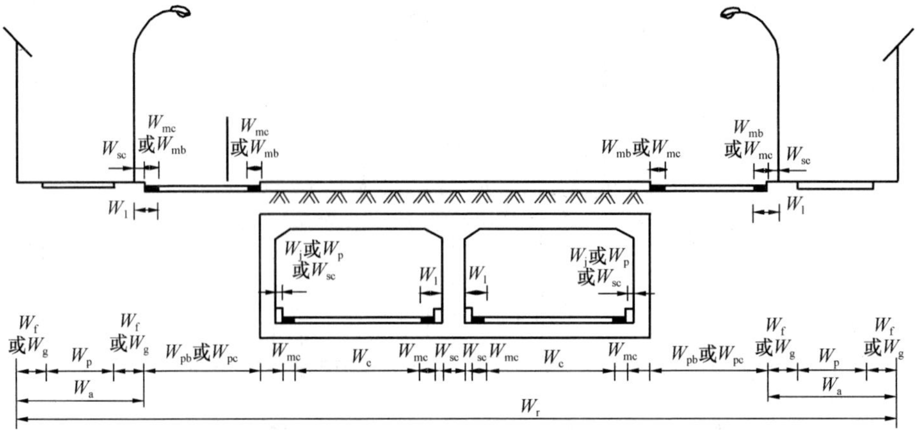

图 4-8 隧道式横断面

图中各符号的意义如下：

W_a ——路侧带宽度（m）；

W_b ——非机动车车行道宽度（m）；

W_c ——机动车道或机非混行车道宽度（m）；

W_{db} ——两侧分隔带宽度（m）；

W_{dm} ——中间分隔带宽度（m）；

W_f ——设施带宽度（m）；

W_g ——绿化带宽度（m）；

W_{gb} ——分离式高架路机动车道的路面宽度（m）；

W_{gc} ——整体式高架路机动车道的路面宽度（m）；

W_j ——检修道宽度（m）；

W_l ——侧向净宽度（m）；

W_{mb} ——非机动车道路缘带宽度（m）；

W_{mc} ——机动车道路缘带宽度（m）；

W_p ——人行道宽度（m）；

W_{pb} ——非机动车道路面宽度（m）；

W_{pc} ——机动车道或机非混行车道的路面宽度（m）；

W_r ——红线宽度（m）；

W_s ——路肩宽度（m）；

W_{sb} ——两侧分车带宽度（m）；

W_{sc} ——安全带宽度（m）；

W_{sm} ——中间分车带宽度（m）；

W_{sh} ——硬路肩宽度（m）；

W_{sp} ——保护性路肩宽度（m）。

第二节　行车道宽度

一、行车道宽度

行车道是道路上供各种车辆行驶部分的总称，包括快车道和慢车道。在一般公路和城市道路上还有非机动车道。行车道的宽度要根据车辆宽度、设计交通量、交通组成和汽车行驶速度来确定。

（一）一般双车道公路行车道宽度的确定

双车道公路有两条车道，行车道宽度包括汽车宽度和富余宽度。汽车宽度取载重汽车车厢的总宽度，为 2.5m。富余宽度是指对向行驶时两车厢之间的安全间隙、汽车轮至路面边缘的安全距离，如图 4-9 所示。双车道公路每一条单向行驶的车道宽度可用以下公式计算：

$$B_{单} = \frac{a+c}{2} + x + y \qquad (4\text{-}1)$$

两条车道

$$B_{双} = a + c + 2x + 2y$$

式中　a——车厢宽度（m）；

c——汽车轮距（m）；

$2x$——两车厢安全间距（m）；

y——轮胎与路面边缘之间的安全距离（m）。

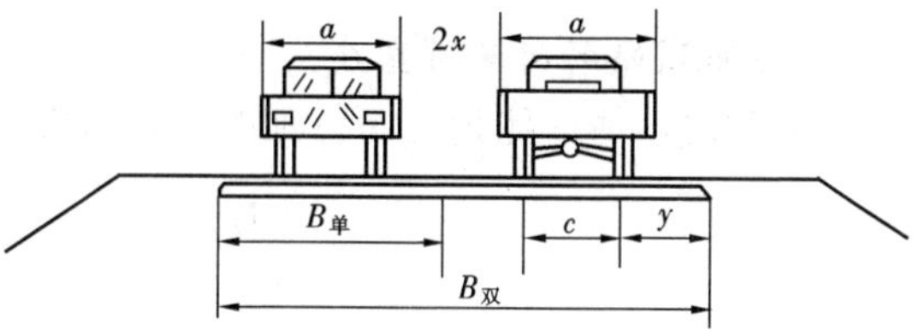

图 4-9　双车道公路的行驶宽度

根据大量试验观测，得出计算 x，y 的经验公式为：

$$x = y = 0.50 + 0.005V \qquad (4\text{-}2)$$

式中　V——计算行车速度（km/h）。

（二）有中央分隔带的公路行车道宽度

高速公路、一级公路有四条以上的车道，一般设置中央分隔带。分隔带两侧的行车道只有同向行驶的汽车，如图 4-10 所示。

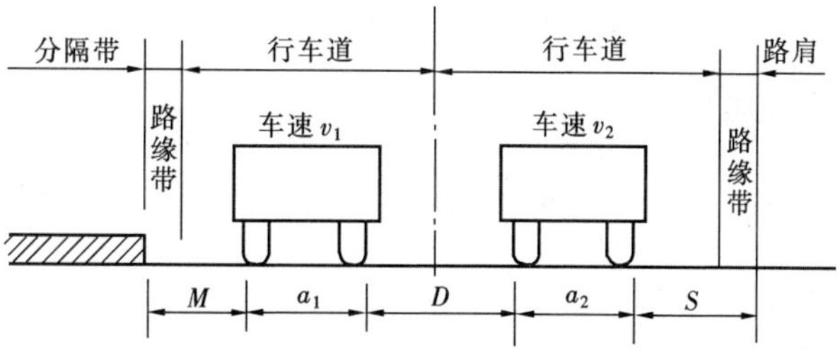

图 4-10　有中央分隔带的行车道宽度

车速、交通组成和大型车的混入率对行车道宽度的确定有较大的影响。根据实地观测，得出下列关系式：

$$S = 0.0103V_1 + 0.56 \qquad (4\text{-}3)$$

$$D = 0.000066(V_2^2 - V_1^2) + 1.49 \tag{4-4}$$

$$M = 0.0103V_2 + 0.46 \tag{4-5}$$

式中　S——后轮外缘与车道外侧之间的安全间隙（m）；

D——两汽车后轮外缘之间的安全间隙（m）；

M——后轮外缘与车道内侧之间的安全间隙（m）；

V_1, V_2——超车与被超车的车速（km/h）。

则单侧行车带宽度：

$$B = S + D + M + a_1 + a_2 \tag{4-6}$$

式中　a_1，a_2——汽车的后轮外缘的间距，对于普通车 a=1.60m，大型车 a=2.30m。

根据上式计算结果得出下列结论：设计速度 V=120km/h 时，每条车道的宽度均采用 3.75m，当 V=100km/h，交通量大且大型车混入率高时，内侧车道应为 3.75m，外侧车道应为 3.75m 和 3.50m。当高速公路的交通量超过四个车道的容量时，其中车道数可按双数增加。

（三）城市道路的行车道宽度

1. 一侧靠边，另一侧为反向行驶的车道（图 4-11），其车道宽度：

$$B_1 = \frac{x}{2} + a_1 + c \tag{4-7}$$

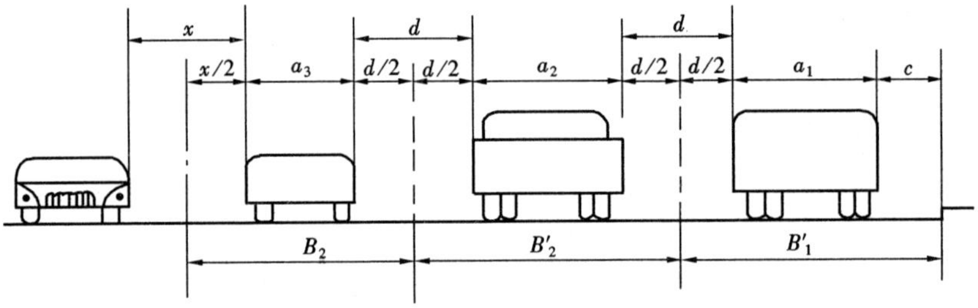

图 4-11　城市道路的行车道宽度

2. 一侧靠边，另一侧为同向行驶的车道：

$$B'_1 = \frac{d}{2} + a_1 + c \tag{4-8}$$

3. 靠路中心线的车道宽度：

$$B_2 = \frac{x}{2} + a_3 + \frac{d}{2} \tag{4-9}$$

4. 同向行驶的中间车道宽度：

$$B'_2 = \frac{d}{2} + a_2 + \frac{d}{2} \tag{4-10}$$

式中　a_1, a_2, a_3——车厢全宽（m）；

x——反向行驶汽车间的安全间隙（m）；

d——同向行驶的汽车间的安全间隙（m）；

c——车身边缘与侧石边缘间的横向安全间距（m）。

根据实验观测得出 x、d、c 与车速之间的关系为：

$$c = 0.4 + 0.02V^{\frac{3}{4}} \tag{4-11}$$

$$d = 0.7 + 0.02V^{\frac{3}{4}} \tag{4-12}$$

$$x = 0.7 + 0.02\,(V_1 + V_2)^{\frac{3}{4}} \tag{4-13}$$

V 是以 km/h 为单位的实际车速。

上列诸式表明车道 B 是车速 V 的函数，依车速的变化车道宽变化在 3.40～3.80m 之间，考虑到城市道路上行驶的车辆各异，且车道还需调剂使用，故一条车道的平均宽度取 3.50m 即可，当车速 $V>60$km/h 时，可取 3.75m。

各级公路车道宽度应符合表 4-1 的规定。

表 4-1　车道宽度

设计速度（km/h）	120	100	80	60	40	30	20
车道宽度（m）	3.75	3.75	3.75	3.50	3.50	3.25	3.00

八车道及以上公路在内侧车道（内侧第 1、2 车道）仅限小客车通行时，其车道宽度可采用 3.5m；以通行中、小型客运车辆为主且设计速度为 80km/h 及以上的公路，经论证车道宽度可采用 3.5m；四级公路采用单车道时，车道宽度应采用 3.5m；设置慢车道的二级公路，慢车道宽度应采用 3.5m；需要设置非机动车道和人行道的公路，非机动车道和人行道等的宽度，视实际情况确定。

城市道路的车道宽度应符合表 4-2 的规定。

表 4-2　城市道路机动车车道宽度

车型及车道类型	设计行车速度（km/h）	
	>60	≤60
大型或混行车道（m）	3.75	3.50
小型客车专用道（m）	3.5	3.25

二、平曲线加宽及其过渡

通过对汽车行驶状态及行驶轨迹的观测及理论分析得知，汽车在弯道行驶时，需要比直线段上占用更大的宽度空间，主要是因为汽车在曲线上行驶时后轮轨迹偏向曲线内侧所致，另外，由于曲线行车受横向力的影响，汽车行驶中会随着车速的不同出现不同程度的横向摆动及偏移。曲线半径越小，偏移值越大；车速越高，摆幅越大，所以为了保证在曲线段与在直线路段上有同样的富裕宽度，在曲线段上需要对行车道进行加宽，加宽只是在曲线段增加的一部分额外的宽度。随着曲线半径的增大，偏移及摆动幅度值减小，我国标准规定，当平曲线半径值大于 250m 时不再需要加宽。

（一）加宽值的计算

汽车行驶在曲线上，各轮轨迹半径不同，以其中后内轮轨迹半径最小，且偏向曲线内侧，故曲线的内侧应增加路面宽度，以确保曲线上行车的顺适与安全。

由图 4-12 所示的几何关系可得汽车行驶在曲线上的加宽值：

$$b = R - (R_1 + B)$$

$$R_1 + B = \sqrt{R^2 + A^2} = R - \frac{A^2}{2R} - \frac{A^4}{8R^3} - \cdots$$

故 $$b = \frac{A^2}{2R} + \frac{A^4}{8R^3} + \cdots$$

上式第二项以后的数值极小，在计算中可以省略不计，故一条车道的加宽值为：

$$b_{单} = \frac{A^2}{2R} \tag{4-14}$$

式中 A ——汽车后轴至前保险杠的距离（m）；

R ——圆曲线半径（m）。

对于有 N 个车道的行车道：

$$b_N = \frac{NA^2}{2R} \tag{4-15}$$

半挂车的加宽值由图 4-13 的几何关系求得：

$$b_1 = \frac{A_1^2}{2R}$$

$$b_2 = \frac{A_2^2}{2R'}$$

式中 b_1 ——牵引车的加宽值（m）；

b_2 ——拖车的加宽值（m）；

A_1 ——牵引车保险杠至第二轴的距离（m）；

A_2 ——第二轴至拖车最后轴的距离（m）。

其余符号如图 4-13 所示。

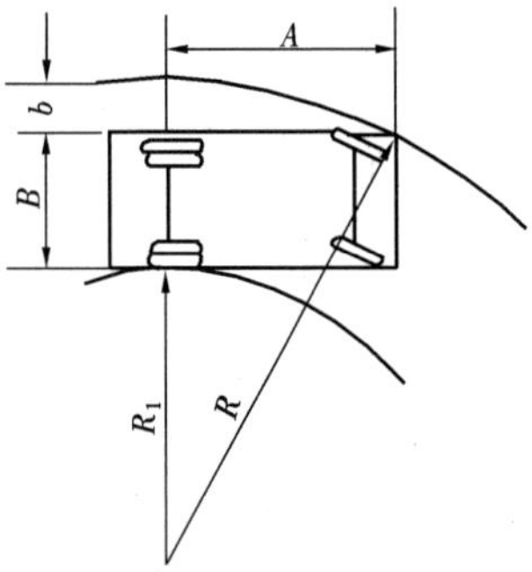

图 4-12 普通汽车的加宽

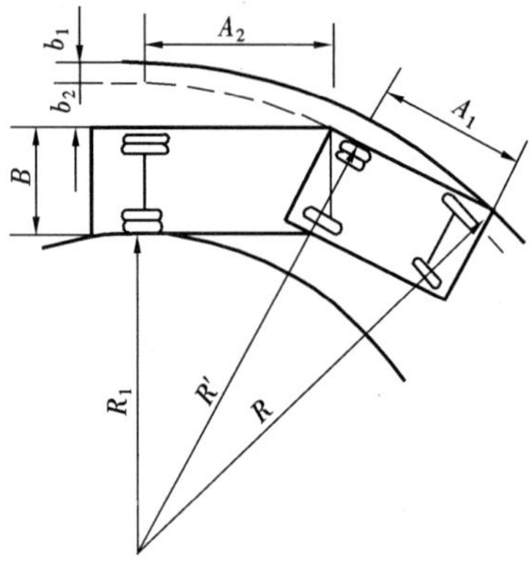

图 4-13 半挂车的加宽

由于 $R' = R - b_1$，而 b_1 与 R 相比甚微，可取 $R' = R$，于是半挂车的加宽值为：

$$b = b_1 + b_2 = \frac{A_1^2 + A_2^2}{2R} \tag{4-16}$$

令 $A_1^2 + A_2^2 = A^2$，上式与式（4-15）有相同的形式：

$$b_N = \frac{NA^2}{2R}$$

我国现行的《公路工程技术标准》根据各地的实际情况及车辆状况规定圆曲线半径等于或小于250m时，应设置加宽。

圆曲线加宽值应根据公路功能、技术等级和实际交通组成确定。双车道公路路面加宽值规定见表4-3。

二级公路的车道（加硬路肩）宽度超过7.50m时，应按双车道路面加宽值加宽。单车道公路的路面加宽值为表4-3中所列值的一半。

表4-3 双车道路面加宽值

加宽类别	加宽值(m) \ 圆曲线径(m) \ 设计车辆	250～200	<200～150	<150～100	<100～70	<70～50	<50～30	<30～25	<25～20	<20～15
1	小客车	0.4	0.5	0.6	0.7	0.9	1.3	1.5	1.8	2.2
2	载重汽车	0.6	0.7	0.9	1.2	1.5	2.0	—	—	—
3	铰接列车	0.8	1.0	1.5	2.0	2.7	—	—	—	—

作为干线的二级公路，应采用第3类加宽值；作为集散的二级公路和三级公路，在考虑铰接列车通行时，应采用第3类加宽值；不考虑通行铰接列车时，可采用第2类加宽值；作为支线的三级公路、四级公路可采用第1类加宽值；有特殊车辆通行的专用公路应根据特殊车辆验算确定其加宽值。

（二）加宽的过渡方式

路面由直线上的正常宽度过渡到曲线上设置了加宽的宽度，需设置加宽缓和段。

在加宽过渡段上，路面的宽度逐渐变化。加宽过渡的设置根据道路性质和等级可采用不同的加宽过渡方式。

1. 按比例过渡

在加宽缓和段全长范围内按其长度成比例逐渐加宽，如图4-14所示。加宽缓和段内任意点的加宽值：

$$b_x = \frac{L_x}{L} b \tag{4-17}$$

式中 L_x——任意点距缓和段起点的距离（m）；

L——加宽缓和段长（m）；

b——圆曲线上的全加宽值（m）。

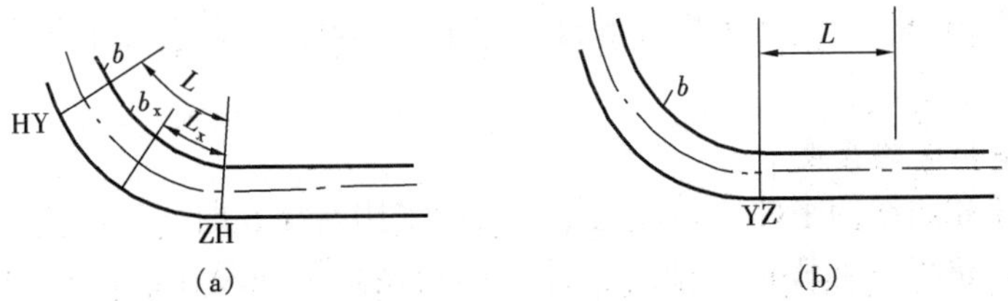

图4-14 加宽过渡示意图

（a）设缓和曲线的弯道比例过渡；（b）不设缓和曲线的弯道比例过渡

按比例过渡简单易作，但经过加宽以后的路面内侧与行车轨迹不符，缓和段的起终点出现破折，路容也不美观。这种方法一般适用于二、三、四级公路。

2. 高次抛物线过渡

在加宽缓和段上插入一条高次抛物线，抛物线上任意点的加宽值：

$$b_x = (4k^3 - 3k^4)b \tag{4-18}$$

式中，$k = \frac{L_x}{L}$。用这种方法处理以后的路面内侧边缘圆滑、美观，适用于各级公路。

3. 缓和曲线过渡

在缓和段上插入缓和曲线，这样不但中线上有缓和曲线，而且加宽以后的路面边线也是缓和曲线，与行车轨迹相符，保证了行车的顺适与线形的美观。它可用于高等级公路的下列路段：

(1) 位于大城市近郊的路段；

(2) 桥梁、高架桥、挡土墙、隧道等构造物处；

(3) 设置各种安全防护设施的地段。

4. 插入二次抛物线过渡

对于设有缓和曲线的公路弯道，按上述第一种方法处理以后的加宽缓和段起终点其曲率并不连续。为了弥补这一缺陷，可以在ZH和HY点处各插入一条二次抛物线，如图4-15所示。插入抛物线以后，缓和段的长度有所增加，路容有所改善。缓和段上任意点的加宽值按下列公式计算：

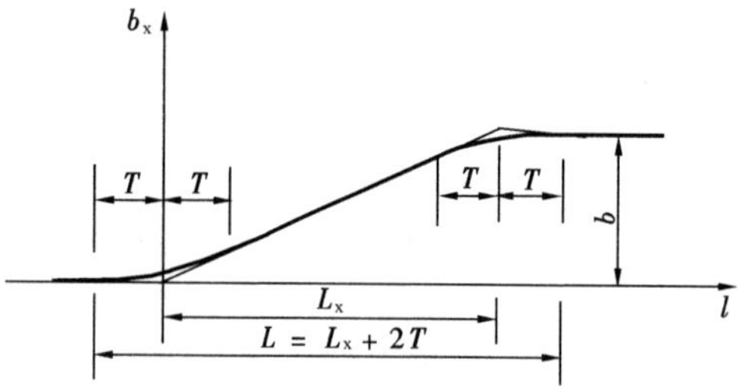

图 4-15 插入二次抛物线的过渡示意图

$$b_x = \frac{b}{4TL_s}(T + L_x)^2 \qquad [-T \leqslant L_x \leqslant T]$$

$$b_x = \frac{L_x}{L}b \qquad [T \leqslant L_x \leqslant L - T]$$

$$b_x = \frac{L_x}{L}b - \frac{b}{4TL}(L_x - L + T)^2 \qquad [L - T \leqslant L_x \leqslant L + T]$$

式中 T——二次抛物线的切线长，当$L \geqslant 50$m时，可取$T = 10$m；当$L < 50$m时，可取$T = 5$m。

其余符号同前。

此外，还有直线与圆弧相切法、修正系数法等，不一一介绍。

上面介绍的诸多方法中，有的是对线形顺滑美观有利，但计算和测设比较烦琐，而另外一些则相反。我们强调高等级公路和人工构造物的地段应尽量采用对线形有利的方法，是因为这些地方即使增加计算的工作量也是值得的。尤其是当今计算机和光电类测量仪器普遍使用，使测设计算变得容易，故不但在高等级公路上，即使在一般公路上都宜优先考虑采用有利于线形的加宽过渡方法。

（三）加宽缓和段的长度

对于设置有缓和曲线的平曲线，加宽缓和段应采用与缓和曲线相同的长度。对于不设缓和曲线，但设置有超高缓和段的平曲线，可采用与超高缓和段相同的长度。既不设缓和曲线，又不设超高的平曲线，加宽缓和段应按渐变率为1∶15，且长度不小于10m的要求设置。对于复曲线的大小圆之间设有缓和曲线的加宽缓和段，均可按上述方法处理。

第三节　路肩　中间带　边坡　边沟

一、路肩

（一）路肩的作用

1. 保护行车道等路面结构的稳定。
2. 供发生故障的车辆临时停车。
3. 提供侧向余宽，有利于安全，增加舒适感。
4. 可供行人、自行车通行。
5. 为设置路上设施提供位置。
6. 作为养护操作的工作场地。
7. 在不损坏公路构造的前提下，也可作为增设地下设施的位置。
8. 挖方路段，可增加弯道视距。
9. 精心养护的路肩可增加公路的美观。
10. 较宽的路肩，有的国家作为警察的临时专用道。

（二）路肩的宽度

根据我国的土地状况和路肩的功能，在满足路肩功能最低需要的条件下，应采用较窄的路肩。

路肩从结构功能上又分为硬路肩和土路肩。硬路肩是指进行了铺装的路肩，它可以承受汽车荷载的作用力；土路肩是指不进行铺装的土质路肩，它起着保护路面和路基的作用。

我国现行的《公路工程技术标准》汇总了各省市的情况，明确规定了各级公路的路肩宽度，见表 4-4。

表 4-4　右侧路肩宽度

公路技术等级（功能）		高速公路			一级公路（干线功能）	
设计速度（km/h）		120	100	80	100	80
右侧硬路肩宽度（m）	一般值	3.00(2.50)	3.00(2.50)	3.00(2.50)	3.00(2.50)	3.00(2.50)
	最小值	1.50	1.50	1.50	1.50	1.50
土路肩宽度（m）	一般值	0.75	0.75	0.75	0.75	0.75
	最小值	0.75	0.75	0.75	0.75	0.75
公路技术等级（功能）		一级公路（集散功能）和二级公路			三级公路和四级公路	
设计速度（km/h）		80	60	40	30	20
右侧硬路肩宽度（m）	一般值	1.50	0.75	—	—	—
	最小值	0.75	0.25			
土路肩宽度（m）	一般值	0.75	0.75	0.75	0.50	0.25(双车道)
	最小值	0.50	0.50			0.50(单车道)

注：1. 正常情况下，应采用“一般值”；在设爬坡车道、变速车道及超车道路段，受地形、地物等条件限制路段及多车道公路特大桥，可论证采用“最小值”。

2. 高速公路和作为干线的一级公路以通行小客车为主时，右侧硬路肩宽度可采用括号内的数值。

3. 高速公路局部设计速度采用 60km/h 的路段，右侧硬路肩宽度不应小于 1.5m。

高速公路和一级公路应在右侧硬路肩宽度内设右侧路缘带，其宽度一般为0.50m。

八车道及以上高速公路，宜设置左侧硬路肩，其宽度应不小于2.50m。左侧硬路肩宽度内含左侧路缘带宽度，左侧路缘带宽度为0.50m。

高速公路、一级公路为分离式断面时，应设置左侧硬路肩，其左侧路肩宽度规定见表4-5。

表4-5 高速公路、一级公路分离式断面左侧路肩宽度

设计速度（km/h）	120	100	80	60
左侧硬路肩宽度（m）	1.25	1.00	0.75	0.75
左侧土路肩宽度（m）	0.75	0.75	0.75	0.50

高速公路分离式路基单幅同向四车道及以上的路段，左侧硬路肩宽度不宜小于2.5m。

（三）紧急停车带

高速公路和作为干线的一级公路，当右侧硬路肩的宽度小于2.50m时，应设紧急停车带。紧急停车带的设置间距不宜大于500m，紧急停车带的宽度包括硬路肩在内应不小于3.5m，有效长度不小于40m，并应在其前后设置不短于70m的过渡段，如图4-16所示。

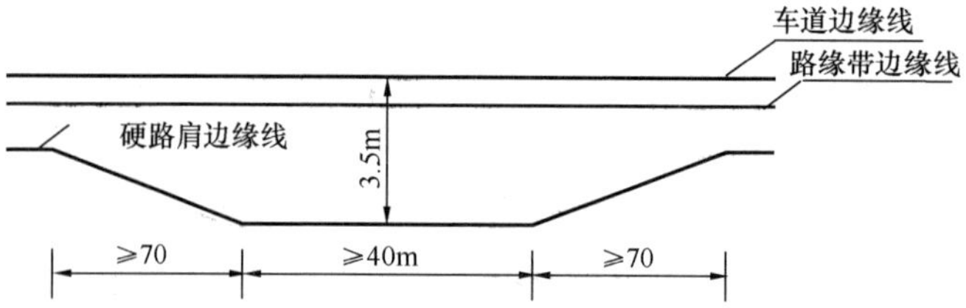

图4-16 紧急停车带

二级公路为避免急需停靠的车辆占道，根据需要可设置紧急停车带，其间距按实际情况确定。高速公路和一级公路的特长桥梁、隧道，可根据需要设置紧急停车带，其间距不宜大于750m。

（四）紧急出口

控制出入的公路，在能提供消防、急救、道路养护以及处理交通事故等条件的地点可设置紧急出口。紧急出口的位置应选择在通视良好，与外部一般公路连接方便的地点。紧急出口与外部公路的连接公路，可按三级公路设计。

（五）路肩的横坡度

1. 直线路段的硬路肩横坡

直线路段的硬路肩一般应设置向外倾斜的横坡度，其坡度值应与车道横坡度相同；路线纵坡平缓，且设置拦水带时，其坡度值宜采用3%～4%。

2. 曲线路段的硬路肩横坡

对全铺式硬路肩，曲线内、外侧硬路肩横坡度的方向及其横坡度：当曲线超高≤5%时，应与相邻的车道相同；当曲线超高>5%时，横坡度不大于5%，且方向相同。

处于加减速车道地段的硬路肩，当加、减速车道的走向需设置与车道超高方向相反的横坡度时，应控制超高过渡段的转移拱顶线两侧的反向横坡度的差值不大于8%。

3. 平坡区段或直线向曲线过渡段的硬路肩横坡

对平坡区段或直线向曲线过渡段的硬路肩，采用与邻近车道相同的横坡度进行过渡，并控制硬路肩横坡度过渡的纵向渐变率小于1/150、大于1/330。

4. 土路肩横坡

直线或位于曲线较低一侧的土路肩横坡度，当行车道或硬路肩横坡≥3%时，应与行车道或硬路肩横坡度相同，否则应比行车道或硬路肩横坡度大1%或2%。曲线或过渡段位于较高一侧的土路肩横坡度，应采用3%或4%的反向横坡度。

大中桥梁、隧道区段硬路肩的横坡度值，应与行车道相同。

二、中间带的作用及其宽度

（一）中间带的作用

高速公路和一级公路整体式路基断面必须设置中间带，中间带的作用可归纳如下。

1. 既可分隔往返车流，避免因快速驶入对向车道造成严重的交通事故，又能减少公路中线附近的交通阻滞而增加通行能力。

2. 可以防止在不分隔的多车道公路上因误驶入对向车道而引起事故。

3. 可以避免车辆中途调头，消灭紊乱车流减少交通事故。

4. 可在不妨碍公路建设限界的前提下，作为设置公路标志牌及其他交通管理设施的场地。

5. 设置一定宽度的中间带，夜间行车可不灭远光灯，即使宽度小一些，如果用植树或设防眩设施也可不灭远光灯，从而保证行车安全。

6. 具有一定宽度的中间带可以埋设管线设施等。

（二）中间带的组成

中间带一般有两条左侧路缘带和中央分隔带，以路缘石线等设施分界，在构造上起着分隔往返车辆的作用。

在中央分隔带两侧设置路缘带。路缘带既可引导驾驶的视线又增加了交通安全，还能保证行车所必需的侧向余宽提高行车道的使用效率。

（三）中间带的宽度

中间带的宽度是根据行车带以外的侧向余宽，防止驶入对向车道的护栏、种植、防眩网、交叉公路的桥墩等所需的设置带宽度而定的。高速公路和作为干线的一级公路，中央分隔带宽度应根据公路项目中央分隔带功能确定；作为集散的一级公路，中央分隔带宽度应根据中间隔离设施的宽度确定。左侧路缘带宽度不应小于表4-6的规定。

表4-6　左侧路缘带宽度

设计速度（km/h）		120	100	80	60
左侧路缘带宽度（m）	一般值	0.75	0.75	0.50	0.50
	最小值	0.5	0.50	0.50	0.50

注：表中所列“一般值”为正常情况下的采用值；设计速度为120km/h、100km/h时，受地形、地物限制的路段或多车道公路内侧仅限小型车辆通行的路段，可论证采用“最小值”。

一级公路作为集散公路且地形条件及其他特殊情况限制时，中央分隔带可采用宽度不小于 0.60m 的混凝土防撞护拦，并按规定设置左侧路缘带。

对于长度 $L \leqslant 50\text{m}$ 中小桥，因考虑到前后线形的顺畅，避免断面多变，可以采用与路段相同的中间带宽度。但对于长度 $L > 50\text{m}$ 大中桥及高架桥为避免过多地增加工程量可采用低限值。

对于需要埋设管线的中央分隔带，其宽度不得小于 2.00m。

在城市道路分车带除了中间带，另有两侧带，《城市道路工程设计规范》规定了城市道路分车带的宽度，见表 4-7。

表 4-7 城市道路分车带最小宽度

类别		中间带		两侧带	
设计速度（km/h）		≥60	<60	≥60	<60
路缘带宽度（m）	机动车	0.5	0.25	0.5	0.25
	非机动车	—	—	0.25	0.25
安全带宽度 W_{sc}（m）	机动车	0.25	0.25	0.25	0.25
	非机动车	—	—	0.25	0.25
侧向净宽 W_l（m）	机动车	0.75	0.50	0.75	0.50
	非机动车	—	—	0.5	0.5
分隔带最小宽度（m）		1.50	1.50	1.50	1.50
分车带最小宽度（m）		2.50	2.00	2.50（2.25）	2.00

位于城市道路行车道两侧的人行道、绿带、公用设施带等统称为路侧带。路侧带的宽度应根据道路类别、功能、行人流量、绿化、沿街建筑性质及布设公用设施要求等确定。

人行道主要是供行人步行之用，同时也是植物、立杆的场地。人行道的地下空间还可以埋设管线等。其宽度必须满足人行道的安全和畅通要求。

人行道上靠行车道一侧种植行道树。行道树的株距为 4～6m，树池采用边长为 1.5m 的正方形或边长为 1.2×1.8m 的矩形。人行道靠行车道一侧也有种植草皮和花丛的。

设施带宽度包括设置行人护栏、照明灯柱、标志牌、信号灯等的宽度。红线宽度较窄及条件困难时，设施带可与种植带合并，但应避免各种设施与树木间的干扰。常用宽度为 0.25～0.50m，杆柱 1.0～1.5m。

综上所述，步行带宽、绿带宽与设施宽之和即为人行道宽。此外还要考虑人行道下面埋设管线所需要的宽度。为了使街道各部分宽度相互协调，符合视觉上的正常比例，再将计算的人行道宽度与整个街道宽度相比较。一般认为街道宽与两侧人行道宽之比在 5∶1～7∶1 的范围内是比较合理的。

（四）分离式断面之间地带的处理

分离式路基间的间距应满足设置必要的排水和安全防护设施的需要，该地带可随地形变化灵活应用，不必等宽，且各断面行车道亦不必等高，而应与地形、景观等相配合。

整体式断面分离为分离式断面后和分离式断面汇合为整体式断面前的一段距离内，当分离式断面两相邻路基边缘之间的中间距离小于中间带宽度时，应设置不同宽度的中间带。

分离式路基应在适当位置设横向连接道，以供养护、维修或抢险时使用。

（五）不同宽度中间带的过渡

中间带的宽度一般情况下宜保持等宽度。

当中间带宽度受地形条件及其他特殊情况限制而减窄或增宽时，应设置过渡段。中间带宽度变动的过渡段以设在回旋线范围内为宜，长度应与回旋线长度相等，如图 4-17 所示。

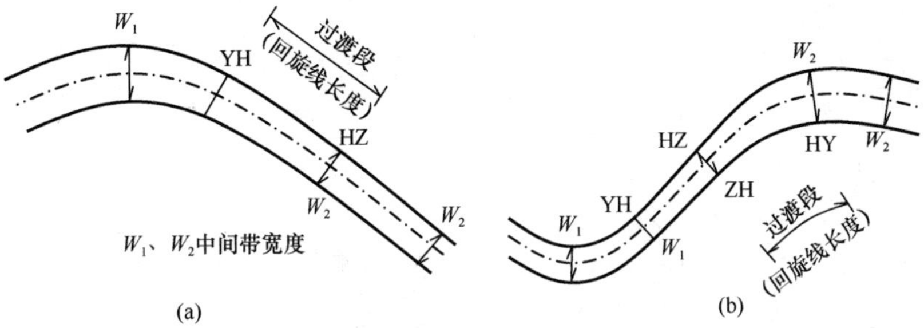

图 4-17　中间带宽度过渡方法

（a）曲线与直线过渡；（b）曲线与曲线过渡

宽度大于规定或大于 4.5m 的中间带的过渡段，以设置在半径较大的平曲线路段为宜。

（六）中央分隔带形式

中央分隔带的形式根据缘石形状、分隔带表面形式及其处理方式而定。

中央分隔带缘石的形式分为平齐式、斜式两种，前者用于宽度≥4.5m 的中间带，后者用于宽度＜4.5m 的中间带。中央分隔带不应设凸起的缘石，由于排水或其他原因而需设置时，应采用具有低而圆滑外形不会引起车辆弹起的斜式缘石。斜式缘石高度宜采用 0.10～0.15m。不得在高速公路、一级公路中央分隔带上采用栏式缘石。

中央分隔带表面形式分为凹形和凸形两种，前者用于宽度≥4.5m 的中间带，后者用于＜4.5m 的中间带。

中央分隔带表面处理可采用植草皮或铺面封闭等方式。一般情况下，宽度≥4.5m 的中间带宜采用植草皮、栽灌木，宽度＜4.5m 的中间带宜采用栽灌木或铺面封闭。

（七）中央分隔带开口

为了养护作业以及公务车辆的专用，中央分隔带应按一定的距离设置开口。开口应设置在通视条件良好的路段。在互通式立体交叉、隧道、特大桥、服务区等设施前后，以及整体式路基、分离式路基的分离（汇合）处，应设置开口，开口的间隔距离以 2～3km 为宜。

中央分隔带开口长度不宜大于 40m；八车道及以上车道数的高速公路开口长度可适当增长，但不应大于 50m。中央分隔带开口处应设置活动护栏。

中央分隔带开口应设置在通视良好的路段，若开口位于曲线路段，该圆曲线的超高值不宜大于 3%。

中央分隔带开口端部形状，视中央分隔带宽度而定。当其宽度＜3.0m 时可采用半圆形；当宽度≥3.0m 时宜采用弹头形。

中央分隔带开口不得用作车辆调头转弯。

三、边沟和边坡

（一）边沟

边沟的作用是排除由边坡及路面汇集来的地表水，以确保路基与边坡的稳定。一般在路堑、低填方路段应设置边沟。

边沟的形式很多，归纳起来有梯形、三角形两大类，如图 4-18 所示。边沟形式的选定取决于以下几个方面。

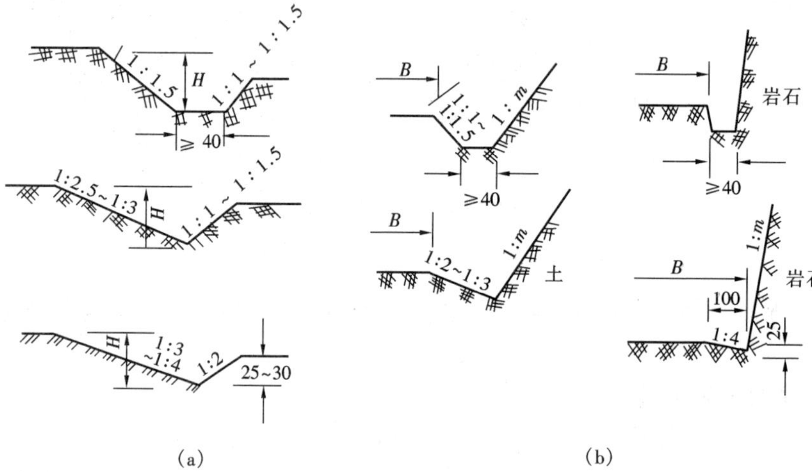

图 4-18　边沟形式

（a）填方边沟；（b）挖方边沟

1. 公路性质：如国防公路宜用三角形，以便于车辆横越边沟。

2. 土壤性质：渗透性良好的土壤，可用梯形或三角形边沟；渗透性不良的土壤，宜作梯形边沟；岩石路基可做成矩形或三角形边沟。

3. 排水量的大小：排水量小的边沟可选用三角形的；反之，可采用矩形或梯形。

4. 施工技术情况：机械化施工时，一般做成三角形边沟。

边沟的深度随路基宽度和土壤类别而定。

边沟的边坡值，内侧一般规定为 1∶1～1∶1.5，当用机械化施工时，土方三角形边沟，其内侧可用 1∶2～1∶3；边沟外侧边坡通常与挖方边坡一致，边沟的底宽与深度一般都不应小于 0.4m。

边沟的纵坡，除出水口附近外，通常与路线纵坡一致。但为了使沟渠中的水流不产生淤积的流速，最小纵坡一般不小于 0.5%，在工程困难地段亦不应小于 0.3%，另一方面，若边沟的纵坡过大，致使沟渠中水流速度大于冲刷流速时应对边沟进行加固。

（二）边坡

路基边坡是路基的一个重要组成部分，它的陡缓程度，直接影响到路基的稳定和路基土石方的数量。就一般公路而言，所谓路基横断面设计，主要就是设计合理的路基边坡值。

路堤的边坡坡度应根据填料的物理力学性质、气候条件、边坡高度，以及基底的工程地质和水文地质条件合理选定。

土质路堤边坡坡度，当填方基底的情况良好时，边坡坡率不宜陡于表 4-8 所列的数值，结合已建成公路的实践采用。

表 4-8　路堤边坡坡度

填料种类	边坡最大高度（m）			边坡坡度	
	全部高度	上部高度	下部高度	上部高度	下部高度
细粒土	20	8	12	1∶1.5	1∶1.75
粗粒土	20	8	12	1∶1.5	1∶1.75
巨粒土	20	8	12	1∶1.3	1∶1.5
硬质岩石	20	8	12	1∶1.1	1∶1.3
中硬岩石	20	8	12	1∶1.3	1∶1.5
软质岩石	20	8	12	1∶1.5	1∶1.75

注：如边坡高度超过表列总高度时，应进行路基稳定性的验算来确定边坡坡度。

在侧坡较陡的山坡上，路基填方边坡较高，伸出较远，填筑困难，而附近又有较多挖方石料时，三、四级公路可选用当地不易风化的片、块石修筑砌石路基，如图 4-19 所示。砌石路基是一种路基支挡构造物，是比较经济的干砌片石工程。它能支挡填方，稳定路基，但与挡土墙不同，它的砌体与路基几乎成为一个整体，不像重力式挡土墙那样不依靠路基也能独立稳定。砌石顶宽不应小于 0.8m，基底面应向内倾斜，砌石高度不宜超过 15m。砌石内、外坡率不宜陡于表 4-9 的规定值。

表 4-9　砌石边坡坡率

序号	砌石高度（m）	内坡坡率	外坡坡率
1	⩽5	1∶0.3	1∶0.5
2	⩽10	1∶0.5	1∶0.67
3	⩽15	1∶0.6	1∶0.75

对于受水浸淹的路堤，边坡应放缓，一般采用 1∶1.75～1∶2，在常水位以下部分采用 1∶2～1∶3，并应视水流情况采取边坡加固及防护措施。

填方路堤处，如果原地面的自然横坡陡于 1∶5，在填筑前须将地面挖成台阶，台阶宽度不小于 2m，台阶顶面应做成 2%～3%的反向横坡（图 4-20），以防路基滑动而影响其稳定。

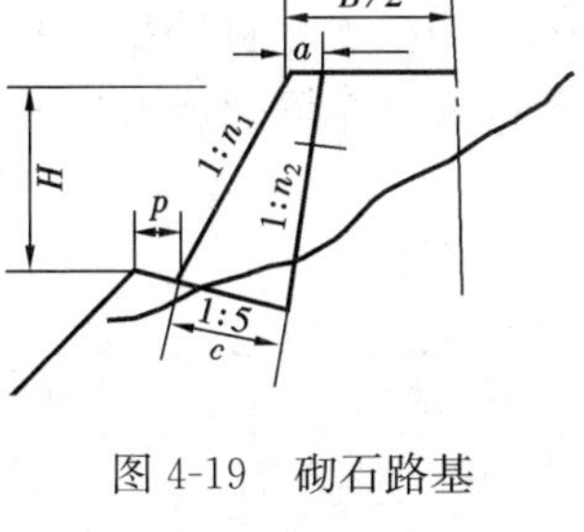

图 4-19　砌石路基

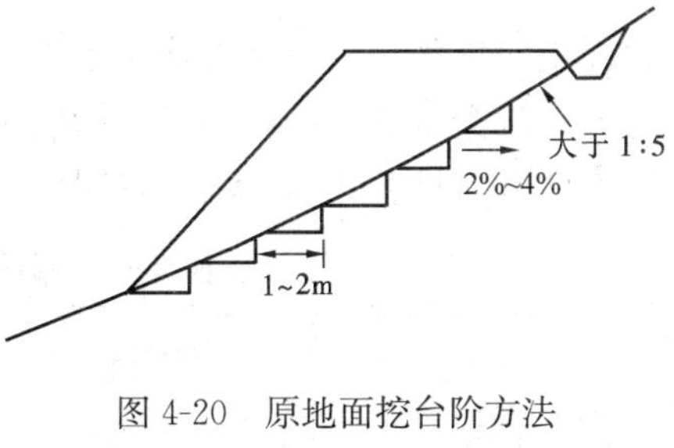

图 4-20　原地面挖台阶方法

路堑边坡形式及坡率应根据工程地质与水文地质条件、边坡高度、排水防护设施、施工方法等，并结合自然稳定边坡、人工边坡的调查及力学分析综合确定。土质路堑边坡高度不大于 20m 时，边坡坡率不宜陡于表 4-10 的规定值。岩质边坡根据岩体完整程度、结构面结合程度、结构面产状及直立边坡自稳能力等条件，可将边坡岩体分为Ⅰ类、Ⅱ类、Ⅲ类、Ⅳ类（详见《公路路线设计规范》），边坡坡率可按表4-11确定。

表4-10　土质路堑边坡坡度

土质种类		边坡最大高度（m）	边坡坡度
黏土、粉质黏土、塑性指数大于3的粉土		20	1∶1
中密以上的中砂、粗砂、砂砾		20	1∶1.5
卵石土、碎石土、圆砾土、角砾土	胶结和密实	20	1∶0.75
	中密	20	1∶1

表4-11　岩质路堑边坡坡度

边坡岩体类型	风化程度	边坡坡率	
		$H<15$m	15m$\leqslant H<30$m
Ⅰ类	未风化、微风化	1∶0.1～1∶0.3	1∶0.1～1∶0.3
	弱风化	1∶0.1～1∶0.3	1∶0.3～1∶0.5
Ⅱ类	未风化、微风化	1∶0.1～1∶0.3	1∶0.3～1∶0.5
	弱风化	1∶0.3～1∶0.5	1∶0.5～1∶0.75
Ⅲ类	未风化、微风化	1∶0.3～1∶0.5	—
	弱风化	1∶0.5～1∶0.75	—
Ⅳ类	弱风化	1∶0.5～1∶1	—
	强风化	1∶0.75～1∶1	—

在砂类土、黄土、易风化碎落的岩石和其他不良的土质路堑中，其边沟外侧边缘与边坡坡脚之间，宜设置碎落台。其宽度视边坡高度和土质而定，一般不小于0.5m，当边坡已适当加固或其高度小于2m时，可不设碎落台。

当路堑较深，穿过几个不同的土、石层时，其各层的边坡坡度值应做相应变化。

第四节　路拱及超高

一、路拱及路肩的横坡度

为了利于路面横向排水，将路面做成由中央向两侧倾斜的拱形，称路拱。其倾斜大小以百分率表示。对于不同类型的路面由于其表面的平整度和透水性不同，再考虑当地的自然条件选用不同的路拱坡度，见表4-12规定的数值。

表4-12　路拱横坡

路面类型	路拱横坡度（%）	路面类型	路拱横坡度（%）
水泥混凝土路面、沥青混凝土路面	1.0～2.0	半整齐石块、不整齐石块	2.0～3.0
其他黑色路面、整齐石块	1.5～2.5	碎、砾石等粒料路面	2.5～3.5

高速公路和一级公路由于其路面较宽，迅速排除路面降水尤为重要，所以此种公路处于中等降雨强度的地区时，路拱坡度宜为2%，在降雨强度很大的地区，路拱坡度可适当增大。

分离式路基，每侧行车道可设置双向路拱，这样对排除路面积水有利。在降水量不大的地区宜采用单向横坡，并向路基外侧倾斜。但在积雪冻融地区，宜设置双向路拱。

路拱的形式一般有抛物线形、直线抛物形、折线形等。

土路肩的排水性远低于路面，其横坡度较路面宜增大 1.0%～2.0%，硬路肩视具体情况（材料、宽度）可与路面同一横坡，也可稍大于路面。

二、超高

为抵消车辆在曲线路段上行驶时所产生的离心力，将路面做成外侧高于内侧的单向横坡的形式，这就是曲线上的超高。合理地设置超高，可以全部或部分地抵消离心力，提高汽车行驶在曲线上的稳定性和舒适性。

超高横坡度由直线段的双坡路拱，过渡到与圆曲线半径相适应的单向横坡的路段，称作超高缓和段或超高过渡段。

（一）超高横坡度的计算确定

超高横坡度可由平曲线最小半径公式：

$$R=\frac{V^2}{127(\mu+i_{\mathrm{h}})} \quad \text{得出} \quad i_{\mathrm{h}}=\frac{V^2}{127R}-\mu$$

对此，我国现行的《公路工程技术标准》中规定：各级公路凡半径小于不设超高的最小半径的平曲线均应设置超高。超高的横坡度按计算行车速度、半径大小，结合路面类型、自然条件和车辆组成等情况确定。一般地区公路，圆曲线最大超高应采用 8%；以通行中、小型客车为主的高速公路、一级公路，最大超高可采用 10%。

在积雪冰冻地区，最大超高横坡度不宜大于 6%，当应设置超高横坡度的计算值小于路拱横坡度时，应设置路拱横坡度的超高。

超高的横坡度按公路等级、设计速度、圆曲线半径、路面类型、自然条件和车辆组成等情况确定。各级公路圆曲线部分最大超高值的规定见表 4-13。

各级公路圆曲线部分最小超高应与该公路直线部分的正常路拱横坡度一致。

表 4-13　各级公路圆曲线最大超高值

公路等级	高速公路、一级公路	二、三、四级公路
一 般 地 区（%）	10 或 8	8
积雪冰冻地区（%）	6	
城镇区域（%）	4	

二、三、四级公路混合交通量较大且接近城镇路段，或通过城镇作为街道使用的路段，当车速受到限制，按规定设置超高有困难时，可按表 4-14 规定设置超高。

表 4-14　市区路段最大超高值

设计速度（km/h）	80	60	40、30、20
超高值（%）	6	4	2

在具体设计中，位于曲线上的行车道、硬路肩，均应根据设计速度、圆曲线半径、公路条件、自然条件等按表 4-15 规定设置超高，必要时按运行速度验算。

表 4-15　圆曲线半径与超高值

设计速度(km/h) / 超高(%)		120				100				80				60				
		最大超高(%)			积雪冰冻	最大超高(%)			积雪冰冻	最大超高(%)			积雪冰冻	最大超高(%)				积雪冰冻
		10	8	6		10	8	6		10	8	6		10	8	6	4	
超高(%)	2	<5500(<7550)~2950	<5500(<7550)~2860	<5500(<7550)~2730	<5500(<7550)~2780	<4000(<5250)~2180	<4000(<5250)~2150	<4000(<5250)~2000	<4000(<5250)~2090	<2500(<3350)~1460	<2500(<3350)~1410	<2500(<3350)~1360	<2500(<3350)~1390	<1500(<1900)~900	<1500(<1900)~870	<1500(<1900)~800	<1500(<1900)~610	<1500(<1900)~860
	3	<2950~2080	<2860~1990	<2730~1840	<2780~1910	<2180~1520	<2150~1480	<2000~1320	<2090~1410	<1460~1020	<1410~960	<1360~890	<1390~940	<900~620	<870~590	<800~500	<610~270	<860~570
	4	<2080~1590	<1990~1500	<1840~1340	<1910~1410	<1520~1160	<1480~1100	<1320~920	<1410~1040	<1020~770	<960~710	<890~600	<940~680	<620~470	<590~430	<500~320	<270~150	<570~410
	5	<1590~1280	<1500~1190	<1340~970	<1410~1070	<1160~920	<1100~860	<920~630	<1040~770	<770~610	<710~550	<600~400	<680~490	<470~360	<430~320	<320~200		<410~290
	6	<1280~1070	<1190~980	<970~710	<1070~810	<920~760	<860~690	<630~440	<770~565	<610~500	<550~420	<400~270	<490~360	<360~290	<320~240	<200~135		<290~205
	7	<1070~910	<980~790			<760~640	<690~530			<500~410	<420~320			<290~240	<240~170			
	8	<910~790	<790~650			<640~540	<530~400			<410~340	<320~250			<240~190	<170~125			
	9	<790~680				<540~450				<340~280				<190~150				
	10	<680~570				<450~360				<280~220				<150~115				

续表

设计速度(km/h) / 超高(%)		40					30					20				
		最大超高				积雪冰冻	最大超高				积雪冰冻	最大超高				积雪冰冻
		8%	6%	4%	2%		8%	6%	4%	2%		8%	6%	4%	2%	
超高(%)	2	<600(<800)~470	<600(<800)~410	<600(<800)~330	<600(<800)~ 75	<600(<800)~430	<350(<450)~ 250	<350(<450)~ 230	<350(<450)~ 150	<350(<450)~ 40	<350(<450)~ 270	<150(<200)~ 140	<150(<200)~ 110	<150(<200)~ 70	<150(<200)~ 20	<150(<200)~ 120
	3	<470~310	<410~250	<330~130		<430~280	<250~170	<230~140	<150~60		<270~180	<140~90	<110~70	<70~30		<120~80
	4	<310~220	<250~150	<130~70		<280~190	<170~120	<140~80	<60~35		<180~120	<90~70	<70~40	<30~15		<80~60
	5	<220~160	<150~90			<190~130	<120~90	<80~50			<120~90	<70~50	<40~30			<60~40
	6	<160~120	<90~60			<130~90	<90~60	<50~35			<90~55	<50~40	<30~15			<40~25
	7	<120~80					<60~40					<40~30				
	8	<80~55					<40~30					<30~15				
	9															
	10															

注：括号值为路拱大于2%时的不设超高最小半径。

（二）超高的过渡方式

1. 无中间带道路的超高过渡

无中间带的道路，无论是双车道还是单车道，在直线段的横断面均为以中线为脊向两侧倾斜的路拱。路面要由双向倾斜的路拱形式过渡到具有单向倾斜的超高形式，外侧须逐渐抬高，在抬高过程中，行车道外侧是绕中线旋转的，若超高横坡度等于路拱坡度，则直至与内侧横坡相等为止，如图 4-21 所示。

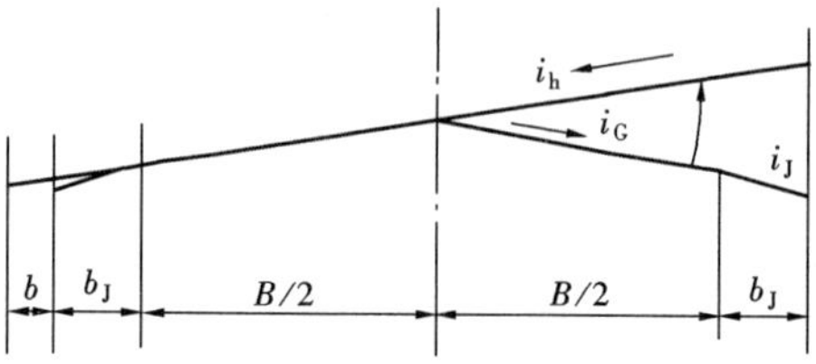

图 4-21　超高值等于横坡的过渡

若超高坡度大于路拱坡度，可分别采用以下三种过渡方式，如图 4-22 所示。

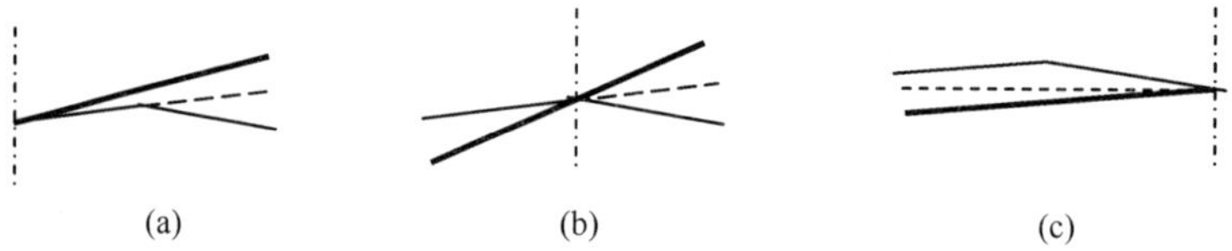

图 4-22　无中间带公路的超高过渡方式

（a）绕内侧边缘旋转；（b）绕中线旋转；（c）绕外侧边缘旋转

（1）绕内侧边缘旋转［图 4-22（a）］

先将外侧车道绕路中线旋转，待达到与内侧车道构成单向横坡后，整个断面再绕未加宽前的内侧车道边缘旋转，直至超高横坡度。

（2）绕路中线旋转［图 4-22（b）］

先将外侧车道绕路中线旋转，待达到与内侧车道构成单向横坡后，整个断面一同绕路中线旋转，直至超高横坡度。

（3）绕外侧边缘旋转［图 4-22（c）］

先将外侧车道绕车道外侧边缘旋转，与此同时，内侧车道随中线的降低而相应降坡，待达到单向横坡后，整个断面继续绕外侧车道边缘旋转，直至超高横坡度。

上述各种方法，绕内侧边缘旋转由于行车道内侧不降低，有利于路基纵向排水，一般新建工程多用此法。绕中线旋转可保持中线标高不变，且在超高坡度一定的情况下，外侧边缘的抬高值较小，多用于旧路改建工程。而绕外侧边线旋转是一种比较特殊的设计，仅用于某些为改善路容的地点。

2. 有中间带公路的超高过渡

（1）绕中间带的中心线旋转［图 4-23（a）］

先将外侧车道绕中间带的中心线旋转，待达到与内侧车道构成单向横坡后，整个断面一同绕中心线旋转，直至超高横坡值。此时中央分隔带呈倾斜状。

(2) 绕中央分隔带边缘旋转［图 4-23 (b)］

将两侧车道分别绕中央分隔带边缘旋转，使之各自成为独立的单向超高断面，此时中央分隔带维持原有水平状态。

(3) 绕各自车道中线旋转［图 4-23 (c)］

将两侧车道分别绕各自的中心线旋转，使之各自成为独立的单向超高断面，此时中央分隔带两边缘分别升高与降低而成为倾斜断面。

(a)　　(b)　　(c)

图 4-23　有中间带公路的超高过渡方式

(a) 绕中间带的中心线旋转；(b) 绕中央分隔带边缘旋转；(c) 绕各自行车道中线旋转

三种方式的优缺点与无中间带的公路相似。中间带宽度较窄的（≤4.5m）可采用（1）法；各种中间带宽度都可以用（2）法；对于车道数大于四的公路可采用（3）法。

3. 分离式公路

分离式断面公路由于上、下行车道是各自独立的，超高过渡方式可视为两条无中间带的公路分别予以处理。

城市道路的超高过渡方式与公路相同。

(三) 超高缓和段长度的确定

为了行车的舒适、路容的美观和排水的通畅，必须设置一定长度的超高缓和段，超高的过渡是在超高缓和段全长范围内进行的。双车道公路超高缓和段长度按下式计算：

$$L_c = \frac{\beta\Delta_i}{\Delta p} \tag{4-19}$$

式中　L_c——超高缓和段长度（m）；

β——旋转轴至行车道（设路缘带时为路缘带）外侧边缘的宽度（m）；

Δ_i——超高坡度与路拱坡度的代数差（%）；

Δp——超高渐变率，即旋转轴与行车道（设路缘带时为路缘带）外侧边缘之间的相对坡度，其值见表 4-16。

表 4-16　超高渐变率

设计速度 (km/h)	超高旋转轴的位置		设计速度 (km/h)	超高旋转轴的位置	
	中轴	边轴		中轴	边轴
120	1/250	1/200	40	1/150	1/100
100	1/225	1/175	30	1/125	1/75
80	1/200	1/150	20	1/100	1/50
60	1/175	1/125			

前面讲到缓和曲线，已经考虑到超高缓和段所需的最短长度。所以一般情况下，超高缓和段与缓和曲线长度相等。但有时因照顾到线形的协调性，在平曲线中配置了较长的缓和曲线，则超高的过渡可仅在缓和曲线某一区段内进行，但其超高起点宜设在曲率半径大于不设超高半径处。全超高断面宜设在缓圆点和圆缓点处。因为过小的渐变率对路面排水不利。从利于排除路面降水考虑，横坡度由 2%（或 1.5%）过渡到 0%路段的超高渐变率不得小于 1/330。

四级公路因不设缓和曲线，但圆曲线上若设有超高，则应设置超高缓和段，超高的过渡在超高缓和段的全长上进行。

（四）超高值的计算

超高值指设计超高后路中线、路面边缘及路肩边缘等计算点与路基设计高程之差，应予以计算并列于“路基设计表”中，以便于施工。这些超高值的计算公式见表 4-17 和表 4-18，计算图式如图 4-24 和图 4-25 所示。

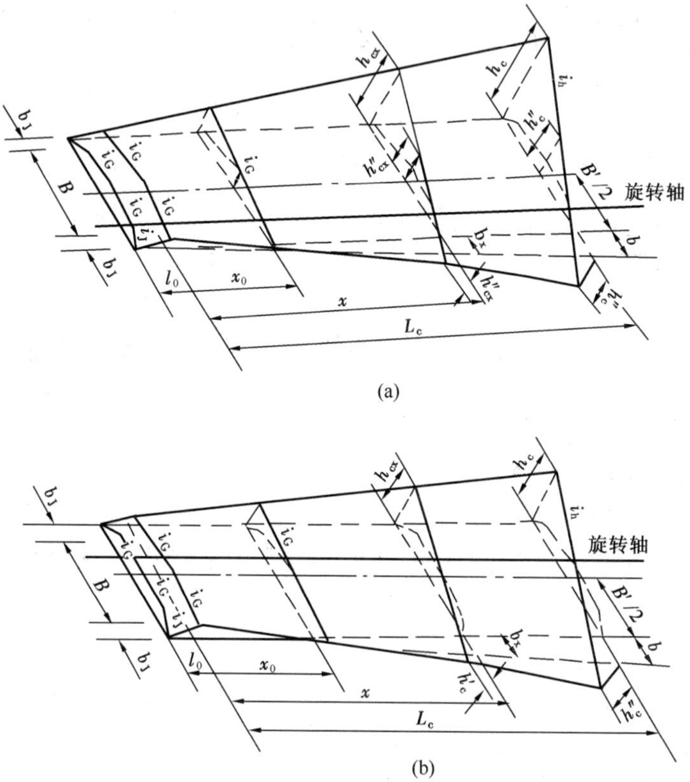

图 4-24　无中央分割带道路超高过渡方式

（a）绕边轴旋转；（b）绕中轴旋转

图中各符号的定义如下：

B——路面宽度；

b——加宽值；

b_J——路肩宽度；

i_G——路拱坡度；

i_J——路肩坡度；

i_h——超高横坡度；

L_c——超高缓和段长度（或缓和曲线长度）；

l_0——路基坡度由 i_J 变为 i_G 所需的距离，一般可取 1.0m；

x_0——与路拱同坡度的单向超高点至超高缓和段起点的距离；

x——超高缓和段中任意一点至起点的距离；

h_c——圆曲线段路肩外缘最大抬高值；

h'_c——圆曲线段路中线最大抬高值；
h''_c——圆曲线段路基内缘最大降低值；
h_{cx}——过渡段 x 距离处路基边缘抬高值；
h'_{cx}——过渡段 x 距离处路基中线抬高值；
h''_{cx}——过渡段 x 距离处路基内缘降低值。

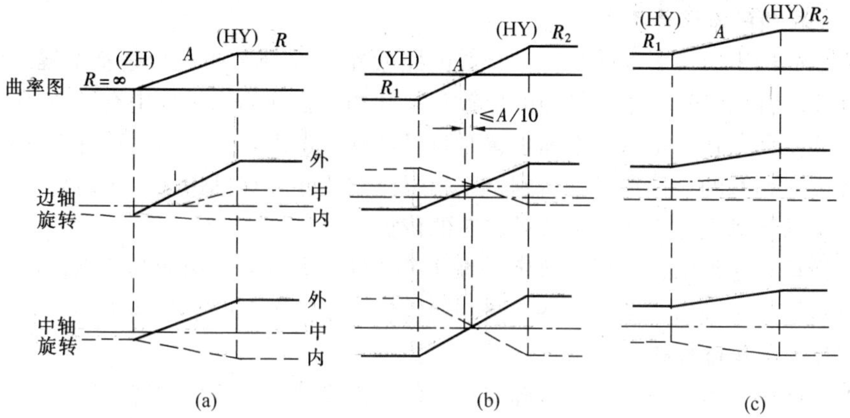

图 4-25　超高设计图

(a) 直线—缓和曲线—圆；(b) 圆—反向缓和曲线—圆；(c) 大圆—缓和曲线—小圆

表 4-17　绕边轴旋转超高值计算公式

超高位置		计算公式		
		$x \leqslant x_0$	$x > x_0$	注： 1. 计算结果均为与设计高之高差 2. 临界断面距过渡段起点的距离 $x_0 = \frac{i_G}{i_h} L_C$ 3. x 距离处加宽值 $b_x = \frac{x}{L_C} b$（按比例过渡）；或 $b_x = \left[4\left(\frac{x}{L_C}\right)^3 - 3\left(\frac{x}{L_C}\right)^4\right] \cdot b$ （高次抛物线过渡）
圆曲线上	外缘 h_c	$b_J i_J + (b_J + B) i_h$		
	中线 h'_c	$b_J i_J + \frac{B}{2} i_h$		
	内缘 h''_c	$b_J i_J - (b_J + b) i_h$		
过渡段上	外缘 h_{cx}	$b_J(i_J - i_G) + [b_J i_G + (b_J + B) i_h] \frac{x}{L_C}$（或 $\approx \frac{x}{L_C} h_c$）		
	中线 h'_{cx}	$b_J i_J + \frac{B}{2} i_G$	$b_J i_J + \frac{B}{2} \cdot \frac{x}{L_C} i_h$	
	内缘 h''_{cx}	$b_J i_J - (b_J + b_x) i_G$	$b_J i_J - (b_J + b_x) \frac{x}{L_C} i_h$	

表 4-18　绕中轴旋转超高值计算公式

超高位置		计算公式		
		$x \leqslant x_0$	$x > x_0$	注： 1. 计算结果均为与设计高之高差 2. 临界断面距过渡段起点的距离 $x_0 = \frac{2 i_G}{i_G + i_h} L_C$ 3. x 距离处加宽值 $b_x = \frac{x}{L_C} b$（按比例过渡）；或 $b_x = \left[4\left(\frac{x}{L_C}\right)^3 - 3\left(\frac{x}{L_C}\right)^4\right] \cdot b$ （高次抛物线过渡）
圆曲线上	外缘 h_c	$b_J(i_J - i_G) + \left(b_J + \frac{B}{2}\right)(i_G + i_h)$		
	中线 h'_c	$b_J i_J + \frac{B}{2} i_G$		
	内缘 h''_c	$b_J i_J + \frac{B}{2} i_G - \left(b_J + \frac{B}{2} + b\right) i_h$		
过渡段上	外缘 h_{cx}	$b_J(i_J - i_G) + \left(b_J + \frac{B}{2}\right)(i_G + i_h) \frac{x}{L_C}$（或 $\approx \frac{x}{L_C} h_c$）		
	中线 h'_{cx}	$b_J i_J + \frac{B}{2} i_G$（定值）		
	内缘 h''_{cx}	$b_J i_J - (b_J + b_x) i_G$	$b_J i_J + \frac{B}{2} i_G - \left(b_J + \frac{B}{2} + b_x\right) \frac{x}{L_C} i_h$	

第五节　道路横断面设计

一、公路横断面的设计方法

（一）公路横断面设计要求

公路横断面的组成除了上述与行车有关的路幅宽度以外，还有与路基工程、排水工程、环保工程有关的各种设施，这些设施的位置和尺寸均应在横断面设计中有所体现。路基横断面形式和尺寸实际上在确定路线平面位置时就已经有了考虑，在纵断面设计中又根据路线标准和地形条件对路基的合理高度，特别是工程艰巨路段已经仔细做了分析研究，拟定了横断面设计图，作为计算土石方数量和日后施工的依据。

横断面设计，必须结合地形、地质、水文等条件，本着节约用地的原则，选用合理的断面形式，以满足行车顺适、工程经济、路基稳定且便于施工和养护的要求。

（二）路基标准横断面

在具体设计每个横断面之前，先确定路基的标准横断面（或称“典型横断面”）。在标准横断面图中，一般要包括：路堤、路堑、半堤半堑、砌石路基等，断面中的边坡坡率、边沟尺寸、挡墙断面等，必须按现行《公路路基设计规范》的规定处理。对于高填、深挖、特殊地质、浸水路堤等应单独设计，详见相关章节。

（三）横断面设计方法

1. 在计算纸上绘制横断面的地面线。直接定线地面线是在现场测绘的，若是纸上定线，可从大比例尺的地形图上内插获得。在计算机辅助设计中，可以通过构建数字地面模型、数字化仪或键盘向计算机输入横断面各变化点相对于中桩的坐标，由绘图机自动绘制。横断面图的比例尺一般是 1∶200。

2. 从“路基设计表”中抄入路基中心填挖高度，对于有超高和加宽的曲线路段，还应抄入“左高”“右高”“左宽”“右宽”等数据。

3. 根据现场调查所得来的“土壤、地质、水文资料”，参照“标准横断面图”，画出路幅宽度，填或挖的边坡坡线，在需要设置各种支挡工程和防护工程的地方画出该工程结构的断面示意图。

4. 根据综合排水设计，画出路基边沟、截水沟、排灌渠等的位置和断面形式。必要时须注明各部分尺寸。此外，对于取土坑、弃土堆、绿化等也尽可能画出，如图 4-26 所示。

对于分离式断面的公路和具有变速车道、紧急停车车道的断面，可参照上述步骤绘制。

上面所介绍的横断面设计，是一般横断面设计的方法和程序，我们形象化地称之为“戴帽子”。对特殊情况下的横断面，则必须按照路基课程中所讲述的原理和方法进行特殊设计，绘图比例尺也应按需要采用。

（四）“路基设计表”

“路基设计表”在道路设计文件中占有重要地位，见表 4-19。

表 4-19　路基设计表

桩　号	平曲线	变坡点高程桩号及纵坡坡度、坡长	竖曲线	地面标高	设计高	填挖高度（m）		路基宽（m）		路边及中桩与设计高之高差（m）			施工时中桩（m）		边坡 1∶m		护坡道				边　沟						坡脚坡口至中桩距离		备注
																	护坡道宽		坡度 1∶m		坡度（%）		形状	底宽（m）	沟深（m）	内坡			
						填	挖	左	右	左	中	右	左	右	左	右	左	右	左	右	左	右					左	右	
1	2	3	4	5	6	7	8	9	10	11	12	13	14	15	16	17	18	19	20	21	22	23	24	25	26	27	28	29	30
K2+100.00		K2+100.00		160.76	159.92		0.84	7.50	7.50	0.00	0.15	0.00		0.69															
K2+120.00		i=0.65%		161.56	159.75		1.81	7.50	7.50	0.00	0.15	0.00		1.66															
K2+140.00		L=400		164.03	159.59		4.44	7.50	7.50	0.00	0.15	0.00		4.29															
K2+160.00				164.23	159.43		4.80	7.50	7.50	0.00	0.15	0.00		4.65															
K2+180.00				162.15	159.28		2.87	7.50	7.50	0.00	0.15	0.00		2.72															
K2+200.00				163.17	159.14		4.03	7.50	7.50	0.00	0.15	0.00		3.88															
K2+220.00				163.20	159.00		4.20	7.50	7.50	0.00	0.15	0.00		4.05															
K2+240.00				163.87	158.87		5.00	7.50	7.50	0.00	0.15	0.00		4.85															
K2+260.00			K2+243.5	165.69	158.74		6.95	7.50	7.50	0.00	0.15	0.00		6.80															
K2+280.00				166.31	158.61		7.70	7.50	7.50	0.00	0.15	0.00		7.55															
K2+300.00				166.36	158.48		7.88	7.50	7.50	0.00	0.15	0.00		7.73															
ZH+315.89				166.30	158.37		7.93	7.50	7.50	0.00	0.15	0.00		7.78															
ZH+340.00				166.06	158.22		7.84	7.50	7.71	0.59	0.29	−0.14		7.55															
HY+360.89			K2+404.6	166.06	158.08		7.98	7.50	7.90	1.11	0.51	−0.12		7.47															

续表

桩号	平曲线	变坡点高程桩号及纵坡坡度、坡长	竖曲线	地面标高	设计高	填挖高度(m)		路基宽(m)		路边及中桩与设计高之高差(m)			施工时中桩(m)		边坡1∶m		护坡道				边沟						坡脚坡口至中桩距离		备注
																	护坡道宽		坡度1∶m		坡度(%)		形状	底宽(m)	沟深(m)	内坡			
						填	挖	左	右	左	中	右	左	右	左	右	左	右	左	右	左	右					左	右	
1	2	3	4	5	6	7	8	9	10	11	12	13	14	15	16	17	18	19	20	21	22	23	24	25	26	27	28	29	30
HY+380.00	JD5 右		K2+404.6	166.20	157.96		8.24	7.50	7.90	1.11	0.51	−0.12		7.73															
HY+400.00				166.01	157.83		8.18	7.50	7.90	1.11	0.51	−0.12		7.67															
HY+420.00	R=200	157.175		165.95	157.70		8.25	7.50	7.90	1.11	0.51	−0.12		7.74															
HY+440.00	LS1=45			165.61	157.60		8.01	7.50	7.90	1.11	0.51	−0.12		7.50															
HY+460.00	LS1=45			165.63	157.52		8.11	7.50	7.90	1.11	0.51	−0.12		7.60															
QZ+476.08	T1=187.38			166.03	157.47		8.55	7.50	7.90	1.11	0.51	−0.12		8.04															
QZ+500.00	T2=187.38	K2+500	凹 R—18000	166.05	157.43		8.62	7.50	7.90	1.11	0.51	−0.12		8.11															
QZ+520.00	L=320.375	i=0.41%	T—95.4 E—0.25	166.02	157.41		8.61	7.50	7.90	1.11	0.51	−0.12		8.10															
QZ+540.00	E=59.533	L=400		165.43	157.42		8.01	7.50	7.90	1.11	0.51	−0.12		7.50															
QZ+560.00				165.89	157.46		8.43	7.50	7.90	1.11	0.51	−0.12		7.92															
QZ+580.00				163.21	157.51		5.70	7.50	7.90	1.11	0.51	−0.12		5.19															
YH+591.27				164.13	157.55		6.58	7.50	7.90	1.11	0.51	−0.12		6.07															
YH+600			K2+595.4	163.60	157.79		6.01	7.50	7.82	0.89	0.42	−0.09		5.59															
YH+620				162.86	157.67		5.19	7.50	7.64	0.40	0.20	−0.02		4.99															
HZ+636.27				161.35	157.73		3.62	7.50	7.50	0.00	0.15	0.00		3.47															

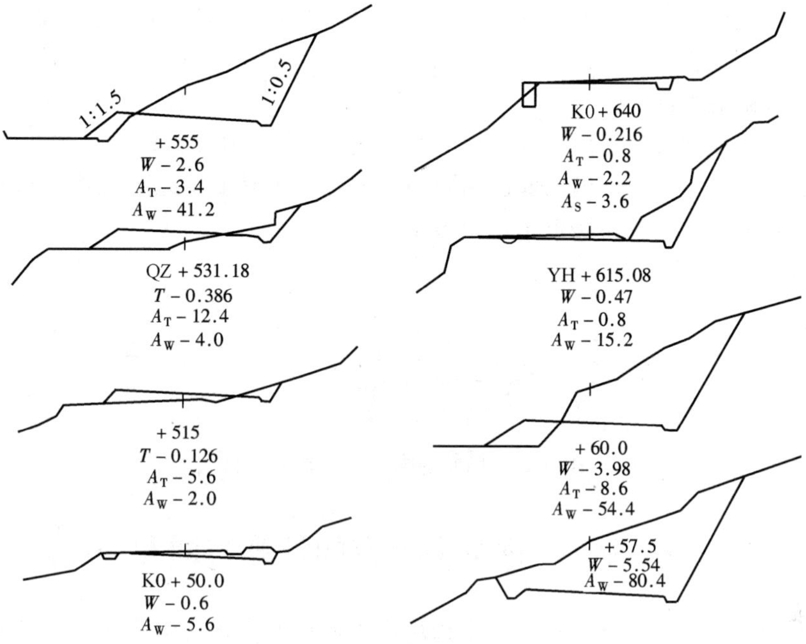

图 4-26　公路路基横断面设计图

二、城市道路横断面设计

（一）横断面设计图

当按照城市道路的交通性质、地形条件以及近期与远期相结合的原则确定了横断面组成和宽度以后，即可绘制横断面设计图。城市道路的横断面设计图与公路横断面图的作用是相同的，即为指导施工和计算土石方数量。

城市道路横断面设计图一般要用的比例尺为 1∶100 或 1∶200，在图上应绘出红线宽度、行车道、人行道、绿带、照明、新建或改建的地下管道等各组成部分的位置和宽度，以及排水方向、路面横坡等，如图 4-27 所示。

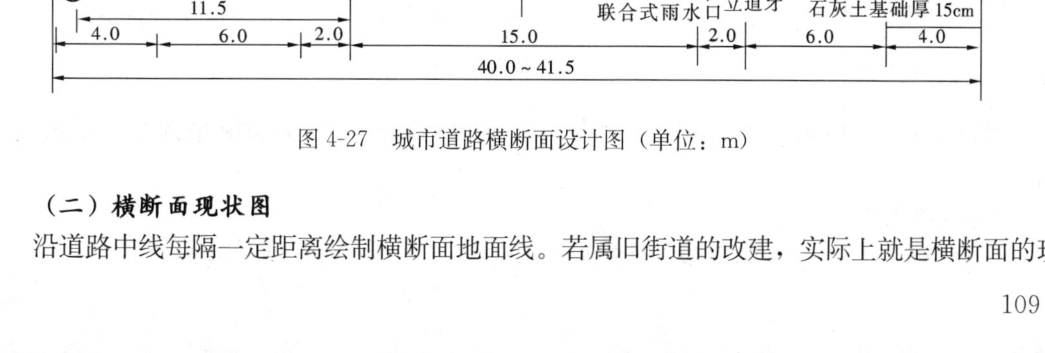

图 4-27　城市道路横断面设计图（单位：m）

（二）横断面现状图

沿道路中线每隔一定距离绘制横断面地面线。若属旧街道的改建，实际上就是横断面的现状图。图中包括地形、地物、原街道的各组成部分、边沟、路侧建筑等。比例尺为1∶100或1∶200。有时为了更加明显地表现地形和地物高度的变化，也可采用纵、横不同的比例尺绘制。

（三）横断面施工图

在完成道路纵断面设计之后，即可知道各中线上的填挖高度。将这一高度点绘在相应的横断面现状图上，然后将设计横断面以相同的比例尺画于其上。此图反映了各断面上的填、挖和拆迁界线，是施工时的主要根据，如图 4-28 所示。

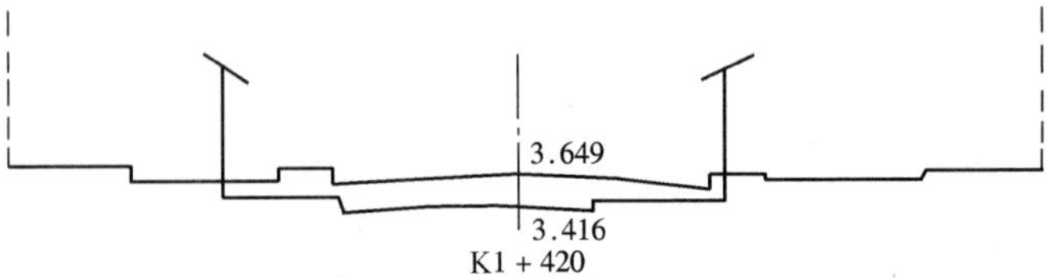

图 4-28　横断面施工图（单位：m）

第六节　路基土石方的计算与调配

路基土石方是公路工程的一项主要工程量，不论在方案比选阶段还是在路线设计阶段，路基土石方数量的多少是评价公路测设质量的主要技术经济指标之一。在编制公路施工组织计划和工程概预算时，还需要确定分段和全线的路基土石方数量。

地面形状是很复杂的，填挖方不是简单的几何体，所以其计算只能是近似的，计算的精确度取决于中桩间距、测绘横断面时采点的密度和计算公式与实际情况的接近程度等。计算时一般应按工程的要求，在保证使用的前提下力求简化。

一、横断面面积计算

路基填挖的断面面积，是指断面图中原地面线与路基设计线所包围的面积，高于地面线者为填，低于地面线者为挖，两者应分别计算。下面介绍几种常用的面积计算方法。

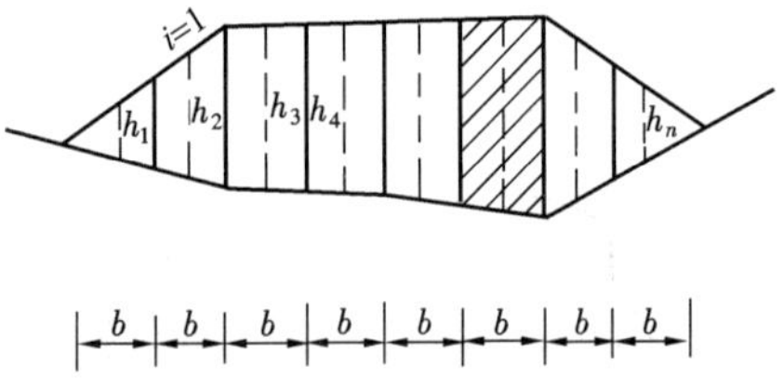

图 4-29　横断面面积计算（积矩法）

（一）积矩法

如图 4-29 所示，将横断面按单位横宽划分为若干个梯形与三角形条块，每个小条块的近似横断面的面积为：

$$F_i = bh_i \tag{4-20}$$

则横断面的面积为：

$$F = bh_1 + bh_2 + \cdots + bh_n = b\sum_{i=1}^{n} h_i \tag{4-21}$$

当 $b=1$ 时，则 F 在数值上就等于各小条块平均高度之和。想求得横断面面积，只要求得 $\sum_{i=1}^{n} h_i$ 的值即可。

用积距法计算面积简单、迅速。若要进一步提高精度，可增加测量次数最后取其平均值。

（二）坐标法

如图 4-30 所示，已知断面图上各转折点坐标（x_i，y_i），则断面面积为：

$$F=\frac{1}{2}\sum_{i=1}^{n}(x_i y_{i+1}-x_{i+1}y_i) \tag{4-22}$$

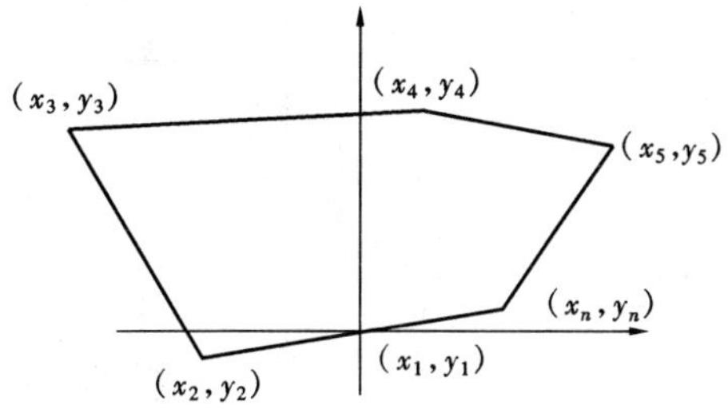

图 4-30　横断面面积计算（坐标法）

坐标法精度较高，适宜于用计算机计算。

计算断面面积还有几何图形法、数方格法、求积仪法等。

二、土石方数量计算

若相邻两断面均为填方或均为挖方且面积大小相近，则可假定两断面之间为一棱柱体，如图 4-31 所示。其体积的计算公式为：

$$V=\frac{1}{2}(F_1+F_2)L \tag{4-23}$$

式中　V——体积，即土石方数量（m^3）；

F_1、F_2——相邻两断面的面积（m^2）；

L——相邻断面之间的距离（m）。

此法计算简单，较为常用，一般称之为“平均断面法”。

若 F_1 和 F_2 相差甚大，则与棱台更为接近。其计算公式为：

$$V=\frac{1}{3}(F_1+F_2)L\left(1+\frac{\sqrt{m}}{1+m}\right) \tag{4-24}$$

式中　m——比例系数，$m=\frac{F_1}{F_2}$。

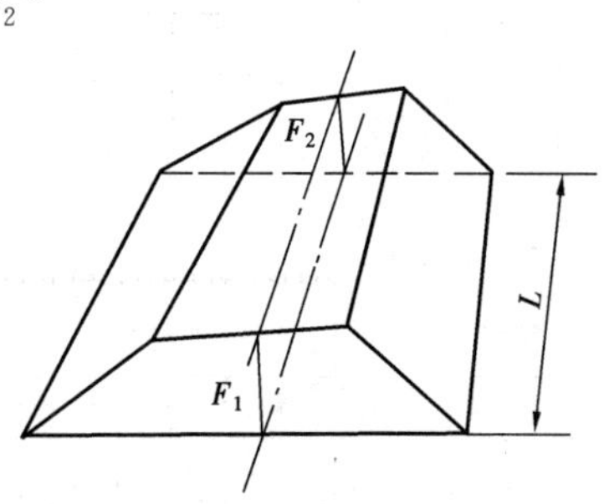

图 4-31　体积计算

第二种方法的精度较高，应尽量采用，特别是用计算机计算时。

用上述方法计算的土石方体积中，是包含了路面体积的。则应根据路线设计的实际情况，在设计当中扣除路面体积或增加路面体积。

土石方通常利用《路基土石方数量计算表》进行计算，见表 4-20。

表 4-20　路基土石方数量计算表

桩号	横断面面积(或为半面积)(m²)			平均面积(m²)			距离(m)	挖方分类及数量(m³)													填方数量(m³)		利用方数量(m³)及运距(单位)							借方数量(m³)及运距(单位)		废方数量(m³)及运距(单位)		总运量(m³)(单位)	
	挖	填		挖	填			总数量	土						石								本桩利用		填缺		挖余		远运利用纵向调配示意						
									松土		普通土		硬土		软石		次坚石		坚石																
		土	石		土	石			%	数量	%	数量	%	数量	%	数量	%	数量	%	数量	土	石	土	石	土	石	土	石		土	石	土	石	土	石
1	2	3	4	5	6	7	8	9	10	11	12	13	14	15	16	17	18	19	20	21	22	23	24	25	26	27	28	29	30	31	32	33	34	35	36
K14+000	60.0			71.1			17	1209				242		121				604		242							363	846	土:363石:500 调至上公里				346/③		1038
K14+017	82.2			84.3		5.0 *2.0	8	675			20	135	10	67				337	20	135		40 *16		56			202	416	土:202石:(87)				329/③	987	
K14+025	86.4	10.0 *4.0		43.2	39.0	5.0 *2.0	12	518			↓	103	↓	52				259	↓	104	468	60 *24	(279) 155	84	34										
K14+037		78.00			73.8		4														295				295										
K14+041		69.6		39.2	34.8		9	353						71				176		106	313		71 (242)					40	石:(40)						
K14+050	78.4			56.4			10	564						113			50	282		169							113	451	土:113石:8				443/②		886
K14+060	34.4			60.6			12	727						145				364		218							145	582	土:145石:(44) 538						
K14+072	86.8			55.9			8	447						89			↓	224		134							89	358	土:89石:(22) 336						
K14+080	25.0			12.5	12.3	27.3	6	75						15				37		23	74	164	15	60	59	104			①						8
K14+086		24.6	54.6		26.3	55.3	8														210	442			210	442			②						226
K14+094		28.0	56.0		24.0	56.0	6						20								144	336			144	336									33
K14+100		20.0	56.0		22.0	50.0	8												30		176	400			176	400								35	206
K14+108		24.0	44.0										↓						↓										①						
K14+114	24.0		*2.0	12.0	12.0	22.0 *1.0	6	72						14				36		22	72	132 *6	14	58	58	80			②						
K14+124	46.0		*1.0	35.0		*1.5	10	350						70				175		105		*15		15			70	265	土:70石:265						
K14+140	16.0	8.0		31.0	4.0	*0.5	16	496						99				248		149	64	*8	64	8			35	339	215				45		
K14+160	42.0	6.0		29.0	7.0		20	580						116				290		174	140		116 (24)					440	土:35石:(129)				440		
K14+180	62.0			52.0	3.0		20	1040						208				520		312	60		60				148	832	石:(215)			148	832		
K14+190	14.0	21.0		38.0	10.5		10	380						76				190		114	105		76 (29)					275					60		
K14+200		36.0		7.0	28.5		10	70						14				35		21	285		14 (56)		215										
小计							200	7555				480		1270				3777		2028	2406	1574/68	585 (630)	281	1191	1362	1165	4894	土:654 石:1362/(537)			148	2495	35	3384

注　1.(4)、(7)、(23)栏中“*”表示砌石；

2.(24)、(30)栏中“(　)”表示以石代土；

3.(31)、(32)、(33)、(34)栏中分子为数量，分母为运距；

4.(31)、(32)栏系指普通土和次坚石，如有不同，须加注明；

5.(30)、(31)、(32)、(33)、(34)栏中“○”内数字为平均超运运距单位数。

计算者：　　　　复核者：

三、路基土石方调配

土石方调配的目的是为确定填方用土的来源、挖方弃土的去向，以及计价土石方的数量和运量等。通过调配合理地解决路段土石方平衡与利用问题，使从路堑挖出的土石方，在经济合理的调运条件下移挖作填，达到填方有所“取”，挖方有所“用”，避免不必要的路外借土和弃土，以减少占用耕地和降低公路造价。

（一）土石方调配原则

1. 在半填半挖断面中，应首先考虑在本路段内移挖作填进行横向平衡，然后做纵向调配，以减少总的运输量。

2. 土石方调配应尽量考虑桥涵位置对施工的影响，一般大沟不作跨越调运，同时尚应注意施工的可能与方便，尽可能避免和减少上坡运土。

3. 为使调配合理，必须根据地形情况和施工条件，选用适当的运输方式，确定合理的经济运距，用以分析工程用土是调运还是外借。

4. 土方调配“移挖作填”固然要考虑经济运距问题，但这不是唯一的指标，还要综合考虑弃方或借方占地，赔偿青苗损失及对农业生产影响等。有时移挖作填虽然运距超出一些，运输费用可能稍高一些，但如能少占地，少影响农业生产，这样对整体来说也未必是不经济的。

5. 不同的土方和石方应根据工程需要分别进行调配，以保证路基稳定和人工构造物的材料供应。

6. 位于山坡上的回头曲线路段，要优先考虑上下线的土方竖向调运。

7. 土方调配对于借土和弃土应事先同地方商量，妥善处理。借土应结合地形、农田规划等选择借土地点，并综合考虑借土还田，整地造田等措施。弃土应不占或少占耕地，在可能条件下宜将弃土平整为可耕地，防止乱弃乱堆，或堵塞河流，损坏农田。

（二）土石方调配方法

土石方调配方法有多种，如累积曲线法、调配图法及土石方计算表调配法等，目前生产上多采用土石方计算表调配法，该法不需绘制累积曲线与调配图，直接可在土石方表上进行调配，其优点是方法简捷，调配清晰，精度符合要求。具体调配步骤是：

1. 土石方调配是在土石方数量计算与复核完毕的基础上进行的，调配前应将可能影响运输调配的桥涵位置、陡坡、大沟等注在表旁，供调配时参考。

2. 弄清各桩号间路基填挖方情况并作横向平衡，明确利用、填缺与挖余数量。

3. 在做纵向调配前，应根据施工方法及可能采取的运输方式定出合理的经济运距，供土石方调配时参考。

4. 根据填缺挖余分布的情况，结合路线纵坡和自然条件，本着技术经济和支农的原则，具体拟定调配方案。方法是逐桩逐段地将毗邻路段的挖余就近纵向调运到填缺内加以利用，并把具体调运方向和数量用箭头标明在纵向利用调配栏中。

5. 经过纵向调配，如果仍有填缺或挖余，则应会同当地政府协商确定借土或弃土地点，然后将借土或弃土的数量和运距分别填注到借方或弃方栏内。

6. 土石方调配后，应按下式进行复核检查：

横向调配＋纵向调配＋借方＝填方

横向调配＋纵向调配＋弃方＝挖方

挖方＋借方＝填方＋弃方

以上检查一般是逐页进行复核的，如有跨页调配，须将其数量考虑在内，通过复核可以发现调配与计算过程有无错误。经过核证无误后，即可分别计算计价土石方数量、运量和运距等，为编制施工预算提供土石方工程数量。

（三）关于调配计算的几个问题

1. 经济运距

填方用土来源，一是路上纵向调运，二是就近路外借土。一般情况调运路堑挖方来填筑距离较近的路堤还是比较经济的。但如果调运的距离过长，以致运价超过了在填方附近借土所需的费用时，移挖作填就不如在路堤附近就地借土经济。因此，采取“调”还是“借”，有个限度距离问题，这个限度距离即所谓“经济运距”，其值按下式计算：

$$L_{经} = \frac{B}{T} + L_{免} \tag{4-25}$$

式中 $L_{经}$——经济运距（km）；

B——借土单价（元/m^3）；

T——远运运费单价（元/m^3 · km）；

$L_{免}$——免费运距（km）。

由上可知，经济运距是确定借土或调运的限界，当调运距离小于经济运距时，采取纵向调运是经济的；反之，则可考虑就近借土。

2. 平均运距

土方调配的运距，是指从挖方体积的重心到填方体积的重心之间的距离。在路线工程中，为简化计算起见，这个距离可简单地按挖方断面间距中心至填方断面间距中心的距离计算，称平均运距。

在纵向调配时，当其平均运距超过定额规定的免费运距，应按其运距计算土石方运量。

3. 运量

当其平均运距超过定额规定的免费运距，应按其超运运距计算土石方，土石方运量为平均运距与土石方调配数量的乘积。

在生产中，工程定额是将平均运距每 10m 划为一个运输单位，称之为“级”，20m 为两个运输单位，称为二级，余类推。在土石方计算表内可用符号①、②表示，不足 10m 时，仍按一级计算或四舍五入。于是：

$$总运量 = 调配(土石方)方数 \times n$$

式中 n——平均运距单位（级），其值为：

$$n = \frac{L - L_{免}}{10} \tag{4-26}$$

式中 L——平均运距；

$L_{免}$——免费运距。

4. 计价土石方

在土石方调配中，所有挖方无论是“弃”或“调”，都应予以计价。但对于填方则不然，要根据用土来源来决定是否计价。如果是路外借土，那当然要计价，倘若是移挖作填调配利用，则不应再计价，否则形成双重计价。因此计价土石方必须通过土石方调配表来确定其数量为：

计价土石方数量＝挖方数量＋借方数量

一般工程上所说的土石方总量，实际上是指计价土石方数量。一条公路的土石方总量，一般包括路基工程、排水工程、临时工程、小桥涵工程等项目的土石方数量。对于独立大、中桥梁、长隧道的土石方工程数量应另外计算。

第七节　道路建筑限界与用地范围

一、道路建筑限界

（一）一般定义

公路建筑限界是为了保证公路上各种车辆的正常运行与安全，在一定宽度和高度范围内不得有任何障碍物侵入的空间范围，又称建筑净空。

在公路横断面设计中，必须充分研究行车道与各种道路设施之间所处的空间关系，合理安排，正确设计。公路标志、护栏、照明灯柱、电杆、管线、绿化、行道树以及跨线桥的桥台、桥墩等的任何部分不得侵入公路建筑限界之内。

中央分隔带和路肩上的桥墩或门架支柱，不得紧靠建筑限界设置，应留有设置防护栏位置不小于0.25m的余地。

（二）建筑限界的规定

各级公路的建筑限界规定如图4-32所示。

设置加（减）速车道、爬坡车道、慢车道、紧急停车带、错车道、慢车道、车道隔离设施等的路段，建筑界限应包括该部分的宽度。

八车道及其以上整体式路基的高速公路，设置左侧路肩时，建筑限界应包括相应部分的宽度，如图4-32（a）所示。

隧道最小侧向宽度见表4-21的规定。

表4-21　隧道最小侧向宽度

设计速度（km/h）	高速公路、一级公路				二级公路			三级公路		四级公路	
	120	100	80	60	80	60	40	40	30	30	20
左侧侧向宽度 $L_{左}$（m）	0.75	0.75	0.50	0.50	0.75	0.50	0.25	0.25	0.25	0.25	0.5
右侧侧向宽度 $L_{右}$（m）	1.25	1.00	0.75	0.75	0.75	0.50	0.25	0.25	0.25	0.25	0.5

桥梁、隧道设置检修道、人行道时，建筑限界应包括该部分的宽度。

自行车道、检修道、人行道于行车道分开设置时，其净高应为2.50m。

高速公路、一级公路、二级公路的净高应为5.00m；三级公路、四级公路的净高应为4.50m。

路基、桥梁、隧道相互衔接处，其建筑限界应按过渡段处理。

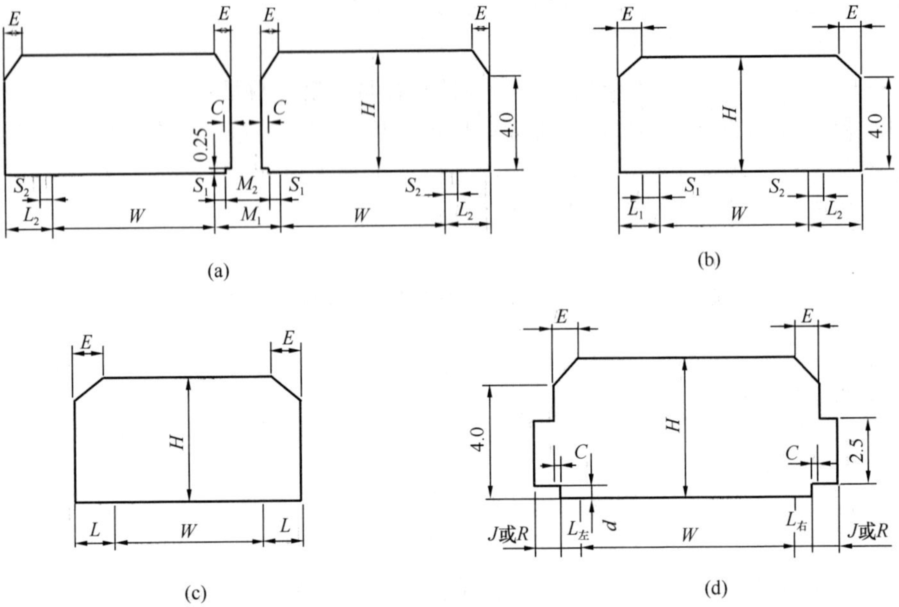

图 4-32　建筑限界（单位：m）

（a）高速公路、一级公路（整体式）；（b）高速公路、一级公路（分离式）；

（c）二、三、四级公路；（d）公路隧道

W—行车道宽度；L_1—左侧硬路肩宽度；L_2—右侧硬路肩宽度；S_1—左侧路缘带宽度；S_2—右侧路缘带宽度；L—侧向宽度。高速公路、一级公路的侧向宽度为硬路肩宽度（L_1或L_2）；二、三、四级公路的侧向宽度为路肩宽度减去 0.25m；隧道内侧向宽度（$L_{左}$或$L_{右}$）应满足隧道最小侧向宽度的规定；C—当设计速度大于 100km/h 时为 0.5m，等于或小于 100km/h 时为 0.25m；M_1—中间带宽度；M_2—中央分隔带宽度；J—隧道内检修道宽度；R—隧道内人行道宽度；d—隧道内检修道或人行道高度；E—建筑限界顶角宽度，当 $L \leqslant 1$m 时，$E=L$；当 $L>1$m 时，$E=1$m；H—净空高度

（三）公路建筑限界的边界线的确定原则（图 4-33）

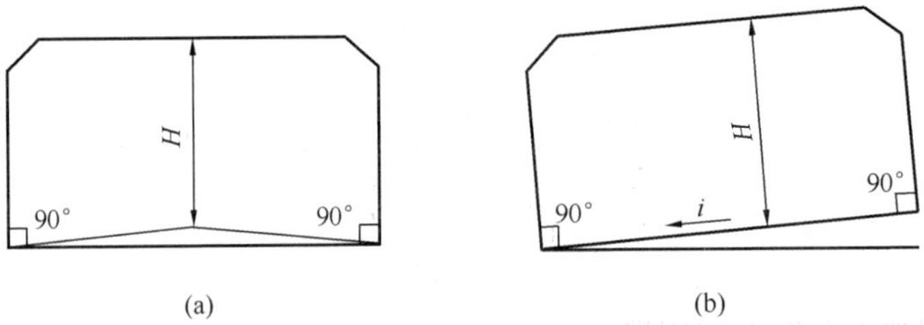

图 4-33　建筑限界的边界线划定

（a）一般路拱路段；（b）设置超高路段

1. 建筑限界的上缘边界线

（1）一般路拱路段，上缘边界线为水平线；

（2）设置超高的路段，上缘边界线与超高横坡平行。

2. 建筑限界两侧的边界线

（1）一般路拱路段，其两侧边界与水平线垂直；

（2）设置超高的路段，其两侧边界线与路面超高横坡垂直。

（四）净空高度

根据公路在路网中的地位与位置，同一公路应采用相同的净空高度。

三、四级公路的路面采用沥青灌入、沥青碎石、沥青表面处治或为砂石路面时，考虑今后路面面层需要改造提高，净空高度宜预留 20cm。

中央分隔带或路肩上设置桥梁墩台、标志立柱时，其前缘除不得侵入公路建筑限界外，且不得紧贴建筑物设置，应留有护栏缓冲变形的余宽。

构造物位于凹形竖曲线上方时，鞍式列车通过会形成圆弧上的一条弦而降低了构造物下的有效净高，应保证有效净空高度满足各级公路规定的净空高度要求，如图 4-34 所示。

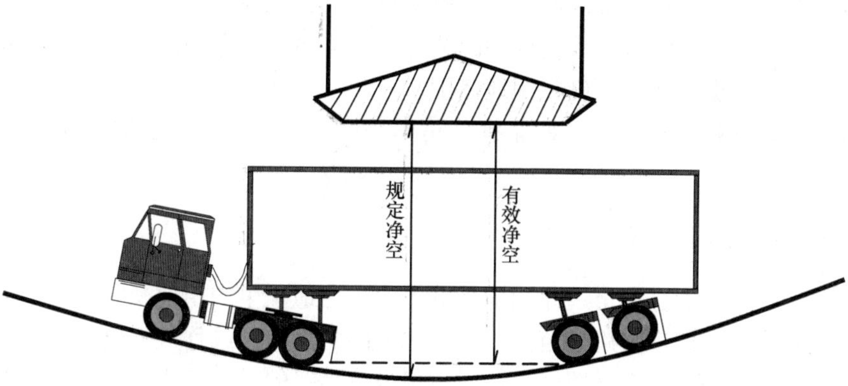

图 4-34　凹形竖曲线上方有效净空高度

公路下穿宽度较宽或斜交角度较大的跨线构造物时，其路面距跨线构造物下缘任一点的净高均应符合相应净空高度的规定。

二、公路用地范围

（一）公路用地

公路用地是指为修建、养护公路及其公路沿线设施而依照国家规定所征用的用地范围。

公路用地的征用应遵守国家有关的土地法规。确定公路用地既要根据公路建设的需要，保证必需的用地，又要考虑农业生产及照顾群众利益尽可能节省用地。公路用地范围内，不得修建非路用建筑物，如开挖渠道，埋设管道、电缆、电杆及其他设施。

公路及沿线设施的用地，应根据公路建设的需要保证所必需的土地，也应考虑农业生产等尽可能使设计和施工方面节约用地。

为了减少用地，在工程设计中要依靠科技进步，创新理念、优化方案、提高设计水平；在路线平、纵、横指标选择上，在满足交通要求的情况下，尽量选用中、低值；做到与环境相协调，少占或不占高产田，尽量占用荒地、废弃地、劣质地；条件许可时尽量减低路基高度，设置挡土墙、护坡等；合理调配土石方、布置取土及弃土地点；适当选择服务区设置地点，合理确定服务区的功能和规模，原则上不占用农田，公路工程通信、监控、供电等系统的管线，在条件允许的情况下应共沟设置，且尽可能布置在公路用地范围内。

公路用地应遵照保护、开发土地资源，合理利用土地，切实保护耕地，促进社会经济可持续发展的原则，合理拟定公路建筑规模、技术指标、设计方案，确定公路用地范围。

（二）用地范围的确定

公路路堤两侧排水沟外边缘（无排水沟时为路堤或护坡道坡脚）以外，或路堑坡顶截水沟外边缘（无截水沟为坡顶）以外不少于 1m 范围内的土地，在有条件的地段，高速公路、一级公路不小于 3m、二级公路不小于 2m 范围内的土地为公路路基用地范围。

在风沙、雪害及特殊地质地带，需设置防护林，种植固沙植物、安装防沙或防雪栅栏以及设置反压护道等设施时，应根据实际需要确定用地范围。

桥梁、隧道、互通式立体交叉、分离式立体交叉、平面交叉、交通安全设施、服务设施、管理设施、绿化以及料场、苗圃等，应根据实际需要确定用地范围。

高填深挖路段，为保证路基的稳定，应根据计算确定用地范围。

行道树应种植在排水沟或截水沟外侧的公路用地范围内。有条件或根据环保要求种植多行林带的路段，应根据实际情况确定用地范围。

对现有公路，可利用的一般保持原有公路不变；对于改建路段参照新建公路规定具体确定。

三、城市道路红线及用地

城市道路红线是指划分城市道路用地和城市建筑用地、生产用地及其他备用地的分界控制线。红线之间的宽度即道路用地范围，也可称道路的总宽度或称规划路幅。

规划道路红线是一项划定道路建设与城市建设分界线的重要工作，是关系到城市建设百年大计的问题。红线的作用是控制街道两侧建筑（包括围墙）不能侵入道路规划用地。红线不但是具体道路设计的依据，也是城市公用设施各项管线工程的用地依据。

（一）道路红线宽度的确定

确定红线的宽度主要根据道路的功能与性质，考虑适当的横断面形式，定出机动车道、非机动车道、人行道、绿化带、分车带等各组成部分的合理宽度，从而确定道路的总宽度，即红线宽度。确定道路总宽度时要充分考虑“近远结合，以近为主”的原则，应根据各城市各时期在城市交通和城市建设中的特点具体决定，有区别地适当留有发展余地。红线宽度规划得太窄不能满足日益发展的城市交通和其他方面的要求，会带来以后道路改进时的困难。反之，规划得太宽，会造成城市用地和近期建设极大的浪费。

具体划定道路红线应综合考虑以下因素：

1. 道路的位置及沿路两旁建筑物的性质

道路两旁的建筑物高度（h）和道路总宽度（即红线宽度）（B）应有一定的关系，其值按如下因素确定：

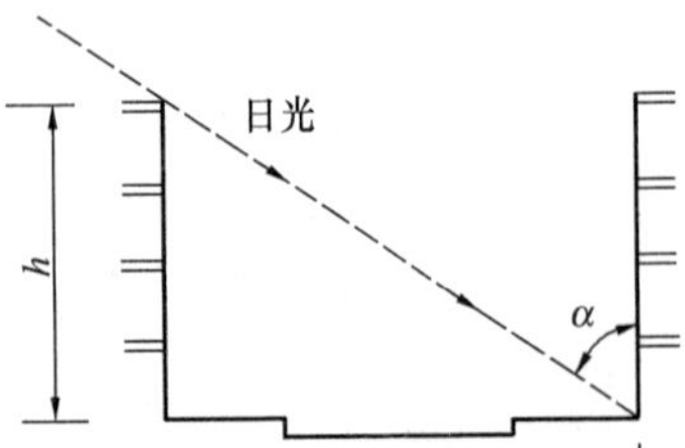

图 4-35　街道宽度与日照关系示意图

（1）从日照、通风要求出发：为了使道路两旁的建筑物有足够的日照和良好的通风，道路的总宽度和沿路建筑物的高度要有适当的比例（图 4-35）。同样的日照要求，则东西向道路宽度一般比南北向的要求宽些。此外，日照要求相同，道路方向相同，则热带城市的道路宽度要求比温带城市的可窄些。但对通风的要求，热带城市却比温带城市要求的宽度大些。

（2）从防空、防火、防震的特别情况出发，可考虑在道路一边发生房屋倒塌后，仍能保证有一定的地带继续维持交通。当然对于个别的特殊的高层建筑应例外。

（3）从建筑艺术上的要求出发，道路的总宽度应能保证沿路建筑物有良好的能见度，一般当 $h:B=1:2$ 时，能够很清楚地看到各座建筑物的立面和相当大一段道路的建筑物。大于此比例，就显得房屋太高，路太窄，感觉效果不好。

2. 满足交通运输的要求

按照道路功能、交通性质与交通量等可以确定行车道的宽度、人行道宽度、绿化带的宽度及各组成部分的宽度，从而确定道路所需的总宽度。

3. 其他方面的要求

（1）地下管网埋设的要求，应考虑便于沿路方向的各种管道的埋设，特别是对于工业区的道路，此项尤应注意。

（2）绿化布置的要求，结合道路性质和道路要求，对于必须设置的林荫带和道路总宽度应有一定的关系，绿化带宽度宜为道路总宽度的15%～30%。

（3）城市所在地区的地形、地质条件和改建道路时的现状等条件，对确定道路的总宽度都有一定的影响。例如山城地形变化很大，平地较少，以及为了照顾已经建成永久性建筑或用地不足等情况，道路的总宽度就可比一般情况做适当的压缩。

（二）确定道路的红线位置

在城市总平面图定案基础上，选择规划路中心的位置，并按所拟定的道路横断面宽度划出道路的红线宽度。

规划红线宽度的具体实施有下面几种方式：

1. 对于新建城区道路，一般先划出规划红线，然后建筑物依照红线逐步建造，道路则参照规划断面，分期修建，逐步形成。

2. 对于旧城区道路有两种实施方式：

（1）通过近期一次辟筑达到规划宽度，这种情况较简单，但不易实施，目前采用得较少；

（2）通过两侧建筑物按照规划红线逐步改建，逐步形成，这种方式是大多数。红线划定后，由于近期交通矛盾不突出，或由于拓宽、辟筑没有条件，道路可暂不改建。但两侧建筑物的新建、改建是经常的，这些都要依照红线建造，逐步达到规划宽度。

城市道路红线，通常由城市规划部门确定。

本章小结：横断面的布置及形式的确定是设计的重要内容，其对行车安全及路基稳定、土石方计算至关重要。超高方式及超高值的选择要根据道路性质、地形及气候条件确定，确保路基稳定，行车安全，工程经济。

关键概念：横断面、路拱、路基加宽、超高、计价土石方

复习思考题

1. 简述公路横断面布置形式。

2. 简述城市道路横断面形式。

3. 超高方式有哪几种？各适用什么场合？

4. 什么情况下设置加减速车道？如何布置？

5. 某山区二级路 JD_{20} 的里程为 K10＋182.30，$\alpha_y=64°03'30''$，$R=150m$，$L_s=35m$，$T=111.54m$，$L=202.7m$，$E=27.33m$，$L_{净圆}=132.70m$。

计算：(1) 过渡段上 10m、圆曲线上 40m 一桩，计算各桩的加宽值。设路面宽 $B=7m$，路肩宽 $a=0.75m$，计算路基宽度。($A=3.2+8.8$，要求计算宽度 b 与标准值比较采用标准值)

(2) 设超高率 $i_h=5\%$，路拱坡度 $i_G=2\%$，路肩坡度 $i_J=3\%$，桩距同 (1)，计算各桩路基边缘及中桩与设计标高之差。

第五章　选线及定线

学　习　要　求

学习目标：了解选线的步骤和方案比选应考虑的因素；掌握各种地形条件下选线时应解决的主要问题、具体定线的方法及过程。

学习重点：各种地形条件下的选线布局要点及定线的方法。

学习难点：纸上定线和实地定线的方法。

学习安排：课内10学时。

第一节　概　　述

选线就是根据设计任务书规定的道路的起点、终点、使用性质和任务，并结合沿线的自然条件，选定一条技术上可行、经济上合理，又能符合使用要求的道路中心线的工作。这是一个由粗到细，由轮廓到具体，逐步深入的过程。

一、选线的步骤

一条道路的起点、终点一旦确定之后，在它们之间的走法有多种，选线的任务就是在这些众多的走法中选出一条符合设计要求、经济合理的最优方案。影响选线的因素很多，而这些因素有的相互矛盾，有的相互制约，所以不可能一次就能找出最合理的方案，需经过多次的比较分析才能完成。一般选线要经过三个步骤：

1. 全面布局：是解决路线的基本走向，即在路线总方向（路线的起点、终点和任务书规定经过的中间控制点）之间，寻找出最合理的“通过点”作为大的控制点，这项工作通常先在小比例尺（1∶2.5万～1∶10万）的地形图上进行。这样路线的基本走向就确定了下来。

2. 逐段安排：是解决局部性路线方案。在路线基本走向确定的前提下，根据沿线的地形、地质、水文等自然条件结合技术标准进一步加密控制点，这样连接这些控制点，即构成路线带，这一步骤通常于“初测”中进行。

3. 具体定线：是确定公路中线的具体位置。经过上述两步工作后，路线的基本雏形就已被勾画出来。定线过程就是根据技术标准和自然条件进行路线的平、纵、横综合设计，具体定出道路中线的工作。

由此可见，选线是一个调查范围由大到小，工作深度由粗到细的工作过程，是一项涉及面广，影响因素多，政策性和技术性都很强的工作。

二、影响道路线形的自然因素

影响道路线形的自然因素主要有地形、气候、水文、地质、土壤及植物覆盖等因素。

（一）地形因素

地形是影响道路线形的主要因素，并在很大程度上影响道路的技术标准。由于我国幅员广阔，按地形形态、高差、自然坡度及平整度划分为：

1. 平原、微丘地形

平原地形指一般平原、山间盆地（高平原）等地形平坦，无明显起伏，地面自然坡度一般在3°以内；微丘地形指起伏不大的丘陵，地面自然坡度在20°以下，相对高差在100m以下，布线一般不受地形限制；对于河弯顺适、地形开阔且有连续的宽缓台地的河谷地形，河床坡度大部分在5°以下，地面自然坡度在20°以下，沿河设线一般不受限制，路线纵坡平缓或略有起伏，也属于平原微丘地形。

2. 山岭、重丘地形

山岭地形指山脊、陡峻山坡、悬崖、峭壁、峡谷、深沟等地形变化复杂，地面自然坡度大部分在20°以上，路线平、纵、横线形大部分受地形限制；重丘地形指连续起伏的山丘，且有深谷和较高的分水岭，地面自然坡度一般在20°以上，路线平、纵、横线形大部分受地形限制；高原地带的深侵蚀沟，以及有明显分水线的绵延较长的高地，地面自然坡度多在20°以上，路线平、纵面大部分受地形限制。

（二）气候因素

气候因素直接或间接地影响地面水的数量，地下水位的高度、降雨、降雪、路基水温状况、泥泞期和冰冻。这些因素不但影响施工条件，而且直接影响道路的运营安全。

（三）水文因素

水文情况决定排水结构的数量和大小，不但直接影响路线的高度和位置，而且对路基的稳定性也会造成影响。

（四）地质因素

地质构造决定地基及路基附近岩层的稳定性，确定有无滑坍的可能；同时也决定土石方工程施工难易和筑路材料的质量。

（五）土壤和植物覆盖

土是路基与路面基层的建筑材料，它影响路基形状和尺寸的决定，也影响着路面形式和结构的确定。道路沿线的植物覆盖影响暴雨径流、水土流失程度，并在一定程度上影响路基土壤水温状况。所有上述的一些自然情况，它们都是密切地相互联系与相互制约着的，并且处于经常相互作用和不断变化的过程中。因此道路选线时要进行细致的调查与实地勘察，充分考虑自然条件，并注意到今后的自然变化和道路建成后的影响，保证道路在复杂的自然条件下的坚固稳定与交通运输的畅通。

三、选线的一般原则

路线设计除了受到自然因素影响外，还受诸多社会因素的制约，选线时要综合考虑多方面因素，妥善处理好各方面的关系，遵循以下原则：

1. 应根据公路的性质和任务，综合考虑沿线国民经济发展情况和远景规划，正确处理好远期和近期的关系，使路线在公路网中发挥较好的作用。

2. 在路线设计时，应认真领会任务书的精神，贯彻国家有关的各项方针、政策，运用各种技术手段对路线方案进行深入细致的研究，不遗漏任何一个有价值的方案。

3. 贯彻工程经济和运营经济相结合的原则，在不过分增加工程量的前提下，尽量采用较高的技术指标；在不降低技术指标的前提下，尽量降低工程造价。

4. 注意同农田基本建设相配合，做到少占田地，并尽量不占高产田、经济作物田和经济林。

5. 注意路线与桥梁相配合。在处理路桥关系时，对于大中桥，原则上应在服从路线总方向的前提下尽量满足桥头线形要求，不应只顾路线而使桥位不合适；对于小桥涵，原则上应服从路线走向，在不降低技术指标前提下，尽量照顾小桥涵的位置合理性。

6. 选线是应对于路线的自然条件深入调查。弄清它们对道路的影响，对严重不良地质路段应尽量避让，当必须穿过时，应选择合适位置，缩小穿越范围，并采取必要工程措施。

7. 正确运用技术标准，充分利用当地的地形、地质等自然条件搞好平、纵、横综合设计，线形要考虑行车舒适性，并与沿线环境相协调。

8. 重视环境保护工作。一条公路除对用路者提供交通服务之外，必须具有广泛的作用，必须把公路看作是整个环境的一个组成部分。这里所说的环境指人们周围环境的总体：社会的、物质的、自然的和人为的，它包括人类、植物和动物三类群体以及对这三类群体起作用的各种力量。公路的选线及设计可以而且应该能使其环境更加完美，并作为改善环境的促进因素。

围绕着一条拟建公路的地区，是一个自然的、人为的、社会的变量，三者相互关联的系统。在这个系统中，如果没有对其他变量的某种影响，就不会出现一个变量的变化，某些结果可以忽略不计，但另一些则可能对环境（包括人类生存和生活方式的性质）有强烈的和持久的影响。由于公路选线和设计的抉择对邻近地区的发展有一定的影响，所以将环境变化并入总体考虑是重要的。

上述原则对于各级道路都适用。但在具体操作时应根据道路的特点，有不同的侧重。如高等级公路是为重要的控制点提供快速直达交通服务的，这样就决定了它的基本走向不能偏离总方向过远，需要与沿线城镇联系时，用支线连接，即靠城不进城。对于低等级道路主要是为地方交通服务的，选线应注意尽量多联系一些城镇。

第二节　路线方案的选择

选线是包括路线方案的选择、路线布局和具体定出路线位置的全过程，其工作内容由粗到细，研究范围由大到小。选线是整个路线设计的关键，它对道路使用质量、工程造价和运输效率都有很大的影响。

大的路线方案的选择，关系到路线的全局，是路线设计中最根本的问题。基本走向的选择是否合理，不但直接关系到公路本身的工程投资和运输效率，更影响到公路能否满足国家的政治、经济、国防的要求。路线基本走向是以控制点来体现的，控制点有全局性和局部性之分。如一条路线的起终点或两控制点间可能沿某河、越某岭；可能走某河的这一岸，靠近某城镇；也可能走对岸避开某城镇等均属于全局性控制点。而越同一个岭，从哪个垭口通过；沿哪一条河，为了避开难点工程或改善线形，走哪一岸还是跨河等则属于局部性控制点。但是，全局性的东西，不能脱离局部而存在，全局是由它的一切局部构成的，有些局部方案会直接影响路线方案的选择。相反，有的路线方案也可能因局部的严重病害不能绕避或受其他因素的干扰影响而放弃。

选择路线方案一般应综合考虑以下主要因素：

1. 路线在政治、经济、国防上的意义，国家或地方建设单位对路线使用任务、性质的要求，战备、支农、综合利用等重要方针的体现。

2. 路线在铁路、公路、航道、空运等交通网中的作用，与沿线地区工矿、农业、城镇等规划的关系，以及与沿线农田水利等建设的配合及用地情况。

3. 沿线地形、地质、水文、气候、地震等自然条件的影响，要求的路线技术等级与实际可能达到的指标（包括对低限指标的采用）及对路线使用任务、性质的影响，路线增长系数（两控制点间路线实际长度与空间直线距离的比值）、筑路材料来源、施工条件以及工程量、三材（钢材、水泥、木材）用量、造价、工期、劳动力等情况及其对运营、施工、养护等方面的影响。

4. 其他如与沿线革命史迹、历史文物、风景区的联系等。

影响选择路线方案的因素是多方面的，各种因素又是相互联系和相互影响的，要根据路线的使用任务和性质综合考虑、分清主次、全面衡量。最主要的是要在满足既定的路线使用任务、性质要求的前提下，综合考虑自然条件、技术标准和技术指标、工程投资、施工工期和施工设备等因素，通过多方面比较和精心选择，提出合理的推荐方案。

选择路线方案必须做大量、深入细致的调查工作，详见相关课程。

（例）某省级公路干线，根据公路网规划要求按二、三级公路的线形标准进行设计（图 5-1），共拟定了四个方案供路线基本走向的选择，各方案的主要技术经济指标汇总见表 5-1。

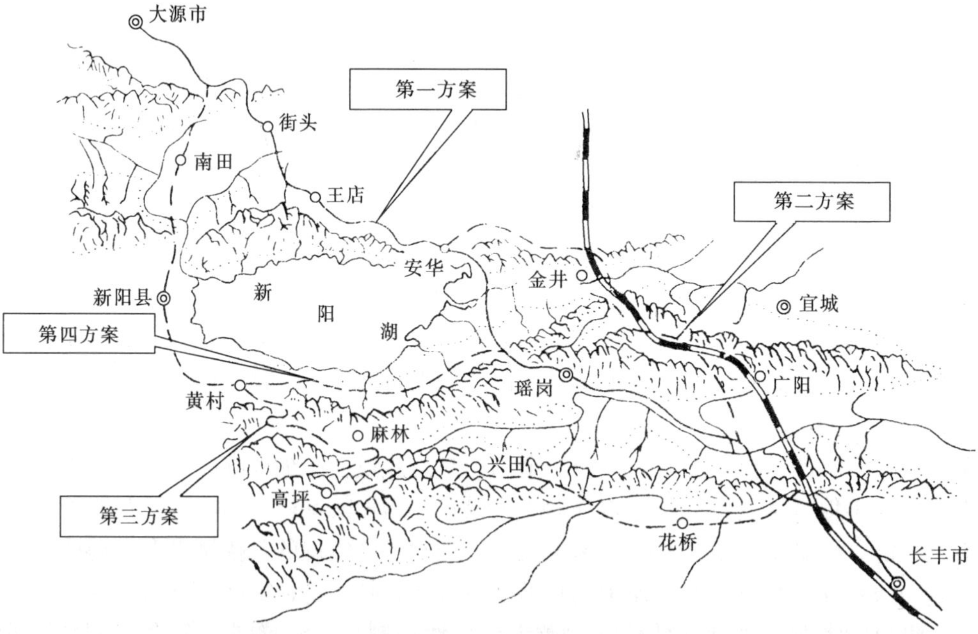

图 5-1 路线方案比选

表 5-1　某路线方案比选主要指标比较表

指标		单位	第一方案	第二方案	第三方案	第四方案
通过县（市）		km	29	29	32	31
路线长度		km	1360	1374	1510	1476
其中：新建		km	133	200	187	193
改建		km	1227	1147	1323	1283
地形：平原、微丘		km	567	677	512	615
山岭、重丘		km	793	670	998	861
用　　地		市亩	2287	2869	3136	2890
工程数量	土方	万 m^3	382	492	528	547
	石方	万 m^3	123	75	82	121
	次高级路面	千 m^2	5303	5582	4440	5645
	大、中桥	m/座	1524/16	1802/20	1057/13	1207/15
	小桥	m/座	1084/57	846/54	980/52	1566/82
	涵洞	道	977	959	1091	1278
	挡墙	m^3	73530	5330	99770	11960
	隧道	m/处	300/1	—	290/1	—
三材	钢材	t	1539	1963	1341	1469
	木材	m^3	18237	19052	18226	19710
	水泥	t	30609	39159	31288	33638
劳动力		万工日	1617	1773	1750	1920
总造价		万元	5401	5674	5189	5966
比较结果			推荐			

方案比选结果：第三、四方案路线过于偏离总方向，较一、二方案长 100～150km，虽然多联系两、三个县、市，但对发展地区经济所起的作用不大。而第三方案线形指标较低，将来改造难以提高；第四方案又与现有高压电缆线连续干扰，不易解决。因而第三、四方案采用的可能性很小。第二方案虽路线最短，但与铁路严重干扰，于战备不利，且用地较多，最后选择推荐了路线基本走向合理、线形标准较高、用地省、投资也较经济的第一方案。

第三节　选线要点和路线布局

我国幅员广阔，地形、地质复杂，为了便于分析不同地形、地质条件和选线的关系，将地形划分为平原、丘陵和山岭三种地区，分别说明选线要点。

平原、丘陵和山岭三种地区的地形条件如下：

1. 平原

比较平坦的地面，地面切割深度不大，一般小于 30m。

2. 丘陵

（1）微丘：相对高差小于 200m，坡形和缓，境内除丘陵分布外，还有近 50%左右的低平地分布。

（2）重丘：相对高差为200～500m，并且坡形比较陡峻，丘陵比较密集。

3. 山岭

（1）低山：绝对高差小于1000m，相对高差200～500m。

（2）中山：绝对高差1000～3000m，相对高差500～1000m。

（3）高山：绝对高差大于3000m，相对高差大于1000m。

山岭的切割深度一般都超过200m。

一、平原区选线

（一）平原区地形、地质及路线特征

平原是地面高度变化微小的地区，有时有轻微的波状起伏或倾斜。平原地区除泥沼、淤泥、河谷漫滩、草原、戈壁、沙漠等外，一般多为耕地，且分布有各种建筑设施，居民点较密；在天然河网湖区，还有湖泊、水塘、河汊多等特点。平原区路线布线容易，选线时主要解决平面线形与地物障碍的矛盾；平面线形顺直，以直线为主。弯道偏角小、半径大；纵坡平缓，一般以低路堤为主。但要注意排水，以保障路基稳定。虽然平原区地势比较平坦，路线平面、纵断面等几何线形较容易达到较高的技术标准，但往往由于受当地自然条件和地物的障碍以及支农的需要，选线时要考虑的因素是多方面的。

（二）平原区路线布局要点

1. 注意标准的合理采用

平原区路线应力求顺直、短捷，尽可能应用较高的技术指标，但在具体指标应用时应注意：

（1）合理选用直线长度

平原区路线应以直线为主，同时注意消除直线的弊端。

（2）直线与曲线的关系

当必须采用长直线时，应做好平、纵组合设计，以消除长直线的尽头不得连接急弯的问题，有时尽管所接的曲线并不小，但不一定与其前面所接的直线相适应。

（3）保证路基稳定

平原区路线纵坡设计时应注意路基的最小填土高度；搞好路基的排水设计；横向排水不利时，应保障最小排水纵坡度的要求。最小排水纵坡度一般为0.5%，最小不小于0.3%。

2. 处理好与农业的关系

（1）平原区路线应尽量不占或少占耕地，尤其尽量不占或少占高产田。一般应避免直穿农田，必要时可适当绕越，以减少对灌溉或耕作的影响。必须穿越农田的地段，路基高度除应根据当地土质、水文条件处理外，还应满足灌溉要求。图5-2为某公路通过某河附近时，为了少占20km附近的高产棉田和解决路线穿田取土的困难将路线移向坡脚，虽里程略有增加，桥位也略有偏斜，但避开了大片高产田，而且路线沿坡脚后，路基为半填半挖，既省了土方，又避免了填方借土的远运。

（2）路线应与农田水利相配合，尽量不与灌渠相交，尽量布置在上方或尽头，同向时渠路结合、桥闸结合，以减少占田和便于灌溉。图5-3为某公路的一段，利用人工运河河堤与路堤结合，减少了桥涵数量，节省了占地，且路线平顺。如因路基占用池塘，影响农田给水

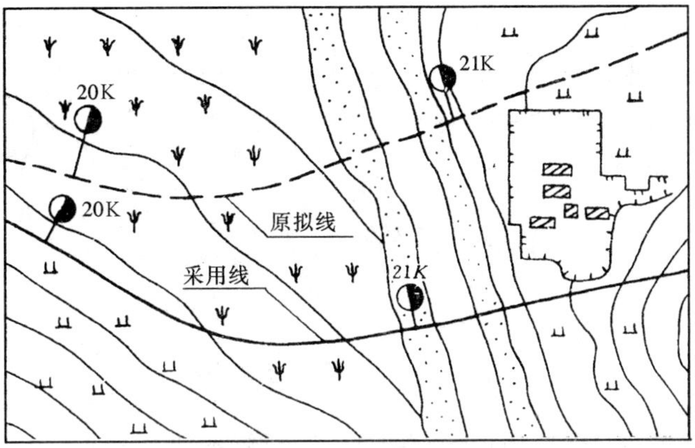

图 5-2 线位比较示意图

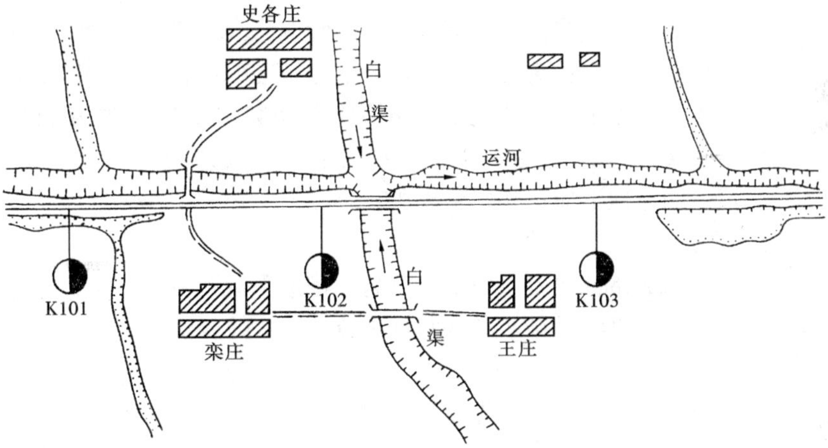

图 5-3 河堤与路堤结合的条件

及养殖时，可考虑将池塘另一边拓宽取土，扩大池塘面积。

（3）当路线靠近河边低洼的村庄或田地时，应采取靠河岸布线，利用路的防护措施，兼作造田保村之用。

3. 处理好路线与城镇的关系

路线穿过城镇居民区时，有直穿与绕行两种方案。

（1）一般高等级公路及国防公路不过村镇，但不宜过分偏离村镇，可以修支线连接。做到靠城而不进城，利民而不扰民。

（2）对于沟通县、乡、村直接为农业服务的县乡路，经地方同意可以穿过村镇，但要有足够的路基宽度和停车视距，以确保行车安全。

（3）路线要尽量避开重要的电力、电讯设施，当非要靠近时要保障足够的距离和净空。

4. 处理好与桥位的关系

（1）大中桥位一般为路线的控制点，其位置在服从路线总方向和桥头引线顺直的原则下，路桥应综合考虑。避免出现只强调桥位，不顾路线，或只顾路线顺直不顾桥位的情况。图 5-4 为某桥位方案比选图，就桥位比较，Ⅱ方案桥位正交，跨河条件好，但路线弯曲，对

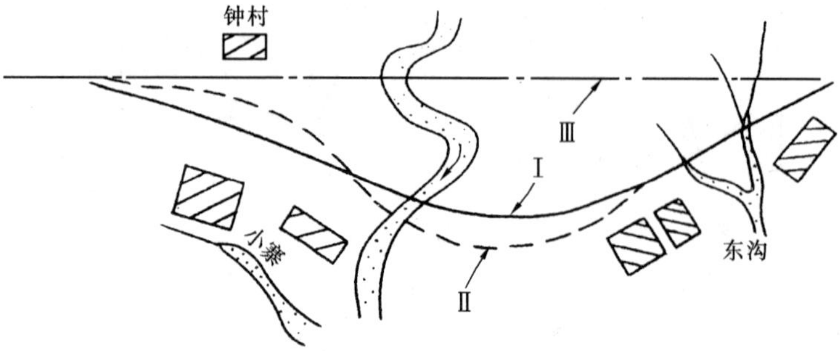

图 5-4　桥位方案比选示意图

行车不利；Ⅲ方案路线顺直但桥位位于河曲处，对桥梁不利；Ⅰ方案桥位虽略有斜交，路线也较Ⅲ方案略长，但路线顺适，是平原区可取方案。

在桥孔设计时，应少压缩河道，防止桥前壅水而威胁河堤安全及淹没村田。

（2）小桥涵位置应服从路线走向，但遇到斜交过大或河沟过于弯曲时，则可采取改河措施或改移路线，调整路线与流向的夹角，以免过分增加施工困难和加大工程投资。同时还应考虑桥涵的位置、高度、选用形式等的技术、经济的合理性，以及满足农田排灌的要求。

（3）路线跨河修建渡口时，应在路线走向基本确定后，选择渡口位置。渡口应避开浅滩、暗礁等不良地段，两岸地形应适宜修建码头。

5. 注意水文土壤条件

平原区一般土壤、水文条件较差，地下水位高，特别是河网湖区，路基稳定性差，路线一般选择较高的地带通过，以满足排水和路基最小填土高度的要求。

6. 正确处理新旧路的关系

平原地区通常有较宽的人行大路或等级不高的公路，当设计交通量很大，需要新建公路时应尽可能予以利用。但要注意从公路长远发展考虑，根据该路在路网中的地位与作用，严格按技术标准的要求对老路进行改造，不能利用的可以恢复为耕地，或改造成为农用道路。

7. 尽量靠近建筑材料产地

平原地区一般缺乏砂石等建筑材料，特别是平原区高等级公路的填方工程量一般都很大，除设法尽可能降低设计高度以减少土方工程外，路线应尽可能靠近建筑材料产地为宜，以减少施工、养护材料运输费用。

此外路线设计不应损坏重要历史文物，通过古迹、名胜、风景区的公路应注意与周围环境、自然景观相协调，保障美观。同时注意利用乡间旧路及注意就地取材。

二、山岭区选线

（一）山区自然、路线特征与布线原则

1. 自然特征

山岭地区包括分水岭、起伏较大的山、陡峻的山坡，一般地面自然坡度在20°以上。其主要自然特征是：

（1）山高谷深，地形复杂，山脉水系分明。由于山区高差大，加之陡峻的山坡和曲折幽深的河谷形成了错综复杂的地形，这就使得公路路线弯急、坡陡、线形很差，给工程带来困

难。但另一方面清晰的山脉水系也给山区公路走向提供了依据。因此，在选线中摸清山脉水系的走向和变化规律，对于正确确定路线的基本走向，选择大的控制点是十分重要的。

（2）石多、土薄、地质复杂。由于山区的地质层理和地壳性质在短距离内变化很大，地质构造复杂，加之气候、水文及其他大气候因素变化急剧，引起强烈的风化、侵蚀和分割作用，不良地质现象（如岩堆、滑坡、碎落、泥石流等）较多。这些直接影响着路线的位置和路基的稳定。因此，在山区选线工作中，认真做好地质调查，掌握区域地貌和地质情况，摸清不良地质现象的规律，处理好路线与地质的关系，并在选线设计中采取必要的防护措施，对于确保路线质量和路基稳定具有十分重要的意义。另外，山区石多、土薄给公路建设提供了丰富的石料料场。

（3）水文条件复杂。山区河流曲折迂回，河岸陡峻，比降大、水流急，一般多处于河流的发源地和上游河段。雨季暴雨集中，洪水历时短暂，猛涨猛落，流速快，流量大，冲刷和破坏力很大，这样复杂的水文条件，要求在选线中正确处理好路线和河流的关系，选择好桥位并对路基和排水构造物采取必要的加固措施，确保路基稳定。

（4）变化的山区地形和地貌，引起多变的气候。一般山区气温较低，冬季多冰雪（特别是海拔较高的山区），一年四季和昼夜温差很大，山高雾大，空气较稀薄，气压较低。这些气象特征对于汽车行驶的效率、安全和通行性能都有很大的影响，这些在选线时应充分考虑。

2. 路线特征

由于自然条件复杂，地形变化很大，使得路线在平、纵、横三方面受到很大限制，因而技术指标一般多采用低限。在所有自然因素中，高差变化是选线的主导因素，因此，在路线布设时，一般多以纵面线形为主安排路线，其次是考虑横断面和平面。在选线时要注意分析平、纵、横三方面因素，结合影响路线的主要自然因素综合考虑，求得协调合理。

山岭地区，山高谷深，坡陡流急，地形复杂；但山脉水系清晰，这就给山区选线指明了方向，不是顺山沿水，就是横越山岭。顺山沿水的路线按路线经过地带的部位不同又可分为沿溪（河）、山腰、山脊等，通过不同部位的路线分别称为沿溪线、山腰线及山脊线；横越上岭的路线称为越岭线。

由于各种线形所处的部位不同，地形特征、地质条件决定了选线过程中要解决的主要问题也不一样，本节分别叙述沿溪（河）线、山腰线、越岭线、山脊线四种路线的选线布局。二、三、四级公路的沿溪（河）的高线、越岭线及山脊线的大部分路线都处于山腰，已涉及山腰线的内容，为避免重复，不再单独论列。而高速公路、一级公路由于线形指标较高，平面不能过于迂回，纵断面不能过于起伏，其山区路线需要沿山腰布置。山腰线只结合高速公路、一级公路布线的特点进行阐述。

3. 布线原则

高速公路、一级公路布线原则：

（1）根据山岭区地形特点充分分析走廊带的自然、社会等综合环境状况，合理采用技术指标并确定线位；

（2）对控制路线走向的特长隧道、特大桥梁、互通立交等构造物的具体位置和设置形式进行由面到点、由点到面反复推敲论证；

（3）对长大纵坡的设计应进行总体布局，综合考虑安全措施的设置。

二、三、四级公路布线原则：

（1）展线路段路线纵坡应尽量接近平均坡度，以争取高度，若无特殊理由，一般不应采用反向坡度，不应无谓地延长路线；

（2）一般应从垭口控制点向山脚展线，当受山脚的控制点（如高桥）控制时，也可由山脚向垭口展线。

（二）沿河（溪）线布局要点

1. 二级公路及以下等级道路沿溪线

沿河（溪）线的平面主要取决于河谷的形状，纵坡一般较平缓，起伏不大，线形标准一般较山岭区其他线形高，便于为分布在溪河两岸的居民点及工农业生产服务，施工、养护及运营条件好，且傍山隐蔽利于备战需要。因此，当有与路线同方向的河谷时，这是首选方案。但其一般防护工程量大，占地矛盾突出，且工程艰巨段，如峡谷、峭壁段勘测施工不便。

沿河（溪）线应处理好河岸的选择、线位高低和跨河换岸地点三者间的关系。

1）河岸选择

由于河谷两岸情况各有利弊，选线时应比较两岸地形、地质、水文等条件以及农田水利规划等因素，避难就易、充分利用有利的一岸。对于中小型河流，当建桥工程不复杂时，为了避开不利地形和不利地质地带或为了缩短里程和提高路线标准，可考虑跨河换岸布线，但河流越大建桥工程越大，跨河换岸就越要慎重考虑，一般应综合考虑下列因素，经过技术、经济比较选择河岸。

（1）地形、地质条件

路线应选在地形宽坦，有阶地可利用，支沟较少、较小，水文地质条件良好的一岸，而这些有利的条件常出现在河流两岸，选线时应深入调查，综合比较，全面权衡，决定取舍。图 5-5 为沿响水河一段路线，左岸地形陡峻，有断续悬崖。乙方案跨河利用了右岸一段较好的地形，但夏村前方遇到更陡峻的悬崖，崖前为深潭，不宜占河设线，只好再跨回左岸，在三公里内跨河两次，需建中桥两座。如路线不跨河（甲方案）则需集中开挖一段石岗，但较建桥经济得多，因此不宜跨河换岸。

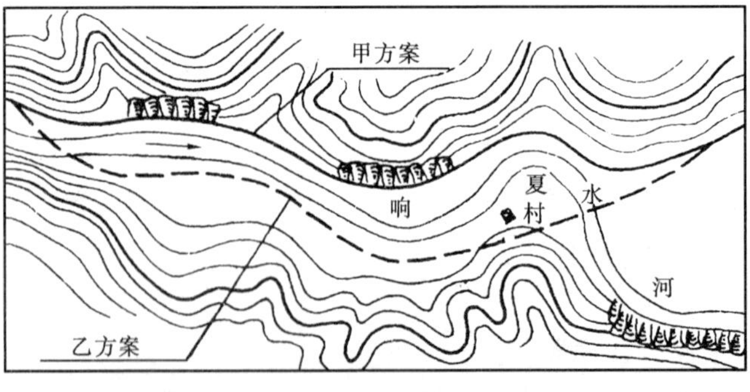

图 5-5　河岸的选择及比较

（2）积雪和冰冻地区的选岸

积雪和冰冻地区的阳坡和阴坡，迎风面和背风面的气候条件差别很大，阴坡积雪及涎流冰都比较严重且延续时间较长，河岸选择时，在不影响整体布局的条件下尽可能选在阳坡和迎风面的一岸，以减少积雪、涎流冰等病害。有的即使阳坡的工程量大些，也应从延长通车时间和保证行车安全方面着眼选择阳坡一岸。

（3）考虑村镇和居民点的联系

除国防公路外，一般路线应尽可能选在村镇多、居民点密的一岸，但要避免穿过村庄。其他如对革命史迹、历史文物、风景区等要创造便于联系的条件。

2）路线高度

沿河（溪）线的线位高低，是根据河岸地形、地质条件以及水流情况，结合公路等级标准和工程经济来选定的。当然最好将路线设在地质、水文条件良好，不受洪水影响的平整阶地上。但在V形河谷的傍山临河路线，往往缺乏这种有利地形，因此路线的高低必须慎重考虑。

低线位一般指高出设计洪水位（包括浪高+安全高度）不多，路基临水侧边坡常受洪水威胁的路线；高线位一般高出洪水位较多，基本上不受洪水威胁的路线。

低线位平、纵面线形比较顺直、平缓，易争取较高标准，一般土石方工程也较省，边坡低，塌方少；路线活动范围较大，便于利用有利地形、地质和避让不良地形、地质；便于在沟口直跨支流，必须跨主流时也较易处理；防护工程较低；养护材料及用水方便。但是低线位受洪水威胁大，防护工程多，且占地矛盾突出。

高线位一般适宜有大段较高台地可供布线的情况，其基本不受洪水威胁；弃方容易处理。但高线位往往路线曲折、纵坡曲折、线形差、工程大；跨河较难；避让不良地形、地质困难。

两种线形互有利弊，一般低线位优点多，在满足设计水位的前提下，一般路线越低工程越经济，线形标准也越高。采用低线位的成功经验很多，但也有不少水毁的教训。因此，在采用低线位时，要特别注意洪水位的调查，搜集可靠的水文资料，把路线放在安全高度上，同时要采取切实的防洪措施，以保障路基稳定和安全。如图5-6所示，原线为了避让沿河约1.7km断续的陡崖，崖顶线位提的过高，由沿河低线位提高到崖顶，升坡路段很长，且弯急坡陡，行车不安全。经局部放线，坡度有所改善，但增加了小半径曲线，线形更加弯曲，最后改为低线位，直穿陡崖，路线平、纵指标显著提高，还缩短里程760m，行车顺畅，说明本工程不应采用高线位。

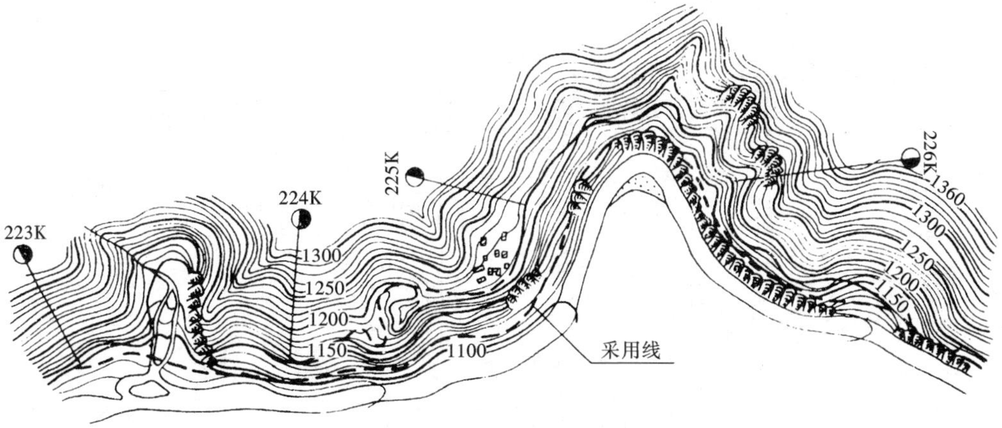

图5-6　高低线位的比较

3）桥位选择

按路线与河流的关系，有跨支流与跨主河两类桥位。跨支流的桥位选择一般属于局部方案问题，而跨主河的桥位选择多属于路线布局的问题。跨主河的桥位选择往往是路线的控制点，并与河岸选择两者相互依存、相互影响。当路线受地形、地质的限制，需要换岸时，如果桥位选择不好，勉强跨河，不是造成线形差，就是要增大桥梁工程以至于影响路线的整个布局。因此，在选择河岸的同时，要研究处理好桥位及桥头路线的布设问题。

路线跨越主河，由于路线走向与河流接近平行，桥头布线一般比较困难。因此，在选择桥位时，除了应满足桥梁本身的基本要求及桥位水文、地质等条件外，尤其要注意桥头路线的舒顺和处理好桥位与路线的关系。桥位选择常有以下几种情况：

（1）在S形河段腰部跨河，以争取桥的轴线与河流有较大交角，路桥较易配合。如图5-7所示，为中小桥跨河的情况，斜桥位是可取的。

（2）在河湾附近选择有利位置跨河，能使路桥较好配合，但应注意河湾水流对桥位的影响，采取有效防护措施，如图5-8所示。

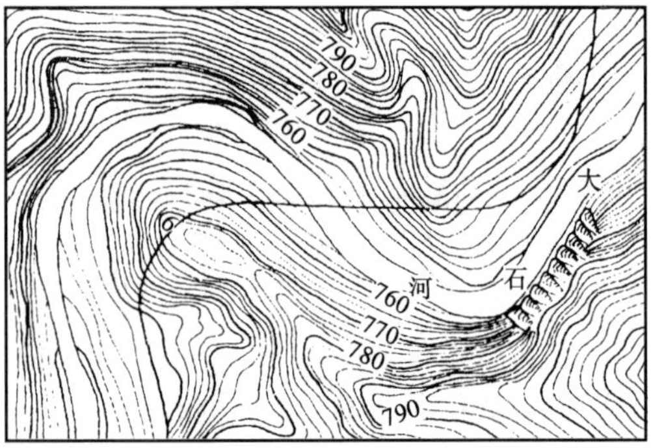

图5-7　在S形河段腰部跨河

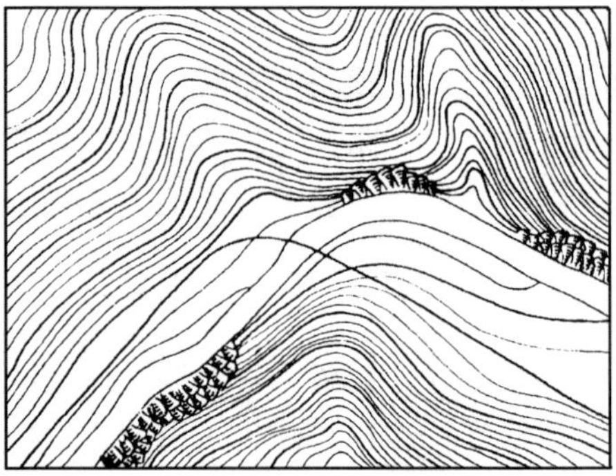
图5-8　在河湾处跨河

（3）在与路线接近平行的顺直河段上跨河，桥头引道难以舒顺。如图5-9（a）所示的桥位应尽量避免。当必须在这种河段跨河时，中小桥可考虑设置斜桥以改善桥头线形；如当大桥不宜设置斜桥时，需对桥头路线做适当处理，如图5-9（b）所示，采用局部加大开挖，争取较大桥头曲线半径，以改善桥头线形，形成勺形布线。

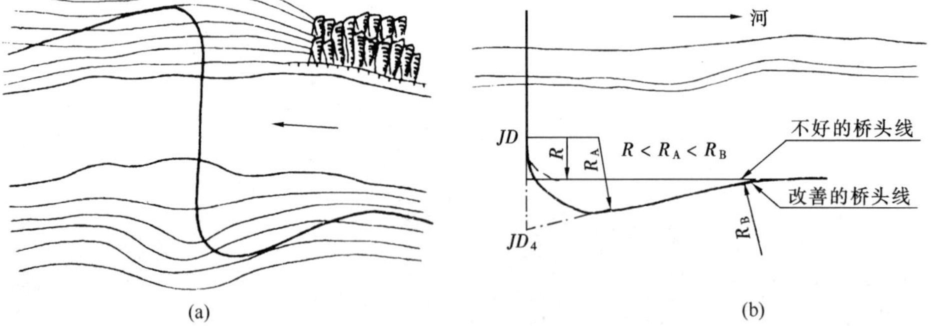

图5-9　桥头线形的改善

（a）应避免的桥头线形；（b）勺形桥头布线

路线跨越支河是局部方案问题，可采用在沟口直跨，这样路线短、线形顺，或绕进支河（沟）上游跨越，这样路线增长、线形差。选择哪种方案，要根据路线等级、跨河（沟）条件、施工条件通过技术经济比较而定。一般高等级路宜直穿，低等级路可绕跨。

2. 高速公路、一级公路沿溪线

高速公路、一级公路的沿溪线选线除了考虑二级及二级以下公路的选线要点外，同时应注意以下问题：

1）线位与村镇关系的处理

在狭窄的河道两岸分布有村镇时，路线布设应尽可能远离村镇，减少对居民的声、水及光污染，减少房屋拆迁。选择线位时注意：

（1）泉水或地下水是山区居民主要的饮用水源，路线应布设在村庄周围地势较低的一侧，避免污染饮用水源；

（2）路线布设应考虑汽车灯光污染，当线形为右偏曲线时路线应布设在村庄左侧，当线形为左偏曲线时路线应布设在村庄右侧，如果条件不允许时，则应采取栽植遮光林等遮挡措施；

（3）路线布设应尽量避免或减少对当地居民出行的干扰，应避免村庄被围在山凹之中，如无法避免时，应设置通道或高架桥保证居民出行；

（4）线位选择应避免大规模的拆迁安置。

2）傍山隧道的线位选择

傍山隧道方案具有提高路线线形指标、绕避不良地质、减少土方开挖数量、保护自然环境等诸多优点，在沿溪线中广泛采用，布线时应注意以下要点：

（1）线位应尽量向山体内部偏移，以减少隧道偏压，当路线沿溪右侧（相对于路线前进方向）布设时，隧址段线形宜采用左偏曲线；反之，宜采用右偏曲线；

（2）隧址段平面线形宜采用灵活的布线方式，以适应洞外线形衔接的需要。如果洞口段地形狭窄，宜采用小间距隧道形式，以减小洞外工程规模；

（3）长隧道、特长隧道平面线形布设在确保隧道不受偏压的情况下，可将线位外移，为隧道侧向通风方案和侧向逃逸、救援方案提供条件；

（4）在有条件时，宜采用半路半隧的形式，以节约工程造价。

3）跨河换岸的位置确定

（1）跨河换岸宜选择在河道主河槽稳定、两岸边坡稳定、桥址处无隐伏的地质断裂带、地质条件良好的位置；宜使路线与河流接近正交，桥梁最短；

（2）两岸的线形布设应有利于洪水迅速宣泄；

（3）当路线与河道交角较小时，路线纵断面必须充分考虑洪水位变化的影响，确定桥梁起点、中心及终点等多处位置的洪水控制标高和路线设计标高。

4）互通式立交

（1）互通式立交是沿溪线的重要控制点，应进行多位置、多方案的论证比选；

（2）互通式立交位置的选择应与环境相协调，与自然景观有机结合，避免破坏自然环境和景观；

（3）立交区主线平纵面应具有良好的通视条件；

（4）互通式立交形式应灵活多样，可根据地形条件采用分体式、变异式等多种形式，在充分论证的前提下灵活掌握立交的线形指标。

5）横断面形式

沿溪线应采用灵活的断面形式适应地形需要，具体应注意以下要点：

（1）根据地形条件可采用纵向分离式路基，以减少路基上边坡的开挖高度和下边坡的填筑高度，线位布设应适度把握左右线分离距离和纵断面分离高度；

（2）分离式路基可采用沿河两岸布设，也可采用左右线交叉换位的布线方式，以减轻对沿线自然景观的破坏；

（3）岸坡陡峻、河道狭窄的路段可采用半桥半路基或半隧半路基的横断面方式，减少对山体的开挖和减少路基对河道泄洪断面的挤压；

（4）河谷宽度仅允许布设一侧路基且傍山隧道布设条件困难时，路线线位布设可采用左右幅叠加的高架桥方案。

6）土方平衡

（1）如河谷内有大量的填方材料可供利用，应采用多填少挖的布线方式，减少挖方数量以减轻对自然环境的破坏；

（2）如河谷内天然填方材料较少，挖方材料适合于再利用，应采用填挖平衡的布线方式；

（3）如河谷内天然填方材料较少，挖方材料不适合再利用，应采用多挖少填的布线方式。

（三）越岭线布局要点

沿分水岭一侧爬上山脊，在适当地点穿过垭口，再沿另一侧山坡而下的路线称为越岭线。当两主要控制点之间横隔山岭，或有的沿河绕行太远时，须采用越岭线。越岭线的特点是上而复下，需要克服较大高差，线位与路线长度取决于纵坡的安排。因此，在越岭线选线时，须以路线纵坡安排为主导。

越岭线布局主要应解决的问题是：垭口选择、过岭标高的选择和垭口两侧路线展线方案的拟定，它们是相互联系、相互影响的，布局时要综合考虑，处理好三者的关系。

1. 垭口选择

垭口是体现越岭线方案的重要控制点，应在符合路线基本走向的较大范围内选择，要全面考虑垭口的位置、标高、地形条件、地质情况和展线条件。

（1）不同位置垭口的选择

垭口位置既要基本符合路线走向，同时垭口两侧的侧坡还需要便于展线，两者相辅相成。首先考虑靠近直连线、侧坡连线容易的，其次考虑稍偏路线大方向，但接线良好，且不至于过分增加路线长度的其他垭口。

（2）不同标高垭口的选择

垭口标高直接影响路线长度、工程量大小及运营条件，一般应选择较低的垭口。如两垭口高差 ΔH，则路线长度增减 $\Delta L=\frac{2\Delta H}{i_{均}}$，$i_{均}$ 为路线平均坡度。特别是积雪、结冰地区高海拔的路线，对行车不利。因此有时为了走低垭口，即使方向有些偏离、距离有些绕远，也要注意比较。但对于积雪、结冰不是太严重，符合路线基本走向，展线条件较好，接线方向较顺，地质条件较好的垭口，即使较高也不应轻易放弃。

（3）垭口展线条件选择

山坡是越岭线的主要组成部分。而山坡坡面的曲折程度，横坡陡缓，地质条件好坏等与线形指标和工程量有直接关系。因此，选择垭口必须结合山坡展线条件一起考虑。如有地质较好、地形平缓、利于展线降坡的山坡，即使垭口位置略偏、标高较高，也应比较，不要轻易放弃。

（4）垭口的地质条件

垭口一般地质构造薄弱，常有不良地质存在，应该深入调查摸清其性质和对公路的影响。对软弱层型、构造型和松软土侵蚀型垭口，只要注意到岩层状况及水的影响，路线通过一般问题不大。对断层破碎型及断层陷落型垭口，一般应尽量避免通过，必须通过时，应查清破碎带的大小及程度，选择有利的位置通过，并采取设置挡墙、明洞等工程措施以保障路基稳定。对于地质条件恶劣的垭口，局部移动路线或采取工程措施仍不能解决问题时，最好放弃。

2. 过岭标高的选择

过岭标高是越岭线布局的重要控制因素，不同的过岭标高就有不同的展线方案。如图 5-10所示，路线通过垭口，由于选用不同的挖深出现三个不同的方案。甲方案挖深 9m，需要两个回头弯；乙方案挖深 13m，需要一个回头弯；丙方案挖深 20m，即可顺山势自然展线，无须设置回头弯。丙方案线形好，路线长度较甲方案短 337m，有利于行车和节约运营费用。过岭标高的确定应综合路线等级、垭口地形、地质以及两侧展线方案等因素经过技术经济比较来确定。这些因素相互影响，必须全面分析研究各种可能的方案，做出合理选择。据实际情况一般可采用以下几种方式确定过岭标高。

（1）浅挖低填

过岭地段山坡平缓，垭口宽而厚（有时达一、二公里，有时还有泥沼存在）的地段，可采用浅挖低填的形式过岭，过岭标高基本上就是垭口的标高。

（2）深挖垭口

当垭口比较瘦削时，常采用深挖的方式过岭。至于深挖程度，应视地形、地质、气象条件以及展线方案对垭口标高的要求等因素而定。一般挖深在 20m 以内，地质状况良好时，还可深些。但由于垭口地质薄弱，挖深以不危及路基稳定为限。

由于深挖垭口，工程量集中，往往要处理大量弃方，施工条件极差，影响施工工期，但由于降低了标高，相应缩短了里程，总工程量不一定增加。即使有所增加，也可以从改善行车条件、节约运营费用中得到补偿，在过岭标高确定时应充分考虑。

（3）隧道穿越

当垭口挖深在 20～25m 以上时，采用隧道能大大降低路线爬升的高度，缩短里程，提高路线指标，在经济上非常合算。对于克服严重不良地质以及减轻或消除高山严重积雪、结冰对公路的不良影响，采用隧道是有效措施。

3. 垭口两侧路线的展线

（1）展线布局

越岭线高差主要是通过垭口两侧山坡上的展线来克服的，尽管山坡地形千差万别，线形多种多样，但路线平、纵、横三方面的结合要以纵断面为主导。因此，展线布局必须从安排纵坡开始，其步骤一般如下：

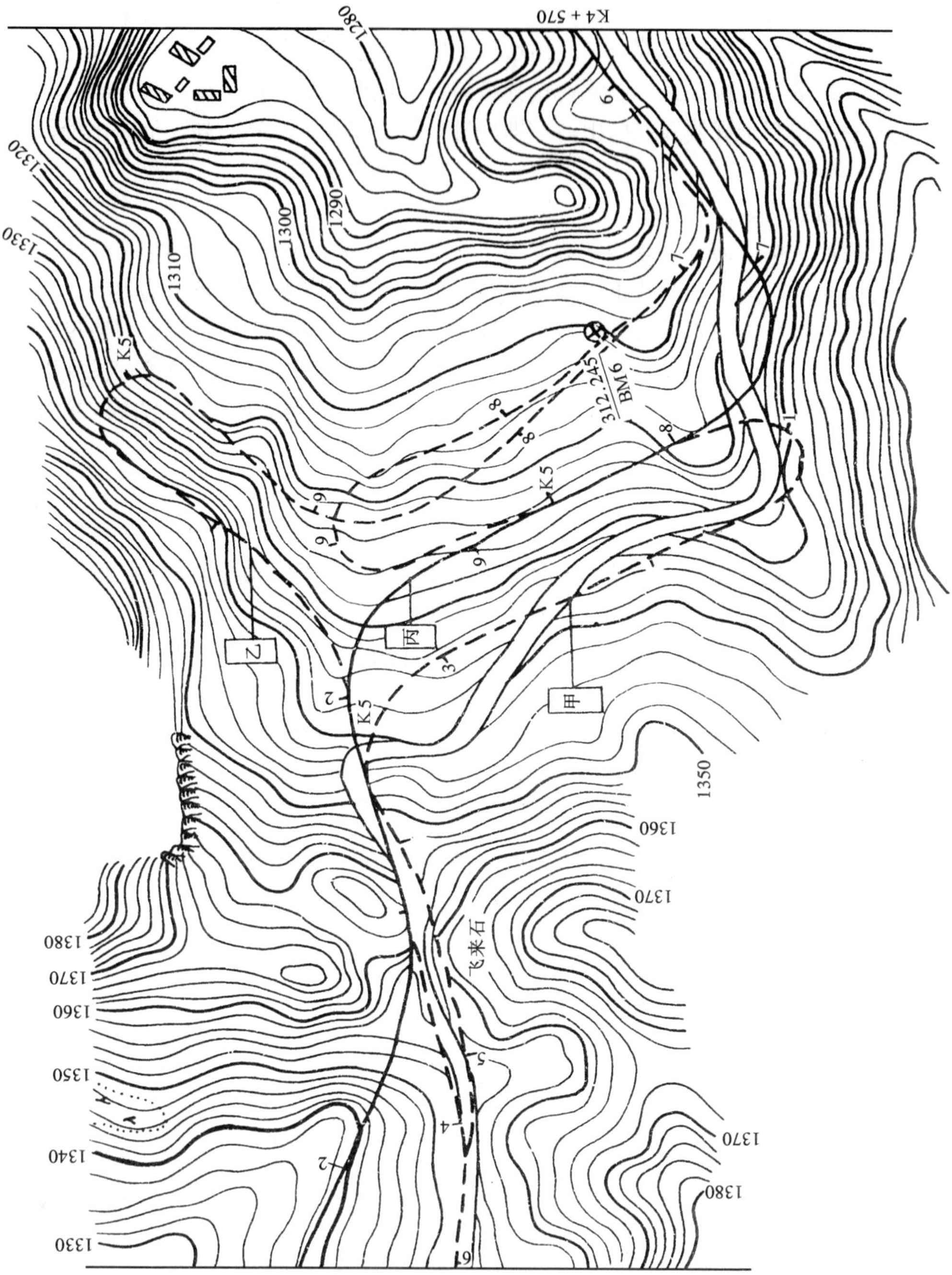

图 5-10　不同过岭标高的展线方案

① 拟定大致走法

在已定的控制点间进行广泛勘察，调查周围地形及地质情况，以带角手水准粗略勘定坡度作为指引，注意利用有利地形、地质，拟定路线可能的大致走法。

② 试坡布线

试坡的目的是进一步落实初步拟定的路线大致走法的可能性，发现和加密中间控制点，发现局部比较方案，拟定路线布局。方法是由已定控制点开始，通常先固定垭口，从上而下，视野开阔，便于争取有利地形。

试坡用固定坡度（一般以平均坡度）指引，依据《标准》的规定，做好坡度折减。在试坡过程中，遇到必须让开的地物、工程艰巨及地质不良地段，以及拟用作回头的地点，选最好位置，作为中间控制点；若纵坡过大，可进行调整或返回重新试坡；若经调整后路线所经地段仍不理想，则应另找比较线，进行重新展线。

（2）展线方式

展线方式主要有自然展线、回头展线、螺旋展线三种方式。

① 自然展线

自然展线是以适当的坡度，顺着自然地形，绕山咀、侧沟来延展距离，克服高差。其优点是符合路线基本走向，纵坡均匀，路线短，线形好，技术指标一般较高。缺点是避让艰巨工程或不良地质地段的自由度不大。其一般适用于垭口一侧有较长的整齐山坡，无较大割裂地形而地质又稳定的情况。

② 回头展线

回头展线即利用适于布设回头曲线的地形布设回头曲线的展线方式。回头曲线是指在同一坡面上做方向相反的回头展线，一般成对出现。这种展线方式适用于两控制点间的高差较大，靠自然展线无法取得所需的距离以克服高差，或因地形、地质条件不宜采用自然展线时的情况。

回头曲线的来回两支可以在同一平面上，也可不在同一平面上。可在同一面山坡上，也可不在同一面山坡上。在同一山坡而不在同一平面的回头曲线，因为路基是上切下填，工程量大，易遭破坏，对行车、施工、养护均不利。因此，选择适宜的地形和采用相应的线形对路线使用质量和工程量至关重要。一般适合布置回头曲线的地形，如图 5-11 所示。

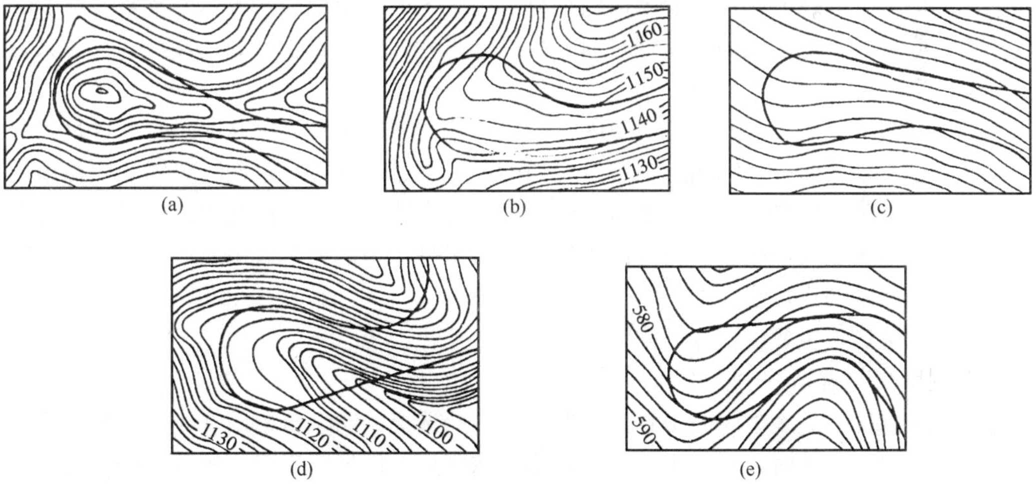

图 5-11　适宜布置回头曲线的地形

（a）利用山包回头；（b）利用山脊回头；（c）利用平缓山坡回头；（d）利用山沟回头；（e）利用山坳回头

③ 螺旋展线

当路线受到限制，需要在某处集中的提高或降低到某一高度才能充分利用前后有利地形时，可采用螺旋展线，一般多在山脊，利用山包盘旋，以旱桥或隧道跨线或在峡谷内，路线就地迂回，两次建桥跨沟，如图 5-12 所示。螺旋展线比回头展线线形好，上、下线不重叠。但需要建隧道或架桥。采用时，应根据道路性质与任务同回头曲线做详细的比较。

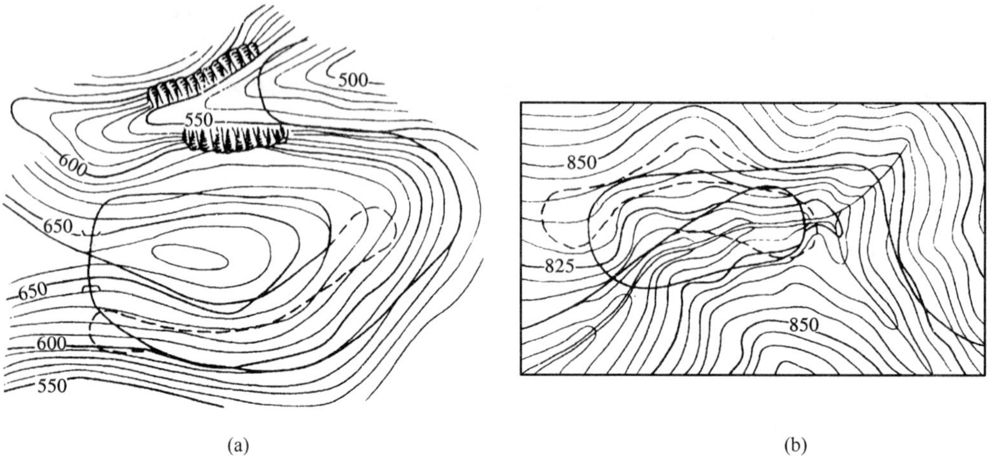

图 5-12　螺旋展线

（a）山脊螺旋线；（b）山谷螺旋线

（四）山脊线布局要点

大体上沿分水岭布设的路线，称为山脊线。路线特点是路线起伏曲折，其程度取决于分水岭的形状，控制垭口间的高差和具体地形；边坡不陡，排水良好，人工构造物少，工程量小，水文地质条件较好，路基病害少；线位较高，远离居民点，施工、养护不便，不利战备，且积雪、冰冻及云雾对行车不利。显然分水岭顺直平缓、起伏不大、岭脊肥厚是布设山脊线的理想地形，路线可大部分或全部设在分水岭上。但高山地区的分水岭常常是峰峦、垭口相间排列，有时相对高差很大，这时山脊线沿分水岭的侧坡在垭口之间穿行，线位大多位于山腰上。

山脊线方案成立与否，应考虑以下因素：分水岭的方向不能偏离路线总方向太远，分水岭平面不能过于迂回曲折，纵面上各垭口之间的高差不过于悬殊；控制垭口间的山坡地质条件较好，地形不过于陡峻凌乱；上下山脊的引线要有合适的地形可以利用。由于完全具备上述条件的山脊不多，所以很长的山脊线比较少。而多是作为沿河线或山腰线的局部比较线及越岭线的两侧路线的连接线。

山脊线的选定，主要解决以下问题：

1. 控制垭口的选择

每一组控制垭口代表着一个山脊线的方案。因此选择控制垭口是山脊线选择的关键。分水岭方向顺、起伏不大时，每个垭口均可暂定为控制点；地形复杂起伏较大且较频繁，各垭口标高悬殊时，宜以低垭口作为控制点，突出的高垭口可以舍去；在有支脉横隔时，对相距不远、并排的几个垭口，应选择其中一个与前后联系好的垭口作为控制垭口。控制垭口的选择还必须联系分水岭两侧的布线条件考虑，在侧坡选择和试坡布线中，对初选的控制点加以取舍、修正，最后落实。

2. 侧坡的选择

当分水岭宽厚，起伏不大时，路线以设在分水岭顶项部为宜。当不具备这种条件时，分水岭的侧坡是山脊线的主要布线带。坡面整齐，横坡平缓，地质情况好，积雪、冰冻和支脉分布较少的向阳山坡是较为理想的布线坡面。

3. 控制垭口间的平均坡度

两控制垭口间应力求距离短捷，坡度平缓。若控制垭口间的坡度超过规定，则应视整体地形、地质条件，采用深挖、旱桥、隧道等工程措施，也可利用侧坡、山脊有利地形展线。图 5-13 为山脊线展线示意图。

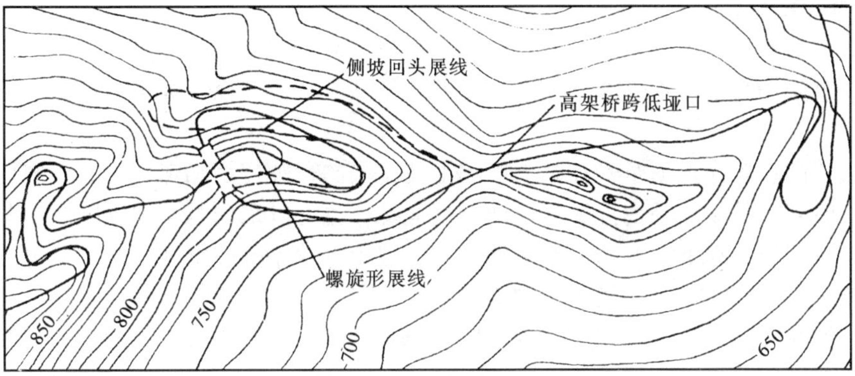

图 5-13　山脊线展线示意图

（五）山腰线

高速公路、一级公路的山腰线选线应把握以下要点：

1. 线位的总体布局

山腰线的布设应根据地形、地质、环境等因素综合考虑路基、桥梁、隧道等构造物的设置条件，从定性、定量两方面分析研究论证，选择合理的路线总体方案。

2. 隧道位置的选择及隧道洞口标高的确定

（1）应在地质测绘和综合地质勘探的基础上确定隧道的总体走向和平面位置，隧道布置应尽量绕避不良地质地段，若绕避增加工程数量过大时，对于中短隧道应采取必要的工程治理措施；对于长、特长隧道宜调整山腰线走向；

（2）应遵循“早进晚出”的原则，合理地选定洞口位置，隧道洞口应避免设在不良地质地段、排水困难的沟底或不稳定的山体处，避免在洞口形成高边坡和高仰坡；

（3）洞口标高的确定应通过山腰线的布设反复调整确定。

3. 隧道线形的确定

（1）中、短隧道平面线形布设应采用灵活的布线方式与洞口外路线的布设相适应，隧道左、右线的距离可采用等净距、宽净距、小间距、连拱及变化净距等多种形式，满足总体线位布设的需求；隧道左、右线纵断面的布设可采用相同的纵坡、各自独立的纵坡以及左、右线纵断面高低错位布置等形式，与洞外纵面线形相衔接；

（2）长、特长隧道距洞口 500～750m 以内，平面线形应采用等间距布置形式，左、右线纵断面应采取相同的坡度；洞口内 500～750m 平纵面线形布设应适应洞外接线需求。

4. 平、纵面指标的控制

（1）应对展线的坡面进行总体分析研究，合理掌握平面指标，使路线线形与地形相适应；

（2）平面指标除了与地形相适应外还应注意与纵断面指标相适应，对于长大纵坡路段，应采用运行速度对平面指标进行检验，调整平面线形使之与纵面相适应，消除超速行使的安全隐患，对线形难以调整的困难路段可采取以下安全措施：

① 改善视距，增加线形诱导标志；

② 增加限速标志，设置减速标线；

③ 在长大坡路段内避免设置特殊构造设施（互通立交、休息区、服务区等）；

④ 设置一定数量的避险车道。

（3）当无法避免长大纵坡时，靠近长大纵坡顶部应采用低于平均纵坡的坡度，靠近长大纵坡底部则宜采用高于平均纵坡的坡度，纵断面坡度应从长大纵坡坡顶至坡底由小到大的顺序渐变；

（4）缓坡的设置应根据车辆在长大纵坡上坡路段的行驶特性确定，同时应避免在下坡路段遇到缓坡时驾驶员放松警惕提高车速而发生危险。也可以采用上、下纵断面单独设计，在上坡方向设置缓坡而在下坡方向采用平均坡型，减少下坡路段的行驶风险。

5. 避险车道、爬坡车道、慢行车道的考虑

（1）长大纵坡路段线位选择应考虑设置避险车道的条件，避险车道的位置应根据计算结果、构造物分布、自然条件等综合因素确定；

（2）长大纵坡路段经过论证需设置爬坡车道时，线位布设应考虑设置爬坡车道的条件；

（3）有条件时，长大纵坡路段线位布设可考虑在下坡路段设置慢车道。

6. 路基形式

（1）当坡面横坡较陡时横断面宜采用高低错位式路基，设置路肩墙降低挖方高度，中央分隔带宽度可按 5m 左右考虑，左、右幅路基的错位高度一般可按 5～8m 考虑；

（2）当坡面较缓时经过经济技术比较论证可采用分离式路基，左、右幅路基间的净距一般可为 5～12m，左、右幅路基的高差一般可为 5～8m，两幅路基之间可采用自然防护；

（3）当左、右幅路基采用不同的纵断面设计方案时，必须考虑左、右幅之间的横向连接（中央分隔带开口），横向连接的间距可按 3～4km 控制。

7. 不稳定坡面上的布线要点

（1）对工程危害严重的坡面应考虑绕避方案，如无法绕避则应考虑高架桥方案；

（2）对工程危害程度一般的坡面要坚持低填或浅挖原则，并采取切实可行的工程措施。

8. 地方道路

（1）对于等级道路应充分利用微地形，选择合适的交叉位置和交叉形式；

（2）受地方道路长距离干扰时，主线的平面布设应为其改造创造条件；

（3）农村道路可充分利用主线过水构造物。

9. 土方平衡

在纵断面的线位布设中应充分研究施工过程中土方纵向调配方案，一般情况下填、挖比例宜控制在(3～4)∶(7～6)。

10. 施工组织

（1）线位的布设应充分研究项目实施的便利性和经济性，为施工便道的布设创造

条件；

（2）线位布设应利用微地形，考虑预留大型构造物的构件预制场地。

三、丘陵区选线

丘陵区是介于平原和山岭之间的地形，其特点是：山丘连绵，岗坳交错，此起彼伏，山形迂回曲折；岭低脊宽，山坡较缓；丘谷相对高差不大，常存在路路可通的情况。丘陵区根据地形起伏轻重不同和对路线布设的限制程度可分为重丘区和微丘区。前者起伏较大，山丘谷沟分布较密，坡形较陡，相对高差较大，技术指标的掌握与山岭区相近；后者近似于平原区地形，技术指标的掌握近似于平原区。但是，丘陵区毕竟有它本身的特点，局部方案多，为适应地形，路线纵断面有起伏，平面以曲线为主。在选线方面，应按丘陵区地形特点进行路线合理布设。

1. 丘陵区选线特点

（1）局部方案多，这是由于丘陵区的山岗、谷地较多，路线走向灵活性大，其路线沿哪个谷地伸展，靠哪边山坡布设，往往需进行几个方案的比较后才能确定。

（2）注意平、纵、横三方面协调，选线时避免不顾纵坡起伏，片面追求长直线。或不顾平面过于曲折，片面追求平缓纵坡的倾向。若布置得当，可提高路线技术指标。

（3）横断面布置多以半填半挖形式为主，布线同时注意纵向土石方平衡，以减少弃方和借方，尽可能少破坏自然景观。

（4）尽量和当地的整田造地及水利规划密切配合，选择既有利于支农，又能提高路线标准的路线方案。

2. 丘陵区路线的布线方式

依据不同的地带类型，一般有如下三种布线方式：

（1）平坦地带—走直线

两个已知控制点间地势平坦，应按平原区以方向为主导的原则，以直线相连，如遇有地物、地质或风景等障碍视为中间控制点，在相邻控制点间仍以直线相连，在路线转折处，加以长而缓的曲线。

（2）斜坡地带—走匀坡线

路线通过斜坡地带，如两控制点间无特殊障碍，路线宜沿匀坡线布设，如遇地形、地质、地物等障碍，视为中间控制点，在各个控制点间仍走匀坡线。匀坡线是顺自然地形均匀升降坡的地面点的连线，如图 5-14 所示。匀坡线通常需经过多次试放取得。

（3）起伏地带—走直连线与匀坡线之间

起伏地带也属斜坡地带，只是上下坡的组合，为丘陵区所特有。当已知控制点间包括一组起伏时（即路线交替跨越丘梁和坳谷，在两个相邻的梁顶或谷底间即出现一组起伏），如走直连线，路线短但起伏大，为减缓起伏势必出现深切高填，如走匀坡线，坡度好但路线绕较长。这两种做法均不合理，而应走匀坡线与直连线之间，选择平面顺适，纵坡均衡的地段穿过较为合适，但路线具体位置要视地形起伏程度及路线等级要求而定。一般低级路工程宜小路线可偏离直连线稍远些（图 5-15 中的方案Ⅱ），高等级公路可将路线定的离直连线近些（图 5-15 中的方案Ⅰ）。当两已知控制点间有多组起伏时，每组分别定出控制点，然后按前述的一组起伏处理。

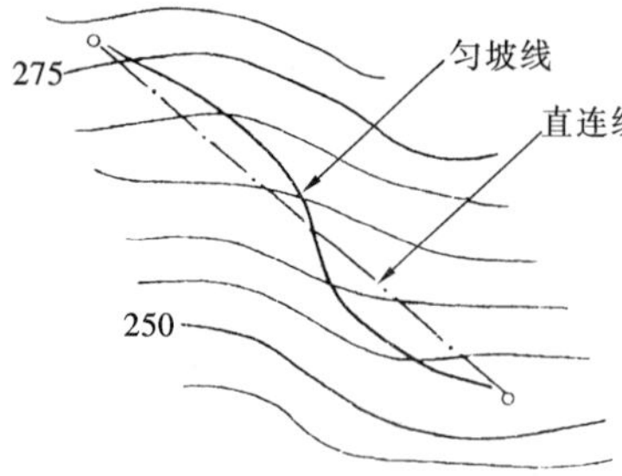

图 5-14　匀坡线

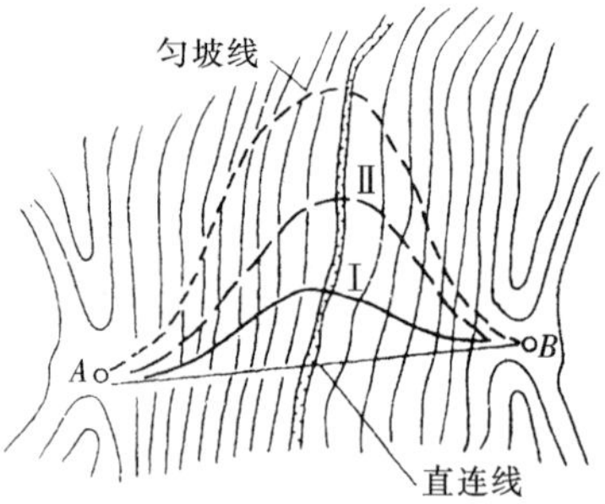

图 5-15　起伏地带路线方案

丘陵区选线，一般可通方案较多，各方案之间优缺点不很突出。因此应特别强调多跑、多看、多问，经过详细分析比较，然后定出一条最合适的路线方案。

第四节　定　　线

定线就是在按照已定的技术标准，在选线布局阶段选定的路线带范围内，结合细部地形、水文、地质条件，综合考虑平、纵、横三方面的合理安排，定出路线确切中线位置的工作。

定线是公路设计中很关键的一步，它不仅要解决工程、经济方面的问题，而且对公路与周围环境的配合，公路与生态平衡的关系，公路本身线形的实用、美观，以及司机的视觉和心理反应等问题都必须在定线过程中给予充分考虑。

公路定线除受地形、地质及地物等有形的制约外，还受技术标准、国家政策、社会影响、美学及其他因素的制约。因此要求定线人员除必须具有广博的知识和娴熟的定线技巧外，还必须具有精益求精的工作精神，充分掌握路线的任务、性质及要求，吃透路线所经地区的地形、地质情况，反复试线，多做方案比较，以求在众多相互制约的因素中得出一条最佳的路线方案。影响定线的因素很多，涉及的知识面很广，必须征询当地有关部门的意见，同时应吸收桥梁、水文、地质等专业人员参加。

公路定线根据公路等级、要求和条件，一般采用现场直接定线和纸上定线两种方法。现分别论述如下。

一、纸上定线

纸上定线是指在大比例尺（1∶500～1∶2000）地形图上确定道路中线位置的方法。对定线来说，不同的地形条件有不同的主要矛盾。如选线一节所述，平原微丘地区，地形平坦，路线不受纵坡限制，一般以平面控制为主；而重丘、山岭地区，地形复杂，横坡陡峻，定线时一般以纵断面安排为主。这些因地形而异的原则，并不因所采用的定线方法不同而不同。现就平、纵、横三方面均受限较严的越岭线为例说明纸上定线的工作步骤。

（一）纸上定线

为了缩短里程，越岭线必须用足坡度，开始一般以平均坡度控制，按《标准》规定，$i_{均}=5\%\sim5.5\%$并视地形曲折程度而定。用$i_{均}$的意义在于对整条路线或某一长度范围内的路线起控制作用。其目的是满足陡坡的坡长限制与接缓坡的规定，保障实际坡度不过大；定线过程中由于曲线的插设、穿线的需要，对放坡路线有所减短；为了合成坡度的规定，因为地形受限标准不高，造成半径不大，在半径较小的情况下，超高坡度较大，路线纵坡一般较小。

一条越岭线定线后的均坡如果过缓，说明浪费了坡度徒增了里程，造成经济上的浪费，所以5%～5.5%的均坡也是衡量一条越岭线的指标之一。

1. 定导向线

（1）拟定路线的各种可能走法

在大比例尺地形图上，仔细研究路线布局阶段选定的主要控制点的地形、地质条件，选择有利地形如平缓、顺直的山坡，平阔的侧沟，利于回头的地点等，拟定路线各种可能的走法。

（2）定匀坡线

根据等高线间距及选用的平均坡度 $i_{均}$（5.0%～5.5%，视地形曲折程度而定），按 $a=\frac{h}{i_{均}}$ 计算出等高线间平距 a，根据地形图的比例尺计算得出两脚规的开度等于 d，从某一固定点如图5-16所示的 A 点开始，沿各拟定走法在等高线上依次截取 a，b，c，…等点，如最后一点的位置和标高均接近另一固定点 D 时，说明这个方案能够成立；否则，修改走法或调整后重新试验至方案成立为止。

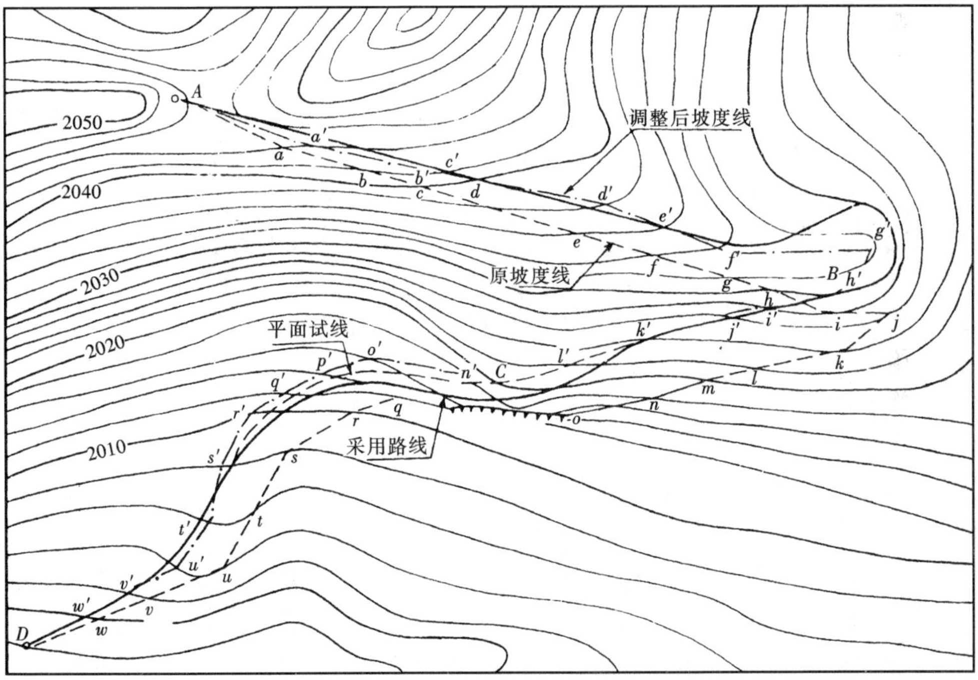

图5-16　纸上定线工作示意图

（3）定导向线，

连接 A，a，b，c，…，D 各点，分析研究这条折线在利用地形和避让地物，以及工程艰巨的情况，从而选择出应穿或应避的特征点作为中间控制点。如图5-16所示，A，a，b，c，…，D 折线从 C 处陡崖中间通过，B 处利于回头的地点也未利用上，如调整一下 B、C 前后路段的坡度，即能够避开陡崖和利用上有利的回头地点，因此可以把 B、C 定为中间控制点。然后分段仿照上法截取 a'，b'，c'，…诸点，连接 A，a'，b'，c'，…，D 的折线，示出了路线将行经的部位，称为“导向线”。

2. 修正导向线

(1) 设计理想纵坡

参照导向线定平面试线，插设平曲线，量出地形变化特征点桩号及地面标高，绘制纵断面图，参考地面线设计理想纵坡，量各桩的概略设计标高。

(2) 一次修正导向线

在平面试线各桩的横断方向上点出与概略设计标高相应的点子，这些点的连线是具有理想纵坡、不填不挖的折线，称为一次修正导向线（例图中未标出）。

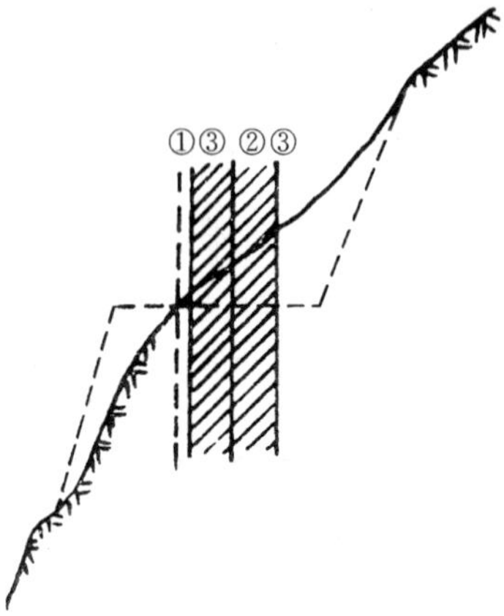

图 5-17 横断面最佳位置示意图
①—修正导向线点；②—最佳路基中线位置；③—路线可以左右移动的范围

(3) 二次修正导向线

在一次修正导向线各桩的横断面上，用路基模板逐点找出最经济或起控制作用的最佳路基中线位置及其可以活动的范围，如图 5-17 中的②、③。根据最佳位置点的性质分别用不同符号点在平面图上，这些点的连线是一条有理想纵坡、横断面上位置最佳的平面折线，称为二次修正导向线（小比例尺地形图上，最佳位置点显示不出者，可以不做）。

3. 定线

纸上定线应该既符合该级路规定的几何标准，又能充分适应当地地形，避开尽可能多的障碍物。为此定线必须在分析研究二次修正导向线（小比例尺地形图上，最佳位置点显示不出未做二次修正导向线时为一次修正导向线）上各特征点的性质和可活动范围的基础上，结合横坡变化情况，确定必须通过的点、适当照顾的点和可以不考虑的点，反复试线才能得到满意的结果。试线根据实际地形、地物情况，可采用先定直线，再插设曲线（简称直线型定线法），或先设置合适的曲线，再以直线或缓和曲线相连（简称曲线型定线法）。随着定线手段的改进和计算机的使用，曲线型定线法已得到广泛采用。

4. 设计纵断面

(1) 纵断面设计

量出路线穿过每一等高线处的桩号及高程，绘制路线地面线的纵断面。设计者根据地形图，把竖向需要控制的各特征点（如为保证桥涵净空的最小高度等）的标高分别轻重用不同符号标注在纵断面图上作为填挖控制点。然后仿照平面试线的方法确定纵坡设计线。定纵坡设计线应参考试线时的理想纵坡，纵坡要符合该级公路技术标准要求，努力争取满足各种竖向控制以及纵坡线形与平面线形的配合。

(2) 检查路线的可行性

根据设计纵坡，检查所定路线是否经济合理，如填挖过大，应进行修改。修改是调整纵坡还是改移中线，或两者都改，应在对平、纵、横三面充分研究后确定。越岭线上，一般纵坡灵活性不大，常常要平、纵面同时考虑。

纸上定线是一个反复试验的过程，在某限度内，试线越多，那么最后的成果就越好。直到无论采取什么措施都不能显著节省工程或增进美感时，才可认为纸上定线工作已告完成。

(二) 实地放线

实地放线就是将纸上定好的路线敷设到实际地面上，供详细测量及施工之用。实地放线的方法很多，应根据路线的复杂程度和精度要求、测量仪器设备、地形难易等条件选用。

常用的几种方法如下：

1. 穿线交点法

穿线交点法是根据平面图上的路线与测量地形图时敷设的控制导线之间（以下简称导线）的关系，独立的把纸上的路线的每一条边放到实地上，延伸这些直线而交出路线的交点。放线的方法分为支距法和解析法两种。

（1）支距法

穿线交点法一般指此法，其适用于地形不太复杂，路线离开导线不远的地段。其方法见图 5-18。首先在图上用比例尺量得纸上路线与导线的支距，如图中的导$_1$－A，导$_2$－B 等。纸上路线交点间的每条线和测图导线最少应有三个联结点，它们之间最好互相通视。然后在现场找到相应的导向点，根据量得的支距用皮尺和方向架定出各点，如图 5-18 中的 A、B、C…等点，插上标志旗。放出的各点理应在一条直线上，但由于量距和放线的误差，不可能恰好在一条直线上，必须穿直。穿出直线后要根据实际地形审查路线是否合理，否则现场修改，改变路线位置。两相邻直线相交得出交点。如交点离路线很远或交在不能架设仪器的地方，可设置成虚交的形式。所有交点和转点都应钉桩以标定路线。

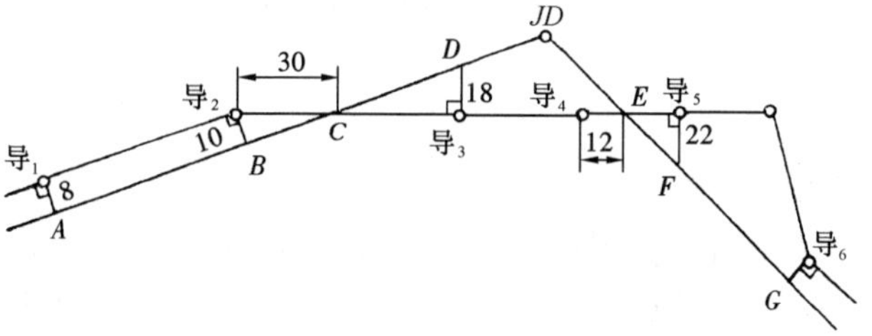

图 5-18　支距法放线示意图

（2）解析法

解析法是用坐标计算纸上所定路线与原测图导线的关系，此法较为准确，在地形复杂或直线较长，路线位置需要准确控制时常用此法。

2. 拨角法

拨角法根据纸上路线在平面图的位置与导线的关系，用坐标计算每一条线的距离、方向、转向角和各控制桩的里程，放线时就按照这些资料直接拨角量距，不穿线交点，外业工作较为迅速，但此法有累积误差，且所根据的资料要可靠准确。

3. 直接定交点法

在地形平坦、视线开阔、路线受限不十分严格、路线位置能根据地面目标明显决定的地区，可依纸上路线和地貌的关系，现场直接将交点定出，如图 5-19 所示。从图上得知 JD 离河岸约 200m，位于已有曲线内侧，一端切线距公路桥头 50m，另一端切线距房屋 25m，这样就可根据这些关系，直接在现场定出 JD。

综上所述，穿线交点法定线费时较多，拨角法定线误差累积，为了弥补这些方法的不足，取长补短，可以两者结合使用。即拨角定线到一定距离后，再用穿线交点法放线相交，这样既能提高工作进度，又能截断拨角定线的误差积累。

上述三法中，穿线交点法和直接定交点法，放线资料大都来自图解，准确度不高，适用于活动余地较大的路线。拨角法放线资料虽较准确，但误差累积也影响精度。三种方法都只

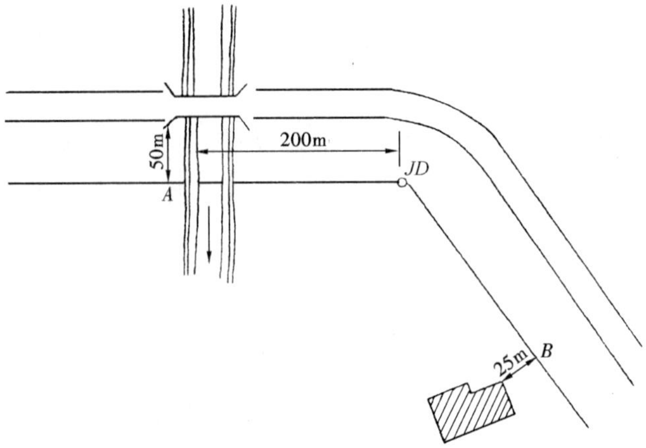

图 5-19　直接定交点示意图

用于路线导线的标定，路线的曲线部分还须用传统的曲线敷设方法标定。随着测设方法的改进及高等级道路测设精度的要求，坐标法放桩已得到普遍采用。坐标法就是先建立一个贯穿全线的坐标系，这个坐标系采用国家坐标系统，根据路线地理位置和几何关系计算出道路中线的统一坐标，编制逐桩坐标表。然后根据逐桩坐标实地放线。

二、直接定线

（一）直接定线的工作步骤

直接定线就是设计人员直接在现场定线，定线的指导原则与纸上定线一样。如山岭区路线仍须从安排纵坡入手，只是定线条件变了，工作步骤应做相应的改变，现仍以山区越岭线为例，阐明工作步骤如下：

1. 分段安排路线

在路线布局定下的主要控制点之间，沿拟定方向用试坡方法粗定出沿线应穿应避的一系列中间控制点，拟定路线轮廓方案。

2. 放坡，定导向线

放坡是要解决控制点间纵坡合理安排问题，实质上就是现场设计纵坡。纵坡安排和选择坡值应考虑如下几点：

（1）纵坡线形要符合《公路工程技术标准》要求（如坡长限制、设置缓坡、合成坡度等），并力求两控制点间坡度均匀（缓变、少变），避免设反坡。

（2）要结合地形选用坡度，尽可能不用极限坡，但也不应太缓，一般以接近控制点间平均坡度为宜，地形整齐地段可稍大，曲折多处宜稍缓。

放坡由受限较严的控制点开始，一人用带角手水准，对好与选用坡度相当的角度，立于控制标高处指挥另一持花杆的人在山咀、山坳等地形变化处、计划变坡处及顺直山坡上每隔一定距离定点，做好标记。如果一边放坡一边插线，必须先放完一定长度（一般不应少于4～5条导线边长）的坡度点之后，定线人员再利用返程进行下一步工作。

照上述方法定出的这些坡度点的连线如图 5-20 中的 A_0、A_1、A_2…，相当于纸上定线的修正导向线，也起指引路线方向的作用，称为导向线。

放坡时要估计平曲线的大概位置和半径，以便考虑坡度折减。对计划要跨的山沟和要穿的山咀或山脊，放坡时应“跳”过去，计划绕行时，坡度要放缓，距离要折扣。

3. 修正导向线

坡度点就是概略的路基设计标高，由于各点的坡度陡缓不一，线位放上放下对路基的稳定和填挖工程量影响很大，故应根据路基设计的要求，在各坡度点的横断方向上选定最合适的中线位置，插上标志。如图 5-20 中的 B_0、B_1、B_2…，这些点的连线即为修正导向线（相当于纸上定线的二次修正导向线）。

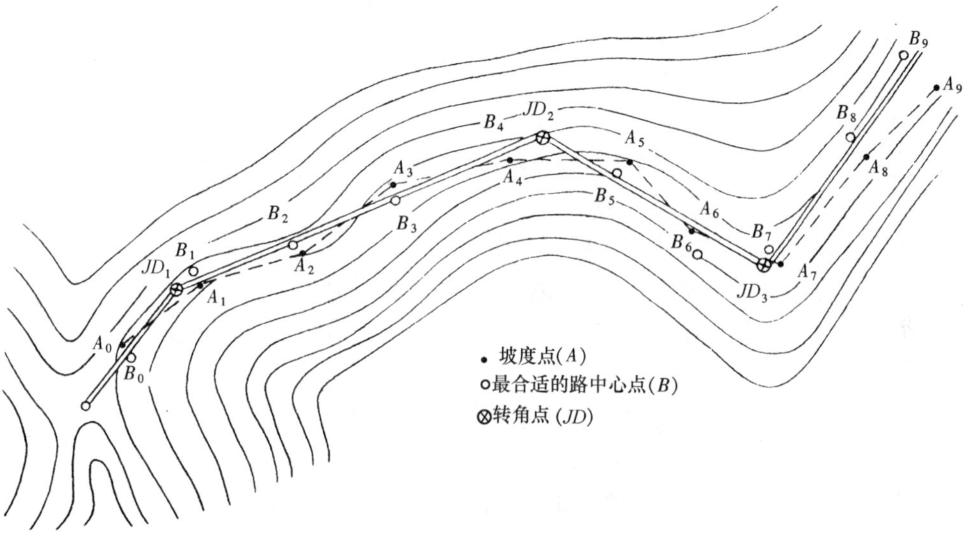

图 5-20　放坡定线示意图

有定线经验的人，常常把第 2、3 两步工作并为一步来做，即一次完成修正导向线，这样在树丛地段定线能省大量清除障碍的工作。

4. 穿线交点

修正导向线是具有合理纵坡，横断面上位置最佳的一条折线，穿线要从平面线形要求着眼，尽可能多地靠近或穿过导向线上的特征点，特别要注意控制性严的点子，裁弯取直，使平、纵、横三面恰当结合，穿出与地形相适应的若干直线，延伸这些直线定出交点，即为路线导线，如图 5-20 中 JD_1，JD_2，JD_3。这步工作很重要，定线人员必须反复试插、修改，才能定出合理的路线。

5. 曲线插设

地形复杂的山区路线，曲线在路线总长中占很大比重，且常常是地形困难处，正是需要设置曲线的地方，因此必须研究曲线的插设方法。根据不同的地形条件、JD 布设方式，曲线的插设方法一般有：

（1）单交点法

单交点法是曲线插设的主要方法之一，适用于交角不大、线位控制不严的地方。曲线半径按理想线位时所须的外距 E 或切线 T 确定。

（2）虚交点法

虚交点法适用于交角较大、交点过远或交点处难以安置仪器的地方。先在前后直线上设辅助交点，然后依据辅助交点的插设位置及现场实际地形情况确定曲线半径。

（3）多交点法

多交点曲线可做成单圆曲线和多圆曲线，单圆曲线可按虚交点法确定，多圆曲线定线时一般是先定一个曲线半径，然后计算确定其他曲线半径。

6. 纵断面设计

直接定线的纵坡设计，一般是在对平面线形做了某种程度的肯定之后进行的。这就要求设计纵坡不仅简单地满足工程经济和技术标准的规定，还担负着实现平、纵面线形配合的主要责任。这等于给纵坡设计又增添了一些限制因素，因此必须反复检查修改，才能做出满意的结果。具体做法是：

先按常规拉坡办法，借用横断面，并参考定线时的设想，逐桩拟定最合适的填、挖高度，并按控制松严的程度分别用不同符号标注在纵断图上。按照“注意重点，照顾多数”的原则试定纵坡，试坡应符合《公路工程技术标准》要求，设置竖曲线。然后检查平、纵面线形配合情况，可能出现如下几种情况：

（1）只须调整纵坡即能满足要求时，按需要调整纵坡。

（2）靠调整纵坡无法满足要求时，应综合考虑决定调整方案。

（3）工程经济与平、纵配合矛盾很大时，应结合公路等级、工程量大小等因素具体分析，确定调整方案。

多次检查、反复修改后的纵坡经现场核实无误即是最后成果。

（二）直接定线与纸上定线的比较

直接定线，面对实际地形、地物、地质及水文等，只要定线人员有一定的经验，不怕辛苦，不怕麻烦，肯多跑、多看、多调查，掌握充分资料，反复试插，多次改进，也能把路线定在比较合适的位置上。路线纵坡设计也采用试验改进的办法，做到不仅符合标准、工程经济，并使平、纵面线形能较好的配合，才可以认为定线工作已告完成。

经过多次试验修改后的路线，应该说已具有较好质量，但是直接定线有两个根本弱点。

1. 研究利用地形的不彻底性：直接定线时，定线人员对地形、地质、水文等情况的了解，全靠自己去跑、去调查。而现场工作条件不允许对每一处的自然状况都深入研究，再由于视野受到限制，定线时难免顾此失彼，虽经过多次试验，但毕竟还是有限的。

2. 平、纵面线形配合问题难以彻底解决：直接定线的平面设计是在现场进行的，而纵断面的精细设计则在室内，尽管设计路线平面时，已充分考虑了纵断面，但那毕竟是粗略的。从分析纵坡中常可以发现，如果平面上略加调整，就有可能使路线更加适应地形，或者平、纵面配合得更好。但是因为修改平面要重新钉桩，纵断面也要重做。定线者往往不愿承担“返工”的压力而勉强接受原方案。所以直接定线就其性质来讲，基本上是要求“一次成功”的定线，它与选线者的实际工作经验有直接关系，这显然是不能确保质量的。纸上定线是指在定线过程中采用的一种重要的中间步骤，代替直接在实地定线。定线者或定线组先要取得“定线走廊”范围内的大比例尺地形图。从图上可以俯视较大范围内的地形，不像直接定线那样视野受到限制，可以较容易地找出所有控制地形的特征点，从而定出平面试线和试线的纵坡设计线，经过平、纵面反复试验修改，直至自己认为再修改已得不到显著效果时为止。

由于纸上定线不受野外因素的限制，定线者在室内想做多少就做多少修改工作，能使工程节省和平、纵面线形的配合做得尽善尽美。纸上定线有利于发挥定线组的集体作用，其他专业人员的有益观点都能反映到方案中来，不同于直接定线，大量的工作都依靠个别定线者现场的简单判断与技术能力。自从电子计算机引进公路勘测设计以后，过去一向被认为烦琐而缓慢的工作如土石方计算、绘透视图等已轻而易举了。这为利用地形图进行定线和方案优选开辟了更加美好的前景。

总之，多年来的实践证明，纸上定线比之直接定线有明显的优越性，应该大力提倡。现在的问题是纸上定线需要精度较高的大比例尺地形图，目前在我国取得这类图纸还有一定困难，所以只能在地形复杂，公路等级高时才采用此法。随着我国航空摄影测量的发展，取得大比例尺地形图不再很难时，纸上定线法将会广泛使用。

直接定线虽有其不足之处，但在一定条件下，如地形障碍不多的平坦地区或路线等级不高时，只要定线人员肯下功夫，也能定出比较满意的线来。直接定线在今后一个相当长的时期内，仍将是低等级道路及地方道路一个重要的定线方法。

本章小结： 选线过程是整个路线设计的关键，它直接影响到路线的技术标准、工程经济和使用质量。在选线时，由于地形条件不同，需要解决的主要矛盾也不同，平原微丘区相对高差小，选线时主要解决路线和地物之间的矛盾，而山岭重丘区由于地形复杂相对高差大，选线时必须以纵坡为主导。定线是选线的具体体现，需要综合考虑各方面的因素，才能定出一条最佳的方案。

关键概念： 方案选择、选线、定线、路线布局、放坡

复习思考题

1. 选线主要经过哪几个步骤？每步需解决的主要问题是什么？
2. 方案比选时主要考虑哪些因素？
3. 平原微丘区选线时要处理好路线和哪几个方面的关系？
4. 山岭区沿溪线和越岭线选线布局的要点有哪些？
5. 沿溪线高、低线位的特点是什么？
6. 纸上定线的方法和步骤是什么？
7. 实地直接定线的方法和步骤是什么？
8. 利用双交点法确定圆曲线半径。如图 5-21 所示，已知 JD_6 的位置不能定，设辅助交点 JD_{6A} 和 JD_{6B}。

（1）不设缓和曲线，确定圆曲线半径。

（2）如设长 35m 的缓和曲线，确定圆曲线半径。

9. 复曲线法确定圆曲线半径，布置如图 5-22 所示，已确定 $R_1=500\text{m}$，试求：

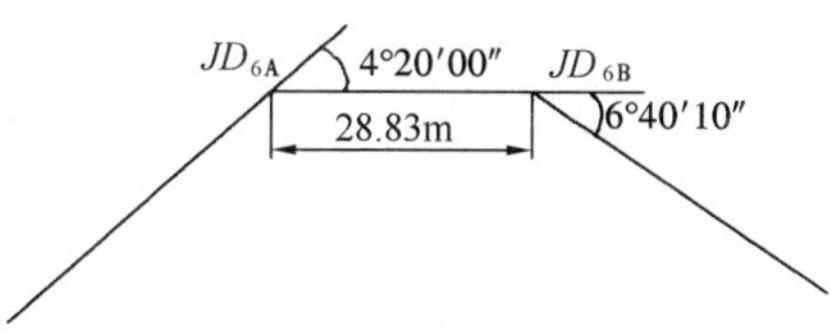

图 5-21　第 8 题图

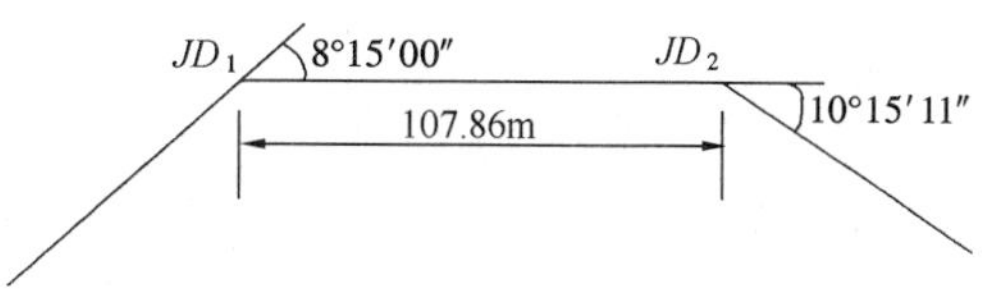

图 5-22　第 9 题图

(1) 不设缓和曲线，确定 R_2。

(2) 已确定缓和曲线长 50m，确定 R_2。

10. 外矩控制确定圆曲线半径，布置如图 5-23 所示。

(1) 已知路基宽 9m，路基外设置边沟，顶宽 1.5m，JD_2 距离房角 12.33m，在不能拆房的条件下，不设缓和曲线圆曲线半径应选择多大？

(2) 已知路基宽 9m，路基外设置边沟，顶宽 1.5m，JD_2 距离房角 12.33m，在不能拆房的条件下，缓和曲线长 50m，圆曲线半径应选择多大？

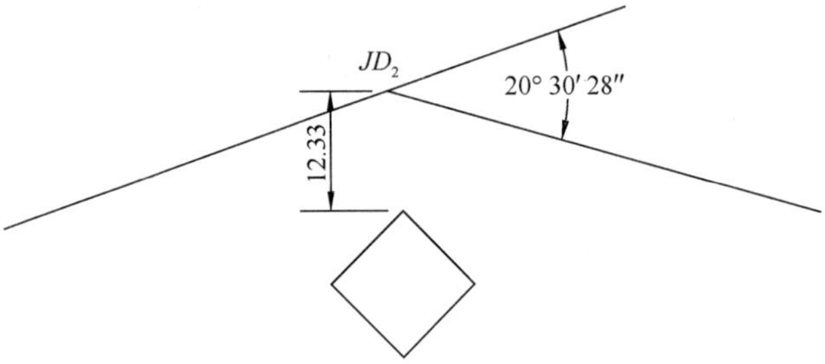

图 5-23 第 10 题图

11. 按切线长控制确定圆曲线半径。如图 5-24 所示，某公路的相邻两个交点，$R_2 =$ 200m，试确定：

(1) 该公路为一段四级路，要求夹直线长不小于 25m，确定 R_2 的最大值。

(2) 缓和曲线长按 25m 考虑，布置成“S”型曲线，确定 R_2。

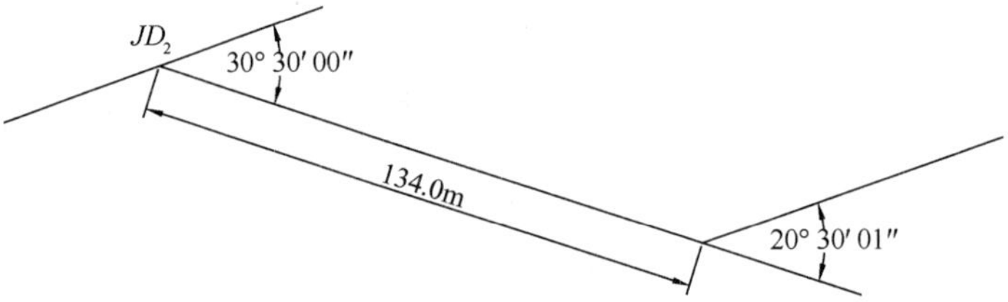

图 5-24 第 11 题图

12. 某公路平曲线偏角为 $\alpha = 6°15'32''$，为了使曲线长度超过 200m，平曲线的半径最小为多少？

第六章　道路交叉设计

学　习　要　求

学习目标：了解交叉口设计的意义；熟悉平面交叉口形式及适用场合；掌握交叉口设计的内容及具体设计方法；了解立体交叉的形式及适用条件；熟悉立体交叉的设计内容与要求；能够进行立体交叉的设计。

学习重点：平面交叉和立体交叉的形式及设计内容和步骤方法。

学习难点：互通式立体交叉设计。

学习安排：课内6学时。

第一节　交叉口设计概述

一、道路交叉设计的意义

公路与公路或铁路相交形成交叉口，交叉口可分为平面交叉和立体交叉。交叉口是相交道路上各种车辆、行人交通会集的咽喉。在交叉口由于不同方向的车流和行人的相互影响和干扰，不但会使车速降低影响通行能力，而且也容易发生交通事故。据统计，公路交通事故半数以上就发生在交叉口，在城市中这一比率高达60%以上，此外，半数以上的行车时间延误也发生在交叉口的周围。因此，正确设计交叉口，合理组织交通，对于提高道路通行能力、减少交通事故、避免交通阻塞，具有重要意义。

二、交叉口的交通分析

进出交叉口的车辆，由于行驶方向的不同，车辆与车辆之间的交错方式也不相同，可能产生的交错点（存在碰撞可能的点）的性质也不一样。同一行驶方向的车辆向不同方向分离行驶的地点称为分流点（又称分叉点）；来自不同行驶方向的车辆以较小的角度，向同一方向会合行驶的地点称为合流点（又称会合点）；来自不同行驶方向的车辆以较大的角度相互交叉的地点称为冲突点。此三类交错点都存在相互尾撞、挤撞或碰撞的可能性，是影响交叉口行车速度、通行能力和发生交通事故的主要原因。其中，以直行与直行、左转与左转以及直行与左转车辆之间所产生的冲突点，对交通的干扰和行车的安全影响最大，其次是合流点，再次是分流点。因此，在交叉口设计时，应尽量采取措施减少冲突点和合流点，尤其要减少或消灭冲突点。

无交通管制时，三路、四路和五路相交平面交叉口的交错点分布情况如图 6-1 所示。其数量表见表 6-1。

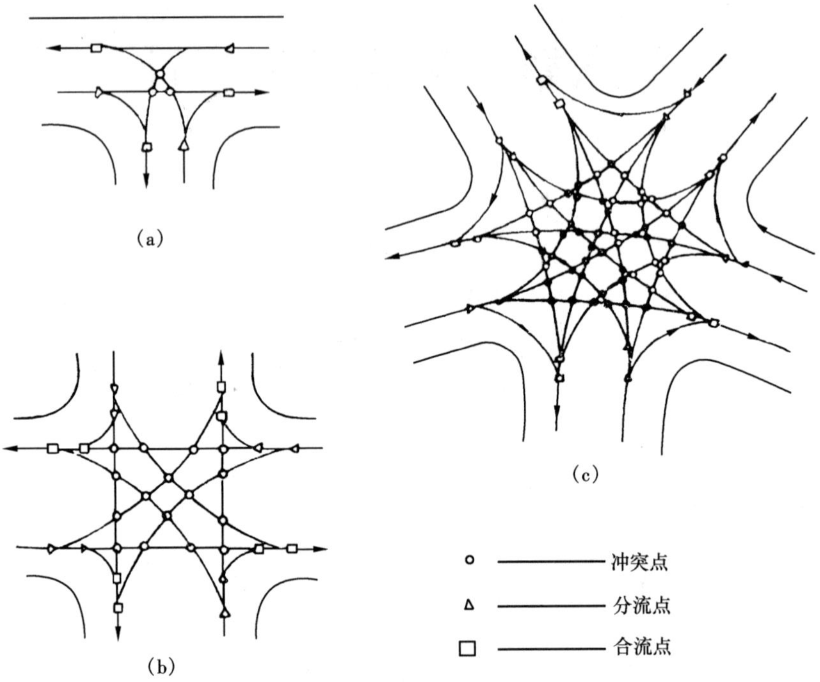

图 6-1　平面交叉口的交错点

(a) 三路交叉；(b) 四路交叉；(c) 五路交叉

表 6-1　平面交叉口交错点数量表

交叉口类型	分流点	合流点	冲突点		总数
			直行车流	左转车流	
三路交叉	3	3	0	3	9
四路交叉	8	8	4	12	32
五路交叉	15	15	5	45	80

分析以上图表可得出以下两点结论：

1. 在无交通管制的交叉口，冲突点、合流点、分流点，随相交道路条数的增加而增加，其中增加最快的冲突点。当相交道路均为双车道时，各交错点的数量可用下式计算

$$\text{分流点} = \text{合流点} = n(n-2) \tag{6-1}$$

$$\text{冲突点} = \frac{n^2(n-1)(n-2)}{6} \tag{6-2}$$

式中　n——相交道路的条数。

因此，在规划和设计交叉口时，应力求减少相交道路的条数。尽量避免五条或五条以上道路相交，使交通简化。

2. 产生冲突点最多的是左转弯车辆。图 6-1 中的四路交叉口若没有左转车流，则冲突点可由 16 个减至 4 个，而五路交叉口则从 50 个减到 5 个。因此，在交叉口设计中如何正确地处理和组织左转弯车辆，是保证交叉口交通通畅和安全的关键所在。

减少或消灭冲突点的方法大致有三种：

1. 实行交通管制。在交叉口设置交通信号灯或由交警指挥，使发生冲突的车流从通行时间上错开。如四路交叉口实行交通管制后，冲突点由 16 个减至 2 个，分、合流点由 8 个减至 4 个。若禁止车流左转可完全消灭冲突点。

2. 采用渠化交通。在交叉口内合理布置交通岛、交通标志和标线或增设车道等，引导各方向车流沿一定路线行驶，减少车辆之间的相互干扰。如环形平面交叉可消灭冲突点。

3. 修建立体交叉。将相互冲突的车流从通行空间上分开，各行其道使其互不干扰。这是解决交叉口交通问题最彻底的办法。

三、平面交叉口设计的基本要求和内容

（一）交叉口设计的基本要求

1. 保证车辆与行人在交叉口能以最短的时间顺利通过，使交叉口的通行能力能适应各条道路的行车要求；

2. 正确设计交叉立面，保证转弯车辆的行车稳定，同时符合排水要求。

（二）交叉口设计的主要内容

1. 正确选择交叉口的形式，确定各组成部分的几何尺寸；

2. 进行交通组织，合理布置各种交通设施；

3. 验算交叉口行车视距，保证安全通视条件；

4. 交叉口立面设计，布置雨水口和排水管道。

第二节　平面交叉口的形式和选择

一、平面交叉口的形式和使用范围

平面交叉口的形式，取决于道路网的规划、交叉口用地及其周围的地形、地物情况，以及交通量、交通性质和交通组织。常见的交叉口形式有：十字形、T 字形、X 字形、Y 字形、错位交叉和多路交叉（五条或五条以上道路的交叉口）等几种。

十字形交叉口是最基本的平面交叉口形式，如图 6-2（a）所示。它形式简单，交通组织方便，街角建筑易处理，适用范围广，可用于同级或不同等级道路的交叉。

X 字形交叉口是两条道路以锐角或钝角斜交，如图 6-2（b）所示。当相交的锐角较小时，将形成狭窄的交叉口，对交通不利（特别对左转弯车辆），锐角街口的建筑也难处理。所以，当两条道路相交，如不能采用十字形交叉口时，应尽量使相交的锐角大些。

T 字形交叉口［图 6-2（c）］、错位交叉口［图 6-2（d）］和 Y 字形交叉口［图 6-2（e）］均用于主要道路和次要道路的交叉，主要道路应设在交叉口的直顺方向。在特殊情况下，例如一条尽头是干道和另一条滨河主干道相交，两条主干道亦可设计成 T 字形交叉。必须注意的是，不应该为了片面地追求道路的对街景处理而把主干道规划和设计成错位交叉，致使主干道曲折，影响了主干路车辆的畅通。

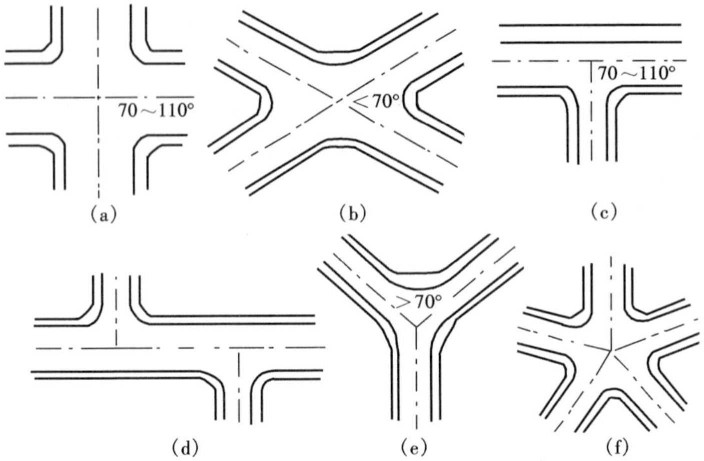

图 6-2　平面交叉口的常见形式

（a）十字形；（b）X 字形；（c）T 字形；（d）错位交叉；（e）Y 字形；（f）多路交叉

多路交叉口是多条道路交会的地方，如图 6-2（f）所示，容易取得突出中心的效果，但用地大，并给交通组织带来很大困难，采用时必须慎重考虑。

上述六种平面交叉的形式，其中最基本的形式是 T 字形交叉和十字形交叉，其他形式可以看作是由这两种形式变形而成的。由于这两种交叉形式简单、视线良好、行车安全、用地经济，故我国各类公路和城市道路的平面交叉口多采用这两种形式。

下列形式的平面交叉口应避免采用：

1. 交叉角小于 45°的斜交交叉；

2. 两相邻交叉口间距小于 60m 的交叉；

3. 多路交叉和畸形交叉。对多路交叉，条件适宜时，可采用环形交叉，即用环道组织多路车流，绕中心岛逆时针方向行驶，可减少冲突点，进出环时车流以锐角汇合、分流和交织，提高了交通的安全和连续性。

二、交叉口形式的选择和改建

交叉口形式的选择和改建涉及的因素较多，如交叉口现状、交通量及交通组成、地形地物和道路用地等，应根据具体情况做具体分析，做出不同设计方案加以比较，择优选用。选择和改建交叉口的形式，应有利于减少或消除冲突点以及提高交叉口通行能力。

交叉口形式的选择和改建的要求为：

1. 占地面积小又能安全迅速地通过最大交通量；

2. 平面形式、断面组成应符合道路等级、交通量的要求；

3. 交叉口竖向设计能保证排水、管线及适应地形环境的要求；

4. 具有合理的交通管理、导流及防护安全等措施。

交叉口形式的选择和改建，可按以下原则进行：

1. 形式要尽量简单

尽可能选用正交或接近 90°的十字形交叉口或 T 形交叉口。

2. 尽量使相邻交叉口之间的道路直通

在市区，除因受地物条件限制（例如道路必须沿河流、城墙、铁路等）必须布设 T 字形交叉口外，在一般情况下，干道与干道相交不宜选用 T 字形交叉口，虽然 T 字形交叉口的形式简单，但容易造成干道网东西向或南北向的道路不能直通，影响交通，如图 6-3 所示。

3. 交叉道路应避免锐角相交，尽量以近于 90°相交。必要时可以采取以下措施：

（1）改斜交为十字形交叉，如图 6-4（a）、图 6-4（b）所示。

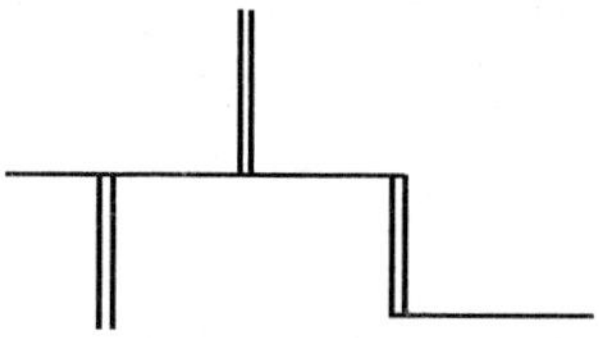

图 6-3　道路不能直通

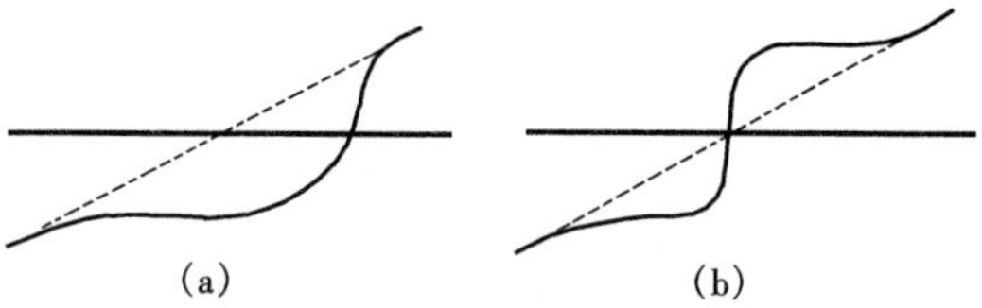

图 6-4　改斜交为十字形交叉

（a）斜交；（b）十字交叉

（2）改斜交为双 T 字形交叉（错位交叉），如图 6-5（a）、图 6-5（b）所示。图 6-5（b）方案较优，因为次干道 $C'D'$ 上的车辆交通，在通过主干道 AB 时均先右转，而后左转，左转时若遇阻，可在次干道停车线上停候，不影响主干线交通；在主干道上右转也不影响交通。而图 6-5（a）方案，CD 交通均要先左转而后右转，右转时如遇阻，则必须在主干道 AB 上停候，如主干道上没有设置专用左转车道，则停候时必定影响主干道上的交通。

（3）改小交角为大交角，如图 6-6 所示。

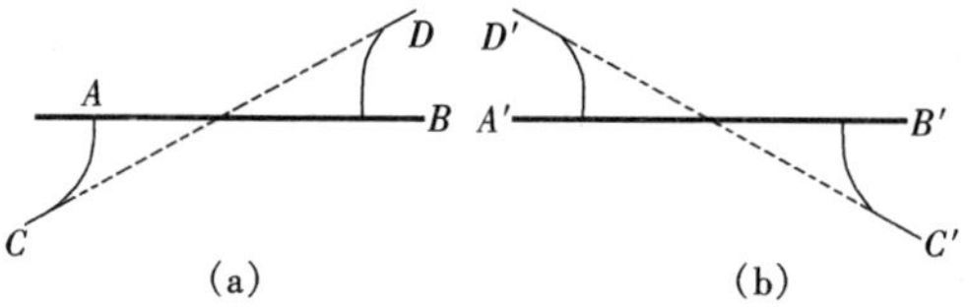

图 6-5　改斜交为错位交叉

（a）次干道交通先右转再左转；（b）次干道交通先左转再右转

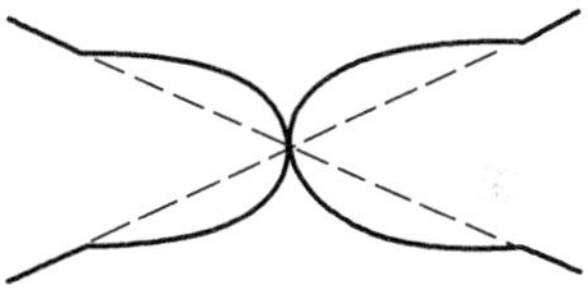

图 6-6　改小角为大角

（4）禁止左转，如图 6-7 所示。

在小交角相交道路的交叉口上，如无法改建，可考虑在交叉口的两侧开辟左、右转车道，同时在原交叉口上采用交通管制，不准左转，可减少 12 个左转车流冲突点；如再设置信号灯，则可全部消除冲突点。

（5）改 Y 字形交叉为正交（或接近 90°）T 字形交叉，如图 6-8 所示。

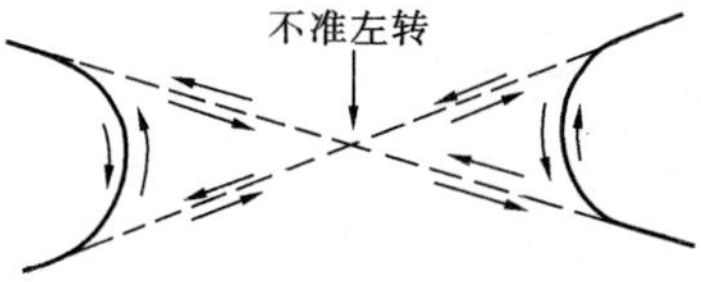

图 6-7　禁止左转

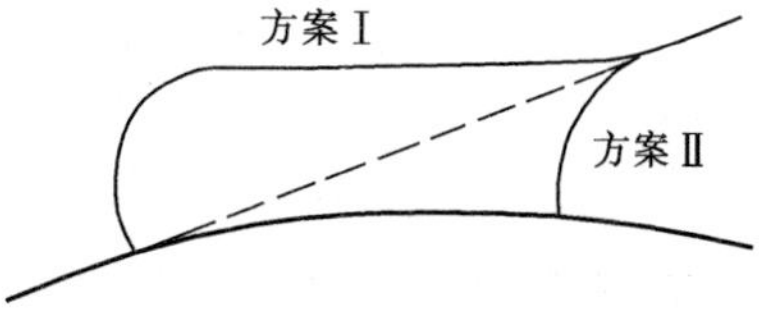

图 6-8　改 Y 字形交叉为 T 字形交叉

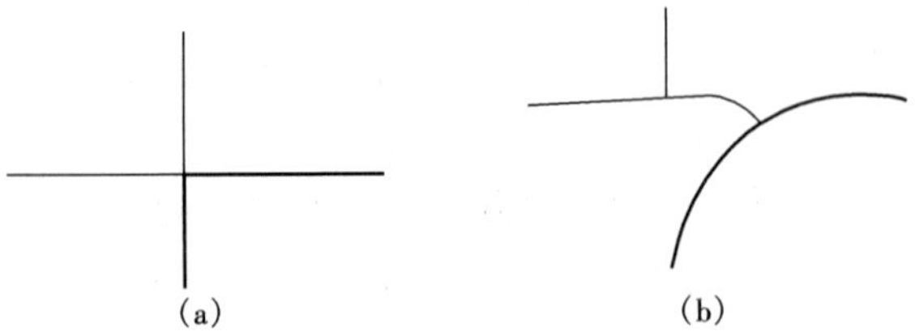

图 6-9　主流道路交通的改善
（a）左右转弯十字形交叉；（b）改为 T 字形交叉

4. 主流交通的道路线形应尽量顺直，任何一侧不宜有两条以上路段交会。例如，当交叉口的主流交通为左、右转弯时，如图 6-9（a）中的粗线所示，此时其一侧有两条路段与之交会，会影响主流方向的交通安全和通行能力。为此，可把主流交通的缘石转弯半径加大，同时改十字形交叉为 T 字形交叉，如图 6-9（b）所示。

5. 应尽量避免近距离的错位交叉

当相邻的两个 T 字形交叉口（错位交叉）之间距离很短时，如图 6-10（a）所示，由于交织段长度很短，将影响进出错位交叉口的车辆不能顺利行驶，因而阻碍主干道上的直行交通。为此，可把相邻的两个交叉口合二为一，调整两条次要道路的局部走向，改变两 T 字形交叉为十字形交叉或 X 字形交叉，如图 6-10（b）、图 6-10（c）所示。调整一条次要道路的局部走向，与另一条次要道路在交叉处相衔接，消除一 T 字形交叉，如图 6-10（d）所示。

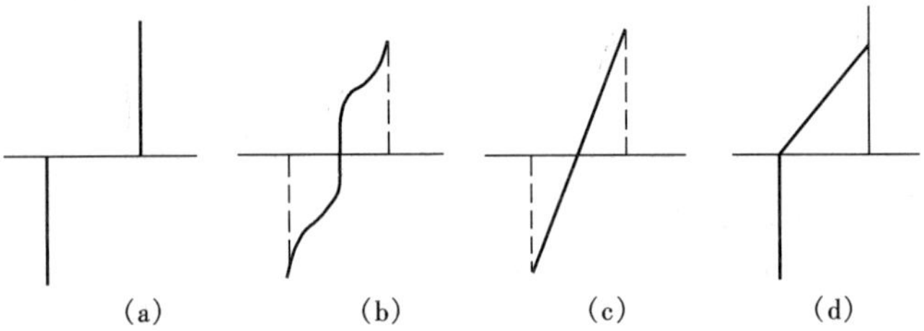

图 6-10　把近距离的两个 T 字形交叉口合建成一个十字形交叉口

6. 畸形和多条道路（$n>4$）的交叉，应尽量避免，或予以简化。可采取以下措施：

（1）设中心岛，改为环形交叉口，如图 6-11（a）、图 6-11（b）所示。

（2）封路改建。把多条道路交叉或畸形交叉［图 6-12（a）、图 6-12（b）、图 6-12（c）］改建为正交，如图 6-12（d）、图 6-12（e）、图 6-12（f）所示。

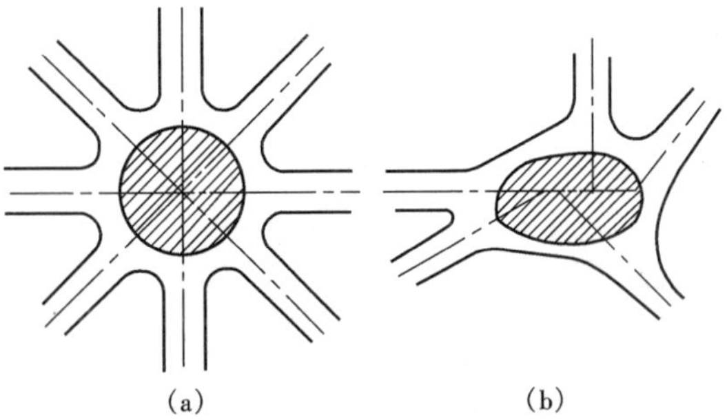

图 6-11　设置中心岛简化交通
（a）圆形环岛；（b）不规则环岛

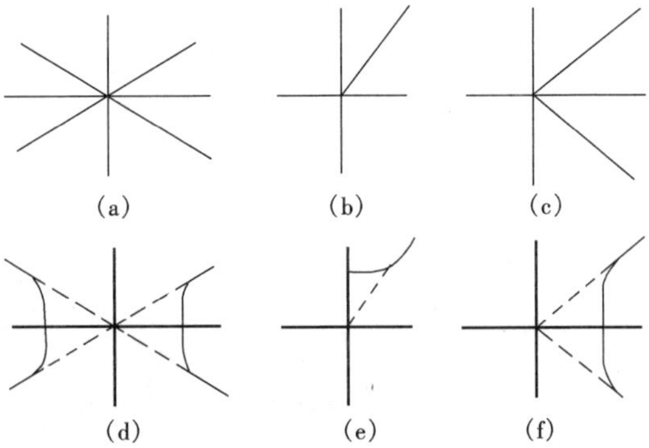

图 6-12　封路改造成为正交

（3）调整交通。双向交通改为单向交通，把多路交叉及畸形交叉改建为正交，如图 6-13 所示。

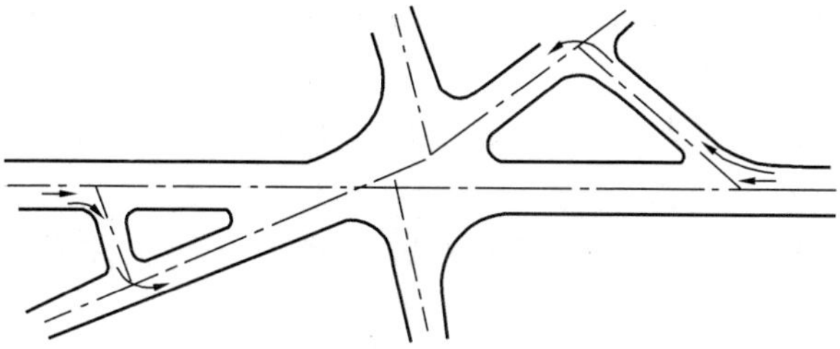

图 6-13　调整畸形交叉口为正交

第三节　交叉口的交通组织设计

一、车辆交通组织方法

车辆交通组织的目的就是保证交叉口上车辆和行人的交通安全、通畅，以及提高交叉口的通行能力。常用的交通组织方法有：限定车流行驶方向、设置专用车道、渠化交叉口、实行信号管制等。

（一）设置专用车道

组织不同行驶方向的左转、直行和右转车辆在各自的车道上分道行驶，互不干扰。根据行车道宽度和左、直、右行车辆的交通量大小，可做出多种组合的车道划分，如图 6-14 所示。

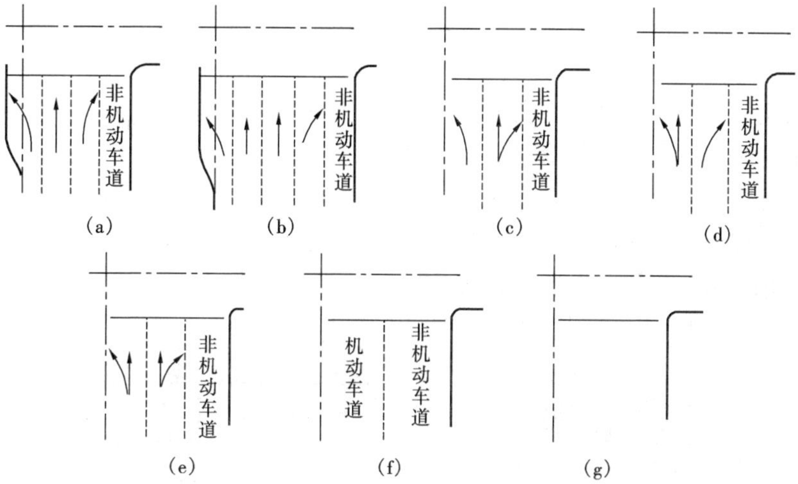

图 6-14　交叉口车道划分

（a）左、直、右各设一车道；（b）设二条直行车道，左、右转各一条车道；（c）直行、右转车共用一条车道；（d）直行、左转车共用一条车道；（e）左、右转分别与直行合用车道；（f）只划快、慢车分道线；（g）不分快、慢车道

1. 左、直、右方向车辆组成均匀，各设一专用车道。如果车道宽度不足时，左转车道可向路中心偏移，如图 6-14（a）所示。

2. 直行车辆很多且左、右转也有一定数量时，设二条直行车道和左、右转各一条车道，如图 6-14（b）所示。

3. 左转车多而右转车少时，设一条左转车道，直行和右转车共用一条车道，如图 6-14（c)所示。

4. 左转车少而右转车多时，设一条右转车道，直行和左转车共用一条车道，如图 6-14（d)所示。

5. 左、右转车辆都较少时，分别与直行车合用车道，如图 6-14（e）所示。

6. 行车道宽度较窄，无法划分左、直、右车道，只划快、慢车分道线，如图 6-14（f）所示。

7. 行车道宽度很窄时，快、慢车道线也不划分，如图 6-14（g）所示。

（二）左转弯车辆的交通组织

左转弯车辆是引起交叉口车流冲突的主要原因，而且也影响直行方向车流的通行。合理地组织左转弯车辆的交通，是保证交通安全，提高交叉口通行能力的有效方法。左转弯车辆交通组织方法可采用以下几种形式：

1. 设置专用左转车道

左转弯车辆在停车线后等候，开放通行色灯时才通过。当直行车辆较多时，最好能为左转车辆设置专用车道，以免阻碍直行车辆的通行；如原有车道的宽度不够，以致左转弯，车辆在停车时影响直行和右转弯车辆的通行，可在靠近交叉口一定距离的范围内拓宽车行道，以便驶进交叉口的车辆能按渠化交通的原则分道停候和行驶。

2. 实行交通管制

通过信号灯或交警指挥，在规定时间内不准左转。

3. 变左转为右转

（1）环形交通。在交叉口中央设置圆形或椭圆形交通岛，进入交叉口的车辆不受交通管制，一律绕岛逆时针单向行驶，使冲突车流变为合流或分流，如图 6-15（a）所示。

（2）绕街坊变左转为右转，如图 6-15（b）所示。这种形式的主要缺点是使左转弯车辆绕街坊的行程增加很多。它通常用在旧城改建有困难或在桥头引道有十字交叉口，为了防止车辆高速下坡时直角转弯而发生事故之处。

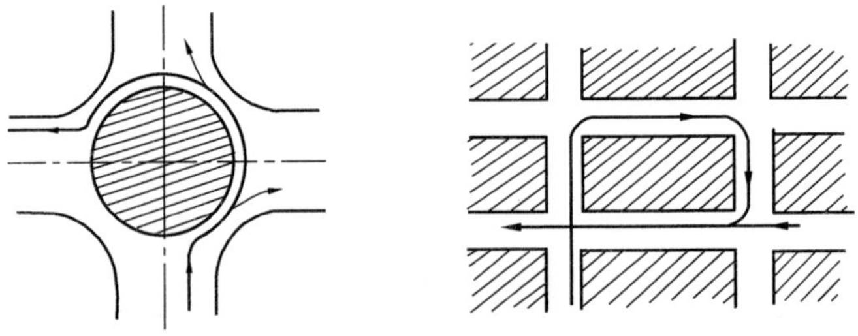

(a)　　(b)

图 6-15　变左转为右转

（a）环形交通；（b）绕街坊变左转为右转

（三）渠化交通组织

所谓渠化交通，就是指人、车分离，车辆各行其道，互不干扰，顺序行驶。在道路上划线，用绿带和交通岛分隔车道，使各种不同类型和不同速度的车辆，能像渠道内的水流那样，顺着一定的方向互不干扰地通过。渠化交通在一定条件下可以有效地提高道路的通行能力，减少交通事故。它对解决畸形交叉口的交通问题尤为有效。

渠化交通的主要作用是保证行车安全，具体表现在：

1. 利用分车线或分隔带、交通岛等，把不同方向和速度的车辆划分车道行驶，使行人和司机很容易看清互相行驶的方向，避免车辆相互侵占车道和干扰行车路线，因而可减少车辆相互碰撞的机会，增加行车安全，如图 6-16（a）所示。

2. 利用交通岛的布置，限制车辆行驶方向，使斜交对冲的车流为直角交叉或锐角交叉，如图 6-16（b）、图 6-16（c）所示。

3. 利用交通岛的布置，限制车道宽度，控制车速，防止超车，如图 6-16（d）、图 6-16（e）所示。

4. 在道路上划分快、慢车道，保证车辆正常行驶。

5. 把不同行驶方向的车辆，在临近交叉口就划分车道分别行驶。

6. 可利用渠化交通设置的交通岛或分隔带，设置各种交通标志，并可作为行人过街时避让车辆的安全岛。

在交通量较大，车速较高的交叉口利用交通岛组织渠化交通时，还需考虑设置变速车道和候驶车道，如图 6-16（f）所示，以利左转弯车辆转向行驶和变速行驶的需要。

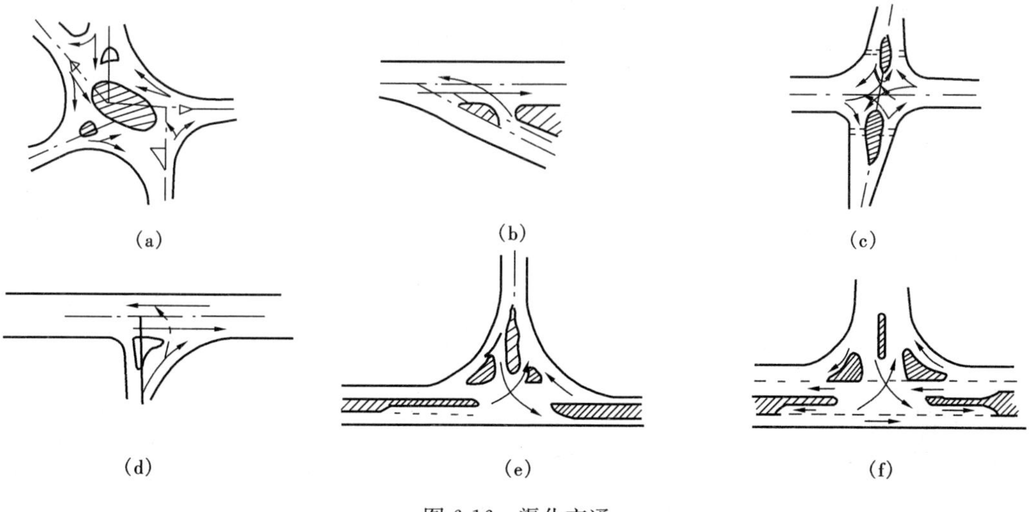

图 6-16　渠化交通

在渠化交通中，最常用的是高出路面的交通岛。按其作用不同可分为方向岛、分隔岛、中心岛、安全岛等。

方向岛又称导向岛，用以指引行车方向，它在渠化交通中起着很大作用，许多复杂的交叉口，往往只需用几个简单的方向岛，就能组织好交通，减少或消灭冲突点。方向岛还可用于约束车道，使车辆减速转弯，保证行车安全。

分隔岛是用以分隔机动车和非机动车、快速车和慢速车，以及对向行驶的车流，保证行车速度和交通安全的长条形交通岛，有时也可在路面上划线来代替分隔岛。

中心岛是设在交叉口中央，用来组织左转弯车辆和分隔对向车流的交通岛。

安全岛供行人过街时避让车辆之用。在宽阔的街道上，宜在人行横道线中央设置安全岛，以保证行人过街安全。

（四）调整交通组织

当旧城道路改建困难时，可对城市道路网综合考虑，采取改变交通路线，限制车辆行驶，控制行驶方向，组织单向交通，以及适当封闭一些主要干道上的支路等措施，简化交叉口交通，提高整个道路网的通行能力。

（五）采用自动控制的交通信号指挥系统，提高行车速度和通行能力

二、行人及非机动车交通组织

公路设计中往往不考虑行人和非机动车交通。但对城市道路因大量行人和非机动车存在，合理组织行人和非机动车交通，是消除交叉口交通阻塞，保障交通安全最有效的方法。

（一）行人交通组织

行人交通组织的主要任务是组织行人在人行道上行走，在人行横道线内安全过街，使人、车分离，互不干扰。

人行道通常对称布置在车行道两侧。交叉口内相邻道路的人行道互相连通，并将转角处人行道加宽，以适应人流集中转向需要。为使行人安全、有序地横穿车行道，应在交叉路口设置人行横道。交叉范围的人行道和人行横道相互连接，共同组成可达任意方向的步行道网。尽量不将吸引大量人流的公共建筑的出入口设在交叉口上。

当人、车流量较大且车行道较宽时，应在人行横道中间设安全岛；必要时在转角处用栏杆将人、车隔离，人行横道两端设置信号灯。

当交叉口宽阔、人流量多、车流量大且车速高时，可考虑设置人行天桥或人行地道，这是行人交通组织最彻底、最有效的办法。交叉口处的人行道除满足行人通过外，还应为过街行人提供等待场地，其宽度原则上不小于路段人行道的宽度。若因设置附加车道不得已压缩人行道时，应根据人流量决定最小宽度。拟设人行天桥或地道时，人行道还应考虑梯道或坡道出入口宽度。在人行道上除必要的道路标志、交通信号、照明及栏杆等外，不允许布置其他设施，以保证人行道的有效宽度。

人行横道应设置在驾驶员容易看清的位置，标线应醒目。人行横道一般可布置在交叉口人行道的延续方向后退4～5m的地方，如图6-17（a）所示。当转角半径较大时可将人行横道设在圆弧段内，如图6-17（b）所示。原则上人行道应垂直于道路设置，可使行人过街距离最短；但如道路斜交时，为避免行人不拐直角弯及扩大交叉口交通面积，人行横道可与相交道路平行，如图6-17（c）所示。T形和Y形交叉口人行横道可按图6-17（d）、图6-17（e）设置。

人行横道的宽度主要取决于过街人流量的大小，一般应比路段人行道宽些。其最小宽度为4m，当过街人流量较大时，可适当加宽，但不宜超过8m。

人行横道的长度与路口信号显示时间有关。一次横穿过长的距离会使过街行人紧张，感到很不安全。当机动车车道很宽时，应在道路中线附近设置宽度不小于1m的安全岛。

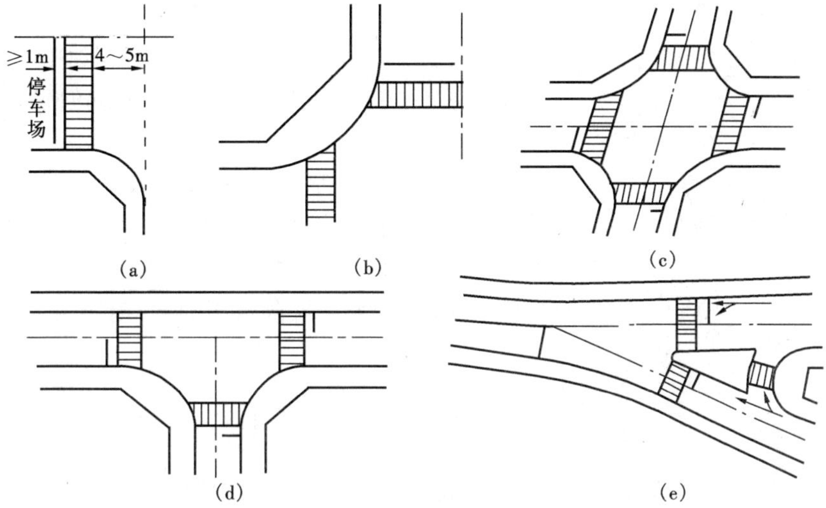

图 6-17　人行道的布置

在设置信号灯控制或设置停车标志的交叉口，应在路面上标绘停车线，指明停车位置。对无人行横道的交叉口，在不影响相交道路交通的条件下，停车线应尽量靠近交叉口，以减小交叉口的范围，提高通行能力。当有人行横道时，停车线应布置在人行横道线后至少 1m 处，并应与人行横道平行，如图 6-17 所示。

（二）非机动车交通组织

在交叉路口，非机动车道通常布置在机动车道和人行道之间。

在交叉口内，一般车流量下非机动车随机动车按交通规则在右侧行驶，不设分离设施。而车流量较大时，可采用分隔带（或墩）将机动车与非机动车分离行驶，减少相互干扰。上述两种情况与机动车交通组织共同考虑。

当车流量很大，机、非之间干扰严重时，可考虑采用立体非机动车交通组织，并与人行天桥或地道一起考虑。上下人行天桥或地道可用梯道、坡道或混合式。一般行人宜用梯道形升降方式；非机动车应采用坡道型，非机动车较多，又因地形或其他理由不能设坡道时，可用梯道带坡道的混合型升降方式。

第四节　环形交叉口设计

一、环形交叉口设计的主要内容

（一）中心岛的形状

环形交叉是在交叉口中央设置一个中心岛，用环道组织渠化交通，驶入交叉口的车辆，一律绕岛做逆时针单向行驶，至所要去的路口离岛驶出。环形交叉口的组成，如图 6-18 所示。

中心岛的形状有圆形、椭圆形、卵形、方形圆角等，它主要取决于相交道路的等级、交角及地形和地物，一般常用圆形，也可以采取其他规则或不规则几何形状的中心岛。

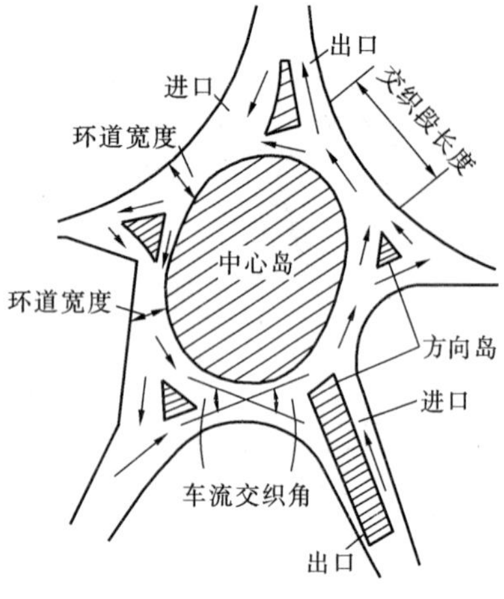

图 6-18　环形交叉口组成示意图

（二）中心岛的半径

中心岛的半径首先应满足计算行车速度的要求，然后按相交道路的条数和宽度，验算相邻道口之间的距离是否符合车辆交织行驶的要求。下面以圆形中心岛为例介绍中心岛半径的计算方法。

1. 按计算行车速度的要求计算

圆形中心岛半径 R_d 可按第二章圆曲线半径公式计算，但因为绕岛行驶的车辆，是在紧靠中心岛的车道宽度 b 的中间行驶，实际采用的 R_d 值应减去 $b/2$，即

$$R_d = \frac{V_r^2}{127(\mu + i)} - \frac{b}{2} \tag{6-3}$$

式中　V_r——环道计算车速（km/h）。一般可采用相交道路路段计算车速的 0.7 倍；

μ——横向力系数，建议大客车 μ=0.10～0.15，小客车 μ=0.15～0.20；

i——环道横坡，可取 1.5%，形成超高时取正值，形成反超高时取负值；

b——靠中心岛的车道宽度（m）。

2. 按交织长度的要求计算

进环和出环的两辆车辆，在环道行驶时互相交织，交换一次车道位置所行驶的路程，称为交织长度。交织长度的大小主要取决于车辆在环道上的行驶速度，应能满足汽车以一定车速相互交织并连续行驶，最小应不小于 4s 的行驶距离。当两路口之间有足够距离，此时在该环道上行驶的车辆，均可在合适的时机互相交织，该段距离即为交织段长度［图 6-19（a)］，交织段的位置如图 6-19（b）所示。

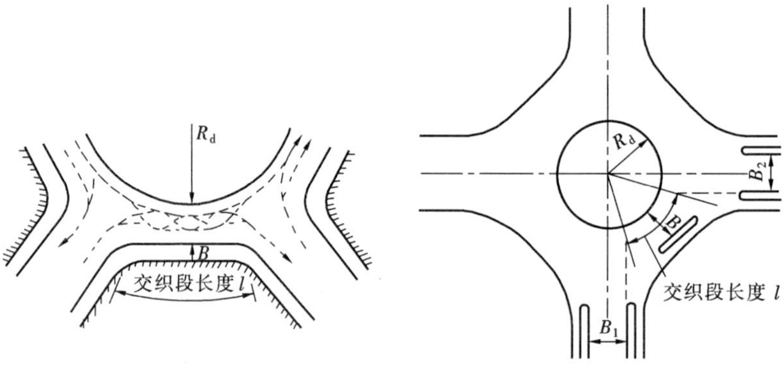

图 6-19　环形交叉的交织长度

（a）交织段长度；（b）交织段位置

中心岛的半径必须满足两个路口之间的最小交织段长度的要求（表 6-2）；否则，行驶中需要互相交织的车辆就要在环道上停车等让，不符合环形交叉口连续交通的原则。

在进行环交中心岛半径设计时，一般应先定出交织段长度。通常可有如下两种方法：一是按进交叉口道路的机动车道边线的延长线来标定，此法有利于计算，并适用于无导向岛的

环形交叉口；二是按导向岛端部的延长线与环道中心线交点之间的距离来标定，此法适用于机、非混行的环形交叉口。

表 6-2 环行交叉最小交织长度和中心岛最小半径

环道计算行车速度（km/h）	40	35	30	25	20
最小交织长度 l_w	45	40	35	30	25
中心岛最小半径 R_d	65	50	35	25	20

按交织段长度所要求的中心岛半径 R_d，可根据图 6-19，近似地按交织段长度所围成的圆周大小来计算，即：

$$R_d = \frac{nl_w + \Sigma b}{2\pi} - \frac{B}{2} \tag{6-4}$$

式中 l_w——两相邻进出口道之交织长度（m）；

n——相交道路条数；

Σb——各进口道导流岛底两端部延长线与环道中心线交点距离之和，或相交道路宽度之和（m）；

B——环道宽度（m）。

由以上公式可知，当相交道路的条数越多（即 n 越大），则要求中心岛的半径 R_d 就越大，这样将大大增加交叉口用地面积，此时，也大大增加绕岛车辆的行程，这样很不经济也很不合理。因此，环形交叉口的相交道路最好不多于六条。

如按行车速度已确定中心岛半径 R_d，其交织段长度 l_w 是否符合要求，可按下式近似验算：

$$l_w = \frac{2\pi}{n}\left(R_d + \frac{B}{2}\right) - \frac{1}{n}\Sigma b \quad (\text{m}) \tag{6-5}$$

或

$$l_w = \frac{2\pi\alpha}{360}\left(R_d + \frac{B}{2}\right) - \frac{1}{n}\Sigma b \quad (\text{m}) \tag{6-6}$$

式中 α——相邻道路中心线所形成的交角（°）。当夹角不相等时，应采用最小夹角值。

一般在设计四条道路相交的环形交叉口时，所采用的中心岛半径都应按公式（6-3）或公式（6-4）计算，选取较大者，并用公式（6-5）验算是否符合要求，否则增大 R_d 重新验算直至符合要求。

（三）交织角

交织角是进环车辆与驶出车辆轨迹的相交角度。用以检验车辆在环道上交织行驶时的安全程度。它以右转弯车道的外缘 1.5m 和中心岛缘石外 1.5m 的两条切线的交角来表示，如图 6-20 所示，交织角的大小取决于环道的宽度和交织段长度。

交织角过大，行车易出事故，一般限制在 40°以内。交织角越小越安全，但因此交织段长度和中心岛直径就要增大，占地也增多。交织角最好选择在 20°～30°之间。

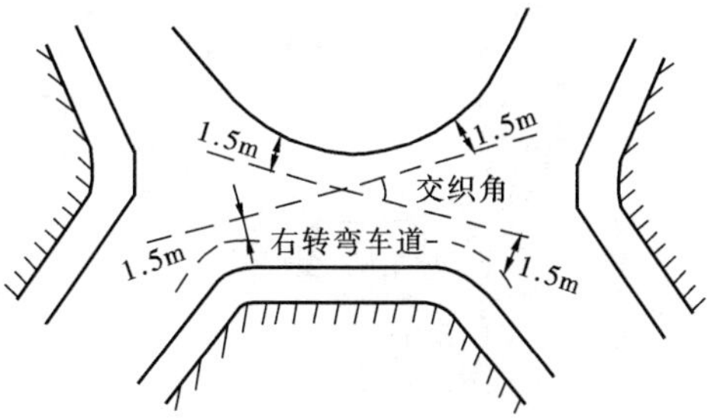

图 6-20 交织角

（四）环道的宽度

环道的宽度决定于相交道路的交通量和交

通组织，一般是将靠近中心岛的一条车道作绕行之用，靠最外面一条车道供右转弯，当中再加一条车道作交织之用，这样，环道上一般是三条车道即可。根据观测证明，当车道数从两条增加到三条（包括右转弯车道）时，通行能力提高得最为显著；当车道数在四条以上时，则通行能力增加不多。因此，环道上不宜设计太多的车道，一般设计三条车道（未计非机动车道）即足够；如交织段长度较长，一般大于 60m 时，可考虑布置两条交织车道，环道上共四条车道。如相交道路的车行道较窄，也可采用两条车道。环道上的车道宽度必须按照弯道加宽值予以加宽。我国经验，当中心岛半径为 20～40m 时，机动车道总宽度可为 16m。

非机动车道宽度应不小于交会道路中的最大非机动车道宽度，也不宜超过 8m；机、非分隔时可用分隔带（物）或标线分隔，分隔带宽度应大于 1m；环道外侧人行道宽度不宜小于各交会道路中的最大人行道宽度；环道纵坡不宜大于 2%，横坡宜采用双向横坡。

综上所述，环道总宽度 $B_{环}$ 可用下式表示：

$$B_{环} = nb_1 + C + W \tag{6-7}$$

式中 n——环道上的机动车道数；

b_1——加宽后的机动车道宽度（m）；

C——分隔带宽度（m）；

W——非机动车道宽度（m）。

（五）环道进、出口的曲线半径

环道进、出口的曲线半径取决于环道的设计车速。为了使环道上的车速比较一致，对入环车辆的车速应加以限制，因此，环道进口的曲线半径应接近于或小于中心岛半径。环道出口的曲线半径可较进口的曲线半径大些，以便车辆加速驶出，保持交叉口畅通。各相交道路的进口曲线半径不能相差太大，以免造成入环车速的很大差别，影响环道的行车安全。

（六）环道的横断面

环道的横断面形状与行车平稳和排水的关系很大。通常横断面的路拱脊线是设在交织车道的中间（图 6-21），在进、出环道处，横坡度的变化应较缓和。中心岛的四周设置雨水口以保证环道上积水的排除。在进出口之间无交通的地方可设置三角形的方向岛。

（七）环道的外缘石

环道外缘石平面形式各地多做成反向曲线（图 6-22），这只是为了适应外形美观，从交通的观点来看是不合理的。实际观测证明，这种形状的环道外侧有 20%的路面是从来无车行驶的。因此，环道的外缘石宜采用直线圆角形式，如图中虚线所示。

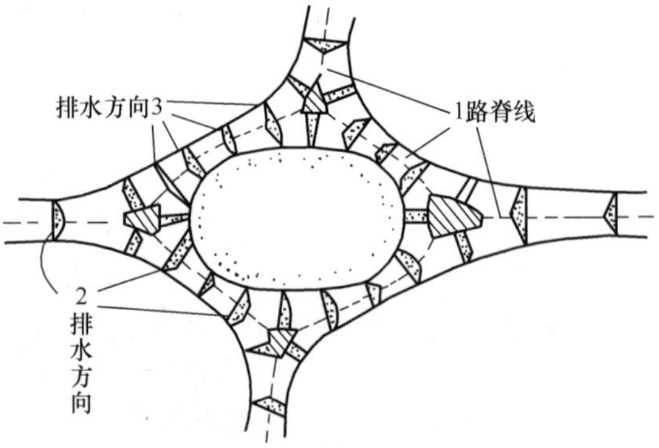

图 6-21 环道的路拱脊线

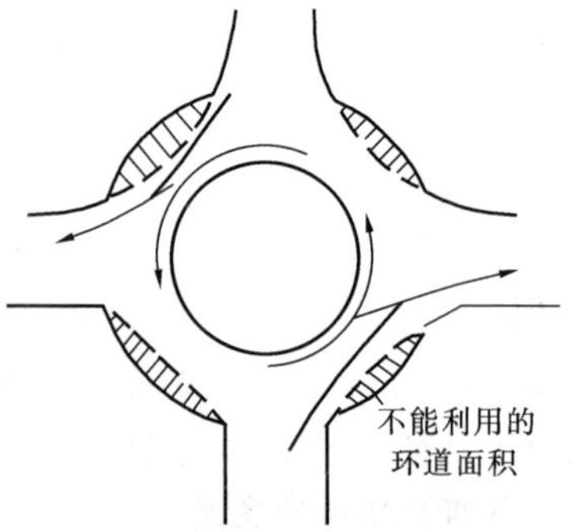

图 6-22 环道的外路缘石平面形状

二、环形交叉口的通行能力

前面已分析，所有驶入环形交叉口的车辆都必须绕中心岛做逆时针行驶，所有直行和左转的车辆都必须做交织行驶。因此，供直行和左转车辆行驶的车道数不论设计多少条，在交织段长度小于 2 倍的最小交织段长度时，其通行能力最多只能达到一条车道的最大理论值。

现以四路交会的环形交叉口为例［图 6-23（a）］来求算其总的通行能力。

取任意交织段断面 $B—B$。如环道上仅布置一条机动车道，则所有通过 $B—B$ 断面的左、直、右行车辆都必须顺序驶过会合点 A。此时，各条道路的车辆通过会合点 A 的通过量 N_A 为：

$$N_A = N_{右1} + N_{直1} + N_{左1} + N_{直2} + N_{左2} + N_{左3} \quad (6\text{-}8)$$

其中第 4 条道路进环的车辆不通过 A 点。

一般各个进口道驶入的车辆数都差不多，现假设各进口道的左、直、右行的交通量各自相等，则上式可得：

$$N_A = N_{右} + 2N_{直} + 3N_{左} \quad (6\text{-}9)$$

如果也假设各进口道的左转和右转车辆的交通量相等，即 $N_{左}=N_{右}$，则：

$$N_A = 2(N_{右} + N_{直} + N_{左}) \quad (6\text{-}10)$$

而整个环道的通过量 $N_{环}$ 为：

$$N_{环} = 4(N_{右} + N_{直} + N_{左}) \quad (6\text{-}11)$$

所以

$$N_{环} = 2N_A \quad (6\text{-}12)$$

同理，可求得五条道路交会的环形交叉的环道总通过量［图 6-23（b）］。

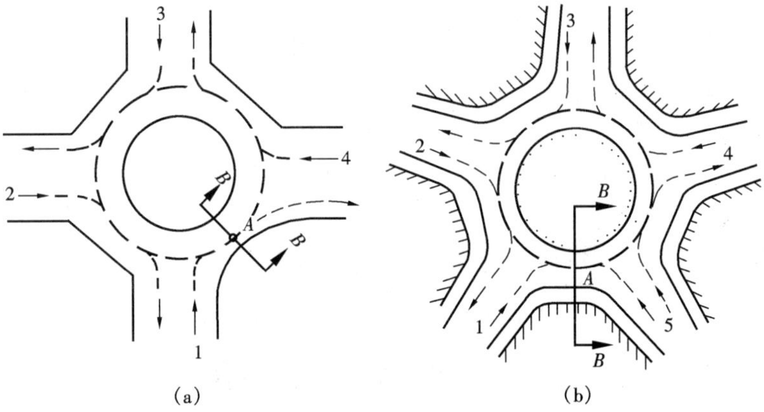

图 6-23　环形交叉口通行能力的计算图示

（a）四路交会环形交叉口；（b）五路交会环形交叉口

环形交叉口在下列条件下：各进口道的左、直、右行交通量各自相等，左转与右转车辆的比例也一样，则不论交会的道路是四条还是五条，其环岛的总通过量总是等于交织段断面通过量的两倍。

当环道上的车道数大于等于 2 条时，其中有一条为右转车道，其余均为绕岛和交织行驶的车道。此时，因为右转车道的车辆不参与交织，故交织段断面上的通过量应另外加上右转车道的通过量，则 $N_{总}$ 为：

$$N_{总} = N_{左、直} + N_{右} \tag{6-13}$$

式中 $N_{总}$——环岛各交会道路进入路口的总通过量（辆/h）；

$N_{左、直}$——环岛各交会道路进入路口的左转和直行车辆通过量（辆/h）；

$N_{右}$——环岛各交会道路进入路口的右转车辆通过量（辆/h）。

当各交会道路驶入环岛的交通量基本相等，且左转和右转车辆的比例基本相同时，可用下式计算：

$$N_{左、直} = 2N_{A} = 2 \times \frac{3600}{t_i} \tag{6-14}$$

式中 t_i——左转和直行车辆通过交织段断面的车头时距（s），根据观测 t_i 的平均值为：当环岛处于正常行驶状态时 t_i=3.6s；在机动车高峰时，t_i=3.1s；在非机动车高峰时，由于受非机动车的干扰影响，t_i=3.6～3.9s。

设右转车辆在总交通量中所占的百分比 P 进行计算：

$$N_{右} = N_{总} \cdot P = (N_{左、直} + N_{右}) \cdot P \tag{6-15}$$

解此，得：

$$N_{右} = N_{左、直} \cdot \frac{P}{1-P} = \frac{7200}{t_i} \cdot \frac{P}{1-P} \tag{6-16}$$

对 $N_{总}$ 考虑两个影响因素：

（1）交织段长度影响系数 φ

长交织段长度的通过量比短交织段长度的通过量大。根据观测：如以交织段长度等于 30m（环道平均车速为 17km/h）时的通过量为 1，则交织段长度等于 60m（环道平均车速为 20km/h)时的通过量为 1.2，则当交织段长度在 30～60m 范围内的交织段长度影响系数 φ 为：

$$\varphi = \frac{3\,l_{w}}{2\,l_{w} + 30} \tag{6-17}$$

式中 l_w——交织段长度（m）。

当 $l_w > 60$m 时，按上式计算结果只能参考选用。

（2）车辆分布不均影响系数 η：由于环道车流的不均匀性，应考虑车辆分布不均的影响。根据经验，η=0.75～0.85。

考虑上述影响系数，则得环形交叉口的可能通行能力 $N_{总}$ 为：

$$N_{总} = \frac{7200}{t_i(1-P)} \cdot \frac{3l_{w}}{2l_{w} + 30} \cdot \eta \tag{6-18}$$

上式中的参数系按大型车占 60%、小型车占 30%、拖挂车占 10%的比率求得。

第五节 交叉口竖向设计

一、交叉口竖向设计的要求和一般原则

（一）交叉口竖向设计的要求

交叉口竖向设计的目的，是要统一解决相交道路之间以及交叉口和周围建筑物之间在立面位置上的行车、排水和建筑艺术三方面的要求。

1. 使相交的道路在交叉口内能有一个平顺的共同面，便利车辆和行人交通；

2. 使交叉口范围内的地面水能迅速排除；

3. 使车行道和人行道的各点标高能与建筑物的地面标高相协调而具有良好的空间观感。

（二）交叉口竖向设计的一般原则

交叉口的竖向设计，在很大程度上取决于相交道路的等级、交通量、横断面形状、纵坡的方向和大小，以及当地的地形情况。设计时首先应照顾主要道路上的行车方便，在不影响主要道路行车方便的前提下，也应适当改动主要道路的纵、横坡，以照顾次要道路和行车方便。交叉口竖向设计的一般原则如下：

1. 主、次道路相交，主要道路的纵横坡度一般均保持不变（非机动车道纵坡、横坡可变），次要道路的纵横坡度可适当改变；

2. 同级道路相交，纵坡一般不变，横坡可变；

3. 路口设计纵坡不宜太大，一般不大于 2%，困难情况下，不大于 3%；

4. 交叉口竖向设计标高应与四周建筑物地表标高相协调；

5. 为了保证交叉口排水流畅，设计时至少应有一条道路的纵坡背离交叉口。如遇困难地形，例如交叉口设在盆形的地形，所有道路纵坡都向着交叉口时，必须预先考虑修筑地下排水管道和设置进水口；

6. 合理确定变坡点和布置雨水口。

在交叉口布置进水口，应不使地面水流过交叉口的人行横道，也不应使地面水在交叉口内积水或流入另一条道路。为此，进水口应设在交叉口人行横道的前面能截住来水的地方和竖向设计的低洼处。

二、交叉口竖向设计的几种基本形式

交叉口竖向设计的形式，在很大程度上取决于地形，以及和地形相适应的相交道路的纵、横断面。如以十字形交叉口为例，根据相交道路纵坡方向的不同，竖向设计有以下六种基本形式：

（1）相交道路的纵坡方向均背离交叉口［图 6-24（a）］。设计时使交叉口的纵坡与相交道路的纵坡一致，适当调整一下接近交叉口的路段横坡，让雨水流向交叉口四个转角的街沟或路基外排除，交叉口内不需设置雨水口。

（2）相交道路的纵坡方向都指向交叉口［图 6-24（b）］。这种形式地面水都向交叉口集中，排水比较困难，应尽量避免。若因地形限制，必要时应设置地下排水管道排水。为防止雨水汇集到交叉口中心，应适当改变相交道路的纵坡，以提高交叉口中心标高，并在转角设置雨水口。最好在相交道路纵坡设计时，应将一条主要道路的变坡点设在远离交叉口的地方，保证有一条道路的纵坡方向能背离交叉口。

（3）有三条道路纵坡方向背离而一条指向交叉口［图 6-24（c）］。设计时应将纵坡指向交叉口的道路路脊线在交叉口处分为三个方向，相交道路的横断面不变，并在纵坡指向交叉口道路的人行横道线外设雨水口，防止雨水流入交叉口内。

（4）有三条道路纵坡方向指向交叉口而一条背离［图 6-24（d）］。设计时，与谷线相交的道路进入交叉口之前，在纵断面上产生转折而形成过街横沟，不利于行车，应尽量使纵坡转折点离交叉口远一些，并在该处插入竖曲线。纵坡指向交叉口的人行横道线外应设置雨水口。

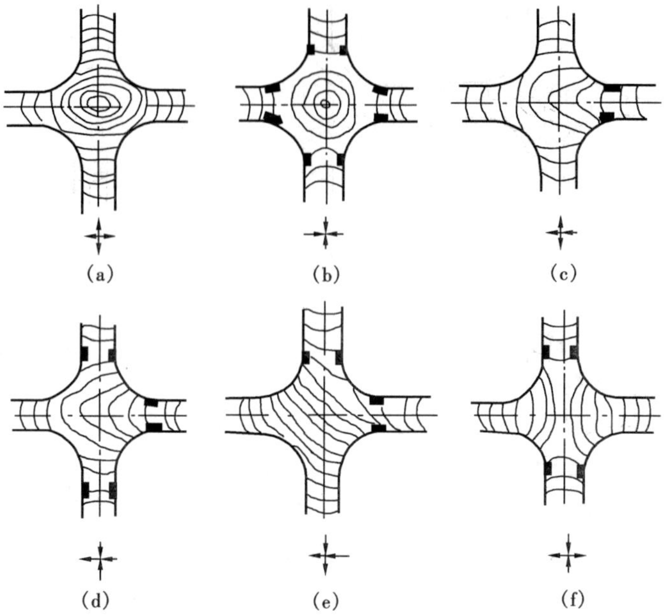

图 6-24　交叉口立面设计的基本形式

(a) 纵坡方向均背离交叉口；(b) 纵坡方向都指向交叉口；(c) 三条道路纵坡方向背离而一条指向交叉口；(d) 三条道路纵坡方向指向交叉口而一条背离；(e) 相邻两条道路纵坡指向交叉口而另两条背离；(f) 相对两条道路纵坡指向交叉口而另两条背离

(5) 相邻两条道路纵坡指向交叉口而另两条背离［图 6-24 (e)］。设计时，相交道路的纵坡均不变，而将两条道路的横坡在进入交叉口前逐渐向相交道路的纵坡方向变化，使交叉口上形成一个单向倾斜面。并在纵坡指向交叉口道路的人行横道线外设雨水口。

(6) 处于马鞍形地形上，相对两条道路纵坡指向交叉口而另两条背离［图 6-24 (f)］。设计时，相交道路纵、横坡都可按自然地形在交叉口内适当调整；并在纵坡指向交叉口的道路两侧设置雨水口。

以上为几个典型十字形交叉口立面设计形式，对于其他不同形式的交叉口，立面设计的要求和原则是一样的。另外，立面设计的使用效果与相交道路纵坡方向的组合有很大关系，因此，如要获得交叉口理想的立面设计，应在道路纵断面设计时，就考虑交叉口立面设计的要求，为其创造良好的条件。

三、交叉口立面设计的方法与步骤

交叉口立面设计的方法有方格网法、设计等高线法以及方格网设计等高线法三种。方格网法是在交叉口范围内以相交道路中心线为坐标基线打方格网，测出方格点上的地面标高。求出其设计标高，并标出相应的施工高度。设计等高线法是在交叉口范围内选定路脊线和划分标高计算线网，并计算其上各点的设计标高，勾绘交叉口设计等高线，最后标出各点施工高度。比较上述两种方法，其中设计等高线法比方格网法更能清晰地反映出交叉口的立面设计形状，但等高线上的标高点在施工放样时不如方格网法方便。为此，通常把以上两种方法结合使用，称之为方格网设计等高线法，它可以取长补短，既能直观地看出交叉口的立面形状，又能满足施工放样方便的要求。对于普通交叉口，多采用方格网法或设计等高线法，其中混凝土路面宜采用方格网法，而沥青路面宜采用设计等高线法；对于大型、复杂的交叉口和广场的立面设计，通常采用方格网设计等高线法。下面以方格网设计等高线法为例来介绍交叉口立面设计的方法和步骤。实际工作中，若采用方格网法，则不需勾绘设计等高线，而采用设计等高线法时，可不打方格，只加注一些特征点的设计标高即可。

（一）收集资料

1. 测量资料：交叉口的控制标高和控制坐标；收集或实测 1∶500 或 1∶200 地形图，详细标注附近地坪及建筑物标高。

2. 道路资料：相交道路的等级、宽度、半径、纵坡、横坡等平纵横设计和规划资料。

3. 交通资料：交通量及交通组成（直行、左、右转的比例）。

4. 排水资料：已建或拟建地上、地下排水管渠的位置和尺寸。

（二）绘出交叉口平面图

包括：路中心线、车行道和人行道的宽度、缘石半径、方格线。

（三）确定交叉口的设计范围

设计范围一般为缘石半径的切点以外 5～10m（即相当一个方格），这是考虑到自双向横坡逐渐过渡到单向横坡所需要的一定距离，并应与相交道路的路面标高完全衔接。

（四）确定立面设计的图式

根据相交道路的等级、纵坡方向、地形和排水的要求，确定采用的立面设计等高线形式，并根据纵坡的大小和精度的要求选定相邻等高线的高差 h（一般为 0.02～0.10m，取偶数便于计算）。

（五）确定路段上的设计标高（通常用设计等高线表示）（图 6-25）

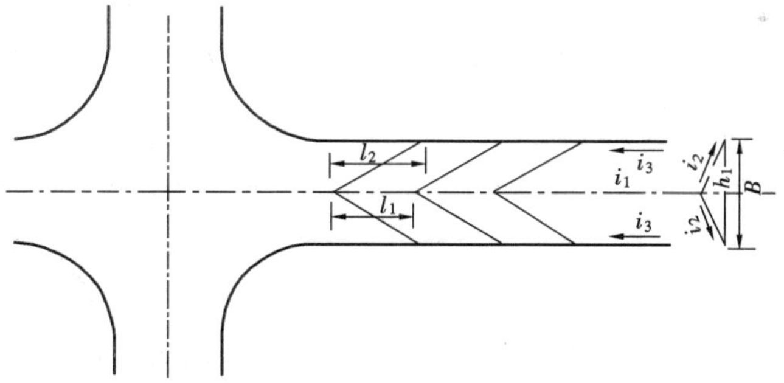

图 6-25　路段上设计等高线的绘制

上图中，i_1、i_3 分别为车行道中心线和街沟线的设计纵坡度（通常情况下 $i_1 = i_3$）(%)，i_2 为车行道的设计横坡度（%），B 为车行道宽度（m），h_1 为车行道路拱的拱高（m），h 为相邻设计等高线的高差（m）。

首先，在车行道中心线上根据设计纵坡度定出某一整数的设计标高位置，并选定相邻等高线的高差 h，然后算出车行道中心线上相邻等高线的水平间距。

$$l_1 = \frac{h}{i_1} \quad (\mathrm{m}) \tag{6-19}$$

根据 l_1 即可定出车行道中心线上其余的等高线位置。

其次，定出等高线在街沟线上的位置。由于车行道横坡度的影响，等高线在街沟线上的位置向纵坡的上方偏移了一水平距离 l_2

$$l_2 = h_1 \cdot \frac{1}{i_3} = \frac{B}{2} \cdot \frac{i_2}{i_3} \quad (\mathrm{m}) \tag{6-20}$$

根据 l_2 即可定出车行道街沟线上其余的等高线位置。

求出 l_1 和 l_2 的位置后，连接同一等高线上的各点，即得以设计等高线表示的道路路段立面设计图。路面为抛物线型路拱，路段上的设计等高线均可用折线，如图 6-25 所示。

（六）确定交叉口上的设计标高

1. 首先选定交叉口范围内合适的路脊线和控制标高

所谓路脊线即是路拱顶点（分水点）的连线。路脊线位置的选定合理与否，将直接影响交叉口上的排水、行车和立面观瞻。所以，要做好立面设计，首先要选好路脊线的位置。

在交叉口上，相交道路的路中心线交会于一点时，一般路中心即为其路脊线，路脊线的交点即为其控制标高。在斜交的丁字形交叉口上，相交的道路虽然必交于一点，但当斜交的偏角过大时，其路中心线就不宜作为路脊线，应加以调整，如图 6-26 中的 AB，修正路脊线的起点 A，一般取在缘石转弯半径的切点断面处，B' 的位置原则上应选在双向车流的中间位置（车行道中间）。

当主要干道与次要道路相交时，在一般情况下，宜尽可能都照顾到主、次道路的行车方便。在特殊情况下，如果主要干道的交通量和车速占压倒优势，要求主要干道上的横坡不变，此时次要道路的路脊线只能交至主要干道的车行道边线（图 6-27），但这样的立面设计，使次要道路形成过街横沟，对行车、排水都不利，应尽量避免为宜。

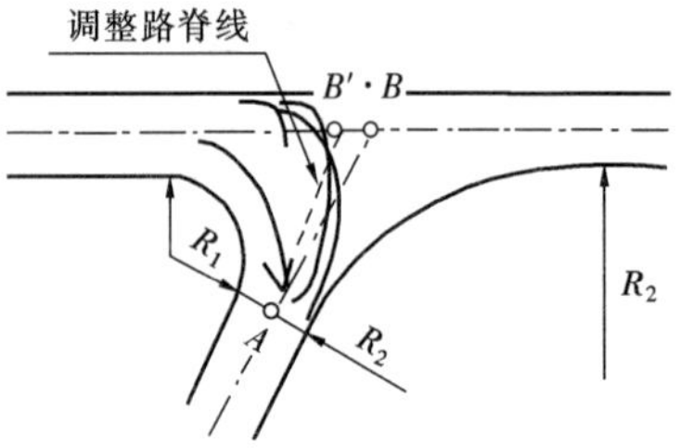

图 6-26　调整路脊线

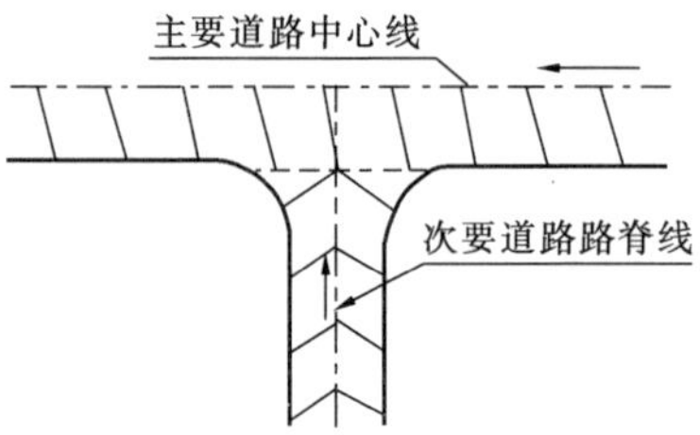

图 6-27　路脊线交点移位

选定路脊线的基本原则是：既要考虑行车平顺，又要考虑整个交叉口均衡美观。一般来说，路脊线常是对向车辆行驶轨迹的分界线。

交叉口的控制标高，应根据相交道路的纵坡、交叉口四周地形、路面厚度和建筑物的布置等综合考虑确定。在确定相交道路中心线交点的控制标高时，不宜使相交道路的纵坡值相差太大，其差值一般要求不大于 0.5%，应尽量使交叉口处相交道路的纵坡大致相等，它有利于立面设计的处理。

2. 确定标高计算线网并计算标高计算线上各点的设计标高

只有路脊线上的设计标高，还不能足够反映交叉口设计范围内的立面设计形状，还必须计算出路脊线以外各点的设计标高，平面交叉口立面设计的关键问题是选择合适的路脊线和标高计算线网。

标高计算线网是立面设计中计算交叉口范围内各点标高必不可少的辅助线。标高计算线网的确定可以采用如下几种方法。

(1) 方格网法(图 6-28)

在交叉口平面图上，平行于道路中心线画出 5m×5m 或 10m×10m 的方格网线，遇特殊情况，方格网的大小也可酌情增减，如道路斜交，方格网线应选在便于施工测量放线的方向。方格网法适宜用在道路正交的交叉口。

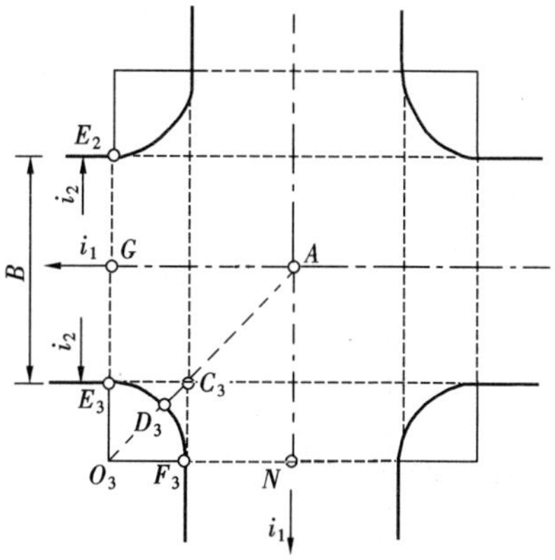

图 6-28 方格网法设计标高的计算图示

根据路脊线交点 A 的控制标高 h_A，可逐一求出以下各点的设计标高。

缘石半径切点横断面上的三点标高：

$$h_G = h_A - AG \cdot i_1 \tag{6-21}$$

$$h_{E3}(\text{或}h_{E2}) = h_G - \frac{B}{2} \cdot i_2 \tag{6-22}$$

同理，可求得 F_3、N 等点的标高。

根据以上已求得的 A、E_3、F_3 点的控制标高，则可算出交叉口范围内的标高点。

缘石延长线交点 C_3 的标高：按 E_3 或 F_3 算出 C_2 点标高，如两点标高不相等时，则取其平均值，故：

$$h_{C_3} = \frac{(h_{E_3} + R \cdot i_1) + (h_{F_3} + R \cdot i_1)}{2} \tag{6-23}$$

连接 A、O_3，通过 C_3 点与缘石曲线相交于 D_3，D_3 点的标高为：

$$h_{D_3} = h_A - \frac{h_A - h_{C_3}}{AC_3} \times AD_3 \tag{6-24}$$

根据求得的 E_3、F_3、D_3 各点标高，在缘石曲线 $\widehat{E_3F_3}$ 和路脊线 AG、AN 上，用补插法求出所需要的等高点。同理，可把四个角的等高点都算出来。

(2) 圆心法(图 6-29)

在路脊线上根据施工的需要每隔一定距离(或等分)定出若干点，把这些点分别与相应的缘石转弯半径的圆心连成直线(只画到缘石曲线上即可)，这样，就形成以路脊线为分水线、以路脊线交点为控制中心的标高计算线网。

(3) 等分法(图 6-30)

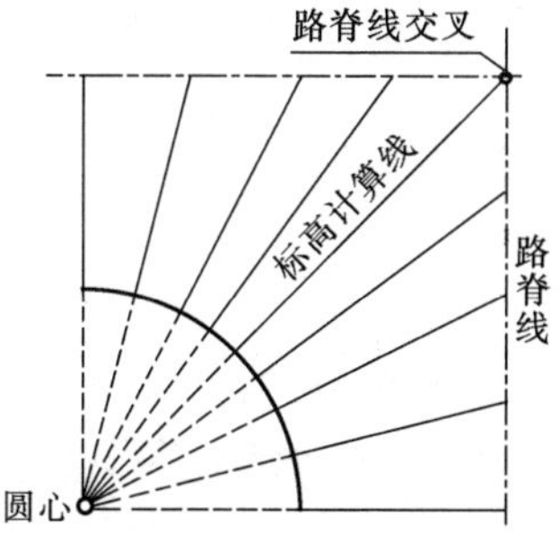

图 6-29 圆心法

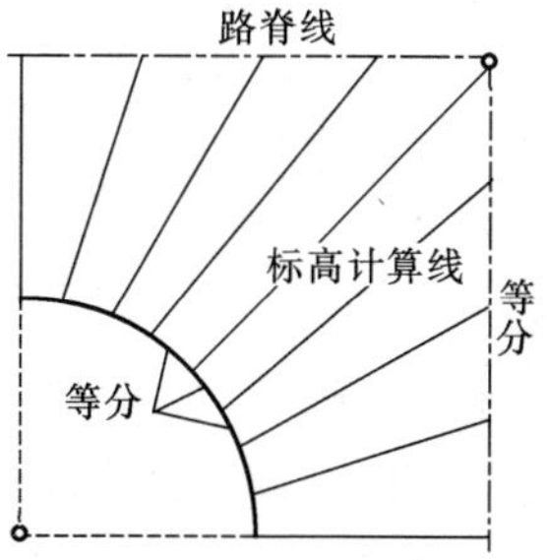

图 6-30 等分法

把交叉口范围内的路脊线等分为若干份，然后在相应的缘石曲线上也分成同样数量的等份，顺序连接这些等分点，即得交叉口的标高计算线网。

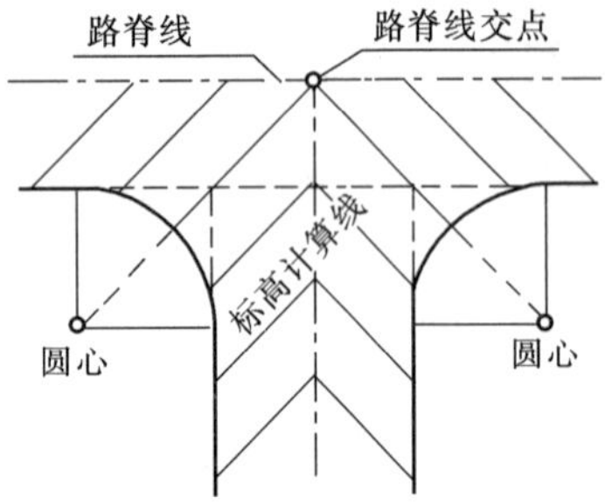

图 6-31　平行线法

(4) 平行线法（图 6-31）

先把路脊线交点与各转角的圆心连成直线，然后根据施工需要把路脊线分成若干点，通过这些点做以上直线的平行线交于缘石曲线，即得标高计算线网。

从以上划分标高计算线网的四种图形可以看出，标高计算线所在的位置，即是用于计算该断面路拱设计标高的依据，而标准的路拱横断面应是与车辆的行驶方向相垂直，所以，如果所确定的标高计算线位置不与行车方向垂直，即标高计算线与要求的路拱横断面并不在同一位置上，那么，按选用的路拱方程计算出来的路拱标高，将不是正确的路拱形状。因此，不论选用哪一种形式，都应力求使标高计算线处于与行车方向垂直的位置，同时，还要便于计算。根据这个要求，在上述确定标高计算线网的四种方法中，推荐采用等分法。

当主要道路与次要道路相交而主要道路的交叉口横坡不变时，则路脊线的交点即要移到次要道路的路脊线与主要道路的车行道边线的交点上（图 6-27），此时的标高计算线网不论采用哪一种方法拉线，都必须自移位后的路脊线交点拉出。

每条标高计算线上标高点的数目，可根据路面宽度、施工需要和设计等高线的数量来决定。路宽的、施工精度要求较高的则标高点数可多些；反之，则可少些。

标高点高程的计算，一般是采用下列公式的抛物线路拱形式来计算（图 6-32）：

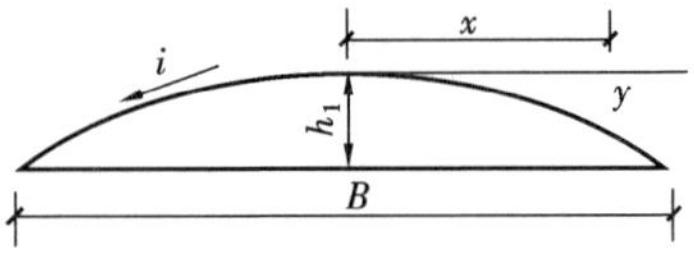

图 6-32　路拱标高计算图示

$$y=\frac{h_1}{B}x+\frac{2h_1}{B^2}x^2 \qquad (6\text{-}25)$$

$$y=\frac{h_1}{B}x+\frac{4h_1}{B^3}x^3 \qquad (6\text{-}26)$$

式中　h_1——标高计算线两端的高差或路拱高度（m），$h_1=\frac{B\cdot i}{2}$；

B——车行道宽度（m）；

i——路拱横坡。

上列公式可根据路面类型来采用，一般 14m 宽以下的过渡式及低级路面采用公式（6-25）；宽 14m 以上的高级路面及次高级路面采用公式（6-26）。

（七）勾画交叉口上的设计等高线

参照已知的立面设计图式和形状，把各等高点连接起来，即得初步的、以设计等高线表示的交叉口立面设计图。

（八）调整标高

按行车平顺和排水迅速的要求，调整等高线的疏密的标高，补设进水口。检查方法：用大三角板或直尺沿行车方向、横断面方向或任一方向，检查设计等高线分布是否合理。以判别纵坡、横坡和合成坡度是否满足行车和排水要求。最后检查街沟线的纵坡能否顺利排水，以及进水口的布置是否合理。

（九）计算施工高度

根据等高线的标高，用补插法求出方格点上的设计标高，最后可以求出施工高度（它等于设计标高减去地面标高），以符合施工要求。

以上为方格网设计等高线法，适用于大型、复杂的交叉口和广场立面设计。对于一般简单的交叉口也可采用特征标高点（如在纵、横坡方向选点）表示，路宽的、复杂的则点数可多些，路窄的、简单的则点数可少些。

第六节　立体交叉概述

立体交叉是用跨线构造物（桥或地道）使道路与道路或道路与铁路在不同的标高上相互交叉的形式。立体交叉用空间分隔的方法消除或减少交叉口车流的冲突，从而提高行车速度、提高通行能力、减少交叉口的延误和油耗，并增加了交通安全度，因此，它常用于行车速度高和交通量大的干线道路上。

由于立体交叉占地面积大、施工复杂、造价高、不易改建，因此应根据规划，经过技术、经济及环境效益的比较和分析确定。

一、立体交叉的组成

立体交叉的主要组成部分如图 6-33 所示。

1. 跨线构造物：它是立交实现车流空间分离的主体构造物，包括设于地面以上的跨线桥（上跨式）以及设于地面以下的地道（下穿式）。

2. 正线：它是组成立交的主体，指相交道路的直行车行道，主要包括连接跨线构造物两端到地坪标高的引道和交叉范围内引道以外的直行路段。

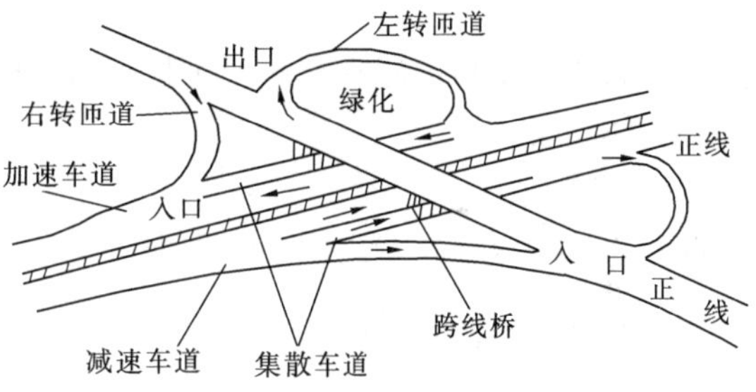

图 6-33　立体交叉的组成

3. 匝道：它是立交的重要组成部分，是指供上、下相交道路转弯车辆行驶的连接道，有时包括匝道与正线以及匝道与匝道之间的跨线桥（或地道）。

4. 出口与入口：由正线驶出进入匝道的道口为出口，由匝道驶入正线的道口为入口。

5. 变速车道：为适应车辆变速行驶的需要，而在正线右侧的出入口附近设置的附加车道称为变速车道。出口端为减速车道，入口端为加速车道。

6. 辅助车道：当高等级公路与次要公路相交时，在分、合流附近，为了使匝道与高等级公路车道数平衡和保持主线的基本车道数而在主线一侧增设的车道。

7. 集散车道：城市附近的高速公路，为了减少进出高速公路的车流交织和进出口数量在高速公路的一侧或两侧修建的与高速公路平行而又分离供车辆进出的专用车道。

立体交叉的范围，一般是指各相交道路出入口变速车道渐变段顶点以内包含的正线和匝道的全部区域。

二、立体交叉的设置条件

1. 根据相交道路的等级

高速公路与高速公路、铁路、各类道路交叉，必须采用立体交叉；一级公路与其他公路交叉应尽量采用立体交叉；城市快速路与快速路、铁路交叉必须采用立体交叉；快速路与主干路交叉应采用立体交叉；大城市机场路与一般路相交可采用立体交叉。

2. 根据交通量的需要

一级公路为干线公路且被交公路为四车道，折合小客车年平均日交通量达到10000辆以上；城市道路当进入路口的现况交通量达到4000～6000辆/h（折合成小客车），相交道路为四车道以上，且对平面交叉口采取交通管理及交通组织均难以改善交通状况时，可设置立体交叉。

3. 考虑地形条件

当交叉处适宜修建立体交叉，且与平面交叉相比不会过多增加工程造价时，可考虑修建立体交叉。如结合修建跨河桥，城市主干路跨河桥的两端，可以根据需要扩建桥梁边孔，修建主干路与滨河路的立体交叉等。

4. 道路与铁路的交叉符合下列条件时采用立体交叉

（1）当地形条件困难，采用平面交叉危及行车安全时；

（2）城市主干路、次干路与铁路交叉，在道路交通高峰时间内，经常发生一次封闭时间超过15min；

（3）修建铁路与道路立交时，可根据需要同时修建与铁路平行而又距离较近的道路与主干路的立体交叉。

5. 经济条件

修建立交的年平均费用应小于平面交叉的年经济损失总额，否则是不合理的。

三、互通式立体交叉间距

互通式立体交叉的间距考虑原则如下：

1. 能均匀地分散交通量

选择立交位置应与相邻立体交叉保持一定的间隔距离，并且与相邻立体交叉所负担的交通要保持平衡，即不能够产生一处立体交叉交通量过分集中，而另一处立体交叉的交通量稀少，使整条干道和区域的交通流量分配不协调。因此，为了充分发挥主干线（高速公路或快速路）的交通功能，立体交叉设置合理的间距是很重要的。立体交叉的间距主要取决于交通流的密度。高速干道的立体交叉的设置间距若太大，则从交通使用的观点来讲不能满足其交通需要，且对高速路的潜在功能发挥不充分；反之，其间距过密，不仅降低交通通行能力和行车速度，增加了交通事故的可能性，而且会导致交通运行上的困难，同时也增加建设投资。所以，立体交叉的间距要根据交通的经济、技术条件综合平衡后确定。城市道路的立体交叉间距过密也会造成交通技术上的困难。

2. 要有足够的交织段长度

在相邻两个立体交叉之间，必须考虑立体交叉间距应有足够的交织段距离。交织段是在前一个立体交叉的匝道上车辆驶入主干线的合流点到后一个立体交叉的主干线车辆驶出至匝道的分流点之间的长度。日本认为交织段长度应根据交通量来定，但最少应为150～200m，如图6-34所示。

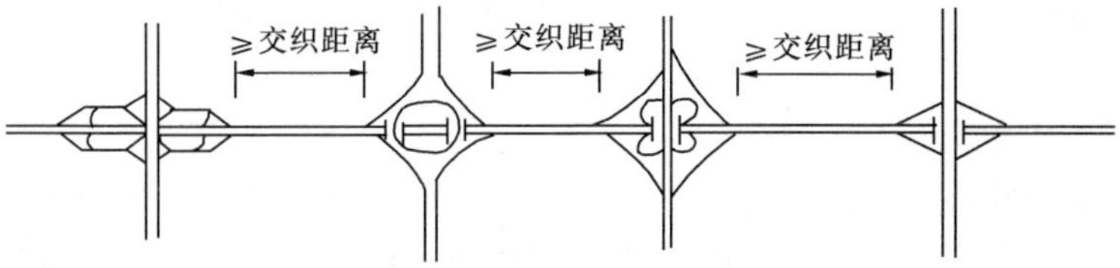

图6-34　立体交叉的间距示意图

3. 满足标志和信号布置的需要，相邻立交之间应保证足够的距离，在此路段内设置一系列标志和信号，以便连续不断地告诉驾驶员下一立交出口的到来。

4. 驾驶员操作顺适的要求：相邻立交之间的距离如果过近，特别是在城市道路上，因互通式立交的平面连续变化，纵断面起伏频繁，对车辆运行、驾驶操作以及景观均不利。

对互通式立交的标准间距，公路与城市道路不尽相同。公路上，在大城市、重要工业区周围为5～10km；一般地区为15～25km；最大间距以不超过30km为宜。最小间距不应小于4km。城市道路上互通式立交的间距一般比公路小，但最小间距按正线计算行车速度为80km/h、60km/h和50km/h，分别采用1km、0.9km和0.8km。

第七节　立体交叉的分类和形式选择

一、立体交叉的分类

（一）按跨越方式分类

立体交叉按相交道路的跨越方式分为上跨式和下穿式两类。

1. 上跨式：用跨线桥从相交道路上方跨过的交叉方式。这种立交施工方便，造价较低，排水易处理，但占地大，引道较长，高架桥影响视线和市容，宜用于市区以外或周围有高大建筑物处。

2. 下穿式：用地道（或隧道）从相交道路下方穿过的交叉方式。这种立交占地较少，立面易处理，对视线和市容影响小，但施工期较长，造价较高，排水困难。多用于市区。

（二）按交通功能分类

按交通功能可划分为分离式立交和互通式立交两类。

1. 分离式立交

仅设一座跨线构造物，使相交道路空间分离，上、下道路无匝道连接的交叉方式，如图6-35所示。这种类型立交结构简单，占地少，造价低，但相交道路的车辆不能转弯行驶。适用于高速公路与铁路或次要道路之间的交叉。

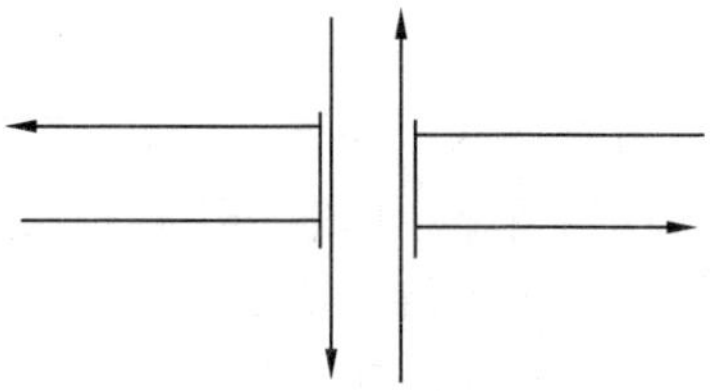

图6-35　分离式立交

2. 互通式立交

不仅设路线构造物使相交道路空间分离，而且上、下道路有匝道连接，以供转弯车辆行驶的交叉方式。这种立交车辆可转弯行驶，全部或部分消灭了冲突点，各方向行车干扰较小，但立交结构复杂，占地多，造价高。

互通式立交根据交叉处车流轨迹线交错方式和几何形状的不同，又可分为部分互通式、完全互通式和环形立交三种类型。

（1）部分互通式立交

相交道路的车流轨迹线之间至少有一个平面冲突点的立体交叉。当个别方向的交通量很小或分期修建时，高速道路与次要道路相交或用地和地形等限制时可采用这种类型立交。部分互通式的代表形式有菱形立交和部分苜蓿叶式立交等。

① 菱形立交：如图 6-36 所示。

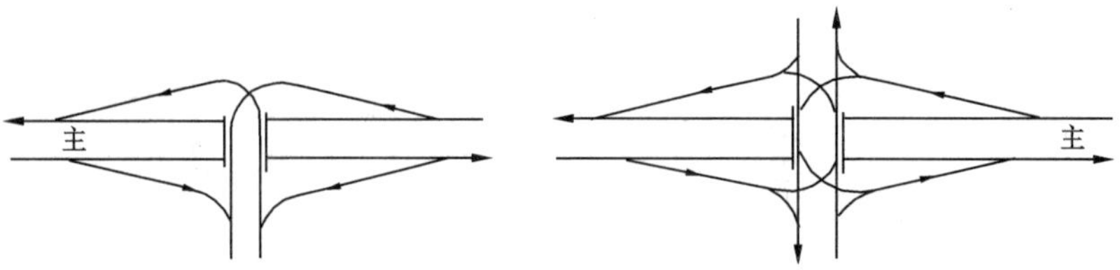

(a) (b)

图 6-36　菱形立交

(a) 三路立交；(b) 四路立交

菱形立交的特点：能保证主线直行车辆快速通畅；转弯车辆绕行距离较短；主线上具有高标准的单一进出口，交通标志简单；主线下穿时匝道坡度便于驶出车辆减速和驶入车辆加速；形式简单，仅需一座构造物，用地和工程费用小。但次线与匝道连接处为平面交叉，影响了通行能力和行车安全。

布设时应将平面交叉设在次线上，主线上跨或下穿应视地形和排水条件而定，一般以下穿为宜。次线上可通过渠化或设置交通信号等措施组织交通。

② 部分苜蓿叶式立交：如图 6-37 所示，可根据转弯交通量的大小或场地的限制，采用图示任一种形式或其他变形形式。

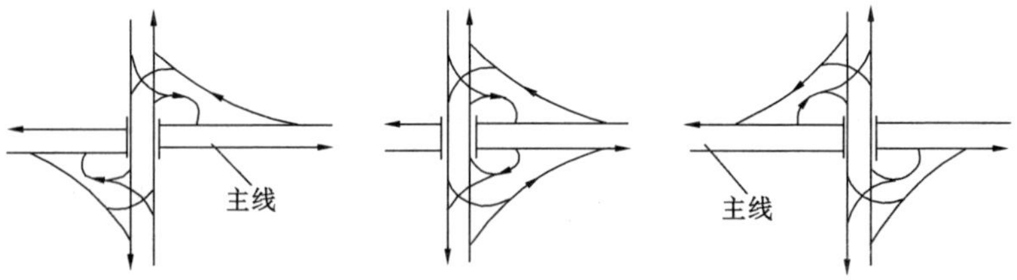

(a) (b) (c)

图 6-37　部分苜蓿叶式立交

特点：这三种形式立交的主线直行车快速通畅；单一驶出方式简化了主线上的标志；仅需一座构造物，用地和工程费用较小；远期可扩建为全苜蓿叶式立交。但次线上存在平面交叉，有停车等待和错路运行可能。

布设时应使转弯车辆的出入尽可能少妨碍主线的交通，最好使每一转弯运行均为右转弯出入，不得已时应优先考虑右转出口。另外，平面交叉口应布置在次线上。

（2）完全互通式立交

相交道路的车流轨迹线全部在空间分离的交叉，它是一种比较完善的高级形式，匝道数与转弯方向数相等，各转向都有专用匝道，适用于高速公路之间及高速公路与其他高等级道路相交。其代表形式有喇叭形、苜蓿叶形、Y形、X形等。

① 喇叭形立交：如图6-38所示，是三路立交的代表形式，可分为A式和B式。经环圈左转匝道驶入主线（或正线）为A式，驶出时为B式。

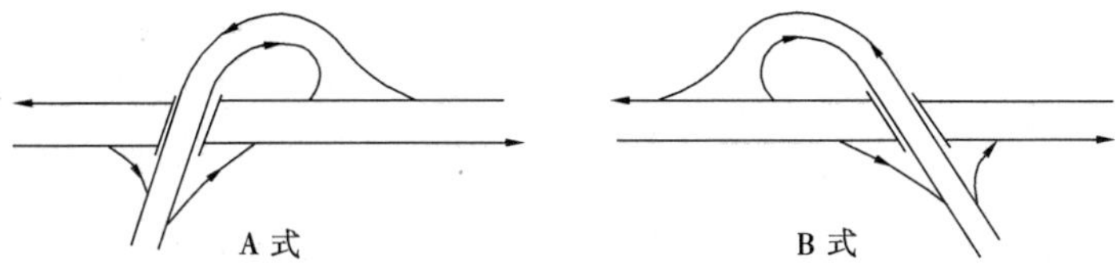

图6-38　喇叭形立交

特点：这种立交除环圈式匝道适应车速较低外，其他匝道都能为转弯车辆提供较高速度的半定向运行；只需一座构造物，投资较省；无冲突点和交织，通行能力大，行车安全；造型美观，行车方向容易辨别。

布设时应将环圈式匝道设在交通量小的方向上，主线交通量大时宜采用A式。次线上跨对转弯交通视野有利，下穿时宜斜交或弯穿。

② 苜蓿叶式立交：如图6-39所示。

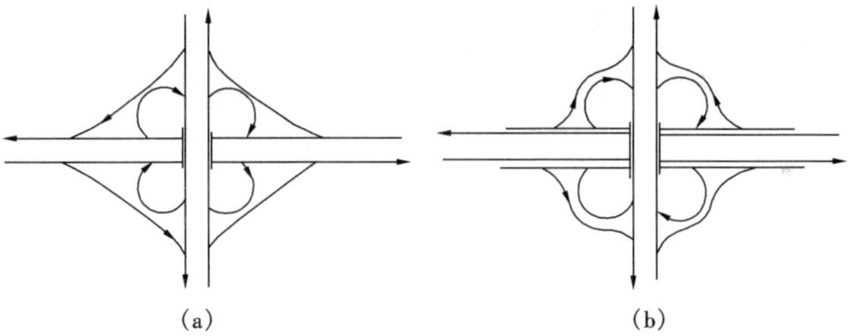

图6-39　苜蓿叶式立交

（a）标准型；（b）带集散车道型

特点：该立交平面形似苜蓿叶，交通运行连续自然，无冲突点，可分期修建，仅需一座构造物。但这种立交占地面积大，左转绕行距离较长，环圈式匝道适应车速较低，且桥上、下存在交织，多用于高速公路之间的立交，而城市因受用地限制很难采用，因其形式美观，如果在城市外围的环路上采用，加之适当绿化，也是较为合适的。

布设时为消除主线上的交织，避免双重出口、使标志简化以及提高立交的通行能力和行车安全，可加设集散车道。

③ 子叶式立交：如图6-40所示，特点：只需一座构造物，造价较低，造型美观。但交通运行条件不如喇叭式好，正线存在交织，多用于苜蓿叶式立交的前期工程。布设以使正线下穿为宜。

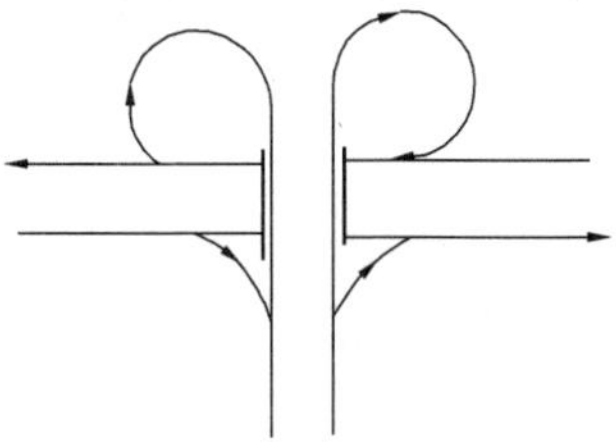

图6-40　子叶式立交

④ Y形立交：如图6-41所示，特点：能为转弯车辆提供

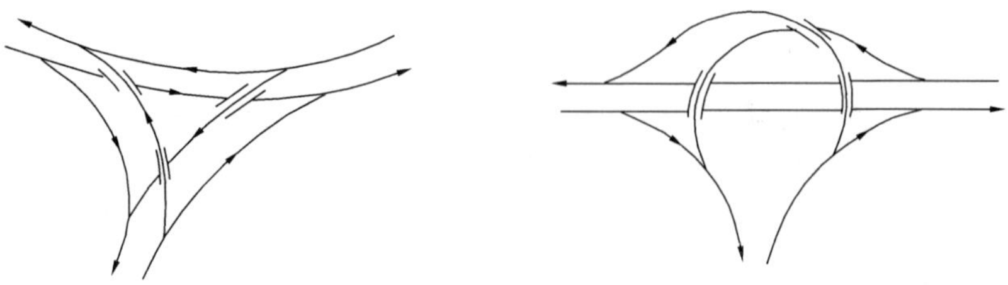

(a)　　　　　　　　　　(b)

图 6-41　Y 形立交

(a) 定向 Y 形；(b) 半定向 Y 形

高速的定向或半定向运行；无交织，无冲突点，行车安全；方向明确，路径短捷，通行能力大；正线外侧占地宽度较小，但需要的构造物多，造价较高。

⑤ X 形立交：又称半定向式立交，如图 6-42 所示，特点：各方向都有专用匝道，自由流畅，转向明确；无冲突点，无交织，通行能力大；适应车速高。但占地面积大，层多桥长，造价高，在城区很难实现。

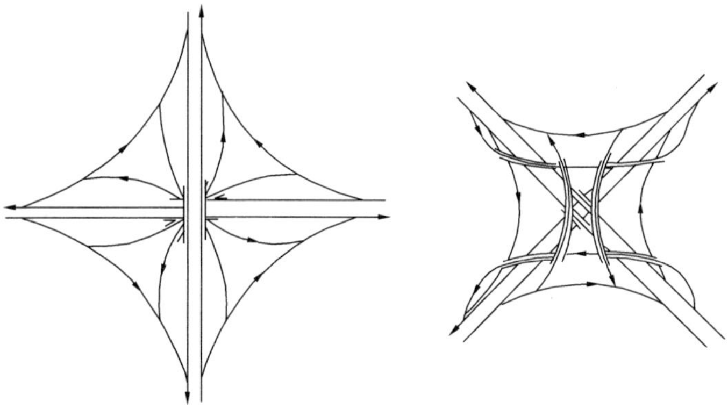

(a)　　　　　　　　　　(b)

图 6-42　X 形立交

(a) 对向左转匝道对角靠拢布置；(b) 对向左转匝道对角拉开布置形

⑥ 环形立交：相交道路的车流轨迹线因匝道数不足而共同使用，且有交织路段的立体交叉，如图 6-43 所示。

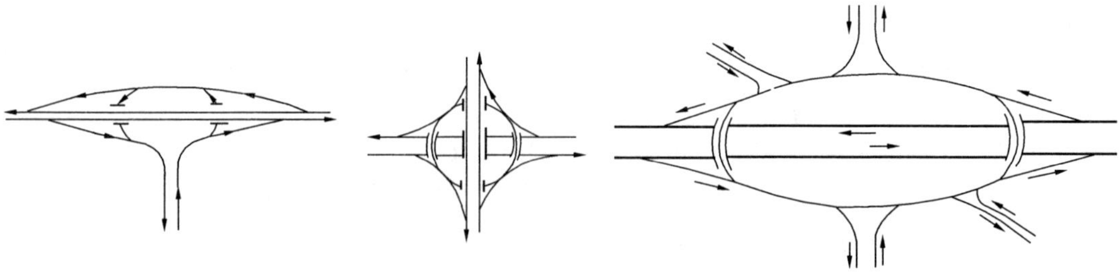

(a)　　　　　　(b)　　　　　　(c)

图 6-43　环形立交

(a) 三路立交；(b) 四路立交；(c) 多路立交

环形立交适用于主要道路与一般道路交叉，用于五条以上道路的相交为宜。特点：能保证主线直通，交通组织方便，无冲突点，占地较少。但次要道路的通行能力受到环道交织能力的限制，车速受到中心岛直径的影响，构造物较多，左转车辆绕行距离长。

当采用环形立交时，必须根据相交道路的性质进行比较研究，看环道的最大通行能力和所用的中心岛尺寸是否满足远期交通量和车速的要求。布设时应让主线直通，中心岛可采用圆形、椭圆形或其他形状。

（三）按路网系统功能分类

① 枢纽立交，是指交通组织方式既要保证相交道路主线车流能连续快速行驶，又要使转向车流能以较高车速无冲突换向行驶的完全互通式立交。其主要交通特征是主要车流只有减速分流、加速合流、较少交织和无平面交叉。

② 一般立交，是指交通组织方式既要使快速路或高速公路主线车流能连续快速通行，又要使主、次干路车辆能从快速路或高速路方便集散的完全互通或部分互通式立交。其主要交通特征是部分车流存在交织或平面交叉。

二、立交形式的选择

立交形式选择的目的是提高行车效率，改善安全舒适性能，适应设计交通量和计算行车速度，满足车辆转弯需要，并与环境相协调的立交形式。选形是否合理，不仅影响立交本身的功能，如通行能力、行车安全、行程时间和工程经济等，而且对地区规划、地方交通的发挥及市容环境等都有密切关系。

立交形式的选择，应遵循下列基本原则：

1. 立交的形式首先取决于相交道路的性质、任务和远景交通量等，选定的类型应确保行车安全畅通和车流的连续。相交道路的性质主要是指相交道路的重要性、类型与等级、设计车速等。

2. 选定的立交形式应与所在地的自然环境条件相适应，要充分考虑区域规划、地形地质条件、可能提供的用地范围、周围建筑物及设施分布现状等。在满足交通要求前提下综合分析研究，力求合理利用地形，工程营运经济，与环境相协调，造型美观，结构新颖合理。

3. 选形应全面考虑近远期结合，既要考虑近期交通要求，减少投资费用，又要考虑远期交通发展需要改建提高的可能。

4. 选形应从实际出发，有利于施工、养护和排水，尽量采用新技术、新工艺、新结构，以提高质量、缩短工期和降低成本。

5. 选形和总体布置要全面安排，分清主次。首先应满足主要道路的要求，然后考虑次要道路，并处理好相交道路的关系。选形要与路线、构造物设计、总体布局及环境相配合。如铁路与道路相交，常以铁路上跨为宜，可减小净空高度；高速道路与其他道路相交，原则上高速道路不变或少变，其他道路抬高或降低；城市道路立交以非机动车道不变或少变；有利于行人及自行车通行。

6. 选形应与定位相结合。立交的形式随所在位置的地形、地物及环境条件而异，通常先定位后选形，并使选形与定位结合考虑。

第八节　立体交叉设计

一、立体交叉的设计资料和设计步骤

（一）设计资料调查

立体交叉工程与其他工程结构一样，除技术上、经济上合理外，还应满足使用、构造、施工和美观的要求，使立体交叉结构合理、功能齐全、美观大方、施工方便，造价经济。为此，在设计之前，应有计划地进行调查研究，取得必要的设计资料，才能做出合理的设计方案。立体交叉设计需要进行的资料调查内容如下：

1. 自然资料

收集或测绘立体交叉范围的 1∶500～1∶2000 的地形图，详细注明地形、地物、水文、地质，地上地下建筑物、管线等。

2. 道路资料

调查相交道路的等级、平纵面线形、横断面形式和尺寸；相交角度、控制坐标和标高以及路面类型及厚度，确定净空高度、设计荷载、计算行车速度等。与铁路相交时，还应调查铁路的铁轨股数、间距、轨顶标高、列车通过次数以及铁路有无抬高或降低的可能及高度变动的范围等。

3. 交通资料

收集各转弯、直行交通量及交通组成，推算远景年设计交通量，绘制交通量流量流向分布图，调查非机动车和行人流量等。

4. 排水资料

收集立交范围的排水制度、现状和规划，各管渠位置、埋深、尺寸等。

5. 文书资料

收集设计任务书、上级主管部门的具体要求、意见及有关文件等；相关技术标准和规范等资料。

6. 其他资料

调查取土、弃土和材料来源，工期和交通组织与安全等方面的资料。

（二）设计步骤

一座立体交叉的规划设计，所涉及的因素很多，是通过规划、可行性研究、方案设计到技术设计的全过程。为了能得到一个经济合理的设计方案，就要进行各种不同设计方案的分析比较，从中选取最优方案（包括整个立体交叉结构的主要尺寸，工程量估算、材料用量和造价等）。最优方案上报审批通过后，应对此方案进行详细的设计计算，绘制施工详图，编制施工组织设计和施工图预算。立体交叉的设计步骤如下：

1. 初拟方案：一般是根据立交处的道路、交通和自然条件，在地形图上绘出各种可能的立体交叉方案。方案应能满足设计要求，符合现场条件、规划要求及有关规定。

2. 确定比较方案：对初拟方案进行初步分析比较，主要考虑线形是否顺适，各层间跨越是否合理，拆迁是否合理，选择 2～4 个较好的作为比选方案。

3. 确定推荐方案：在地形图上绘出比选方案，完成初步平纵设计、桥跨方案和概略工

程量计算，做出方案比较表，全面比较后确定推荐方案（一般 1～2 个）。

4. 确定采用方案：对推荐方案视需要做出模型或透视图，征询有关方面意见，全面综合权衡造价与方案、近期与远期、局部与全局的关系，最后确定采用方案。

5. 详细测量：按采用方案现场放线，进行详细测量和调查，进一步收集技术设计所需的资料。

6. 技术设计：完成立交全部施工图设计，并编制工程预算。

以上 1～3 步为初步设计阶段的工作，4～6 步为施工图设计阶段的工作。

二、互通式立体交叉形式设计

互通式立体交叉由相交道路行车带以及连接这些行车带的匝道（连接路）所组成。匝道分为左转弯匝道和右转弯匝道两种基本形式，有时也可设计左转弯与右转弯车辆合用的双向行驶的左、右转弯匝道。左转弯匝道又分为五种形式，它们在立面空间上进行不同设计形式的组合，就形成各种形式的互通式立体交叉。互通式立体交叉的形式设计，主要取决于对左转弯车流轨迹线所产生的交叉点的不同处理方法，即主要取决于左转弯匝道的不同设计形式。

互通式立体交叉形式的设计方法如下：

（一）考虑直行车流

首先对相交道路的直行与直行车流通过立体化使之上、下完全分离而消除交叉点，如图 6-44所示。

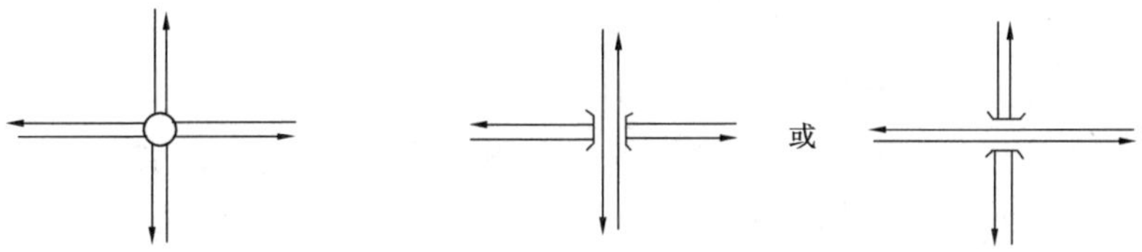

(a)　　(b)

图 6-44　分离直行与直行车流的交叉点

(a) 直—直车流交叉点；(b) 分离直—直车流交叉点

（二）考虑右转车流

对于右转车流，一般比较容易处理，直接设计右转弯匝道即可（图 6-45）。

图 6-45（a）为右转弯匝道的基本形式，从干道的车行道右侧分叉，直接向右转弯，对行车有利。此基本形式以外的变形，原则上不宜采用。

图 6-45（b）是变形的右转弯匝道。右转弯车辆必须先通过立交构造物，然后左转 270°，最后才达到右转弯目的，它存在许多缺点，非不得已时不应采用。

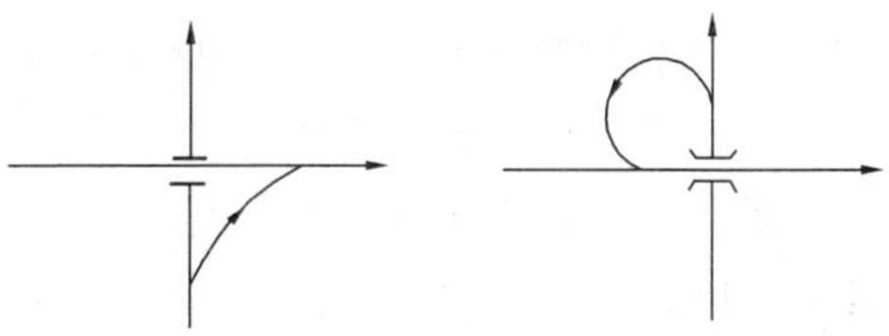

(a)　　(b)

图 6-45　右转弯匝道的设计形式

(a) 右转匝道的基本形式；(b) 变形的右转匝道

（三）考虑左转车流

对于左转车流，设计左转弯匝道。左转弯匝道的设计形式有以下五种基本形式：

1. 环形[又称间接式、环圈式，如图 6-46(a)所示]

环形匝道把左转弯车流所造成的交叉点变为会合点，左转弯车辆先驶过立交处，然后向右回转 270°达到左转弯目的。主要缺点是行程距离长，匝道半径小，车速受限制。

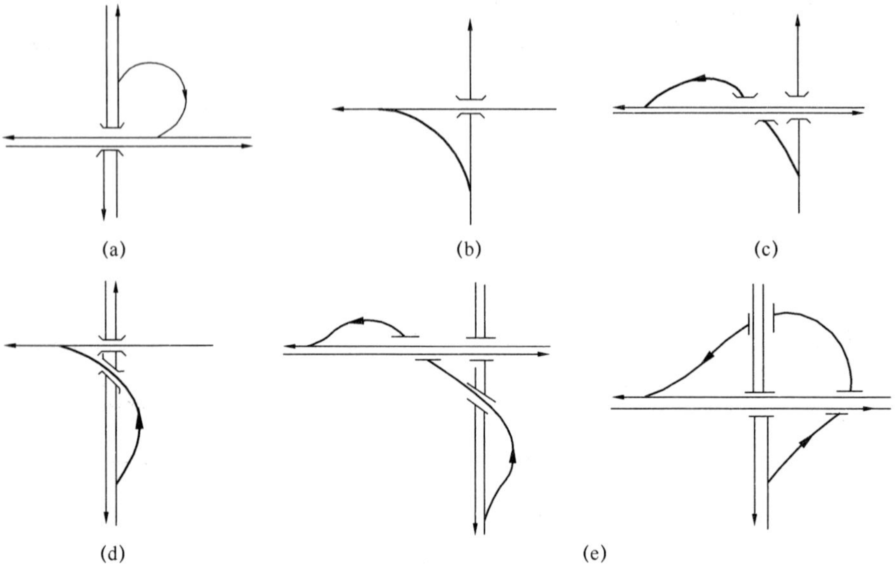

(a)　　(b)　　(c)

(d)　　(e)

图 6-46　左转弯匝道的设计形式

(a) 环式；(b) 直连式（定向式）；(c) 半直连式（左出右进）；

(d) 半直连式（右出左进）；(e) 半直连式（右出右进）

2. 直连式［左出左进，如图 6-46（b）所示］

直连式又称为定向式，左转弯车辆从正线左侧直接分叉左转弯，在相交道路的左侧会合。直连式左转弯匝道适用于相交道路都是单向交通。如为双向交通，在左转弯匝道的分叉和会合两处，都要与对向的直行车流产生交叉点，交通不安全，不应采用。

3. 半直连式［左出右进，如图 6-46（c）所示］

左弯车辆从正线左侧直接分叉左转弯，下穿（或上跨）相交道路后再回转，在相交道路右侧会合。这种左转匝道形式适用于相交道路中的一条为单向交通，另一条为双向交通。主要缺点是要增加立体交叉构造物。

4. 半直连式［右出左进，如图 6-46（d）所示］

左转弯车辆从正线右侧分叉，上跨（或下穿）原车道后，在相交道路的左侧会合。这种左转匝道形式适用于相交道路中的一条为双向交通，另一条为单向交通。主要缺点是要增加立体交叉构造物。

5. 半直连式［右出右进，如图 6-46（e）所示］

左转弯车辆从正线右侧分叉，先后上跨（或下穿）二个立体交叉构造物后，在相交道路的右侧会合，它们的主要缺点是绕行路线较长，立体构造物多，工程造价高。适用于高速道路的立体交叉。

三、互通式立体交叉的线形设计标准

（一）互通式立体交叉范围内的主线线形指标

立体交叉范围内的车流状况复杂，线形指标应高于一般道路路段，互通式立体交叉范围的主线线形指标应符合表 6-3 的规定。

表 6-3　互通式立体交叉范围内主线线形指标

设计速度(km/h)			120	100	80	60
最小圆曲线半径(m)		一般值	2000	1500	1100	500
		极限值	1500	1000	700	350
最小竖曲线半径(m)	凸形	一般值	45000	25000	12000	6000
		极限值	23000	15000	6000	3000
	凹形	一般值	16000	12000	8000	4000
		极限值	12000	8000	4000	2000
最大纵坡(%)		一般值	2	2	3	4.5(4)
		极限值	2	3	4(3.5)	5.5(4.5)

注：当主要公路以较大的下坡进入互通式立体交叉，且所接的减速车道为下坡，同时，后随的匝道线形指标较低时，主要公路的纵坡不得大于括号内的值。

（二）匝道的线形指标

1. 匝道的平面

匝道的平面线形设计，应根据立体交叉的重要程度、地形、用地等因素确定，并保证车辆连续、安全地运行。

(1) 匝道圆曲线半径

圆曲线最小半径的大小取决于匝道的设计速度，公路立体交叉匝道的设计速度见表 6-4，城市道路立体交叉匝道的设计速度宜为相应道路设计速度的 50%～70%，直连式、半直连式匝道取上限，一般匝道取下限。匝道圆曲线半径同时应考虑经济性、地形、安全性和舒适性。匝道圆曲线最小半径计算公式与第二章公式相同。公路立交匝道圆曲线最小半径及不设超高的最小半径值见表 6-5，城市道路立交的圆曲线最小半径见表 6-6。通常应选用大于一般值的半径，当受地形条件或其他特殊情况时，方可采用极限值，同时还应注意匝道的平曲线应与逐渐变化的行驶速度、交通量相适应，即驶出匝道的平面线形技术指标应高于驶入匝道，转向通量大的匝道其平面线形技术指标应高一些。

表 6-4　公路立体交叉匝道的设计速度

匝道类型		直连式	半直连式	环形匝道
匝道设计速度(km/h)	枢纽互通式立体交叉	80、70、60、50	80、70、60、50、40	40
	一般互通式立体交叉	60、50、40	60、50、40	40、35、30

表 6-5　公路匝道圆曲线最小半径和不设超高的圆曲线最小半径

匝道设计速度(km/h)		80	70	60	50	40	35	30
匝道圆曲线最小半径(m)	一般值	280	210	150	100	60	40	30
	极限值	230	175	120	80	50	35	25
不设超高的圆曲线最小半径(m)	路拱≤2%	2500	2000	1500	1000	600	500	350
	2.0%<路拱≤2.5%	3350	2600	1900	1300	800	600	450

表 6-6　城市道路匝道圆曲线最小半径和不设超高的圆曲线最小半径

匝道设计速度(km/h)		80	70	60	50	40	35	30	25	20
积雪冰冻地区		—	—	240	150	90	70	50	35	25
一般地区	不设超高	420	300	200	130	80	60	45	30	20
	$i_{max}=0.02$	315	230	160	105	65	50	35	25	20
	$i_{max}=0.04$	280	205	145	95	60	45	35	25	15
	$i_{max}=0.06$	255	185	130	90	55	40	30	25	15

（2）匝道回旋线参数

匝道缓和曲线采用回旋线。匝道及其端部设置回旋线时，其参数及长度宜不小于表 6-7的规定。

表 6-7　匝道圆回旋线最小参数及长度

匝道设计速度(km/h)		80	70	60	50	40	35	30	25	20
公路	回旋线最小参数(m)	140	100	70	50	35	30	20	—	—
	回旋线最小长度(m)	70	60	50	40	35	30	25	—	—
城市道路	回旋线最小参数(m)	135	110	90	70	50	40	35	25	20
	回旋线最小长度(m)	75	70	60	50	45	40	35	25	20

回旋线长度应不小于超高过渡所需的长度，其参数以 $A\leqslant 1.5R$ 为宜。反向曲线的两个回旋线，其参数宜相等或接近，相差较大时，大小量参数的比值宜小于 1.5。

（3）匝道分流点处的最小半径

驶出匝道的分流点处，从正线分离驶出的车速一般较高，应具有较大的曲率半径。公路匝道分流点处的最小曲率半径和回旋线参数应分别符合表 6-8 的规定；城市道路分流点处的曲率半径和回旋线参数应符合表 6-9 的规定值。

表 6-8　分流点处公路匝道平曲线最小半径和最小回旋线参数

主线设计速度(km/h)		120	100	80	60
匝道最小曲率半径(m)	一般值	350	300	250	200
	极限值	300	250	200	150
匝道回旋线最小参数(m)	一般值	100	80	70	60
	极限值	80	70	60	40

表 6-9　分流点处城市道路匝道平曲线最小半径和回旋线最小参数

主线设计速度(km/h)		120		100	80	60
分流点处的行驶速度(km/h)		80	60	55	50	≤40
匝道最小曲率半径(m)		250	150	120	100	70
匝道回旋线最小参数(m)	一般值	110	70	60	50	35
	极限值	100	65	55	45	30

2. 匝道的纵断面

（1）匝道最大纵坡

匝道因受上下线标高的限制，为克服高差、节省用地和减少匝道的长度，并考虑匝道上速度较低，故匝道纵坡一般比正线纵坡大。各种设计速度所对应的公路匝道最大纵坡见表 6-10。

表 6-10　公路立体交叉匝道最大纵坡

匝道设计速度(km/h)			80、70	60、50	40、35、30
最大纵坡(%)	出口匝道	上坡	3	4	5
		下坡	3	3	4
	入口匝道	上坡	3	3	4
		下坡	3	4	5

注：① 当地形困难或用地紧张时，最大纵坡可在表中规定值基础上增加 1%；

② 当地形特殊困难时，非积雪冰冻地区，出口匝道上坡和入口匝道下坡可在表中规定值基础上增加 2%。

城市道路立体交叉的匝道最大纵坡不应大于表 6-11 的规定。若机动车与非机动车混行时，考虑非机动车的行车要求，匝道最大纵坡应满足非机动车行驶的纵坡要求，一般不宜大于 3%。

表 6-11　城市道路立体交叉匝道最大纵坡

匝道设计速度(km/h)		80	70	60	50	≤40
最大纵坡(%)	一般地区	5	5.5	6	7	8
	积雪冰冻地区	4				

(2) 匝道竖曲线最小半径及最小长度

匝道各设计速度对应的竖曲线最小半径及最小长度，见表 6-12。

表 6-12　匝道竖曲线最小半径及最小长度

匝道设计速度(km/h)				80	70	60	50	40	35	30	25	20
公路	匝道竖曲线最小半径(m)	凸形	一般值	4500	3500	2000	1600	900	700	500	—	—
			极限值	3000	2000	1400	800	450	350	250	—	—
		凹形	一般值	3000	2000	1500	1400	900	700	400	—	—
			极限值	2000	1500	1000	700	450	350	300	—	—
	匝道竖曲线最小长度(m)		一般值	100	90	70	60	40	35	30	—	—
			极限值	75	60	50	40	35	30	25	—	—
城市道路	匝道竖曲线最小半径(m)	凸形	一般值	4500	3500	1800	1200	600	450	400	250	150
			极限值	3000	2000	1200	800	400	300	250	150	100
		凹形	一般值	2700	2025	1500	1050	675	525	375	255	165
			极限值	1800	1350	1000	700	450	350	250	170	110
	匝道竖曲线最小长度(m)		一般值	105	90	75	60	55	45	40	30	30
			极限值	70	60	50	40	35	30	25	20	20

设计时，应尽量采用大于或等于一般值的竖曲线最小半径，特殊困难时可适当减小，但不得低于表中的极限值。另外，竖曲线设计时应同时满足竖曲线最小半径和竖曲线最小长度

的要求。

3. 匝道横断面及加宽

（1）匝道横断面

匝道横断面由行车道、路缘带、硬路肩和土路肩（城市道路不设）组成，对向分离双车道匝道还包括中央分隔带。匝道横断面的基本类型如图 6-47 所示。

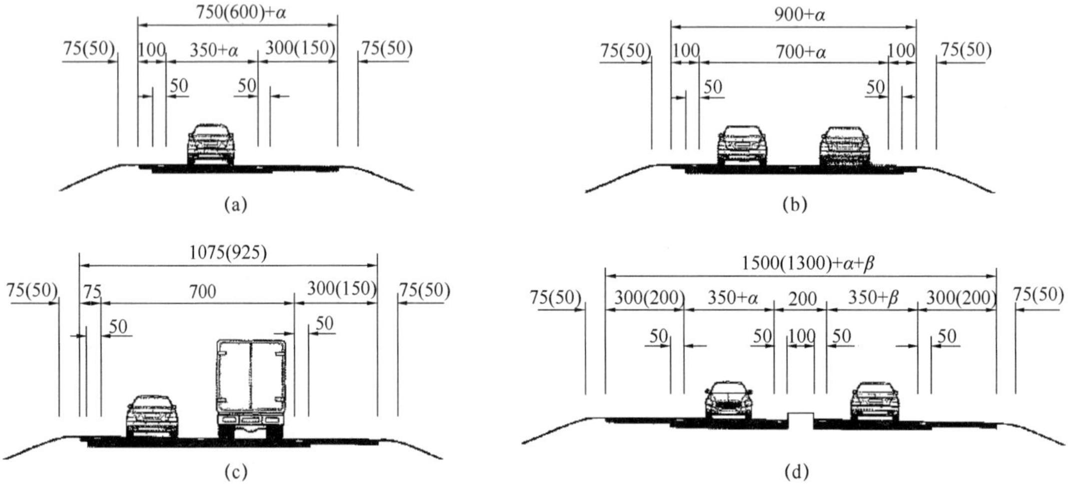

图 6-47　匝道横断面的基本类型

（a）Ⅰ型—单向单车道；（b）Ⅱ型—双车道；

（c）Ⅲ型—双车道（设紧急停车用硬路肩）；（d）Ⅳ型—对向分隔式双车道

各类型的匝道横断面按下列条件选用：

① 交通量小于 100pcu/h 时，或交通量大于或等于 100pcu/h，但小于 1200pcu/h、匝道长度小于或等于 500m 时，应采用Ⅰ型。

② 交通量小于 100pcu/h 时，或交通量大于或等于 100pcu/h，但小于 1200pcu/h、匝道长度大于 500m 时，应考虑超车需要而采用Ⅱ型，此时采用单车道出入口；

③ 交通量大于等于 1200pcu/h 但小于 1500pcu/h，应采用Ⅱ型；

④ 交通量大于等于 1500pcu/h，应采用Ⅲ型；

⑤ 对向分离双车道匝道，应采用Ⅳ型。当设计速度小于或等于 40km/h，且位于非高速公路一方时，可采用Ⅱ型。

匝道各组成部分的宽度：公路立体交叉匝道的车道宽度一般采用 3.5m，当匝道设计速度大于 60km/h 时，车道宽度可采用 3.75m。城市道路立体交叉当匝道设计速度大于等于 60km/h 时，车道宽度采用 3.75m(大型汽车或大小型汽车混行)或 3.5m(小型汽车)；当匝道设计速度小于 60km/h 且大于 40km/h 时，车道宽度采用 3.5m(大型汽车或大小型汽车混行)或 3.25m(小型汽车)；当匝道设计速度小于等于 40km/h 或困难情况下，车道宽度可采用 3.25m(大型汽车或大小型汽车混行)或 3.0m(小型汽车)。城市立交机、非混行的匝道，非机动车车道宽度应视交通量而定。路缘带宽度为 0.5m。土路肩宽度为 0.75m，条件受限时，不设路侧护栏者可采用 0.5m。中央分隔带的宽度为 1.0m(设刚性护栏时可为 0.6m)。左侧硬路肩宽为 1.0m(含路缘带)。右侧硬路肩(含路缘带)宽度，设供紧急停车用硬路肩为

3.0m，条件受限制时可采用 1.5m，但对向分隔式双车道宜采用 2.0m；不设紧急停车用硬路肩为 1.0m。

匝道的车道、硬路肩宽度与正线不同时，在匝道范围内设置渐变率为 1/20～1/40 的过渡段，特殊困难时，可将过渡段设置在变速车道范围内。

（2）匝道圆曲线的加宽及过渡

匝道圆曲线的加宽值，应根据匝道圆曲线半径大小确定，公路立体交叉匝道圆曲线的加宽值按表 6-13 所列数值采用；城市道路立体交叉匝道圆曲线的加宽值按表 6-14 所列数值采用。曲线加宽的过渡可按照正线加宽过渡的方式进行。

表 6-13　公路立体交叉匝道圆曲线加宽值

单车道匝道（Ⅰ型）		单向双车道或对向双车道匝道（Ⅱ型）	
25～<27	2.25	25～<26	3.25
27～<29	2.00	26～<27	3.00
29～<32	1.75	27～<28	2.75
32～<35	1.50	28～<30	2.50
35～<38	1.25	30～<31	2.25
38～<43	1.00	31～<33	2.00
43～<50	0.75	33～<35	1.75
50～<58	0.50	35～<37	1.50
58～<70	0.25	37～<39	1.25
≥70	0	39～<42	1.00
—	—	42～<46	0.75
—	—	46～<50	0.50
—	—	50～<55	0.25
—	—	≥55	0

注：① 表中加宽值是对图 6-47（a）的标准宽度而言的，当遇特殊断面时，加宽值应予调整，是加宽后的总宽度与标准一致；

② Ⅳ型匝道，可按各自车道的曲线半径所对应的加宽值分别加宽；

③ Ⅲ型匝道的加宽为Ⅱ型的加宽值减去Ⅲ、Ⅱ型两者硬路肩的差值。

表 6-14　城市道路立体交叉每条匝道的圆曲线加宽值

车型 \ 圆曲线半径(m)	$200<R\leqslant 250$	$150<R\leqslant 200$	$100<R\leqslant 150$	$60<R\leqslant 100$	$50<R\leqslant 60$	$40<R\leqslant 50$	$30<R\leqslant 40$	$20<R\leqslant 30$	$15<R\leqslant 20$
小型汽车	0.28	0.30	0.32	0.35	0.39	0.40	0.45	0.60	0.70
普通汽车	0.40	0.45	0.60	0.70	0.90	1.00	1.30	1.80	2.40
铰接车	0.45	0.55	0.75	0.95	1.25	1.50	1.90	2.80	3.50

4. 匝道的超高及过渡

（1）超高值

当立体交叉匝道上的圆曲线小于表 6-5（公路立交）或表 6-6（城市道路立交）规定的不设超高的最小圆曲线半径时，应根据规定要求设置超高。超高值应根据匝道的设计速度、圆曲线半径、交通特点、自然条件等经计算确定。积雪冰冻地区，公路立体交叉匝道的最大超高不得大于6%，城市道路立体交叉匝道最大超高不应大于3.5%；一般地区公路立体交叉匝道的最大超高不得大于8%，城市道路立体交叉匝道最大超高不应大于6%。

（2）超高过渡段

匝道上直线与圆曲线之间，或两超高不同的圆曲线之间应设置超高过渡段，其长度应根据匝道的设计速度、横断面类型、旋转轴的位置以及超高渐变率等因素确定。超高过渡段长度计算公式与正线相同，公路立体交叉匝道的超高渐变率应满足表6-15的规定，城市道路立体交叉匝道的超高渐变率应满足表6-16的规定。

表6-15　公路立体交叉匝道的超高渐变率

匝道设计速度（km/h）	断面类型及旋转轴位置			
	单向单车道		单向双车道及非分隔式对向双车道	
	左路缘带外边线	行车道中心线	左路缘带外边线	行车道中心线
80	1/200	1/250	1/150	1/200
70	1/175	1/235	1/135	1/185
60	1/150	1/225	1/125	1/175
50	1/125	1/200	1/100	1/150
≤40	1/100	1/150	1/100	1/150

表6-16　城市道路立体交叉匝道的超高渐变率

匝道设计速度（km/h）		80	70	60	50	40	30	20
超高旋转轴位置	左路缘带外边线	1/150	1/135	1/125	1/115	1/100	1/75	1/50
	行车道中心线	1/200	1/185	1/175	1/160	1/150	1/125	1/100

匝道超高过渡应平顺缓和，不产生扭曲突变。一般以正线边线不动并作为匝道超高的旋转轴，沿超高过渡段逐渐变化，直至达到圆曲线内的全超高。

（3）超高设置方式

超高过渡段的设置方法视匝道平面线形而定，设回旋线时，超高过渡在回旋线的全长或部分范围内进行；无回旋线时，可将所需过渡段长度的1/3～1/2插入圆曲线，其余设在直线上；两圆曲线径相连接时，可将过渡段的各半分别置于两圆弧内。

5. 匝道的视距

互通式立体交叉区域应具有良好的通视条件。即保证必要的识别视距和停车视距，以利交通安全。

（1）识别视距

互通式立交设计中，主线上分流鼻之前应保证判断出口所需的识别视距，识别视距应符合表6-17的规定。条件限制时，识别视距应大于1.25倍的主线停车视距。

表6-17　识别视距

主线设计速度（km/h）	120	100	80	60
识别视距（m）	350～460	290～380	230～300	170～240

(2) 行车视距

单向单车道匝道主要满足停车视距；单向双车道匝道一般快、慢车分道行驶，无须考虑超车视距；双向双车道一般应设中间隔离设施，也不存在会车和超车问题。所以，匝道全长范围内只需满足停车视距的要求。匝道停车视距应不小于表 6-18 的规定，积雪冰冻地区应大于括号内数值。

表 6-18　匝道停车视距

匝道设计速度(km/h)	80	70	60	50	40	35	30
停车视距(m)	110 (135)	95 (120)	75 (100)	65 (70)	40 (45)	35	30

四、端部设计

端部是指匝道两端分别与正线相连接的道口，包括出入口、变速车道及辅助车道等。两端的道口和中间部分匝道共同组成一条完整的匝道。从主要道路（简称主线）出入的道口都应是自由流畅式，而次要道路（次线）上的道口有时则是有或无信号控制的平面交叉。端部设计的一般原则是：出入顺适、安全，线形与正线协调一致；出入口应视认方便；正线与匝道间应能相互通视。

（一）出口与入口设计

1. 主线出、入口

一般情况下，互通式立体交叉的主线出、入口应设在主线行车道的右侧，出口位置应易于识别，一般设在跨线构造物之前。若在其后时，应与构造物保持 150m 以上的距离。为便于车辆减速，出口最好位于上坡路段。入口宜设在主线的下坡路段，以利于重型车辆加速，并在匝道会入主线之前保持主线 100m 和匝道 60m 的通视三角区，如图 6-48 所示。

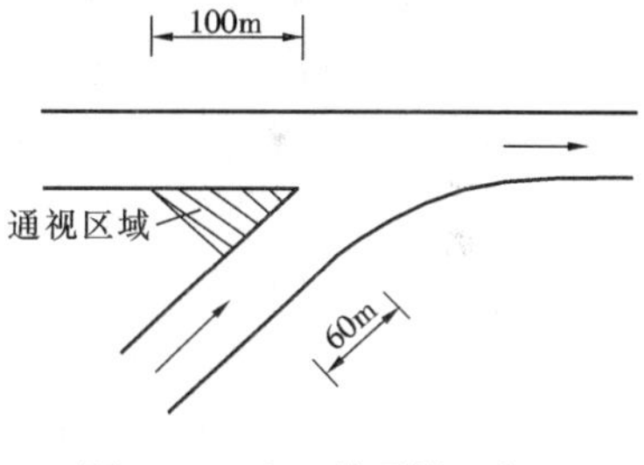

图 6-48　入口处通视三角区

主线与匝道分流处，为给误行车辆提供返回的余地，行车道边缘应设置偏置加宽，用圆弧连接加宽后主线和匝道的路面边缘，如图 6-49 所示。偏置加宽值和分流鼻端半径见表 6-19，分流鼻处的加宽路面过渡到正常路面的过渡长度 Z_1 和 Z_2，应不小于按照表 6-20 的渐变率计算的值。

表 6-19　分流鼻偏置值及鼻端半径

分流方式	主线偏置值 C_1(m)	匝道偏置值 C_2(m)	鼻端半径 r(m)
驶离主线*	≥3.0	0.6～1.0	0.6～1.0
主线分岔	≥1.8		0.6～1.0

* 设计时可取用表 6-21 之值。

表 6-20　分流鼻处偏置加宽的渐变率

主线设计速度(km/h)	120	100	80	60	≤40
渐变率	1/12	1/11	1/10	1/8	1/7

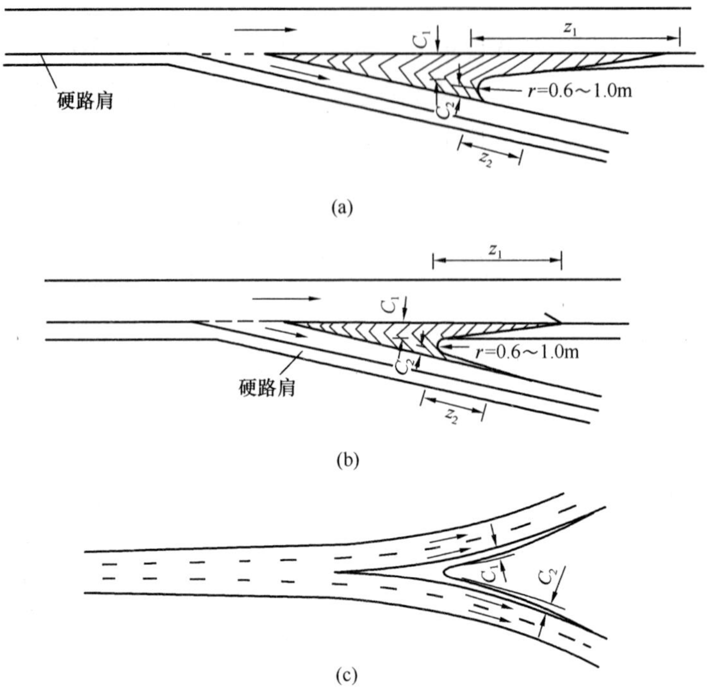

(c)

图 6-49　分流鼻处的铺面偏置加宽

（a）硬路肩较窄时；（b）硬路肩较宽时；（c）主线分岔时

2. 互通式立交的平面交叉

互通式立交在次线或匝道上可设置平面交叉。这种平交口往往决定整个立交的通行能力、服务水平和交通安全，设计时应予以充分重视。

在选定互通式立交形式时，应考虑所含平面交叉的必要性与合理性。设计中应将匝道置在合适的象限内，使冲突点尽可能减少。对平面交叉应根据交通量、交通组成和行驶速度等进行渠化设计，并设置必要的标志、标线、分隔带、交通岛、变速车道、转弯车道等。城市道路立体交叉行人与非机动车交通对平面交叉影响很大，必要时应采取专辟车道、渠化、立体交叉(天桥或通道)等措施，与机动车分离行驶。互通式立交中的平面交叉设计应符合有关要求及规定。

（二）变速车道设计

在匝道与正线连接的路段，为适应车辆变速行驶的需要，而不致影响正线交通所设置的附加车道称为变速车道。变速车道包括减速车道和加速车道。车辆由正线驶入匝道时减速所需的附加车道称为减速车道；车辆从匝道驶入正线时加速所需的附加车道称为加速车道。

1. 变速车道的形式

变速车道一般分为直接式与平行式两种，如图 6-50 所示。

（1）直接式

直接式变速车道是由正线斜向渐变加宽，形成一条与匝道连接的附加车道。其特点是线形平顺并与行车轨迹吻合，对行车有利，但起点不易识别。

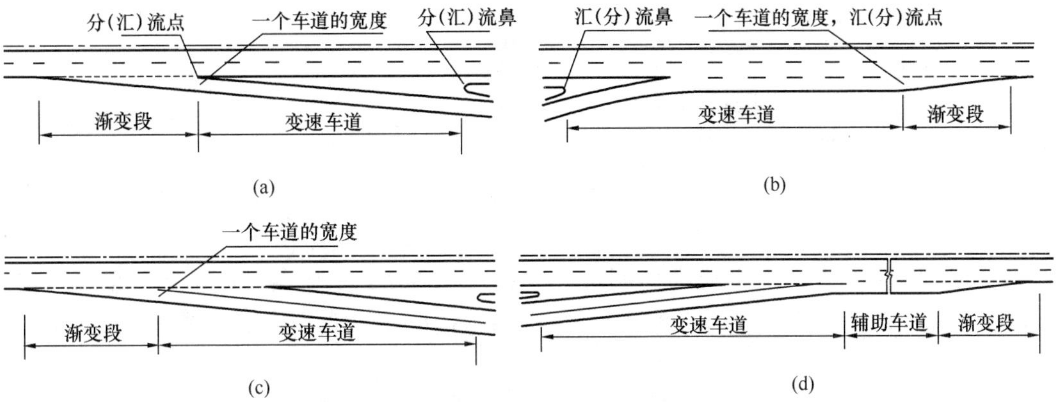

图 6-50　变速车道的形式

（a）直接式单车道；（b）平行式单车道；

（c）直接式双车道；（d）设辅助车道的直接式双车道

（2）平行式

平行式变速车道是在正线外侧平行增设的一条附加车道。其特点是车道划分明确，行车易辨认，但车辆行驶轨迹呈反向曲线对行车不利。

变速车道为单车道时，减速车道宜采用直接式，加速车道宜采用平行式；当变速车道为双车道时，加、减速车道应采用直接式。

2. 变速车道的横断面

变速车道的横断面由左侧路缘带（与正线共用）、行车道、右侧路肩（含路缘带）组成，各组成部分如图 6-51 所示。变速车道的行车道宽度宜采用匝道的行车道宽度；右侧硬路肩的宽度宜采用正线与匝道硬路肩中较宽者的宽度，当条件受限时，右侧硬路肩可适当减窄，但不应小于 1.5m；城市道路可不设右路肩，但应保留路缘带。

3. 变速车道的长度

变速车道长度为加速或减速车道长度与渐变段长度之和，如图 6-52 所示。

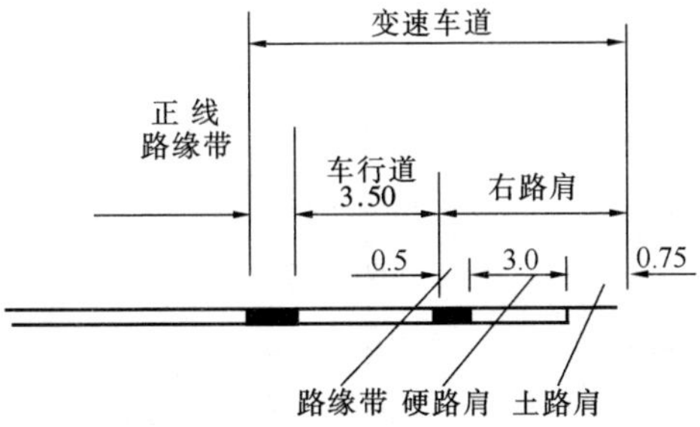

图 6-51　变速车道的横断面组成

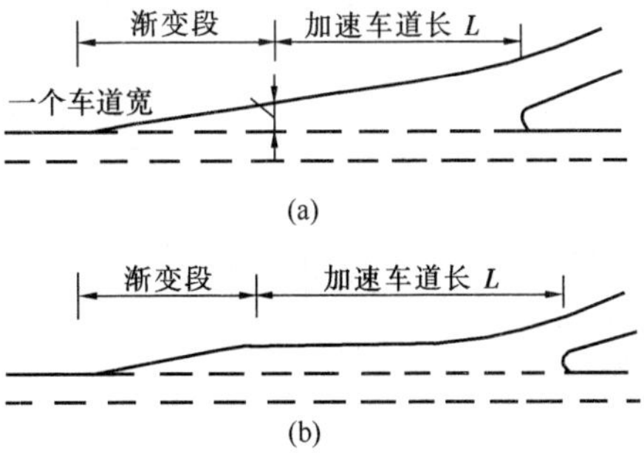

图 6-52　变速车道的平面

（a）直接式；（b）平行式

（1）加、减速车道长度

加、减速车道长度是指渐变段车道宽达一个车道宽的位置与分流或合流鼻端之间的距离。其计算公式为：

$$L = \frac{V_1^2 - V_2^2}{26a} \tag{6-27}$$

式中 V_1——正线平均行驶速度（km/h）；

V_2——匝道平均行驶速度（km/h）；

a——汽车平均加（减）速度（m/s^2），加速时 $a=0.8\sim1.2m/s^2$；减速时 $a=2\sim3m/s^2$。

平坡时加、减速车道长度应不小于表 6-21 的规定查用，表中所列数值，单车道入口为平行式的，当为直接式时，采用括号内的数值。入口为单车道的双车道匝道其加速车道的长度应增加 10m 或 20m。

下坡路段的减速车道和上坡路段的加速车道，其长度应按表 6-22 的修正系数予以修正。

（2）渐变段长度

渐变段长度是指渐变段车道宽达一个车道宽的位置至正线之间的渐变长度。渐变段的长度和渐变率可按表 6-21 的规定查用。表中单车道入口为平行式的；当为直接式时，采用括号内的数值。

城市道路变速车道长度及渐变率按表 6-23 的规定值选用。

表 6-21　公路立体交叉变速车道长度及有关参数

变速车道类别		主线设计速度（km/h）	变速车道长度（m）	渐变参数（1/m）	渐变段长度（m）	主线硬路肩或其加宽后的宽度 C_1(m)	分流鼻处匝道左侧硬路肩加宽 C_2(m)
出口	单车道	120	145	1/25	100	3.5	0.60
		100	125	1/22.5	90	3.0	0.80
		80	110	1/20	80	3.0	0.80
		60	95	1/17.5	70	3.0	0.70
	双车道	120	225	1/22.5	90	3.5	0.70
		100	190	1/20	80	3.0	0.70
		80	170	1/17.5	70	3.0	0.90
		60	140	1/15	60	3.0	0.60
入口	单车道	120	230	—(1/45)	90(180)	3.5	—
		100	200	—(1/40)	80(160)	3.0	—
		80	180	—(1/40)	70(160)	2.5	—
		60	155	—(1/35)	60(140)	2.5	—
	双车道	120	400	—(1/45)	180	3.5	—
		100	350	—(1/40)	160	3.0	—
		80	310	—(1/37.5)	150	2.5	—
		60	270	—(1/35)	140	2.5	—

表 6-22　坡道上变速车道长度的修正系数

主线平均坡度(%)	$i \leqslant 2$	$2 < i \leqslant 3$	$3 < i \leqslant 4$	$i > 4$
下坡减速车道修正系数	1.00	1.10	1.20	1.30
上坡加速车道修正系数	1.00	1.20	1.30	1.40

表 6-23　城市道路立体交叉变速车道长度及出、入口渐变率

主线设计速度(km/h)		120	100	80	60	50	40
除宽度缓和部分外的减速车道长度(m)	1 车道	100	90	80	70	50	30
	2 车道	150	130	110	90	—	—
除宽度缓和部分外的加速车道长度(m)	1 车道	200	180	160	120	90	50
	2 车道	300	260	220	160	—	—
宽度缓和路段长度(m)	1 车道	70	60	50	45	40	40
出口角度	1 车道	1/25		1/20	1/15		
	2 车道						
入口角度	1 车道	1/40		1/30	1/20		
	2 车道						

变速车道长度的选用除应符合以上规定的最小长度要求以外，还应结合主线和匝道的设计速度、交通量、大型车比例等对变速车道长度进行验算，必要时增长变速车道的长度。

（三）车道数平衡

在高速公路、一级公路和城市快速路的全长或较长路段内，必须保持一定基本车道数。同时在正线与匝道的分、合流处必须保持车道数目的平衡，二者之间是通过辅助车道来协调的。

1. 基本车道数

基本车道数是指一条道路或其某一区段内，根据交通量和通行能力的要求所必需的一定数量的车道数。基本车道数在相当长的路段内不应变动，不因通过互通式立交而改变基本车道数，目的是防止因修建立交而可能形成交通瓶颈或导致不必要的浪费。

2. 车道平衡原则

立体交叉处正线的车流量必然会因分、合流的存在而发生变化，分流减少，合流增大。为适应这种车流量的变化，保证车流畅通、行车安全和工程经济，在分、合流处的车道数应保持平衡。车道平衡的原则为：

（1）两条车流合流以后正线上的车道数应不少于合流前交会道路上所有车道数总和减 1；

（2）正线上车道数应不少于分流以后分岔道路的所有车道数总和减 1；

（3）正线上一个方向的车道数每次减少或增加不应多于一条。

分、合流处应根据车道数平衡原则，按车道数平衡公式（6-28）进行计算，以检验车道数是否平衡，如图 6-53 所示。

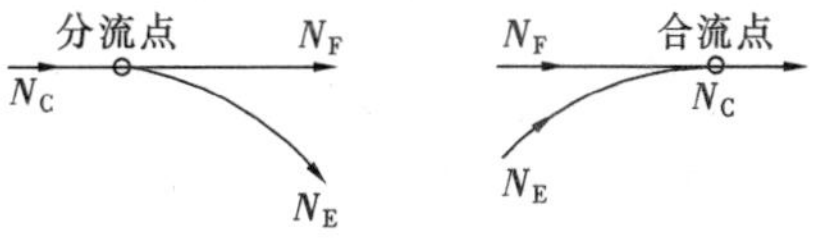

图 6-53　分、合流处车道数的平衡

$$N_C \geqslant N_F + N_E - 1 \tag{6-28}$$

式中　N_C——分流前或合流后的正线车道数；

N_F——分流后或合流前的正线车道数；

N_E——匝道车道数。

3. 辅助车道

在立体交叉的分、合流处，既要保持车道数平衡，又要保持基本车道数的连续性，如果两者之间发生矛盾，可通过在分流点前与合流点后的正线上增设辅助车道的办法来解决，如图 6-54 所示。

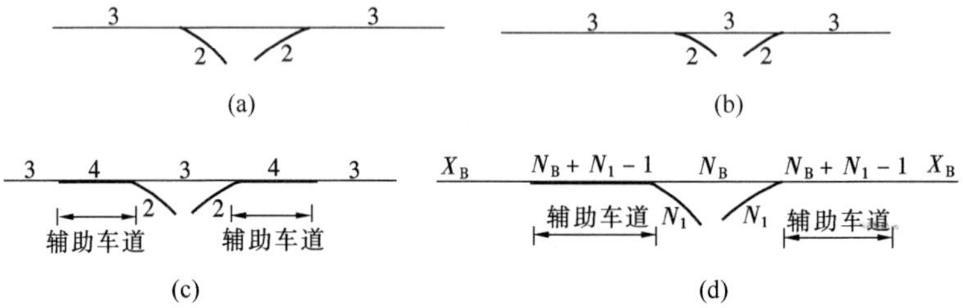

图 6-54　辅助车道

(a) 车道数平衡但基本车道数不连续；(b) 基本车道数连续但车道数不平衡；
(c) 车道数平衡且基本车道数连续；(d) 车道数平衡基本车道数连续的条件

不同正线的设计速度情况下，辅助车道的长度规定见表 6-24。

表 6-24　辅助车道的长度

主线设计速度(km/h)		120	100	80
辅助车道长度(m)	入口	400	350	300
	出口	300	250	200
渐变段长度(m)	入口	180	160	140
	出口	90	80	70

为使车流流畅，当一个互通立交的入口与后一个互通立交的出口均设有或其中之一设有辅助车道时，若入口渐变段终点至出口渐变段起点的距离小于 1000m，则应增长辅助车道而将两者贯通。当交通量大，交织运行比例较高，且增加车道的成本不高时，即使此间距达 2000m 时，也宜采用贯通的辅助车道。

辅助车道的宽度与正线车道相同，且与正线车道间不设路缘带。辅助车道右侧的硬路肩，其宽度一般与正常路段的正线硬路肩相同；用地紧张或其他条件限制时可减窄，但不得小于 1.5m。

本章小结： 交叉口是车辆发生交通事故及交通延误的主要地方，正确的选择交叉口的形式，合理组织交通，对于提高道路的通行能力、减少交通事故、避免交通阻塞，是十分重要的。选择交叉口时，要综合考虑交叉口附近的地形、地物、相交道路的等级、交通量及交通组成和造价等因素。平面交叉口适用于等级较低的公路、造价低；而立体交叉适用于等级较高的公路、造价高，但解决交叉口的交通问题最彻底。交叉口设计时，应正确选择交叉口的形式与各组成部分的尺寸；合理布置各种交通设施；同时做好交叉口的立面设计，解决好排水问题。

关键概念： 交叉口、平面交叉、立体交叉、交通分析

复习思考题

1. 交叉口减少和消灭冲突点的方法有哪几种？
2. 环形交叉口设计的主要内容是什么？
3. 简述确定环岛半径的方法。
4. 简述立体交叉的设置条件。
5. 简述立体交叉的形式及各自特点。
6. 变速车道的形式有哪几种？各自的特点及适用场合是什么？

第七章 道路公用设施设计

学 习 要 求

学习目标：了解各种公用设施的设置原则、功能、分类及其原理，能够单独进行设计。

学习重点：各种设施的设置原则、功能、分类。

学习难点：照明设计。

学习安排：课内4学时。

按道路的性质和道路使用者的各种需要，在道路上均需设置相应的公用设施。道路公用设施的种类很多，包括交通安全及管理设施和服务设施等。道路公用设施是保证行车安全、方便人民生活和保护环境的重要措施。因此，在道路设计中应予以足够的重视。

第一节 公共交通设施设计

一、公共交通路线的布置原则

公共交通是居民的主要出行方式之一，改善和合理布置公交路线有重要的现实意义。

公共交通路线的布置原则如下：

1. 贯彻“安全、服务、节约”方针，使乘客上、下和换乘方便，节省出行时间。
2. 所有干道应布设公交路线，同时为弥补干线的不足，在一些次要道路上也要布设。
3. 公共交通路线应组成闭合的公共交通线网，方便乘客换乘。
4. 主要人流集散地点，从各个地区应设置直达或路过的公共交通路线。各主要人流集散点之间，也应布置公共交通路线。
5. 公共交通路线应按主要人流方向布置，使人流能沿最短路线到达目的地。
6. 不同路线之间要很好衔接，便于乘客就近迅速换乘车辆。

二、公共交通站点的布置

公共交通站点分为终点站、枢纽站和中间停靠站。规划、布置站点要在对客流的流量、流向进行调查分析的基础上进行，尤其是终点站和枢纽站。

终点站的布置要注意安排调头的场地，还要考虑部分车辆停歇和加水、清洁、保养及小修用地。

枢纽站（又称集散点）一般设有几条公交线路，上、下车和换车的乘客多，站点布置比较集中，所以其布置应注意保护乘客、行人和车辆的安全，尽量不让换车乘客穿越车行道且步行距离最短。

停靠站是为沿线公共汽车旅客安全上、下车而设的一种道路设施，主要指公交车辆在中途停靠的位置。停靠站主要布置在客流集散地点，如火车站、码头、大型商场、重要机关单位、大专院校和交叉口等处。具体布设时应考虑以下问题：

（一）停靠站的间距

停靠站间距越小，道路上设站越多，这样将增加乘客的乘车时间、降低车辆运行速度，且车辆频繁制动、起动，而增大轮胎及燃料的消耗。如果停靠站间距过大，虽然车辆运行速度提高，乘客的乘车时间减少，但会增加乘客的步行时间，于乘客不便。公交车辆中途停靠站比较合理的间距，市区一般以400～800m为宜；郊区为1000m左右；道路交叉口附近的车站宜安排在交叉口出口道一侧，距交叉口出口缘石转弯半径终点宜为80～150m。

（二）停靠站的布置方式

停靠站在道路平面上的布置方式主要有沿人行道边设置和沿行车道分隔带上设置两种。

1. 沿人行道边设置，这种布置方式采用较普遍，且构造简单，一般只需在人行道上辟出一段用地作为站台，以供乘客候车和上、下即可。站台高度宜采用15～20cm，并予以铺砌，以方便乘客上、下车，如图7-1所示。这种布置方式对乘客上、下车最安全，但停靠的车辆对非机动车交通影响较大，多适用于单幅式道路。

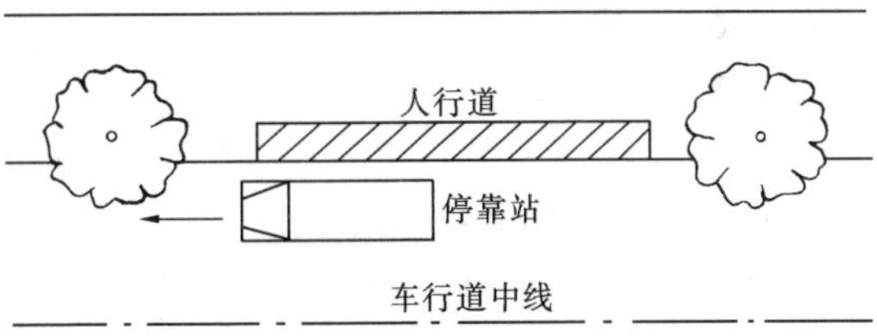

图7-1　沿人行道边设置的停靠站

2. 沿行车道分隔带设置，这种布置方式停靠的公交车辆对非机动车影响较小，但上、下车的乘客要横穿非机动车道，影响非机动车的交通。适用于三幅式道路，如图7-2所示。采用这种方式，布置站台的分隔带宽度不宜小于2m，当条件受限时，站台宽度不得小于1.5m。站台长度视停靠的车辆数而定。

当分隔带较宽时（>4m），可以减窄一段绿带宽度改为路面，建成港湾式停靠站，以减少停靠车辆所占的车道宽度，保证正线上的交通畅通，如图7-3所示。港湾的宽度和长度根据停靠车辆类型而定，一般以能容纳两辆车为宜。这种做法对机动车道较窄的路段尤为适用。

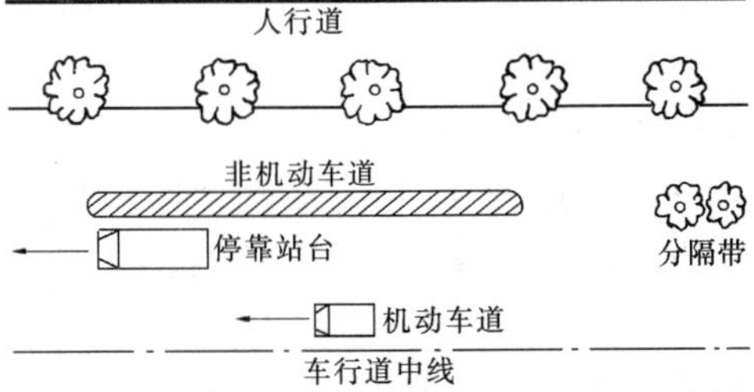

图7-2　沿车道分隔带设置的停靠站

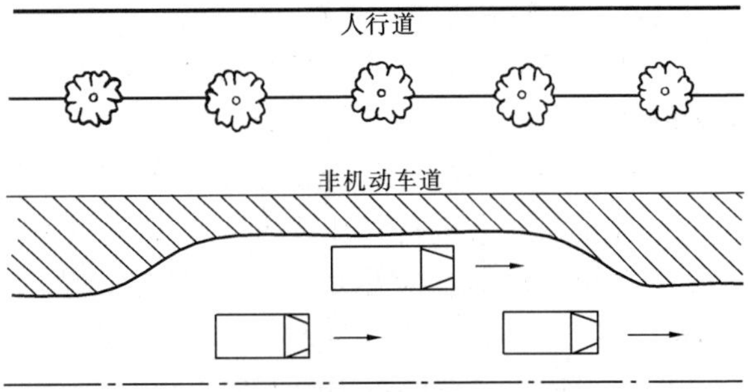

图7-3　港湾式停靠站

第二节　停车场设计

一、汽车停车场设计

（一）停车场的位置和规模

合理规划停车场的分布地点，一般应考虑以下几个方面：

1. 渡口两岸。

2. 国防公路，在交通量大的情况下，选择隐蔽地点。

3. 为了减轻外地进城车辆对市区交通的压力，应在城区边缘地带设置专用停车场，如进出城的几个主要方向的道路附近。

4. 对外交通枢纽所在地应设置停车场，如车站、码头、机场等。

5. 在人流大量集中的大型公共建筑物和文化设施附近，如大型体育场、剧场、大型商场、展览馆、公园等。

停车场的面积可按下式计算：

$$F = Q \cdot a(\mathrm{m}^2) \tag{7-1}$$

式中　F——停车场面积（m^2）；

Q——停车场的停车车位数（辆/h）；

a——每一辆汽车停放占用面积（m^2），随车辆类型和停放方式而不同。

$$Q = N_{日} \cdot \alpha \cdot \gamma / \beta \tag{7-2}$$

式中　$N_{日}$——道路设计年限内的设计交通量（辆/日）；

α——停放率，即停放车辆占设计交通量的百分比，一般小型汽车 $\alpha = 0.15 \sim 0.20$，大型汽车 $\alpha = 0.20 \sim 0.30$，卡车 $\alpha = 0.10$；

γ——高峰率，即高峰小时停放车辆占全停放车辆的百分数，$\gamma = 0.10$；

β——周转率，即一个车位每小时可以周转使用停放多少个车次；

$$\beta = 1(\mathrm{h}) / 平均停放时间(\mathrm{h})$$

平均停放时间：小型汽车 25～35min；

大型汽车 15～20min；

卡　　车 20min。

（二）停车场的设计原则

1. 停车场的设置应符合城市规划与道路交通组织的要求，同时还应便于各种不同性质车辆的使用。

2. 公用停车场在全市尽量均衡分布，专用停车场应紧靠使用单位布置。

3. 停车场出入口应分开设置。重要建筑物前的停车场的出入口应设置在次要干道上，若设在主要干道旁，应尽量远离交叉口。单向通行的不应小于 5m，双向通行的不应小于 7m。

4. 为保证车辆在停车场内不发生滑溜和满足场地排水要求，在平原区场内纵坡一般在 0.3%～0.5%之间；在山区或丘陵区可根据实际情况而定，宜为 0.3%～3.0%。

5. 停车场内交通路线必须明确，宜采用单向行驶路线，避免互相交叉，并应与进出口行驶方向一致。

（三）设计步骤

1. 确定设计车辆

停车场应以高峰时所占比重大的车型作为设计车辆，不应选用车身过长的车辆，可不考虑将来车辆尺寸的变化。设计车辆划分为三种类型：

（1）小型车：包括小轿车、小吉普车、小型客车、2t 以下货车；

（2）大型车：包括普通载重汽车、大客车；

（3）特殊大型车：包括拖挂车、铰接公共汽车、平板车。

其外型尺寸见表 7-1。

表 7-1　设计车辆的外形尺寸

设计车辆	车身长度（m）	车身高度（m）
小型车	4.7	1.5
大型车	7.0	2.5
特殊大型车	16	2.5

2. 确定停车车位的布置方式

停车场内停车车位的布置方式，直接影响停车面积的计算、车位的组合以及停车场的平面布置。停车车位布置方式按汽车纵轴线与通道的夹角关系可分为三种类型：平行式、垂直式和斜放式。

（1）平行式，即相邻车辆头尾相接顺序停放，这种方式所占用的车道宽度最窄，多小于 3m，但为了车辆驶出，前后车辆需要较大净距。

（2）垂直式，即相邻车辆都垂直于通道方向停放，这种方式用地紧凑，单位长度内停放的车辆数较多，但停车带占地较宽，进出停车道时需要倒车一次。

（3）斜放式，车辆与通道成 30°、45°、60°三种角度停放，停放时不易排列整齐，且占地面积不经济，故较少采用。

3. 确定停车带和通道的宽度

停车带和通道是停车场的主要组成部分，其宽度的确定主要应考虑以下因素：

（1）设计车型；（2）车辆的最小转弯半径；（3）停车方式和车辆之间的安全净距；（4）司机的驾驶熟练程度等。

宽度的具体确定多采用调查与车辆试验相结合的方法进行。

4. 确定停车车位单位停车面积

单位停车面积即停放一辆汽车所需的用地面积，它与车辆的停放方式、车辆尺寸、车位布置和疏散要求有关。

（1）车辆随来随走的停车场单位停车面积

① 平行于通道停放时［图 7-4（a）］，单位停车面积 A_1 按下式计算：

$$A_1 = (B + 0.5)(L + a) + (L + a)b/2 \tag{7-3}$$

式中　B——设计车辆车身宽度（m），见表 7-1；

L——设计车辆车身长度（m），见表 7-1；

a——车辆驶出时所需的前、后车停放净距（m），根据观测，可取 $a=L/2$；

b——通道宽度（m），对于一般车辆 $b=2B$，对较大型车辆可取 $b=2B+0.5$。

② 垂直于通道停放时［图 7-4（b）］，单位停车面积 A_2 可按下式计算：

$$A_2=(L+0.5)(B+c)+(B+c)d/2 \tag{7-4}$$

式中 c——车辆驶出时相邻两车车厢的停放净距（m），一般 $c=1.0$m；

d——通道宽度（m），一般 $d=L+(0.5\sim1.0)$ 或取车辆的最小转弯半径，其他符号同前。

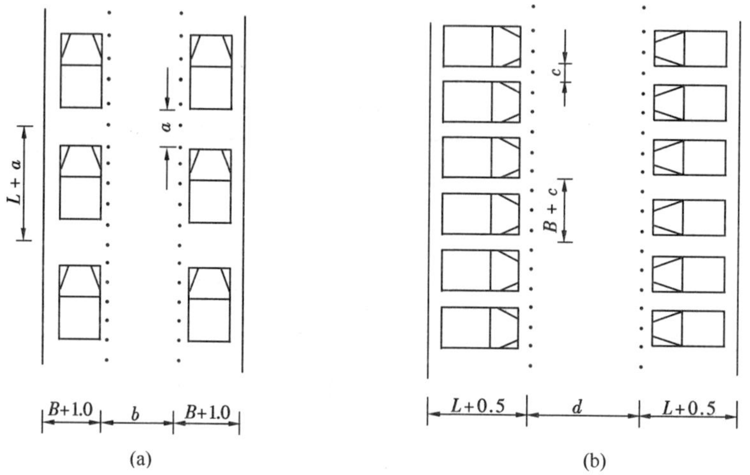

图 7-4 单位停车面积计算图

（a）平行停车方式；（b）垂直停车方式

③ 与通道斜交停放时（图 7-5），单位停车面积 A_3，可按下式计算：

$$A_3=[(B+1.0)\cdot\cos\alpha+(L+1.0)\cdot\sin\alpha]\cdot\frac{B+1.0}{\sin\alpha}+\frac{B+1.0}{\sin\alpha}\cdot\frac{e}{2}(\mathrm{m}^2) \tag{7-5}$$

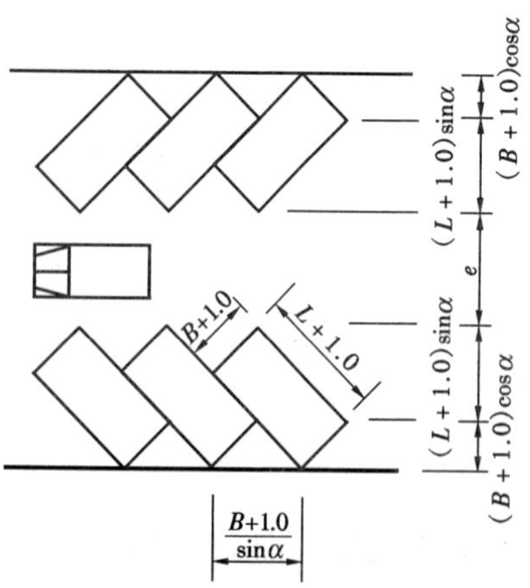

图 7-5 斜交式停放的单位停车面积计算图

式中 B——设计车辆车身宽度（m），见表 7-1；

L——设计车辆车身长度（m），见表 7-1；

α——停车车位与通道的交角，一般 $\alpha=30°$ 或 45°或 60°；

e——通道宽度，小型车 $e=L+0.5$，大型车 $e=L+1.0$。

（2）车辆零来整走的停车场单位停车面积

这种停车场，除首长及外宾的车辆外，大部分车辆都是散场后同时顺序开走，因此，停放时，相邻车辆的净距和通道可以窄一些。按上述公式（7-3）和式（7-4）进行计算。

计算单位停车面积时，可取 $a=0.5$m，$b=3.0$m，$c=0.5$m。

二、自行车停车场设计

在自行车大量聚集的地点，如体育场、电影院、公园、风景点等处均应设置多处自行车停车场，并尽量利用人流较少的街巷、附近空地或快慢车分车带，避免占用人行道。

自行车体积小，使用灵活，对停车场地的形状和大小要求比较自由，布置设计也较简单。设计时可按每辆占地（包括通道）1.4～1.8m²计算。停放方式多为垂直停放和成角度斜放，按场地条件可单排和双拼两种排列。其中垂直设支架固定的形式为常见的停放方式，如图 7-6 所示。

自行车的外型尺寸为：车宽 0.5m、车长 1.9m，每辆自行车停放的尺寸可按 0.8m×2.20m 计算。沿道路的分割带和绿带停放自行车其宽度不小于 2.20m.。

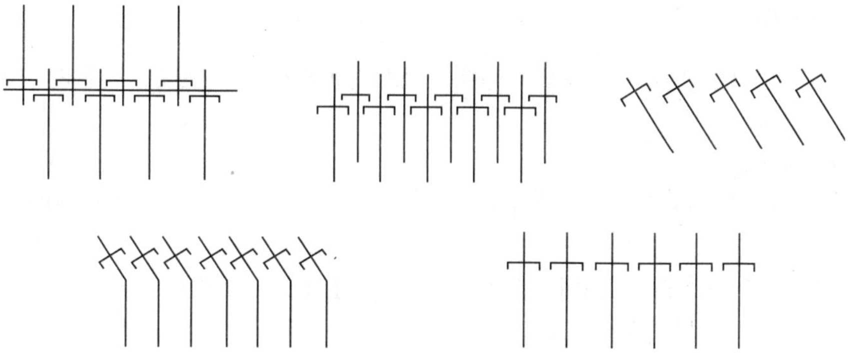

图 7-6　自行车的停放方式

自行车停车场出入口的宽度，一般宜为 2.5～3.5m，以保证每个口能满足一对相向车辆进出时的需要。

场内停车区应分组安排，每组场地长度宜为 15～20m，非机动车停车场坡度宜为0.3%～4%。

第三节　道路照明设计

一、照明标准

人工照明是公用设施的重要组成部分，它的首要作用是保证夜间车辆和行人的安全。其次美化路容，它对城市的夜景和节日照明有重要影响。

照明标准通常用照度和不均匀度来表示。照度的单位时 lx（勒克斯），1lx 就是在 1m² 照射面上，均匀分布 1lm 的光通量（引起视觉作用的光能强度）。照度按下式计算：

$$E=\frac{F}{S}(\mathrm{lx}) \qquad (7\text{-}6)$$

式中　E——照度（lx）；

F——光通量（lm），它表示能引起视觉作用的光能强度（发光功率）；

S——照射面积（m²）。

道路上一般照度范围在 0.2～5lm 之间，交叉口、广场和桥梁等处的照度应比通向它们的道路的照度标准高 50%。照度不宜过小也不宜太大。一般当道路上的照度不太大时（小于 0.5lm)，人的视觉感受能力很低，如把远处风吹摇曳的行道树当作走路的行人。当照度增大到 2～3lm 时，视觉感受能力开始显著增加，辨别的速度也加快。当照度增大到 8～10lm 时，视觉感受速度几乎没有变化。

照度标准的选定与路面的反光性质有很大关系。此外，路面照明的均匀性对夜间行车的安全十分重要。与其照度标准高而明暗强烈，不如将照度标准定的低些，而使均匀度高些，这对高速行车更为重要。照明的不均匀度是表示受光物体表面照度的均匀性系数，即：

$$照明不均匀度\ K=\frac{最大水平照度(\mathrm{lx})}{最小水平照度(\mathrm{lx})} \tag{7-7}$$

道路照明除应满足照度和不均匀度的要求外，还应满足眩光限制指标的要求，照明标准的选定与道路等级、交通量大小、路面的反光性质、路灯的悬吊方式和高度有关。

二、照明系统的布置

照明布局应尽量发挥照明器的配光特性，以取得较高的路面亮度、满意的均匀度，并注意尽量限制产生眩光。

（一）平面布置

道路照明器的平面布置方式取决于道路的等级、宽度、夜间交通量和横断面布置等因素。一般常采用以下方式布置：

1. 沿道路两侧对称布置，如图 7-7（a）所示，适用于宽度超过 20m、行人和车辆多的道路上，一般可获得良好的路面亮度。

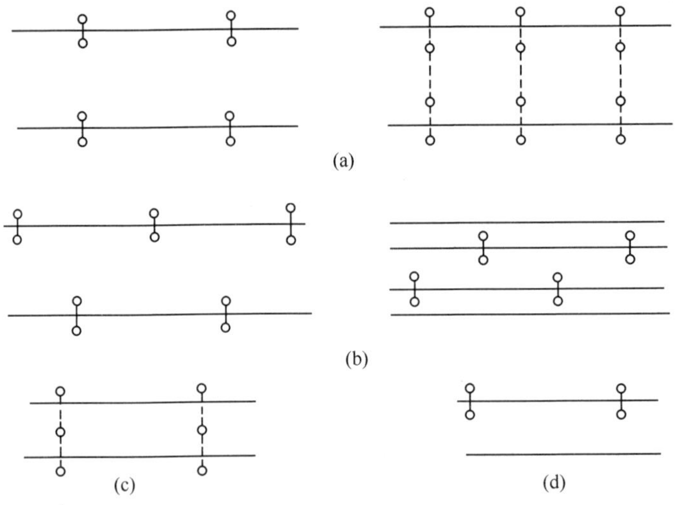

图 7-7　道路照明布置方式

（a）沿道路两侧对称布置；（b）沿道路两侧交错布置；
（c）沿道路中线布置；（d）沿道路单侧布置

2. 沿道路两侧交错布置，如图 7-7（b）所示，适用于宽度超过 20m 的主要道路上。这种布置无论在照度及均匀性方面都比较理想。

3. 沿道路中心线单排布置，如图 7-7（c）所示，适用于道路两侧行道树分叉点较低，遮光较严重的街道。这种布置经济简单，照度比较均匀，但易产生眩光，维修麻烦。

4. 沿道路单侧布置，如图 7-7（d）所示，一般适用于宽度在 15m 以下的道路上。其特点是经济简单，但照度不均匀。

5. 坡道上照明器的布置要适当缩小间距。

交叉口、广场、弯道和隧道的照明，应根据它们的特点进行布置。

T 形交叉口，照明器多安在道路尽头的对面，既有效地照亮交叉口，又有利于驾驶员识别道路；十字形交叉口布置在交叉口前进方向右侧，便于司机从远处就能看清横穿交叉口的行人；立体交叉口的出入口、弯道和匝道上都应设有照明，且应延伸到临界区以外。

弯道上布置照明器，在曲线外侧布置，便于司机辨别弯道形状。在曲线半径小的弯道上应缩短灯距。

交通广场宜采用高杆照明，既经济合理，效果又好。

隧道照明的布置应注意司机视觉能力的过渡。

（二）横向布置

照明器一般布置在人行道的绿带或分隔带的边上，灯杆竖立在侧石外 0.5～1.0m 处。照明器通过支架悬臂挑出在道路的上空，悬挑长度为 2～4m，如图 7-8 所示。

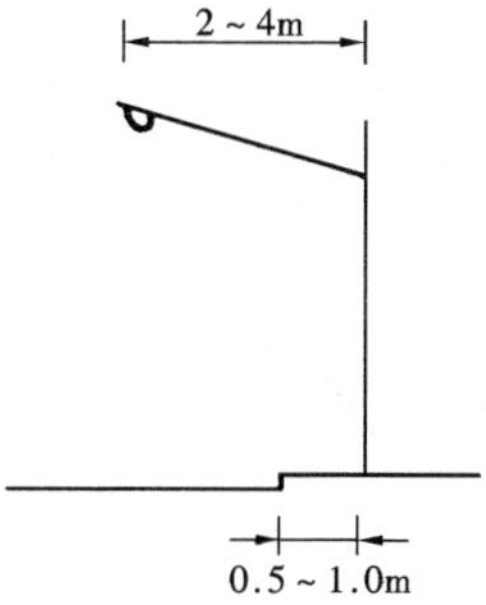

图 7-8　照明器横向布置

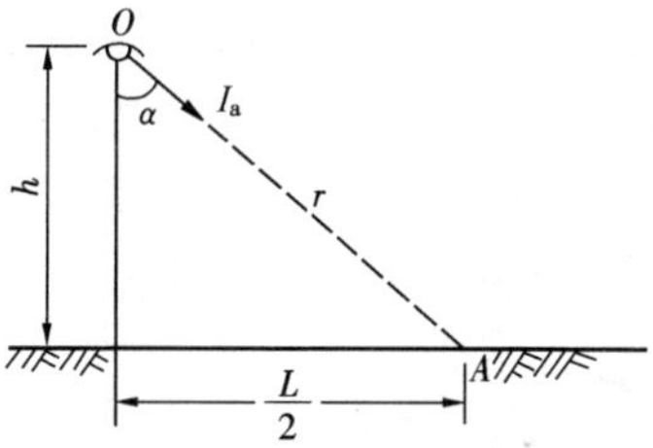

图 7-9　照明布置关系

（三）照明器的安装高度和纵向间距

路灯的光源功率、悬挂高度和间距三者之间与道路所要求的照度有相互关系，照明器的安装高度 h，纵向间距上 L 和配光特性三者间的关系为式（7-8），如图 7-9 所示。

$$E_A = \frac{I_a \cos\alpha}{r^2} = \frac{I_a \cos^3\alpha}{h^2} \tag{7-8}$$

式中　E_A ——路面上任意点 A 的水平照度（lx）；

I_a ——点光源 O 在 α 角方向的发光强度，简称光强（cd）；

r ——光源 O 至 A 点的距离（m）；

h ——光源 O 的高度（m）；

α ——光源 O 至 A 的连线与路面垂直方向的夹角（°）。

照明器纵向间距一般为 30～50m，高度为 6～10m。

照明影响着道路安全和行驶通畅与舒适。在行人比较集中和存在路侧干扰及交叉干扰的市区和郊区，安装固定的照明设备是必要的。对于乡区公路也可能需要，但其需要程度较城市街道和靠近市区的道路要小得多。一般认为乡区公路很少需要照明，在运输特别繁忙和重要路段，可配置路灯；在有条件的交叉道口、人行横道等处可采用局部照明。一般情况由车辆本身的车灯照明。

第四节　道 路 绿 化

一、道路绿化的作用

道路绿化按功能分为保护环境绿化和改善环境绿化两类，它对保持生态平衡、保护美化环境等都有重要的意义和作用。对公路交通而言，道路绿化既能稳固路基、美化路容、诱导视线、增加乘客的舒适感和安全感，又能积累木材增加收益。积雪、风沙地区还能起防雪、防沙的作用。城市道路绿化是整个城市点、线、面整体绿化的重要组成部分，除了具有改善城市环境和美化城市街景的作用外，还可以起到城市备用地带的作用；绿带下埋设管线，可减少管线维修对路面破坏造成的损失。

二、道路绿化的布置

道路绿化布置的类型很多，选择哪种形式必须从实际出发，因地制宜地结合道路的宽度、交通状况、气候、土壤地质条件、沿街建筑和街坊的布置进行综合考虑。

公路两侧种植行道树是公路绿化的常见方式。但要注意以下问题：绿化设施不得进入道路建筑限界，在公路路肩上不得植树，在交叉口范围内和弯道内侧种树，必须不妨碍行车视距的要求。市郊、风景区、疗养区等路段应尽量选用常绿树种栽植风景林。行道树及风景林经过农田或经济作物区时，可植在护坡道或路堤边坡上，以减少占地。

城市道路绿化应因地制宜地将乔木、灌木、草皮、花卉等组合成各种绿化形式。绿化种植一般需要的宽度如下：

低灌丛 0.8m　单行乔木 1.25～3.0m

中灌丛 1.0m　双行乔木平列 2.5～5.0m，错列 2.0～4.0m

高灌丛 1.2m　草皮与花丛 1.0～1.5m

绿带宽度占道路总宽度的比率，从我国一些城市的实际绿化情况看，40m 以上干道中绿化带占道路总宽度的 20%～30%，在 40m 以下道路中绿化带占道路总宽度的 20%～25%。

（一）人行道的绿化

人行道较窄时，用方形、圆形树穴绿化，可以避免占用较大的交通面积。树穴的最小尺寸，应以单行乔木种植生长为准，一般不小于 1.2m×1.2m 或宽与长之比为 1∶2 的长方形，其宽度≥1.2m 或直径≥1.5m。

为了保证车辆在车行道上行驶时，司机的视线不被绿化遮挡，在人行道上的绿化种植必须保证一定的株距，树龄在 15 年以上的乔木，株距为 6～8m。

在道路两侧人行道上的布置，通常采用对称式布置，限于条件时，也可错开布置或只在一侧种植。

若人行道有足够宽度时，可设置绿带。绿带宽度一般每侧 1.5～4.5m，长度 50～100m。

（二）分车带的绿化

分车带的宽度因道路而异，没有固定尺寸。一般分车带上种植乔木时，要求宽度不小于 2.5m；若宽度大于 6m，可种植两行乔木和花灌木；宽度小于 2m 时，只能种植草皮及灌木。

第五节　人行天桥和人行地道

一、人行天桥和人行地道的设置地点

人行天桥宜建在交通量大、行人和自行车需要横过行车道的地段或交叉口上。为保证行人过街安全及避免其对机动车交通流的干扰，快速路过街必须设置人行天桥或人行地道，其他道路应根据机动车交通流和行人过街需求设置。在城市商业网点集中的繁华地段，建造人行天桥既方便群众也易于诱导人们自觉上桥过街。在某些城市的旧城区商业街道，虽然人流多，但道路较窄，机动车辆少，在这种情况下，则不一定要建造人行天桥。因为建造人行天桥对改善交通收益不大，行人反而感到不便。

人行地道作为城市公用设施，在使用和美观上较好。但是，工程和维修费用较高，因此，在下列情况下，可考虑修建人行地道。

1. 重要建筑物及风景区附近，修人行天桥破坏风景或城市美观。

2. 横跨行人特别多的站前道路等。

3. 有障得物影响，修建人行天桥需显著提高桥下净空时。

总之，选择人行天桥或人行地道时，要充分考虑设置地点的交通状况、道路状况以及费用等问题。

二、人行天桥和人行地道的设计

（一）人行天桥的设计

人行天桥的桥宽和人行地道的宽度主要取决于高峰小时的人流量和设计通行能力。设计时人行天桥和人行地道的通行能力按 2000～2300p/（h·m）计算，车站、码头设计通行能力考虑实际情况适度降低，此外还应考虑到桥宽与道路宽度、交叉口大小比例协调。我国已建的人行天桥和人行地道的宽度一般在 3.0～5.0m。

（二）阶梯的设计

由于人流通过阶梯的速度低于通过桥面的速度，因此，人行天桥的通行能力往往受阶梯宽度的影响。为了使人流通过阶梯和桥面的速度一致，一般阶梯宽度应略大于桥面宽度。阶梯宽可根据人流量，通行能力按 1800p/（h·m）计算决定。阶梯布置形式和结构应同建桥点的景观相协调。

阶梯步级的宽度和高度之和等于 45cm 左右为好，一般常用步级宽为 30cm，高为 15cm，或宽为 28cm，高为 16cm。

在用地紧张的情况下，也可采用螺旋梯。

（三）人行天桥的净空

为满足大型集装箱车和无轨电车的行驶，最小净空为 5m。

（四）行人护栏的设置

为了引导行人上桥过街，避免穿越桥底，需沿街阶梯两边 50～100m 范围设置高栏杆，形式以采用 1.1～1.2m 竖杆为宜。

本章小结 汽车作为道路的服务对象，必须保证车辆行驶的安全与方便。按道路的性质和道路使用者的各种需要，必须设置必要的交通公用设施，设计时无论是数量、位置，还是形式、安装工艺都要从交通工程学的观点认真分析研究，使之真正能够满足要求。

关键概念 公共交通、停车场、照明、绿化、天桥、地道

复习思考题

1. 公共交通线路的布置原则是什么？布置中主要解决什么问题？
2. 停车场数量规模如何确定？
3. 停车场的设置原则、布置方式有哪些？
4. 道路照明的设置原则是什么？
5. 人行天桥及地道的设置条件是什么？规模如何确定？

第二篇　道路路基路面工程

第八章　路基路面工程总论

学　习　要　求

学习目标：了解路基路面工程的基本要求、路基路面结构及特点、公路自然区划。

学习重点：对路基路面的基本要求。

学习难点：路基路面结构的功能与作用。

学习安排：课内 2 学时。

第一节　概　　述

路基路面工程是组成道路的线形工程构造物。它主要承受汽车荷载的重复作用并经受各种自然因素的长期影响。

路基是在天然地表面上按照道路的设计线形（位置）和设计横断面（几何尺寸）的要求开挖或堆填而成的岩土结构物。

路面是由各种不同的材料，按一定厚度与宽度分层铺筑在路基顶面上的结构物，以供汽车直接在其表面上行驶。

路基是路面结构的基础，坚固均匀而又稳定的路基为路面结构长期承受汽车荷载提供了重要保证，而路面结构层的存在又保护了路基，使之避免了直接经受车辆和大气的破坏作用，长久处于稳定状态。路基和路面共同承受着行车和自然作用，它们的质量好坏，直接影响到道路的使用品质，为了满足行车对道路提出的通畅、迅速、安全、舒适、经济等方面的要求，就必须对路基和路面的强度、稳定性等提出一定要求。

一、对路基的基本要求

路基是道路的基本结构物，除要求路基应具有正确合理的断面尺寸以外，还应满足以下几方面的基本要求：

1. 具有足够的整体稳定性

在天然地表面上建筑的道路结构物改变了原地面的自然平衡状态，路基在行车荷载及各种自然因素（如地质、水文、气候等）作用下，将发生较大变形（标高和几何形状）和破坏。例如，在软土地层上修筑高路堤时，可能由于软土层承载力不足而出现路堤沉陷；在岩质或土质山坡上开挖深路堑时，可能由于失去支承而使路堑上方的坡体出现坍塌破坏。因此在选线、勘测、设计和施工中应密切注意，并针对当地具体情况，采取相应措施来保证路基结构的整体稳定性。

2. 具有足够的强度和刚度

路基强度是指路基的承载能力，其刚度是指路基抵抗变形的能力。路基的上层要与路面共同作用来承受由行车荷载和路基路面自重产生的应力，并应抵抗由该力产生的变形。路基强度、刚度不足，将使路基路面结构出现沉陷，甚至会使路面结构出现断裂，使路况恶化，服务水平下降。因此要求路基应有足够的强度和刚度，以满足路面结构物工作条件的要求。

路基具有足够的强度和刚度，还可以减轻路面的负担，从而减小路面的厚度，改善道路的投资状况。

3. 具有足够的水温稳定性

水温稳定性是指强度和刚度在自然因素（主要是水温、状况）影响下的变化幅度。路基在地面水和地下水的作用下，其强度和刚度将出现显著降低的现象。例如，在季节性冰冻地区，由于周期性的冻融作用，冬季在水和负温度共同作用下，土体会发生冻胀，造成路面隆起、开裂；在春融期，局部土层过湿软化，路基强度急剧下降。在交通繁重的路段，有时会引发翻浆，使路基路面发生严重的破坏。因此，路基应具有足够的水温稳定性，以保证在最不利的水温条件下路基不致发生冻胀，以及在春融期路基的强度不致显著降低。

二、对路面的基本要求

路面是道路的主要组成部分，良好的路面能够保证车辆高速、安全、舒适地行驶，并能节约运输费用，充分发挥道路的功能。为满足行车的使用要求，提高行车速度，增强行车的安全性和舒适性，降低运输成本，延长道路的使用寿命，要求路面具有如下一系列性能。

1. 具有足够的强度和刚度

车辆在路面上行驶，通过车轮把垂直力和水平力传给路面，在路面结构内部产生不同大小的压应力、拉应力、剪应力。当这些应力超过路面结构整体或某一结构层的强度时，路面会出现沉陷、断裂、拥包等破坏，使路况恶化、服务水平下降、影响道路的使用功能。为避免行车荷载产生的这些破坏，路面结构整体及其各组成部分都应具有足够的强度和刚度。

2. 具有足够的稳定性

路面结构暴露在大气之中，会受到气温、降水与湿度变化的影响，其物理、力学性质也将随之不断发生变化，处于一种不稳定状态。路面结构经受这种不稳定状态，而保持结构设计所要求的几何形态及物理力学性质，称为路面结构的稳定性。例如，沥青路面在夏季高温时会变软而产生车辙和波浪；冬季低温时又可能因收缩或变脆而开裂；水泥混凝土路面在高低气温周期性变化的影响下会因胀缩或翘曲而产生破坏；由于水分的渗入，使道路结构的湿度增大，强度及刚度降低而产生破坏。因此，要研究道路结构的温度和湿度状况及其对结构性能的影响，并在此基础上，修筑适应当地气候及自然条件的路面结构。

3. 具有足够的耐久性

路面结构要承受车辆荷载与自然因素的重复作用，由此而逐渐产生疲劳破坏或塑性变形的累积。此外，路面各结构层组成材料也可能由于老化而导致破坏。这些都将影响到路面的使用性能与使用寿命，增加路面的养护维修费用。因此，要求路面结构必须具有足够的抗疲劳强度，抗变形能力及抗老化能力。

4. 具有足够的表面平整度

不平整的路面表面会使车辆产生附加振动作用，并增大行车阻力。这种振动作用会造成行车颠簸，影响行车的速度和安全、驾驶的平稳性和乘客的舒适度。同时，振动作用还会对路面施加冲击力，从而加剧路面的破坏与车辆机件的损坏及轮胎的磨损，并增大油料的消耗。此外，不平整的路面还会因积水而加速路面的破坏。

平整的路面表面要依靠优良的施工机具，精细的施工工艺，严格的施工质量控制以及经常和及时的养护来保证。同时，路面的平整度还与路面结构整体和面层混合料的强度和抗变形能力有关。强度和抗变形能力差的路面结构和面层混合料，经不起车辆荷载的反复作用，极易出现沉陷、车辙和推挤等破坏，从而形成不平整的路面表面。

5. 具有足够的表面抗滑性能

路面表面要求既平整又粗糙，汽车在光滑的路面上行驶时，车轮与路面之间缺乏足够的附着力或摩擦阻力，在雨天高速行车，或紧急制动或突然启动，或爬坡，转弯时，车轮易产生空转或打滑，致使车速降低，燃料消耗增多，甚至引起严重的交通事故。

路面表面的抗滑能力可以通过采用坚硬、耐磨、表面粗糙的骨料组成路面表层材料来实现，有时也可采用一些工艺措施来实现，如水泥混凝土路面的拉毛或刻槽等。此外，路面表面的积雪、浮冰或污泥等也会降低其抗滑性，必须及时予以清除。

6. 具有低噪声和低扬尘性

噪声与扬尘会对环境造成污染，影响正常的行车秩序。当道路上有机动车辆行驶时，车辆发动机的轰鸣、排气、轮胎与路面摩擦等形成的噪声，使人感到厌烦，影响沿线人民的生产和生活。所以，路面应尽可能平整、无缝，以减小噪声。

扬尘主要发生于砂石路面，因轮胎后面产生真空吸力将面层细集料吸出而引起。但高等级道路，如不及时清扫路面浮土和灰尘，也会同样导致严重的扬尘。扬尘对行车视距、汽车零件、乘客舒适以及环境卫生带来不良影响，也不利于国防和沿线农作物的生长。

第二节　路基路面结构与构造

路基路面的构造，通常用横断面图来表示。路基除本体（基身）外，还应包括保证其正常工作所需的排水、防护、支挡与加固设施，以及路侧的取土坑和弃土堆等。在各种车道（包括行车道、变速车道和爬坡车道等）、路缘带和硬路肩等处均应铺筑路面。路面设置在路基顶部的路槽内，可由一层或数层组成，并要考虑排水等措施。

一、路基的类型与构造

路基主要是由土、石材料在原地面上修筑（填筑或开挖）而成。由于地形的变化和填挖高度的不同，使得路基横断面也各不相同，路基横断面的典型形式有路堤、路堑和填挖结合三种类型。路堤是指全部用岩土填筑而成的路基；路堑是指全部在原地面开挖而成的路基；当原地面横坡大，且路基较宽，需一侧开挖另一侧填筑时，为填挖结合路基，也称半填半挖路基。在丘陵或山区公路上，填挖结合是路基横断面的主要形式。

1. 路堤

图 8-1 为路堤横断面的几种常用形式。按其填土高度，可将路堤分为矮路堤、高路堤和一般路堤。填土高度小于路基工作区深度的属于矮路堤；填土边坡高度大于 20m 的路堤属于高路堤；介于两者之间的属于一般路堤。随其所处的条件和加固类型不同，还有浸水路堤、护脚路堤及挖沟填筑路堤等。

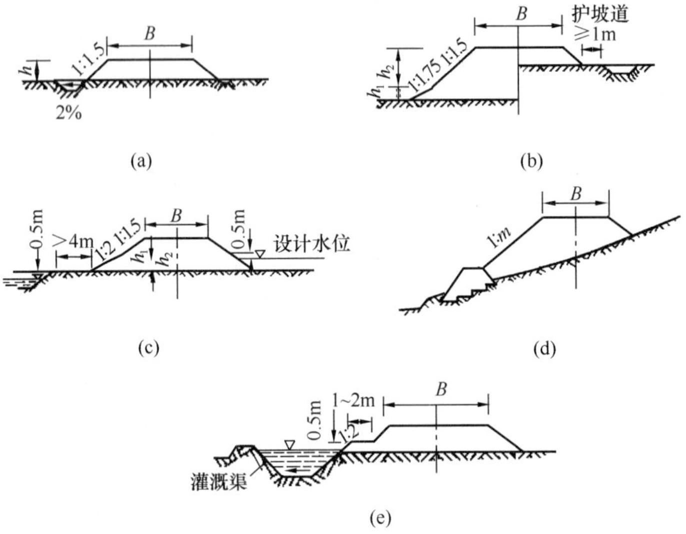

图 8-1　路堤的几种常用横断面形式

（a）矮路堤；（b）一般路堤；（c）浸水路堤；

（d）护脚路堤；（e）挖沟填筑路堤

矮路堤常在平坦地区取土困难时选用。平坦地区地势低，水文条件较差，易受地面水和地下水的影响，设计时要特别注意满足最小填土高度的要求，力求不低于规定的临界高度，使路基处于干燥或中湿状态。路基两侧均应设边沟，如图 8-1（a）所示。矮路堤的高度通常接近或小于路基工作区的深度，除填方路堤本身要满足规定的施工要求外，天然地面也应按规定进行压实，达到与路堤填土相同的压实度。必要时应进行换土或加固处理，以保证路基路面的强度和稳定性。

当填土高度不大于（h=2～3m）时，填方数量较少，全部或部分填方的土方出自路基两侧设置的取土坑。为保证边坡的稳定，在取土坑与坡脚间应设置宽度大于或等于 1m 的护坡道，如图 8-1（b）所示。当路边有排水沟渠时，坡脚与沟渠之间要预留宽度大于 4m 的护坡道，如图 8-1（c）所示。地面横坡较陡时，为防止填方路堤沿山坡向下滑动，应将天然地面挖成台阶或设置石砌护脚，如图 8-1（d）所示。填土高度在 20m 以下，一般属于正常的路堤，可按常规采用规定的横断面。

2. 路堑

图 8-2 是路堑横断面的几种基本形式，有全挖式路基、台口式路基及半山洞路基。

全挖式路基为典型路堑，路基两侧均需设置边沟。为防止山坡水流向路堑，在路堑边坡的上方应设置截水沟，截水沟的位置距坡顶大于 5m，如图 8-2（a）所示。

陡峻山坡上的路堑，路中线宜向内侧移动，尽量采用台口式路基，避免路基外侧的少量

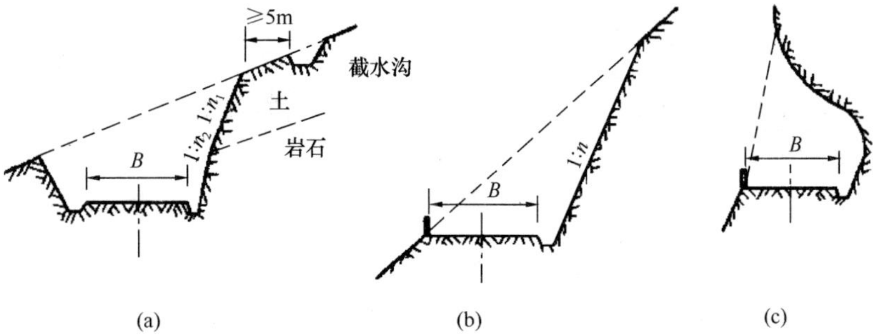

图 8-2 路堑横断面的基本形式

（a）全挖式路基；（b）台口式路基；（c）半山洞路基

填方，如图 8-2（b）所示。遇有整体性的坚硬岩层，为节省石方工程，可采用半山洞路基，如图 8-2（c）所示。

路堑开挖后破坏了原地层的天然平衡状态，其稳定性主要取决于地质与水文条件，以及边坡深度和边坡坡度。因此，对开挖较深的深路堑，应根据地质及水文条件，选用合适的边坡坡度。

路堑成巷道式，受排水、通风、日照影响，病害多于路堤，且行车视距较差、行车条件和道路景观均有所降低，施工亦困难。设计时尽量少用很深的长路堑。

水文状况对路堑的影响较大，地质条件愈差，水的破坏作用愈明显，因此，路堑的排水极为重要。

如挖方路基位于土层，为保证路基的强度和稳定性，需对路堑以下的天然土基压实至规定的压实度。

土质挖方边坡高度大于 20m 或岩石挖方边坡高度大于 30m 的路堑视为深路堑。深路堑和高路堤的土石方数量大，占地多，施工困难，整体稳定性差，对行车不利，应尽量避免使用。在不得已需要使用时，应进行个别设计，确保路基稳定和横断面经济、合理。

3. 填挖结合路基

在路基横断面上既有填方又有挖方的路基，称为半填半挖路基，常用于地面横坡较陡，路基较宽，道路中线的设计高程与地面高程相差不大的路段，其断面的形式与地面横坡及地形条件关系密切，如图 8-3 所示。半填半挖路基有利于减少土石方量，避免高填深挖和保持土石方数量的平衡，若处理得当，可保证路基稳定可靠，是比较经济的路基横断面形式。

半填半挖路基兼有路堤和路堑两者的特点，应参照上述对路堤、路堑的设计要点进行设计。挖方部分应设边沟或同时设置截水沟。挖方边坡如果较陡，坡面岩土性质较差或有其他不良地质现象，可以设置路堑挡土墙，以支撑边坡不致滑动，减缓边坡坡度，如图 8-3（b）所示。填方部分的局部路段，如遇原地面的短缺口，可采用砌石护肩，如图 8-3（c）所示。如果填方量较大，且地面横坡较陡，填方不易稳定或无法填筑，可就近利用废石方，选择较大石块采用石砌护坡或护墙，如图 8-3（d）、图 8-3（e）所示。石砌护坡和护墙相当于简易挡土墙，承受一定的侧向压力，要求坚固稳定，并埋置一定深度，基底具有足够的稳定性。有时填方部分需设置路肩（或路堤）挡土墙，以支挡填方路基，确保路基稳定，进一步压缩用地宽度。如果填方局部悬空，而纵向又有适当的基岩时，则可沿路基纵向建成半山桥路基如图 8-3（g）所示。

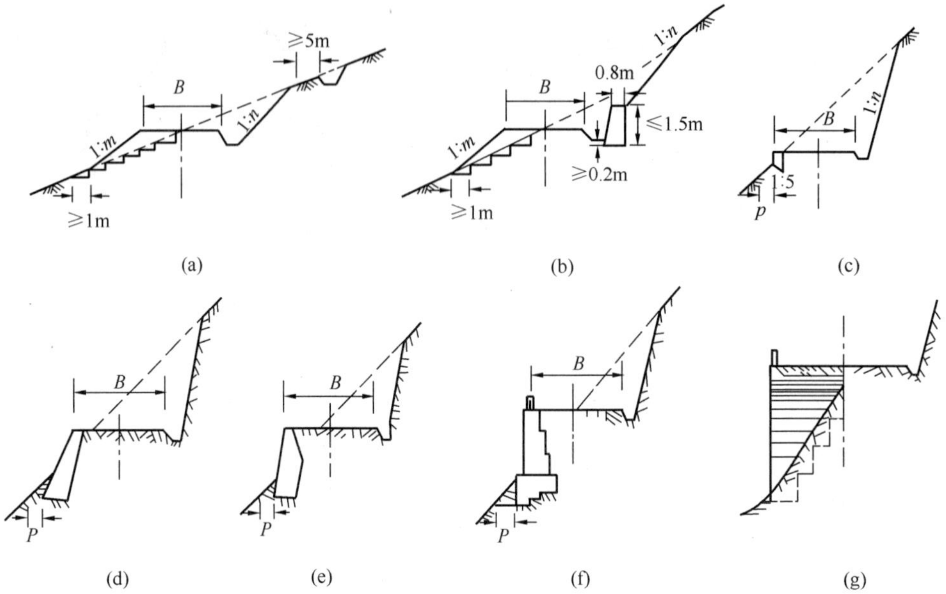

图 8-3　半填半挖路基横断面形式

（a）一般填挖路基；（b）矮挡土墙路基；（c）护肩路基；（d）砌石护坡路基；（e）砌石护墙路基；（f）挡土墙支撑路基；（g）半山桥路基

上述三类典型路基横断面形式，各具特点，分别在一定条件下使用。由于地形、地质、水文等自然条件差异性很大，且路基位置、横断面尺寸及要求等亦应服从于路线、路面及沿线结构物的要求，所以路基横断面类型的选择，必须因地制宜，综合设计。

二、路面结构组成与类型

铺筑在路基顶面上的路面结构是用各种材料分层铺筑而成，按所处层位和作用的不同，路面结构层主要由面层、基层、底基层和必要的功能层组合而成，如图 8-4 所示为路面结构各主要组成部分。

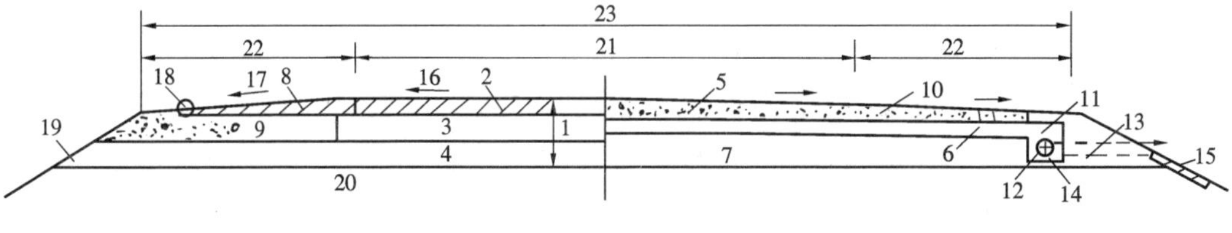

图 8-4　路面结构组成横断面图

1—路面结构；2—行车道沥青面层；3—基层；4—底基层；5—水泥混凝土面层；6—排水基层；7—不透水层；8—路肩沥青面层；9—路肩基层；10—路肩水泥混凝土面层；11—纵向集水沟；12—纵向排水管；13—横向排水管；14—反滤织物；15—坡面冲刷防护；16—横坡；17—路肩横坡；18—拦水带；19—路基边坡；20—路床；21—行车道宽度；22—路肩宽度；23—路基宽度

（一）路面结构层及其功能

1. 面层

面层是直接与行车和大气相接触的表面层次，承受行车荷载较大的垂直力、水平力和冲击力的作用。同时又受到降水的侵蚀和温度变化的影响。因此，要求面层应具有较高的结构强度和抗变形能力，较好的温度稳定性和水稳性，而且应当耐磨、不透水，其表面还应具有良好的平整度和抗滑性能。铺筑面层所用的路面材料主要有：水泥混凝土、沥青混合料、碎（砾）石混合料及块料等。面层采用不同材料分层铺筑时，可分为表面层、中面层和下面层。

2. 基层

基层是路面结构中的承重层，主要承受车辆荷载的垂直力，并把由面层传下来的应力扩散到垫层或土基，基层应具有足够的强度和刚度，并具有良好的扩散应力的能力。基层受自然因素的影响虽然比面层小，但是仍应具有足够的水稳性，以防基层湿软后变形过大，从而导致面层损坏，基层表面还应具有较高的平整度，以保证面层的平整性及层间结合。铺筑基层的路面材料主要有：各种结合料（如石灰、水泥或沥青等）稳定土或碎（砾）石混合料；各种工业废渣（如粉煤灰、煤渣、矿渣、石灰渣等）和土、砂及碎（砾）石组成的混合料；贫混凝土；各种碎（砾）石混合料或天然砂砾；各种片石、块石等。

当基层分为多层时，其最下面的一层称底基层。对底基层材料的要求可低于基层。设置的目的在于分担承重作用以减薄基层厚度并充分利用当地材料。

3. 功能层

在路基土质较差、水温状况不良时，或者在路面结构厚度小于最小防冻厚度要求时，应在路基与基层（或底基层）之间加设功能层，起排水、隔水、防冻胀和扩散应力等作用。这类功能层可采用颗粒材料（如砂砾、碎石等）或无机结合料稳定粗粒土等铺筑，其铺筑宽度应比基层（或底基层）每侧至少宽出 25cm，或与路基同宽。

另一类功能层是用于加强路面各结构层之间的联结及防水、抗裂等作用的黏层、透层及封层和应力吸收层等。

图 8-4 仅是典型的路面结构示意图，实际上路面不一定具有那么多层次，有时一个层次起着两个或三个层次的作用，层次的划分也不是一成不变的。例如，水泥稳定类基层上铺沥青面层结构中该水泥稳定类层次同时起着基层和垫层的作用。又如修筑在土基上的块石路面、水泥混凝土路面或碎（砾）石路面，都只有一个结构层次。当在旧路面上加铺新路面结构时，旧路面就成为新路面的基层或底基层等。

（二）路面面层类型

组成路面面层的材料，可分为沥青混合料、水泥混凝土和块料等类型。而按面层所用材料的不同，可将路面分为沥青路面、水泥混凝土路面、块料路面和复合式路面等类型。各类路面各结构层次可选用的组成材料见表 8-1。

表 8-1　各类路面各结构层次可选用的组成材料

结构层次	路面类型			
	沥青路面	水泥混凝土路面	复合式路面	块料路面
面层	沥青混凝土 沥青碎石 沥青贯入式 沥青表面处治及封层	普通混凝土 钢筋混凝土 连续配筋混凝土 钢纤维混凝土 预应力混凝土 碾压混凝土	水泥混凝土＋沥青混凝土 或沥青混凝土＋碾压混凝土 或沥青混凝土＋连续配筋混凝土	嵌锁式混凝土块料 整齐或半整齐料石、 块石 泥灰结碎石

续表

结构层次	路面类型			
	沥青路面	水泥混凝土路面	复合式路面	块料路面
基层	水泥、石灰、粉煤灰等无机结合料稳定类材料；碾压混凝土；贫水泥混凝土；沥青稳定碎石；沥青贯入碎石			
底基层	水泥、石灰、粉煤灰等无机结合料稳定类材料；级配碎石、砂砾			

1. 沥青面层

沥青面层可分为由沥青和集料经拌和、推铺、碾压而成的沥青混合料类，沥青和集料分层撒铺、碾压而成的沥青表面处治及封层类，沥青贯入碎石集料层的沥青贯入碎石等几种类型。沥青混合料具有较好的使用品质，可用作各类道路的面层。其通常分为上、下两层。上面层（或表面层）起磨耗层的作用，它应具有良好的表面特性（如抗滑、平整、低噪声），通常采用较细的集料、较多的沥青用量，沥青混合料密实不透水，或者也可做成多孔隙排水性表面层。下面层称为联结层，起承重作用，可采用较粗的集料。沥青碎石有较大的空隙，当用作面层时，应加铺封层，也可作为优质沥青路面的柔性基层使用。沥青表面处治主要起封层和磨耗层的作用，用以改善路面的行驶条件。

2. 水泥混凝土面层

水泥混凝土面层可分为普通水泥混凝土、钢筋混凝土、连续配筋混凝土、钢纤维混凝土、预应力混凝土和碾压混凝土等几种类型。这类面层具有强度高、刚度大、使用寿命长的特点，能承受较繁重的车辆荷载的作用。

3. 复合式面层

复合式面层是由水泥混凝土（包括普通混凝土、连续配筋混凝土、碾压混凝土、钢筋混凝土等）做下面层，沥青混合料做表面层组成。这类面层综合了水泥混凝土强度高、寿命长和沥青混合料舒适性好、便于修补的长处，是一种经久耐用的优质面层。但必须采取措施保证沥青层与水泥混凝土层之间有良好的黏结状态。

4. 块料面层

块料面层可由整齐或半整齐的料石、块石、嵌锁式水泥混凝土预制块料或其他块状材料铺砌而成。面层下需铺设薄砂垫层，以调节砌块高度，形成块料间的嵌挤作用。这类面层可按不同图案和色彩铺筑，能承受较重的荷载，但表面平整度较差。

第三节　公路自然区划

我国地域辽阔，各地气候、地形、地貌地质和水文地质等自然条件相差很大。各地自然因素的差异对建筑在大自然环境中的道路构造物产生的影响和可能造成的病害也是各不相同的，在路基、路面设计中应考虑的问题也就有所不同。例如，季节性冰冻地区的道路病害主要是冻胀与翻浆，而南方多雨地区雨季水毁问题突出。因而，如何根据各地自然条件的特点，对路线勘测、路基、路面的设计、筑路材料的选择、施工方案的拟定等问题，进行综合考虑是十分必要的，有关部门根据我国各地自然条件，对公路设计与建筑影响的主要特征，提出了中国公路自然区划以便在公路设计与建筑中应用，城市道路设计时，原则上也应参照公路的自然区划。

根据影响公路工程的地理、地貌及气候的差异性，按道路工程特征相似性、地表气候区划差异性及自然气候要素既综合又有主导作用的基本原则进行公路自然区划。区划分为三个等级。

一级区划主要是根据全国大范围内对公路建设具有控制作用的地理—气候因素，并适当参照土质和其他自然因素拟定。以两条均温等值线和两条海拔等高线作为一级区划的标志，再考虑黄土地区筑路的特殊性并将其单列，把全国划分为七个一级大区，七个一级自然区的路面结构设计着重的特点各有不同，根据各地区经验，可大致归纳如下：

Ⅰ区——北部多年冻土区

该区北部为连续分布多年冻土，南部为岛状分布多年冻土。对于泥沼地多年冻土层，最重要的道路设计原则是保温，不可轻易挖去覆盖层，使路堤下保持冻结状态，若受大气热量影响融化，后患无穷。对于非多年冻土层的处理方法则不同，需将泥炭层全部或局部挖去排干水分，然后填筑路堤。该区主要是林区道路，路面结构因表土温度大，地面径流大，最易翻浆，应采取换土、稳定土、砂垫层等处理方法。

Ⅱ区——东部温润季冻区

该区路面结构突出的问题是防止翻浆和冻胀。翻浆的轻重程度取决于路基的潮湿状态。可根据不同的路基潮湿状态采取措施。该区缺乏砂石材料，采用稳定土类垫层已取得一定的经验。

Ⅲ区——黄土高原干湿过渡区

该区特点是黄土对水分的敏感性及湿陷性高，干燥路基强度高、稳定性好。在河谷盆地的潮湿路段以及灌区耕地，路基稳定性差，强度低，必须认真处理。

Ⅳ区——东南湿热区

该区雨量充沛集中，雨型季节性强，台风暴雨多，水毁、冲刷、滑坡是道路的主要病害，路面结构应结合排水系统进行设计。该区水稻田多，土基湿软，强度低，必须认真处理。由于气温高、热季长，要注意沥青面层材料的热稳定性和防透水性。

Ⅴ区——西南潮暖区

该区山多，筑路材料丰富，应充分利用当地材料筑路，对于水文不良路段，必须采取措施，稳定路基。

Ⅵ区——西北干旱区

该区大部分地下水位很低，虽然冻深多在 100～150cm 以上，但一般道路冻害较轻。个别地区，如河套灌区，内蒙古草原洼地，地下水位高，翻浆严重。丘陵区 1.5m 以上的深路堑冬季积雪厚，雪水浸入路面造成危害，所以沥青面层材料应具有良好的防透水性，路肩也应作防水处理。由于气候干燥，砂石路面经常出现松散、搓板和波浪现象。

Ⅶ区——青藏高寒区

该区局部路段有多年冻土，须按保温原则设计，由于地处高原，气候寒冷，昼夜气温相差很大，日照时间长，沥青老化很快，又因为年平均气温相对偏低，路面易遭受冬季雪水渗水而破坏。

二级区划是以潮湿系数为主要区分标志，按公路工程相似性及地表气候的差异，在 7 个一级区划内进一步划分为 33 个二级区和 19 个副区，共有 52 个二级自然区。

三级区划是二级区划的进一步细分，有两种划分方法，一种按照地貌、水文和土质类型将二级自然区划划分为若干类型单元；另一种是以水热、地理和地貌等标志将二级区划细分为若干区域，由各省、自治区自行划定。

各级区划在公路工程上的应用各有侧重。一级区划主要为全国性的公路总体规划和设计服务；二级区划主要为当地的公路路基路面设计、施工、养护提供较全面的地理、气候依据和有关计算参数。

本章小结 路基路面是供汽车行驶的主要道路工程结构物，路基的核心问题是结构物的整体稳定性和直接位于路面下的那部分路基的抗变形能力，前者是保证行车的首要条件，而后者则关系到路面的使用性能和使用寿命。

路面结构是用各种材料分层铺筑而成的，分为面层、基层、功能层，路面应具有足够的强度、刚度、稳定性及良好的表面功能，满足其基本功能的要求。在路基路面的使用过程中，要充分考虑行车荷载和自然因素的影响，充分发挥各结构层的功能及作用。

关键概念 路基、路面、结构层、公路自然区划

复习思考题

1. 路基、路面的功能要求包括哪几个方面？
2. 路面结构组成及各结构层的作用是什么？
3. 路面如何分类？
4. 为何要进行公路自然区划划分？划分的原则与方法是什么？划分类别是什么？

第九章　道路路基工程

学　习　要　求

学习目标：了解路基工程的破坏现象及产生原因、路基水温状况、路基干湿类型的划分；路基强度、刚度的概念及控制指标；路基填料选择及压实质量控制；路基边坡防护、支挡防护的类型及适用条件。

学习重点：路基水温状况及干湿类型划分，路基强度及刚度指标与压实标准。

学习难点：路基土的抗变形能力指标，路基土的压实机理。

学习安排：课内 6 学时。

路基在结构形式上虽然较简单，但它修筑在地面之上，暴露于大气之中，所以受地形、地质、水文和气候等自然因素的影响极大，如果设计和施工不当，容易产生各种各样的病害，导致路基、路面破坏，影响交通和行车安全，或耗费大量投资进行抢险和修复。

路基在设计上可分为一般路基设计和特殊路基设计。一般路基是指在正常的地质和水文等条件下，路基填挖不超过设计规范或技术手册允许范围的路基，它可以结合当地地形、地质情况，直接参照规定或标准图设计，不必个别详细论证和验算。对于工程地质、水文地质条件复杂、填挖高度超过规范规定，或修筑在陡坡上的路堤等各种特殊条件下的路基，则需进行特殊设计，包括路基排水系统的总体布置，地上、地下排水构造物的设计及其他设施（如取土坑、护坡道等）的布设与计算。

本章将着重介绍路基的刚度和稳定性、路基的压实、路基的边坡以及挡土墙的类型与布置等。有关特殊路基设计，可参阅公路设计手册《路基》等书籍。

第一节　路基破坏现象及成因

路基在自然因素及行车荷载作用下，会产生各种变形和破坏，为了采取有效的防治措施，防止或减缓路基的破坏，必须了解路基有哪些破坏现象及其肇因。路基的破坏形式是多种多样的，原因也错综复杂，常见的破坏现象可扼要归纳如下：

1. 路堤的沉陷

路基因填料选择不当，填筑方法不合理，压实不足时，在荷载和水、温度的综合作用下，堤身可能向下沉陷，如图 9-1 所示。所谓填筑方法不合理，包括不同土质混杂，未分层填筑和压实，土中含有未经打碎的大土块或冻土块等。填石路堤因石料规格不一，性质不匀，或就地爆破堆积，乱石中空隙很大，在一定期限内（例如经过一个雨季）亦可能产生局部的明显下沉。当原地面比较软弱，例如泥沼、流沙或垃圾堆积等，填筑前未经换土或压实，地基发生下沉，亦可能引起路堤下降。冻融作用亦常常使路基产生不均匀变形。路基的这类不均匀沉陷，将造成局部路段破坏，影响道路交通。

（a）　　（b）

图 9-1　路堤沉陷示意图

（a）堤身下沉；（b）堤身下沉并伴有两侧隆起

2. 路基边坡塌方

路基边坡塌方是最常见的路基病害，亦是道路水毁的普遍现象。按其破坏规模与原因的不同，路基边坡塌方可以分为剥落、碎落、滑塌、崩塌及坍塌。如图 9-2 所示。

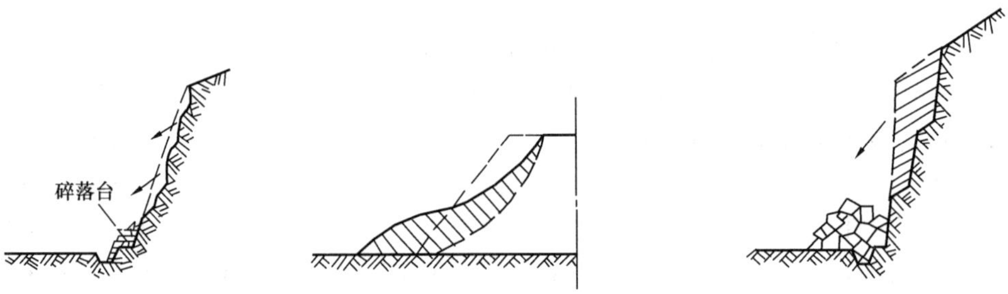

（a）　　（b）　　（c）

图 9-2　路基边坡塌方示意图

（a）路堑边坡碎落、剥落；（b）路堤边坡滑塌；

（c）路堑边坡崩塌

剥落是指边坡表土层或风化岩层表面在大气的干湿或冷热的循环作用下，发生胀缩现象，零碎薄层成片状或带状从坡面上脱落下来，而且老的脱落后，新的又不断产生。填土不均匀和易溶盐含量大的土层及泥质岩、绿泥岩等松软岩层较易发生此种破坏现象。路堑边坡剥落的碎屑堆积在坡脚下，将堵塞边沟，影响路基的稳定并妨碍交通。

碎落是岩石碎块的一种脱落现象，其规模和危害程度比剥落严重，产生的主要原因是路堑边坡较陡（大于 45°），岩石破碎风化严重，在胀缩、振动及水的浸蚀与冲刷作用下，块状碎屑沿坡面向下滚落，如果落下的岩块较大（直径在 40cm 以上）、以单个或多块落下，此种碎落现象则称为落石或附落，落石的石块较大，降落速度极快，所产生的冲击力可使路基结构物遭到破坏，亦会威胁到行车和行人的安全，有时还会引起其他病害。

滑塌是指路基边坡土体或岩石沿着一定的滑动面整体向下滑动。其规模和危害程度较碎落严重，有时活动体可达数百立方米以上。产生滑塌的主要原因是边坡较高（大于 10m），坡度较陡（大于 50°）、填方不密实，缺少应有的支撑与加固。挖方的岩层与公路成顺向坡，岩层倾角在 50°～70°之间，夹有较弱和透水的薄层，或岩石严重风化等，在水的浸蚀和冲刷作用下形成滑动面，致使土石失去平衡而产生滑塌。

崩塌是指整体岩块在重力作用下倾倒、崩落。其产生的主要原因是岩体风化破碎且边坡较高，其危害较大，较常见。它同滑塌的主要区别在于崩塌无固定滑动面，也无下滑现象，即坡脚线以下地基无移动现象，崩塌体的各部分相对位置在移动过程中完全打乱，其中较大石块翻滚较远，边坡下部形成倒石堆或石堆。

此外，还有坍塌（亦称堆塌、坍方）等，其原因与形态同崩塌相似，但坍塌主要是土体（或土石混杂的堆积物）遇水软化，在 45°～60°的较陡边坡无支撑情况下，自身重量所产生的剪切力超过黏结力和摩阻力所构成的抗剪力，这时土体沿松动面附落散开，它的变形速度比崩塌慢，很少有翻滚现象。

3. 路基沿坡面滑动

在较陡的山坡填筑路基，如果原地面较光滑，未经凿毛或人工挖筑台阶，或丛草未清除，坡脚又未进行必要的支撑，特别是同时又受到水润滑，填方与原地面之间接触面上的抗剪力很小，填方在荷载作用下，有可能整体或局部沿地面向下移动，使路基失去整体稳定性，如图 9-3 所示。此种破坏现象虽不普遍，亦不应忽视，如果不针对上述产生原因采取预防措施，路基整体稳定性会遭到破坏。

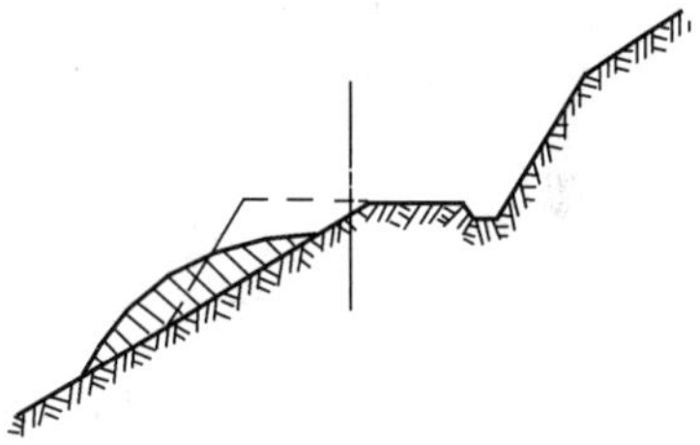

图 9-3　路堤沿山坡滑移示意图

4. 不良地质和水文条件造成的路基破坏

在季节性冰冻地区，因路基土质不段，路基高度过小、路面抗冻厚度过小等原因，路基土含水率过大，在冬季负温影响下，路基中的水分不断向上迁移、积聚而冻结，导致路基体积膨胀，引起路面开裂，称为冻胀；春季气温高时，路基上部冻土先融化，因水分无法及时排出而使路基土饱水稀软，在行车荷载作用下，泥浆沿路面裂缝被挤出，称为翻浆。

除此之外，公路通过不良地质和水文地带，或遇较大的自然灾害（如滑坡、岩堆、错落、泥石流、雪崩、岩溶、地震及特大暴雨等）时，均能导致路基结构的严重破坏。这些破坏是一种牵连性的病害，且具有一定的重现频率特征，在路基设计时需根据公路等级和重要性确定其设计抵御能力等级。

综上可知，路基产生病害的原因是多方面的，各种病害有各自的特点，又往往具有共同的原因。大致可将产生路基病害的原因归纳为以下几个方面。

（1）不良的工程地质和水文地质条件。如地质构造复杂、岩层走向及倾角不利、岩性松软、风化严重、土质较差、地下水位较高以及其他特殊不良地质病害等。

（2）不利的水文与气候因素，如降雨量大、洪水猛烈、干旱、冰冻、积雪或温差特大等。

（3）设计不合理。如填筑材料选择不当、断面尺寸不合要求（包括边坡值不当）、挖填布置不符合要求及排水、防护与加固不妥等。

（4）施工不当。如填筑顺序不当、土基压实不足、盲目采用大型爆破以及不按设计要求和操作规程进行施工、工程质量不合标准等。

上述原因中，地质条件是影响路基工程质量和产生病害的内部原因和基本因素，水则往往是造成路基病害的直接肇因。为此，必须强调设计前就详细地进行路基填筑材料和地质与水文勘查工作，针对具体条件及各种因素的综合作用，采取正确的设计方案与施工方法，才能消除和尽可能减轻路基病害，确保路基工程达到规定的质量要求。

第二节　路基干湿类型

路基的湿度状况对路基的强度、刚度与稳定性有着非常密切的关系。为了在设计时充分考虑到路基湿度的影响，应对路基的湿度状况作充分考虑。

一、路基湿度的来源

路基土的潮湿状态是由土体的含水量多少决定的，而含水量的多少取决于各种湿源的作用和延续时间。路基湿度的来源可分为以下几个方面：

（1）大气降水——大气降水通过路面、路肩边坡和边沟渗入路基；

（2）地表水——边沟的流水、地表径流水因排水不良，形成积水，渗入路基；

（3）地下水——路基下面一定范围内的地下水浸入路基；

（4）毛细水——路基下的地下水，通过毛细作用，上升到路基；

（5）水蒸气凝结水——在土的空隙中流动的水蒸气，遇冷凝结的水；

（6）薄膜移动水——在土的结构中，水以薄膜的形式从含水率较高处向较低处流动，或从温度较高处移向温度较低处。

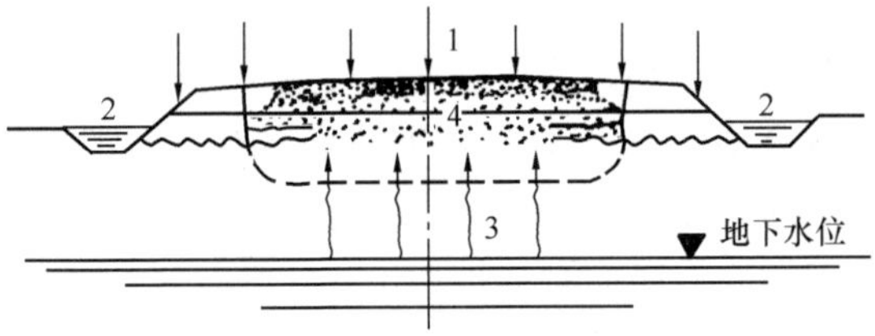

图 9-4　路基湿度来源示意图

1—大气降水；2—地表水；3—由地下水上升的毛细水；4—水蒸气凝结水

引起路基湿度的各种湿源如图 9-4 所示。引起路基湿度变化的各种水源，其对路基湿度的影响程度随自然地理分区、当地的自然条件以及采取的具体工程措施而不同。对具体路段来说，总有一些主要的湿源引起路基湿度的变化，因此，对不同的具体情况，路基设计应采取有针对性的措施。如在地下水位较浅处的路段，应适当提高路基的设计高度，保证路基具有最小填土高度，避免毛细水上升的影响。

路基的潮湿程度，既影响路基的强度和稳定性，也影响排水结构物的布置、类型、构造、数量和尺寸。

二、路基干湿类型

路基的强度及稳定性与路基的干湿状态有密切的关系，并在很大程度上影响路面结构及厚度的设计。路基平衡湿度是指公路建成通车后，路基在地下水、降雨、蒸发、冻结和融化等因素作用下，湿度达到相对稳定的平衡状态，此时湿度称为平衡湿度。路基平衡湿度状况可依据路基的湿度来源分为 3 类：干燥、中湿、潮湿状态。新建公路路床应处于干燥或中湿状态。

干燥类路基的湿度由气候因素控制，即地下水位很低，路基工作区处于地下水毛细润湿面之上，路基平衡湿度完全由气候因素所控制。

中湿类路基的湿度兼受地下水和气候因素影响，即地下水位较高，路基工作区被地下水毛细润湿面分为上、下两部分，下部受地下水毛细润湿的影响，上部则受气候因素影响。

潮湿类路基的湿度由地下水控制，即地下水或地表长期积水的水位高，路基工作区均处于地下水毛细润湿影响范围内，路基平衡湿度由地下水或地表长期积水的水位升降所控制。

路基设计时依据路基工作区深度（Z_a）、路床顶面至地下水位的相对高度（h）、地下水位高度（h_w）、毛细水上升高度（h_0）及路基填土高度（h_1）的关系确定路基湿度状况类型，如图 9-5 所示。

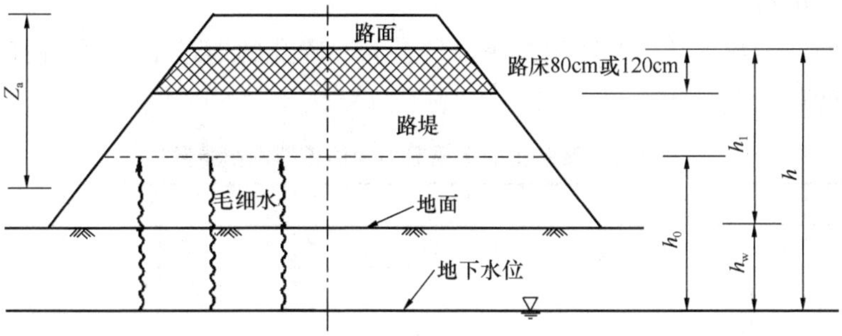

图 9-5　路基湿度划分示意图

Z_a—路基工作区深度；h—路床顶面至地下水位的相对高度；

h_w—地下水位高度；h_0—毛细水上升高度；h_1—路基填土高度

路基湿度受地下水或地表长期积水影响的毛细水上升高度，可根据土质类型，并结合当地经验确定。缺乏实际资料时，黏土可取为 6m，砂质黏土和粉土可取为 3m，砂可取为 0.9m。

路面完工通车后，路基常处于非饱和状态，其湿度状况除了受环境因素和路面结构的影响外，还主要取决于路基土本身的持水能力，也称路基土的基质吸力，即路基土基质的土颗粒分子引力作用和孔隙毛细管引力作用。路基土通常为非饱和土，其湿度（饱和度）与土的基质吸力密切相关。

土—水特性曲线如图 9-6 所示，是表示路基土的基质吸力 h_m（孔隙气压力与孔隙水压

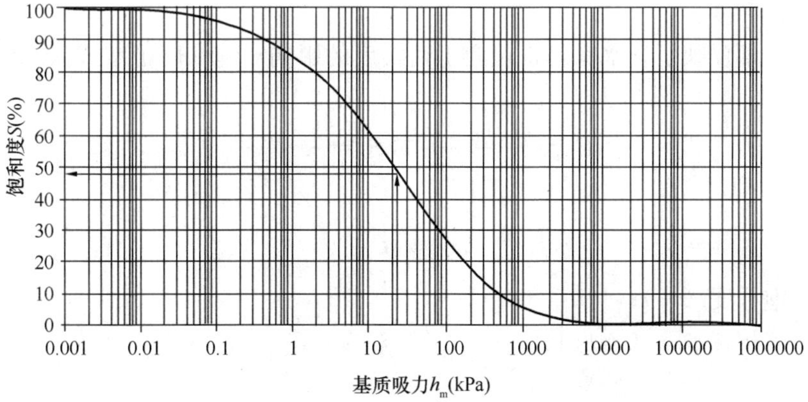

图 9-6　土—水特性曲线预估含水率方法图

力的差值）与饱和度（含水率）之间关系的曲线。该曲线反映了在非饱和状态下，土中水的形态与土中水的数量之间的关系。

路基土的基质吸力主要受地下水、土质类型、气候等因素影响。只要知道路基土的基质吸力，就可以由图 9-6 所示曲线预估路基湿度状态（饱和度）。

路基土基质吸力预估模型如式（9-1）所示。

$$\begin{cases} h_m = y \cdot \gamma_w & \text{地下水位控制的基质吸力预估模型} \\ h_m = \alpha\{e^{[\beta/(TMI+\gamma)]} + \delta\} & \text{气候因素控制的基质吸力预估模型} \end{cases} \tag{9-1}$$

式中 y——计算点与地下水位之间的距离（cm）；

γ_w——水的重度（kN/m^3）；

TMI——湿度指数。

α、β、γ、δ——回归参数，与土的颗粒组成（$P_{0.075}$mm 筛孔的通过率）、塑性指数（PI）有关的数，见表 9-1。

表 9-1　路基土的基质吸力预估模型回归参数

$P_{0.075}\times$PI	α	β	γ	δ
0	0.300	419.07	133.45	15.0
0.5	0.300	521.50	137.30	16.0
5	0.300	663.50	142.50	17.5
10	0.300	801.00	147.60	25.0
20	0.300	975.00	152.50	32.0
50	0.300	1171.20	157.50	27.8

利用预估路基土基质吸力结合土—水特性曲线，就可以预估路基土的饱和度，路基平衡湿度状态判别步骤如下：

（1）调查地下水位高程，确定地下水位到地面的距离 h_w；

（2）确定毛细水的上升高度 h_0；

（3）计算确定路基工作区 Z_a；

（4）判别毛细湿润面在路基工作区的位置（高，低，内部）。

1. 潮湿类路基

潮湿类路基的平衡湿度可根据路基土组类别及地下水位高度，按表 9-2 确定距地下水位不同高度处的饱和度。

土的饱和度即反映了含水率，也包含了密实度的影响，饱和度可按式（9-2）和式(9-3)确定：

$$S_r = \frac{\omega_v}{1-\dfrac{\gamma_s}{G_s\gamma_w}} \text{或} S_r = \frac{\omega}{\dfrac{\gamma_w}{\gamma_s}-\dfrac{1}{G_s}} \tag{9-2}$$

$$\omega_v = \omega\frac{\gamma_s}{\gamma_w} \tag{9-3}$$

式中 S_r——饱和度（%）；

ω_v——体积含水率（%）；

ω——质量含水率（%）；

γ_s、γ_w——土的干密度和水的密度（kg/m^3）；

G_s——土的相对密度。

表 9-2　各路基土组距地下水位不同高度处的饱和度（%）

土组	计算点距地下水或地表长期积水水位的距离（m）						
	0.3	1.0	1.5	2.0	2.5	3.0	4.0
粉土质砾（GM）	69～84	55～69	50～65	49～62	45～59	43～57	—
黏土质砾（GC）	79～96	64～83	60～79	56～75	54～73	52～71	—
砂（S）	80～95	50～70	—	—	—	—	—
粉土质砂（SM）	79～93	64～77	60～72	56～68	54～66	52～64	—
黏土质砂（SC）	90～99	77～87	72～83	68～80	66～78	64～76	—
低液限粉土（ML）	94～100	80～90	76～86	73～83	71～81	69～80	—
低液限黏土（CL）	93～100	80～93	76～90	73～88	70～86	68～85	66～83
高液限粉土（MH）	100	90～95	86～92	83～90	81～89	80～87	—
高液限黏土（CH）	100	93～97	90～93	88～91	86～90	85～89	83～87

注：① 对于砂（含级配好的 *SW*、级配差的砂 *SP*），D_{60}大时，平衡湿度取低值，D_{60}小时，平衡湿度取高值；
② 对于其他含细粒的土组，通过 0.075mm 筛的颗粒含量大和塑性指数高时，取低值；反之，取高值。

2. 干燥类型路基

干燥类路基的平衡湿度可根据路基所在自然区划的湿度指标 TMI 和土组类别确定。某年度（y）湿度系数 TMI_y，宜根据气象观测统计资料按式（9-4）计算。

$$TMI_y = \frac{100R_y - 60DF_y}{PE_y} \tag{9-4}$$

式中　R_y——y 年的水径流量（cm）；

DF_y——y 年的缺水量（cm）；

PE_y——y 年的潜在蒸发量（cm）。

当缺乏相关气象统计资料时，不同自然区划的 TMI 值可参照表 9-3 查取。

表 9-3　不同自然区划的 TMI 值范围

区划	亚区		TMI 范围
Ⅰ	$Ⅰ_1$		−5.0～−8.1
	$Ⅰ_2$		0.5～−9.7
Ⅱ	$Ⅱ_1$	黑龙江	−0.1～−8.1
		辽宁、吉林	8.7～35.1
	$Ⅱ_{1a}$		−3.6～−10.8
	$Ⅱ_2$		−7.2～−12.1
	$Ⅱ_{2a}$		−1.2～−10.6
	$Ⅱ_3$		−9.3～−26.9
	$Ⅱ_4$		−10.7～−22.6
	$Ⅱ_{4a}$		−15.5～17.3
	$Ⅱ_{4b}$		−7.9～9.9
	$Ⅱ_5$		−1.7～−15.6
	$Ⅱ_{5a}$		−1.0～−15.6

续表

区划	亚区	TMI 范围
Ⅲ	Ⅲ$_{1}$	−21.2～−25.7
	Ⅲ$_{1a}$	−12.6～−29.1
	Ⅲ$_{2}$	−9.7～−17.5
	Ⅲ$_{2a}$	−19.6
	Ⅲ$_{3}$	−19.1～−26.1
	Ⅲ$_{4}$	−10.8～−24.1
Ⅳ	Ⅳ$_{1}$	21.8～25.1
	Ⅳ$_{1a}$	23.2
	Ⅳ$_{2}$	−6.0～34.8
	Ⅳ$_{3}$	34.3～40.4
	Ⅳ$_{4}$	32.0～67.9
	Ⅳ$_{5}$	45.2～89.3
	Ⅳ$_{6}$	27.0～64.7
	Ⅳ$_{6a}$	41.2～97.4
	Ⅳ$_{7}$	16.0～69.3
	Ⅳ$_{7b}$	−5.4～23.0
Ⅴ	Ⅴ$_{1}$	−25.1～6.9
	Ⅴ$_{2}$	0.9～30.1
	Ⅴ$_{2a}$	39.6～43.7
	Ⅴ$_{3}$	12.0～88.3
	Ⅴ$_{3a}$	−7.6～47.2
	Ⅴ$_{4}$	−2.6～50.9
	Ⅴ$_{5}$	39.8～100.6
	Ⅴ$_{5a}$	24.4～39.2
	—	—
Ⅵ	Ⅵ$_{1}$	−15.3～−46.3
	Ⅵ$_{1a}$	−40.5～−47.2
	Ⅵ$_{2}$	−39.5～−59.2
	Ⅵ$_{3}$	−41.6
	Ⅵ$_{4}$	−19.3～−57.2
	Ⅵ$_{4a}$	−34.5～−37.1
	Ⅵ$_{4b}$	−2.6～−37.2
Ⅶ	Ⅶ$_{1}$	−3.1～−56.3
	Ⅶ$_{2}$	−49.4～−58.1
	Ⅶ$_{3}$	−22.5～82.8
	Ⅶ$_{4}$	−5.1～−5.7
	Ⅶ$_{5}$	−20.3～91.4
	Ⅶ$_{6a}$	−10.6～−25.8
	—	—

受气候因素控制的干燥路基的平衡湿度：根据不同自然区划由表 9-3 查取相应的 *TMI* 值，再按路基所在地区的 *TMI* 值和路基土组类别，根据表 9-4 插值查取该地区相应的路基饱和度。

表 9-4　各路基土组在不同 *TMI* 值时的饱和度（%）

土组	*TMI*					
	−50	−30	−10	10	30	50
砂（S）	20～50	25～55	27～60	30～65	32～67	35～70
粉土质砂（SM） 黏土质砂（SC）	45～48	62～68	73～80	80～86	84～89	87～90
低液限粉土（ML）	41～46	59～64	75～77	84～86	91～92	92～93
低液限黏土（CL）	39～41	57～64	75～76	86	91	92～94
高液限粉土（MH）	41～42	61～62	76～79	85～88	90～92	92～95
高液限黏土（CH）	39～51	58～69	85～74	86～92	91～95	94～97

注：① 砂的饱和度取值与 D_{60} 有关，D_{60} 大时（接近 2mm）取低值，D_{60} 小时（接近 0.25mm）取高值；
② 粉土质砂、黏土质砂或细粒土的饱和度取值与细粒土含量和塑性指数有关，细粒土含量高、塑性指数大时取低值；反之，取高值。

3. 中湿类型路基

中湿类路基的平衡湿度可参照图 9-7，先分路基工作区上部和下部分别确定其平衡湿度，再以厚度加权平均计算路基的平衡湿度。地下水毛细润湿面以上的路基工作区上部，按路基土组类别和 *TMI* 值确定其平衡湿度；地下水毛细润湿面以下的路基工作区下部，则按路基土组类别和距地下水位的距离确定其平衡湿度。

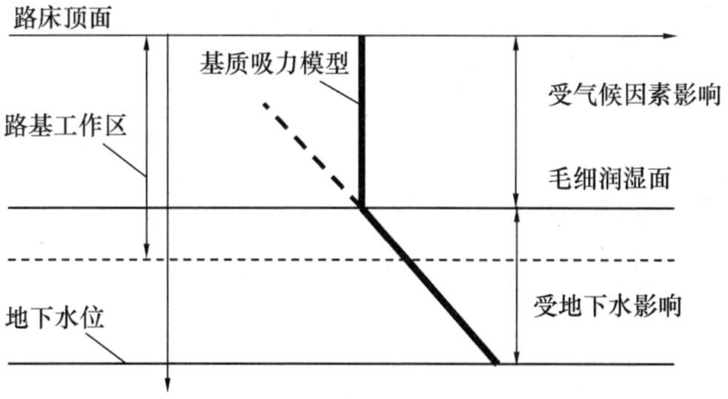

图 9-7　中湿类路基的湿度状况

第三节　路基的抗变形能力

一、路基受力状况与路基工作区

（一）路基受力状况

路基承受两种荷载，一种是路面和路基自重产生的荷载，另一种是车辆轴重而产生的荷载。在两种荷载的共同作用下，路基土在一定范围内，处于受力状态。正确的设计应使路基土在轮载作用下只产生弹性变形，当车辆驶过后，路基可以恢复原状，这样可以保证路基的相对稳定，而不致引起路面的破坏。

现假定车轮荷载为一圆形均布垂直荷载，路基为一弹性均质半空间体，如图 9-8 所示。则路基土在车轮荷载作用下所引起的垂直应力 σ_z 可以用近似公式（9-5）计算。

$$\sigma_z = K\frac{p}{Z^2} \tag{9-5}$$

式中　p——汽车一侧车轮荷载（kN）；

K——系数，一般取 $K=0.5$；

Z——圆形均布荷载中心下应力作用点的深度（m）。

路基土本身自重在路基内深度为 Z 处所引起的垂直压应力 σ_B，可按式（9-6）计算。

$$\sigma_B = \gamma \cdot Z \tag{9-6}$$

式中　γ——土的重度（kN/m^3）；

Z——应力作用点深度（m）。

路基内任一点处的垂直应力，应是由车辆荷载引起的垂直应力 σ_z 和由路基自重引起的垂直应力 σ_B 两者的叠加。如图 9-8 所示。

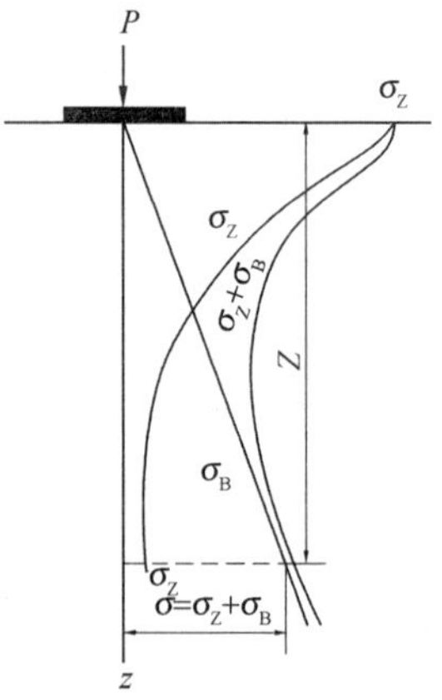

图 9-8　土基中应力分布

（二）路基工作区

车辆荷载引起的应力 σ_z 随着深度的增加而减小；土基自重引起的应力 σ_B 随着深度的增加而增加。在路基的某一深度处，汽车荷载通过路面传递到路基的应力与路基土自重应力之比小于 0.1 的应力分布深度范围，将此深度 Z_a 范围内的路基称为路基工作区。在工作区范围内的路基，对于支承路面结构和车轮荷载影响较大，在设计中应加以注意。

路基工作区的深度 Z_a 可以用近似公式（9-7）计算。

$$Z_a = \sqrt[3]{\frac{KnP}{\gamma}} \tag{9-7}$$

式中　Z_a——路基工作区深度（m）；

P——车轮荷载（kN）；

K——系数，取 $K=0.5$；

γ——土的重度（kN/m^3）；

n——系数，$n=10$。

由于路基路面不是均质体，路面的刚度和重度较路基土大，路基工作区的实际深度随路面刚度和厚度的增加而减小。因此，如果采用简化公式（9-7），需要将路面折算为与路基同一性质的整体，得到沥青路面的当量厚度 h_e，可采用下式计算。

$$h_e = \Sigma h_i \sqrt[2.5]{\frac{E_i}{E_0}} \tag{9-8}$$

式中　h_e——沥青路面结构层的厚度（cm）；

E_i——沥青路面结构层模量（MPa）；

E_0——路基顶面的综合模量（MPa）。

由式（9-7）可知，路基工作区的深度 Z_a 随车轮荷载的增大而加深。路基工作区内，土基的强度和稳定性对保证路面结构的强度和稳定性尤为重要。工作区深度内土质的选择及路基的压实度应满足设计要求。当工作区深度大于路基填土高度 H 时［图 9-9（b）］，行车荷载的作用不仅施加于路堤，而且施加于地基的上部土层，因此，天然地基上部土层和路堤应同时满足工作区的要求，均应充分压实。

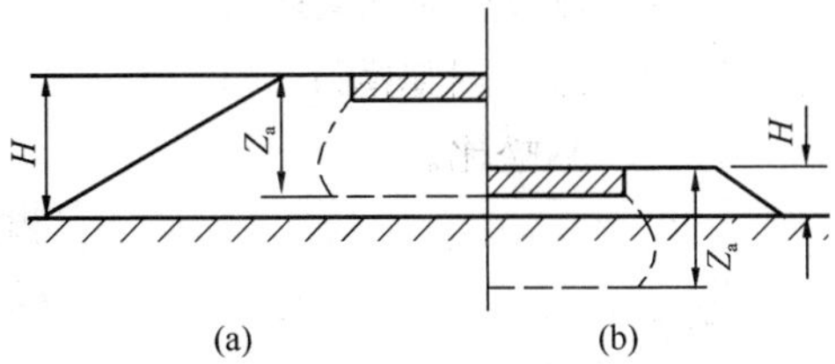

图 9-9　工作区深度与路基高度

（a）路基高度大于 Z_a；（b）路基高度小于 Z_a

二、路基抗变形能力参数

在车轮荷载作用下，路基路面结构的强度与刚度高低，除了与路面材料的品质有关外，还与路基的支承有着很大关系。路基作为路面结构的基础，它抵抗车轮荷载能力的大小，主要取决于路基顶面在一定应力级位下抵抗变形的能力。用于表征路基抗变形能力的参数有路基回弹模量、路基反应模量和加州承载比（CBR）等。

1. 路基回弹模量

路基回弹模量能较好地反映路基所具有的部分弹性性质，所以，在以弹性半空间体地基模型为表征路基的受力特性时，可以用回弹模量表示路基在瞬时荷载作用下的可恢复变形性质。我国公路水泥混凝土路面、沥青路面设计方法中，都以回弹模量 E 作为路基的刚度指标。为了模拟车轮印迹的作用，常用圆形承载板加载卸载法测定路基回弹模量。用于测定路基回弹模量的承载板可分为柔性与刚性两种。

用柔性承载板测定回弹模量，路基与压板之间的接触压力为常量，如图 9-10（a）所示。在实际测定中，刚性承载板用得较多，因为它的挠度易于测量、压力容易控制，如图 9-10（b）所示。其挠度 l 值与接触压力 p 值可分别按式（9-9）或式（9-10）计算。

$$l=\frac{2p\alpha(1-\mu_0^2)}{E_0}\frac{\pi}{4} \tag{9-9}$$

$$p(r)=\frac{1}{2}\frac{pa}{\sqrt{a^2-r^2}} \tag{9-10}$$

式中　α——承载板半径（m）；

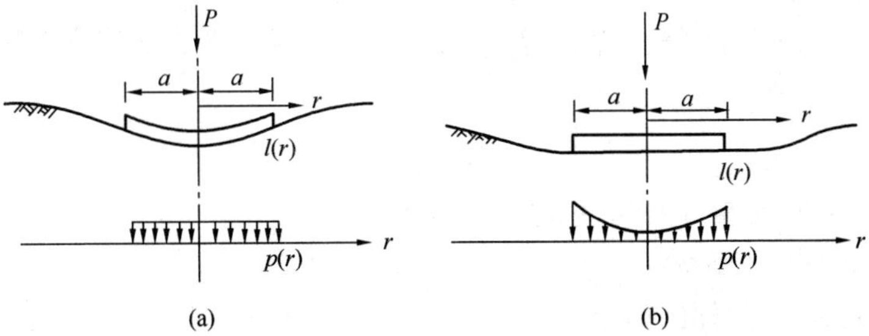

图 9-10　路基在圆形承载板下的压力与挠度分布曲线

（a）柔性承载板；（b）刚性承载板

p——单位压力（MPa）；

E_0——路基回弹模量（MPa）；

μ_0——泊松比。

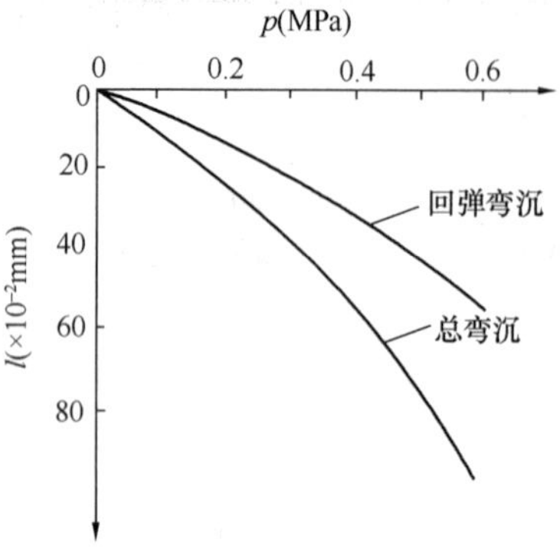

图 9-11　荷载-总弯沉和回弹弯沉曲线

测得刚性板挠度之后，即可按式（9-9）反算，得到回弹模量 E_0 值。

试验时宜采用逐级加载卸载法，每级增加0.05MPa，待卸载稳定 1min 后读取回弹弯沉值，再加下一级荷载。回弹变形值超过 1mm 时，则停止加载。如此，即可点绘出荷载-总弯沉和回弹弯沉曲线，如图 9-11 所示。

在多数情况下，试验曲线呈非线性。在确定模量值时，可以根据实际可能出现的最大压应力级位，或可能出现的最大弯沉范围，在曲线上选取合适的量值按式（9-11）进行计算。

$$E_0 = \frac{\pi\alpha}{2} \cdot \frac{\sum p_i}{\sum l_i}(1-\mu_0^2) \tag{9-11}$$

式中　E_0——路基回弹模量（MPa）；

α——承载板半径（m）；

μ_0——泊松比；

p_i、l_i——各级荷载的单位压力（MPa）及相对应的回弹弯沉值（m）。

承载板直径的大小对测定结果也有影响，通常用车轮的轮迹当量圆直径作为承载板的直径。但是对于刚性路面下的路基，有时采用较大直径承载板进行测定，因为荷载通过刚性路面板施加于路基表面的压力范围较之其他路面要大。

2. 路基反应模量

用温克勒（E. Winkler）路基模型描述路基工作状态时，用路基反应模量 K 表征路基的抗变形能力。根据温克勒地基假定，路基顶面任一点的弯沉，仅同作用于该点的垂直压力 p 成正比，而同其相邻点处的压力无关。符合这一假定的路基如同由许多各不相连的弹簧所组成（图 9-12）。压力与弯沉 l 之比称为路基反应模量 K，即：

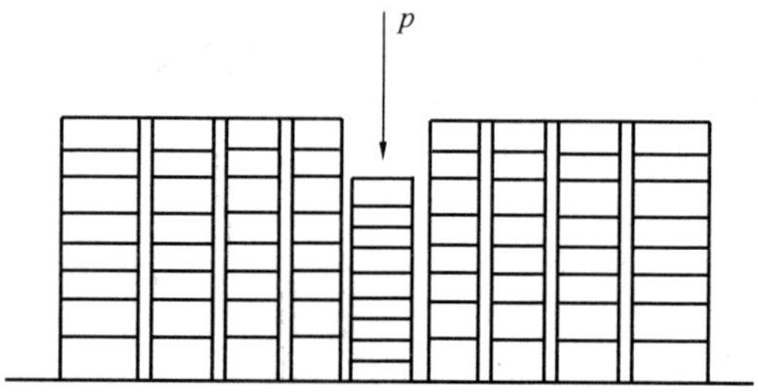

图 9-12　温克勒地基模型

$$K = \frac{p}{l} \tag{9-12}$$

式中　K——路基反应模量（MPa/m 或 kN/m^3）；

p——单位压力（MPa）；

l——加载时的总弯沉值（m）。

温克勒地基又称为稠密液体地基。路基反应模量 K 值相当于该液体的相对密度，路面板受到的路基反力相当于液体产生的浮力。

路基反应模量 K 值用承载板试验确定。承载板直径的大小对 K 值有一定影响，直径小，K 值越大。由试验得知，当承载板直径大于 76cm 时，K 值的变化很小。因此规定以直径为 76cm 的承载板为标准。承载板试验测定方法与回弹模量测定方法相类似但是采取一次加载到位的方法，施加荷载的量值根据不同的工程对象有两种方法供选用。当路基较为软弱时，用 0.127cm 的弯沉量控制承载板的荷载。因为，通常情况下水泥混凝土路面板的弯沉不会超出这一范围。假如路基较为坚实，弯沉值难以达到 0.127cm，则采用以单位压力 $p=70$kPa 控制承载板的荷载，这是考虑到水泥混凝土路面下路基承受的压力通常不会超过这范围。

当采用直径为 30cm 的承载板测定时，可按式（9-13）进行修正。

$$K_{76} = 0.4K_{30} \tag{9-13}$$

按上述方法确定的 K 值是一定荷载或沉降条件下的荷载应力与总弯沉之比，其中包含回弹弯沉和残余弯沉。如果只考虑回弹弯沉，则可以得到路基回弹反应模量 K_R，通常 K_R 与总弯沉对应的路基反应模量 K 之间有如下关系

$$K_R = 1.77K \tag{9-14}$$

3. 加州承载比

加州承载比是早年由美国加利福尼亚州（California）提出的一种评定路基及路面材料抗变形能力的指标。抗变形能力以材料抵抗局部荷载压入的能力为表征，并以高质量标准碎石为标准，以它们的相对比值表示 CBR 值。

试验时，用一个端部面积为 19.35cm^2 的标准压头，以 0.127cm/min 的速度压入土中。记录每贯入 0.254cm 时的单位压力，直至压入深度达到 1.270cm 时为止。标准压力值是用高质量标准碎石由试验求得，其值见表 9-5。

表 9-5　标准碎石的承载力

贯入度（cm）	0.254	0.508	0.762	1.016	1.270
标准压力 p_s（kPa）	7030	10550	13360	16170	18230

CBR 值按下式计算：

$$CBR = \frac{p}{p_s} \times 100(\%) \tag{9-15}$$

式中　p——对应于某一贯入深度的路基单位压力（kPa）；

p_s——相应贯入深度的标准压力（表 9-5）（kPa）。

计算 CBR 值时，取贯入深度为 0.254cm，但是当贯入深度为 0.254cm 时的 CBR 值小于贯入深度为 0.508cm 时的 CBR 值时，应以后者为准。

CBR 试验设备有室内试验与室外试验两种。室内用 CBR 试验装置如图 9-13 所示。试件按路基施工时的含水率及压实度要求在试筒内制备。并在加载前浸泡在水中，饱水 4d。为了模拟路面结构对路基的附加压力，在浸水过程中，以及压入试验时，在试件顶面施加环形砝码，其重力应根据预计的路面结构重力来确定。

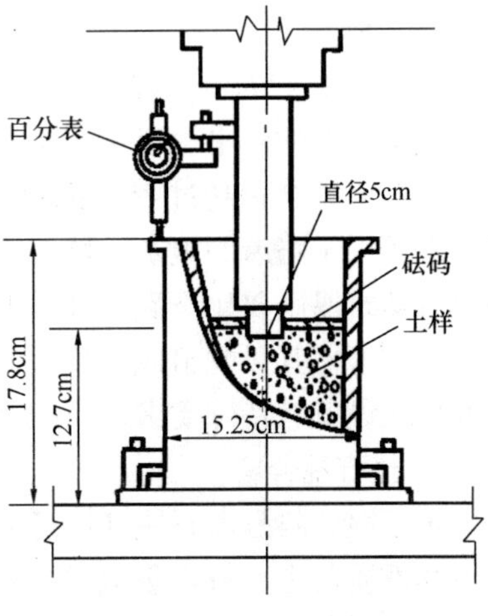

图 9-13　CBR 试验装置

CBR 值野外试验方法基本上与室内试验相同，但其

压入试验直接在路基顶面进行。有时，野外试验结果与室内试验结果不完全相同，这主要是由于土的含水率不一样。室内试验时，试件处于饱水状态；野外试验时，路基处于施工时的湿度状态。所以对野外试验结果必须加以修正，换算成饱水状态的 *CBR* 值。表 9-6 所列为常用路基土的 *CBR* 值。

表 9-6　常用路基土的 *CBR* 值

土类	*CBR*（%）
级配良好的砾石，砾石—砂混合料	60～80
级配差的砾石，砾石—砂混合料	35～60
均匀颗粒的砾石和砂质砾石；粉质砾石，砾石—砂—粉土混合料	40～80
黏土质砾石，砾石—砂—黏土混合料；级配良好的砂，砾石质砂；粉质砂，砂—粉土混合料	20～40
级配差的砂或砾石质砂	15～25
黏土质砂，石砂—黏土混合料	10～20
粉土，砂质粉土，砾石质粉土；贫黏土，砂质黏土，砾石质黏土，粉质黏土	5～15
无机质粉土，贫有机质黏土，云母质黏土或硅藻土	4～8
有机质黏土，肥黏土，有机质粉土	3～5

第四节　路基填土与压实

路基的强度、抗变形能力和稳定性，因填筑路堤所用土的物理力学性质与当地自然环境因素影响程度而不同，也与填土高度及施工技术有关。所以要慎重选择路基填土用料，并采用相应的施工措施。

一、路基填料的选择

路基填料指的是路堤施工中的填方筑路材料。它可以是经检测合格的路线纵向土石方调配土、半填半挖横断面上的挖方土，也可以是取土坑内获取的土。路基填料，应选择强度高、水稳性好、压缩性小，且运输便利、施工方便的天然土源。公路工程中常见的填料类型有以下几种。

1. 漂石、卵石（巨粒土）与粗砾石

这类材料的渗水性很强，水稳定性较好，强度高。施工季节不受限制，填石路堤（用粒径大于 40m、含量超过 70%的石料填筑的路堤）的残余下沉量小，荷载作用下塑性变形小，但一般不用于路床的填筑。填石路堤的单层填筑厚度根据其层位不同在 30～60cm，上路堤层单层填筑厚度要比下路堤小，填料最大颗粒粒径应不超过填筑层厚的 2/3，为增加稳定性，需要考虑其级配组成，单一大粒径颗粒的填料要增加小粒径颗粒以便压实稳固。填石路堤的压实设备有特殊要求，且损耗较大，其施工质量控制方式也与普通填料路堤有差异。

2. 土石混合料

土石混合料是由石块（粒径大于 40m，含量小于 70%）与土混合在一起形成的混合料。其力学性质与土、石含量有关。石块和砂的含量高时，其透水性强、压缩性低，内摩擦角大，强度高和水稳性好。若土、黏土较多，则会比较松散，遇水就易造成边坡的坍塌。在土石路堤填筑时，应注意石块（特别是尺寸大的硬质石块）不得过分集中，对粒径超过压实层厚的软质岩（强度小于 15MPa）石块要打碎，还应分层压实。在土石混合填料中，当石块含量超过 70%时，宜按照填石处理；当石块含量低于 50%时，可按填土处理。

3. 砾类土、砂类土

砂、砾类土填料指细粒含量很少的粗粒土，其塑性小，透水性和水稳性均好，毛细水上升高度很小，具有较大的摩擦系数。级配良好的砾类土的密实程度好，强度和稳定性均能满足要求，是一种优质填料。但砂类土，特别是细砂，容易松散，对流水冲刷和风蚀的抵抗能力差，为克服这一缺点，可适当掺加一些黏性大的土，或对边坡表面予以防护，以提高路基的稳固性。

4. 粉性土

粉性土包括粉质土（各种粉土）和低液限（$\omega_1 < 50\%$）黏土。因其含有较多的粉粒，故毛细现象严重，干时易被风蚀，浸水后很快湿透，在季节性冰冻地区常引起冻胀和翻浆，水饱和时有振动液化问题，粉性土，特别是粉土，是稳性差的填料。在水温条件差而不得已使用时，应掺配其他填料，并加强排水与采取隔离措施。

5. 黏性土

黏性土指黏质土（低液限土除外）和土质砂。它具有较大的塑性和黏结性，毛细现象也很显著，但透水性很差，干湿循环因胀缩引起的体积变化也大，干燥时坚硬而不易挖掘，浸水后能够较长时间保持水分而使强度下降较多，过干或过湿都不便施工。如果在适当含水量时加以充分压实，并有良好的排水条件，则用它筑成的路基也较稳定。

液限大于 50%（称为高液限）、塑性指数大于 26 的黏土，特别是塑性指数大于 50 的高液限黏土，几乎不透水，黏结力特别强，膨胀性和塑性都很大。其工程性质受土矿物成分影响较大（高岭土最好，伊利土次之，蒙脱土最差），浸水后承载力很小，故不宜作为路基填料。如需使用，可在适当含水量时掺加外掺剂（如石灰等）加以拌和、压实来提高其强度，以满足设计要求。

6. 特殊土

特殊土指具有特殊结构的土（膨胀土或黄土）、含有机质的土（泥炭、腐殖土等）以及含易溶盐的土（盐渍土、石膏土等），均应分情况加以限制使用，并在设计与施工时采取适当措施。

7. 易风化的软质岩石

易风化的软质岩石，如黏土岩、泥质砂（页）岩、云母片岩等，浸水后易崩解，强度显著降低，变形量大，一般不宜用作路堤（特别是浸水部分）填料。

8. 工业废渣

粉煤灰、冶金矿渣等工业废渣也可用作路堤填料，但应避免有害物质含量超标而污染环境。由于粉煤灰与砂土的工程性质相似，其黏结力较小，易于流失，为了保护边坡，以利于植物生长，路堤两侧各 1～2m 应用黏质土填筑（称为包边或护坡），路床顶面可用厚 0.3～0.5m 的粗粒土封闭，也可与路面结构层相结合，采用石灰土、二灰（由粉煤灰与石灰混合而成）土等路面底基层材料作封顶层。

当零填及挖方地段的路床为岩石时，其强度一般能符合要求，但常需设置一定厚度的整平层。若路床的原状土为 *CBR* 不符合要求的土或不宜作路床的土，则均应清除换填或采取其他处理措施。

二、路基压实的意义与机理

路基在施工过程中通过挖、运、填等工序，使得土料原始天然结构被破坏，呈现松散状态，为使路基具有足够的强度和稳定性，必须进行人工压实使其呈密实状态。利用压实机具对土基进行压实时，使三相土体中土的团块和土的颗粒重新排列，互相靠近，挤紧，使小颗粒土填充于大颗粒土的空隙中，使空气逸出，从而使土的孔隙减小，单位体积的重量提高，形成密实整体，内摩擦力和黏聚力大大增加，使路基的强度增加，稳定性提高，因此，路基的压实工作是路基施工过程中的一道重要工序，是保证路基强度和稳定性的根本措施之一。大量试验和工程实践证明，压实后，路基的塑性变形、渗透系数、毛细水作用及隔温性能等均有明显改善。

在路堑挖方地段，由于天然土体埋藏状态的不同，土体虽未经扰动，但其密实程度不一定符合路基的要求，因此也要进行压实，达到规定的密实度。

筑路材料绝大部分是松散的原材料，都需要在现场摊铺压实成型，使材料具有满足要求的密度程度，才能具有足够的强度和稳定性。因此，路基和各种路面材料层都需要进行良好的压实，达到规范规定的要求压实度，压实的质量决定着路基和各种路面材料层强度和稳定性的高低。

三、路基压实标准

压实的目的是提高路基土体密实度，因此，密实度是路基压实的重要指标，可以用来衡量压实的质量。所谓密实度是指单位土体积内固体颗粒排列紧密的程度，即单位体积土的重量，常用不包括土体中水分重量的单位体积质量，即干密度作为密实度的指标。用以下公式计算土的干密度：

$$\gamma=\frac{\gamma_w}{1+\frac{w}{100}} \tag{9-16}$$

式中 γ_w——土的湿密度（g/cm^3）；

w——土的含水量（%）。

土基野外施工，受种种条件限制，不能达到室内标准击实试验所得到的最大干密度，因此，在检查路基的压实质量时以“压实度”指标来表示。压实度是指压实后土的干密度 γ 与该种土的标准最大干密度 γ_0之比，以 K 表示。

$$K=\frac{\gamma}{\gamma_0}\times 100\% \tag{9-17}$$

路基土的标准最大干密度是按规定的方法，在实验室对路基填料进行标准击实或表面振动压实仪法试验而确定。标准击实试验方法分轻型标准和重型标准两种，两者的落锤重量、锤落高度、击实次数不同，即试件承受的单位压实功不同。轻型标准的压实功仅相当于 60～80kN 压路机的碾压效果，而重型标准相当于 120～150kN 压路机的碾压效果。重型标准测得的最大干密度比轻型标准的增加 6%～12%，而最佳含水量一般要小 2%～8%（含水量绝对值）。因此，压实度相同时，采用重型标准的压实要求比轻型标准的高。一般要求土基压实采用重型标准，确有困难时可采用轻型标准。

压实度 K 值的确定，需根据道路所在地区的气候条件、土基的水温条件、道路等级和路面类型等因素进行综合考虑。对冰冻潮湿地区和受水影响的路基，其压实度要求应高些；对干旱地区及水文情况良好地段，其压实度要求低些；路面等级高，压实要求高些；路面等级低，压实要求低些。我国公路和城市道路有关部门已对路基的压实度和 *CBR* 做出了相应的规定，见表 9-7。

表 9-7　路堤压实度和填料最小强度（*CBR*）要求

路基部位		路面底面以下深度（m）	高速公路、一级公路		二级公路		三、四级公路	
			压实度（%）	*CBR*	压实度（%）	*CBR*	压实度（%）	*CBR*
上路床		0～0.3	≥96	8	≥95	6	≥94	5
下路床	轻、中等及重交通	0.3～0.8	≥96	5	≥95	4	≥94	3
	特重、极重交通	0.3～1.2	≥96	5	≥95	4	—	—
上路堤	轻、中等及重交通	0.8～1.5	≥94	4	≥94	3	≥93	3
	特重、极重交通	1.2～1.9	≥94	4	≥94	3	—	—
下路堤	轻、中等及重交通	1.5 以下	≥93	3	≥92	2	≥90	2
	特重、极重交通	1.9 以下						

注：① 表列压实度系按《公路土工试验规程》（JTGE40）重型击实试验所得的最大干密度求得的压实度；

② 当三、四级公路铺筑沥青混凝土和水泥混凝土路面时，应采用二级公路标准；

③ 路堤采用粉煤灰、工业废渣等特殊填料，或处于特殊干旱或特殊潮湿地区时，在保证路基强度和回弹模量要求的前提下，通过试验论证，压实度标准可降低 1～2 个百分点。

四、影响压实效果的主要因素

根据试验研究结果可知，土的压实过程和压实的效果受多种因素的影响，弄清这些影响，对深入了解压实原理和指导压实工作具有重要意义。对于具有塑性的土，影响压实效果的因素有内因和外因两个方面：内因主要是含水量和土的性质；外因指压实功能、压实厚度、压实机械和压实方法等。

1. 含水量对压实效果的影响

通过标准击实试验，可以得到土的含水量与密实度关系曲线如图 9-14 所示。从图中可以看出，以干密度作为表征土密实度的指标，在同等压实功作用下，一定含水量之前土的干密度随含水量增加而提高，这主要是因为水在土颗粒之间起润滑作用，土粒间阻力减小，压实时土粒易于移动、挤紧，空隙减小，干密度得以增大。在干密度达到最大值后，若含水量继续增大，土中空隙被过多的水所占据，含水量越大，水占的体积越大，压实时水不能压缩，更不易被挤出，而水的密度较土颗粒低，所以土的干密度随含水量增加而减小。通常将某种土在一定击实功作用下干

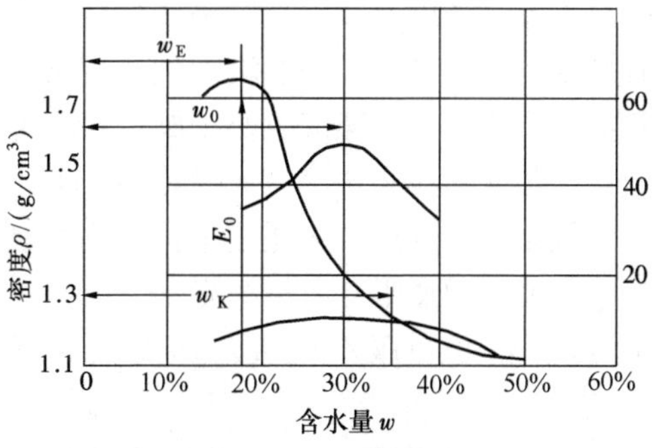

图 9-14　压实土的密度、形变模量与含水量的关系

密度的最大值称为最大干密度，相应的含水量称为最佳含水量。压实时如控制土的含水量为最佳含水量时，则压实效果最好，耗费的压实功最经济。

试验表明，只有在最佳含水量时压实到最大干密度的土体，在遇水饱和后其密实度和强度下降的幅度最小，其水稳定性最好。这是由于在最佳含水量时压实到最大干密度的土体剩余空隙最小，当受到水的浸泡时，吸水量最小，密实度下降也最少。

现行路面设计方法中是以弹性模量（回弹模量）作为土基的强度指标，但在土基压实时不用强度指标来控制压实，而采用干密度来控制土基的压实工作，主要是因为低于最佳含水量时土的强度指标可能达到较高值，但一旦浸水强度就随之有所降低。

综上所述，含水量是影响压实效果的决定性因素。在最佳含水量时，容易获得最佳的压实效果；在最佳含水量条件下压实到最大干密度的土体，强度相对最高，水稳定性最好；土的最佳含水量由规定的击实试验确定。

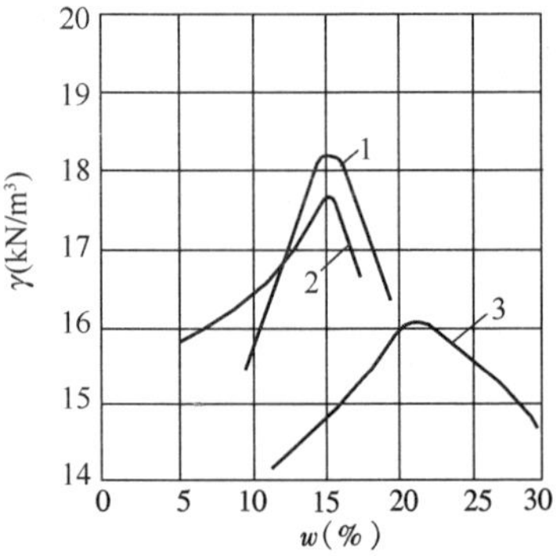

图 9-15　几种土质的压实曲线

1—粉土质砂；2—黏土质砂；3—高液限黏土

2. 土质对压实效果的影响

土质不同对压实效果影响亦不同，不同土类的最佳含水量和最大干密度不同，如图 9-15 所示。分散性较高的土（液限含水量值较高），其最佳含水量较高，而最大干密度较低；砂类土的压实效果优于黏质土，其机理在于土颗粒越细，比表面积越大，土粒表面水膜所需之水分亦越大，加之黏土中含有亲水性较高的胶体物质所致。对于砂土，因其颗粒粗，呈松散状态，水分易散失，所以最佳含水量的概念对它没有多大的实际意义。

3. 压实功能对压实效果的影响

压实功能指压实作用的大小，如压实机具的重量、碾压次数、锤或夯板的重量和落差、锤击次数等。压实功能对压实效果的影响是除含水量以外的另一重要因素。图 9-16 为不同压实功能与压实效果的关系曲线。曲线表明，同一种土的最佳含水量随压实功能的增大而减小，最大干密度随压实功能的增大而增大；在相同含水量条件下，压实功能越大，土基的密实度越大。因此，工程中可以增加压实功能，以提高路基的强度或降低最佳含水量。但当压实功能增加到一定限度后，压实效果缓慢，在经济效益和施工组织上不尽合理。甚至当压实功能过大时，会破坏土基结构，效果适得其反。相比之下，严格控制最佳含水量要比增加压实功能收效大得多。

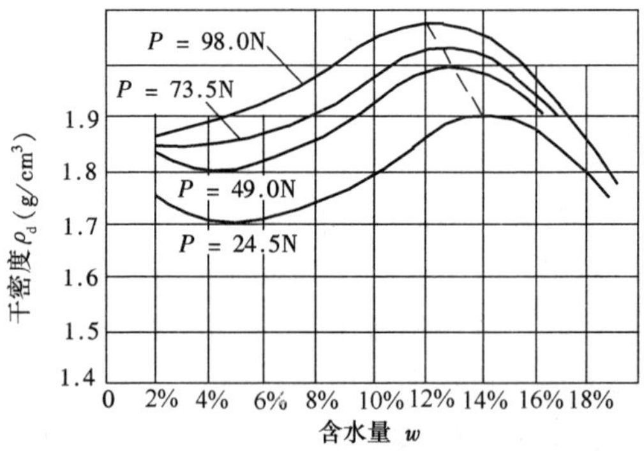

图 9-16　不同压实功能与压实效果的关系曲线

4. 压实厚度和压实机械对压实效果的影响

压实厚度对压实效果具有明显影响。相同条件下（土质、湿度与压实功能），实测土层不同深度的密实度随深度递减，表层 5cm 内密实度最高。不同压实工具的有效压实深度有所不同，一般情况下，夯实不宜超过 20cm，12～15t 光面压路机，不宜超过 25cm，振动压路机或夯击机宜以 50cm 为限。实际施工时的压实厚度应通过现场试验确定合适的铺筑厚度。

压实时荷载作用时间越长，土的密实度越高，但密实度的增长速度随时间加长而减小。因此，压实机具应低速行驶，以获得较好的压实效果。

五、路基压实质量控制

（一）压实度检查与评定

细粒土现场压实度检查可以采用灌砂法或环刀法；粗粒土压实度检查可以采用灌砂法、灌水法（水袋法）或核子密度仪测定。应用核子密度仪时，须经对比试验检验，确认其可靠性。施工时各压实层均应进行压实度检测，检验合格后方可进行下一层土的填压。若检验不合格，则应查明原因，进行补压，直至符合要求为止。压实度以1～3km长的路段为检验评定单元，进行现场压实度抽样检查，求算每一测点的压实度 K_i。

检验评定段的压实度代表值 K（算术平均值的下置信界限）

$$K=\overline{k}-t_{a}S/\sqrt{n}\geqslant K_{0} \tag{9-18}$$

式中 $\overline{k}$——检验评定段内各测点压实度的平均值；

t_a——分布表中随测点数和保证率（或置信度 a）而变的系数；高速公路、一级公路保证率为95%；其他公路保证率为90%；

S——检测值的标准差；

n——检测点数；

K_0——压实度标准值。

压实度评分方法如下：

(1) $K\geqslant K_0$，且单点压实度全部大于等于规定值减2个百分点时，评定路段的压实度合格率为100%；当 $K\geqslant K_0$，且单点压实度全部大于等于规定极值时，按测定值不低于规定值减2个百分点的测点数计算合格率；

(2) $K<K_0$ 或某一单点压实度 K_i 小于规定极值时，该评定路段压实度为不合格，相应分项工程评为不合格。

路堤施工段落短时，分层压实度应点点符合要求，且样本数不少于6个。

（二）弯沉检测

土质路基顶面压实完成后应进行弯沉测试，以检查路基的刚度是否符合设计要求。弯沉值用贝克曼梁或自动弯沉仪测量。每一双车道评定路段（不超过1km）检查80～100个点，多车道公路必须按车道数与双车道之比，相应增加测点。

弯沉代表值为弯沉测量值的上波动界限，用式（9-19）计算：

$$L_r=\overline{L}+Z_a s \tag{9-19}$$

式中 L_r——弯沉代表值（0.01mm）；

$\overline{L}$——实测弯沉的平均值（0.01mm）；

s——标准差；

Z_a——与要求保证率有关的系数，按表9-8取值。

表 9-8　保证率系数 Z_a 值

层位	Z_a	
路基	高速公路、一级公路	二、三级公路
	2.0	1.645

当路基的弯沉代表值不符合要求时，可将超出 $\overline{L}\pm(2\sim3)s$ 的弯沉特异值舍弃，重新计算平均值和标准差。对舍弃的弯沉值大于 $\overline{L}\pm(2\sim3)s$ 的点，应找出其周围界限，进行局部处理。

用两台弯沉仪同时进行左右轮弯沉值测定时，应按两个独立测点计，不能采用左右两点的平均值。弯沉代表值大于设计要求的弯沉值时相应分项工程为不合格。若在非不利季节测定时，应考虑季节影响系数。

第五节　路基边坡稳定性

路基出现滑塌、崩塌等病害，通常表现为其边坡坡体的失稳。未能掌握该处路基的地质、水文和土质等条件，而将边坡设置得太陡，常常是出现这类病害的直接原因。边坡坡体失稳，少则塌下数百方、数千方，多则数万方，严重影响行车安全和畅通，增加额外的清方及处治工作。因此，根据其所处的具体条件和环境，合理地确定路基边坡形状和坡率，并采取适当的措施以保证其稳定，对于防止路基出现滑塌等病害，确保道路通畅和行车安全，节约工程费用，有着重大的意义。

路基边坡形状通常有直线形（坡顶到坡脚采用单一坡度）、折线形（自上而下按岩土性质和工作条件采用不同坡度）和台阶形（在边坡中部或岩土层分界处，设不小于 1～2m 宽的平台，平台一般具有 3%的向外横坡），如图 9-17 所示。

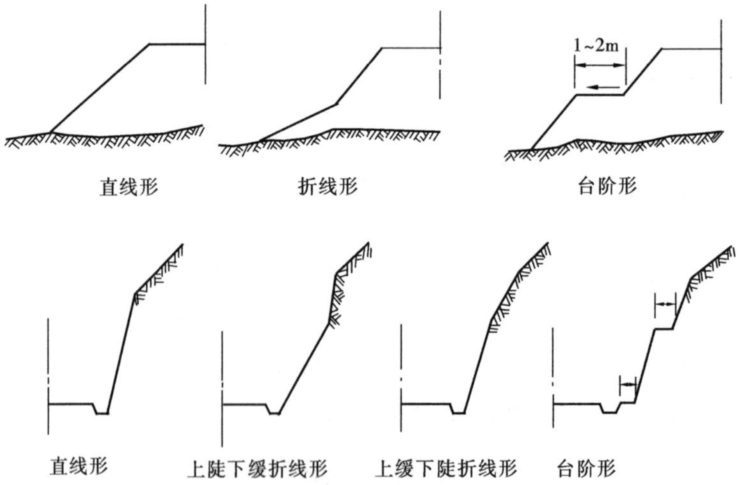

图 9-17　道路路基边坡形式示意图

一、填方路基边坡

填方路基边坡形状，一般采用直线形。当边坡较高或浸水时，常采用上陡下缓的折线形或台阶形。

填方路基边坡坡度，应根据填料的物理力学性质、气候条件、边坡高度及工程地质和水文地质条件进行合理选定。

（一）填土路基边坡

当地质条件良好，边坡高度不大于20m时，可参照表9-9选定土质路堤边坡坡度。

表9-9　土质路堤边坡比例

填料类别	边坡比例	
	上部 （$H \leqslant 8$m）	下部 （$H \leqslant 12$m）
细粒土	1∶1.5	1∶1.75
粗粒土	1∶1.5	1∶1.75
巨粒土	1∶1.3	1∶1.5

对边坡高度超过20m的高路堤，边坡形式宜用阶梯形，边坡坡率应按高路堤的设计规定由稳定性分析计算确定，并应进行独立的工点设计。

沿河浸水路堤的边坡坡度，在设计洪水位以下视填料情况可采用1∶1.75～1∶2.0，在常水位以下部分可采用1∶2.0～1∶3.0。低路堤宜采用流线形的缓边坡。

（二）填石路基边坡

在岩石地段的半填路基或跨越深沟的路堤，通常利用挖方路基的石料进行填筑。浸水路基的受水淹部分，可用开山石料或天然石料（漂、砾石）进行填筑。当石料不足时，也可在路基外部填石，内部填土，并在填石部分与填土部分的接合面设置反滤层，以防止填土流失，影响路基稳定。

填石路堤顶部最后一层填石石料铺筑层厚度不得大于0.4m，最大粒径不得大于150mm，其中小于5mm的细料含量不应小于30%，且铺筑层表面应无明显孔隙、空洞。填石路堤上部采用其他材料填筑时，可视需要设置土工布作为隔离层。

填石路堤可采用与土质路堤相同的断面形式，边坡比例不宜陡于表9-10的规定，边部可采用码砌，码砌厚度宜为1～2m，码砌石块最小尺寸不应小于300mm。边坡较高时，可在边坡中部设置宽度1～3m的平台。

表9-10　填石路堤边坡比例

填石料种类	边坡高度			边坡比例	
	全部高度	上部高度	下部高度	上部高度	下部高度
硬质岩石	20	8	12	1∶1.1	1∶1.3
中硬岩石	20	8	12	1∶1.3	1∶1.5
软质岩石	20	8	12	1∶1.5	1∶1.75

当填石路基边坡采用大于40cm的开山片石砌筑（错缝、排紧），称为砌石路基，砌石路基可用于三、四级公路，所用砌石材料应选用当地不易风化的片、块石砌筑，内侧填石。岩石风化严重或软质岩石路段不宜采用砌石路基，砌石顶宽不应小于0.8m，基底面应向内倾斜，砌石高度不宜超过15m，砌石内、外坡比例不宜陡于表9-11规定值。

表 9-11 砌石路基边坡比例

砌石高度（m）	内坡比例	外坡比例
≤5	1∶0.3	1∶0.5
≤10	1∶0.5	1∶0.67
≤15	1∶0.6	1∶0.75

陡坡上的半填半挖路基，可根据地形、地质条件，采用护肩、砌石或挡土墙；当山坡高陡或稳定性差、不宜多挖时，可采用桥梁、悬出路台等构造物；三、四级公路悬崖峭壁地段，当山体岩石整体性好时，可采用半山洞。

护肩路基的护肩高度不宜超过 2m，顶面宽度不应侵占硬路肩或行车道及路缘带的路面范围内。

当填方路基受地形地物限制或路基稳定性不足时，可采用护脚路基。护脚高度不宜超过 5m，受水浸淹的路堤护脚，应予防护或加固。

二、路堑边坡

路堑是从天然地面以下开挖出来的路基结构物，挖方路堑边坡、对于单一岩土层而密实（风化）程度比较均匀的边坡，可以采用直线形；若在较高边坡范围内风化或密实程度差别显著，则应采用适应各自稳定性的折线形：当边坡较高易受水冲蚀时，应采用台阶形。对于较硬岩石互层的情况，若交互层次多且薄，或软层厚而硬层薄，可按软层岩石的性质设计成直线形；若软层薄而硬层厚，则可按硬层设计成直线形，而对层坡面采用防护措施；若软硬各层均较厚，则应采用台阶形。

设计路堑边坡时，首先应从地貌和地质构造上判断其整体稳定性。在遇到工程地质或水文地质条件不良的地层时，应尽量使路线避绕，而对于稳定的地层，则应考虑开挖后，是否会由于减少支承或因失去平衡、坡面风化加剧而引起失稳。

影响路堑边坡稳定的因素较为复杂，除了路堑深度和坡体土石的性质之外，地质构造特征、岩石的风化和破碎程度、土层的成因类型、地表水和地下水的影响、坡面的朝向以及当地的气候条件等都会影响路堑边坡的稳定性，在边坡设计时必须综合考虑。

（一）土质路堑边坡

土质路堑边坡形式及边坡比例应根据工程地质与水文地质条件、边坡高度、排水防护措施、施工方法等，并结合自然稳定边坡和人工边坡的调查及力学分析综合确定。边坡高度不大于 20m 时，边坡比例不宜陡于表 9-12 规定值。有条件时可以适当放缓边坡比例。

表 9-12 土质路堑边坡比例

土的类别		边坡比例
黏土、粉质黏土、塑性指数大于 3 的粉土		1∶1
中密以上的中砂、粗砂、砾砂		1∶1.5
卵石土、碎石土、圆砾土、角砾土	胶结和密实	1∶0.75
	中密	1∶1

土的密实程度划分见表 9-13。

表 9-13　土的密实程度划分表

分级	试坑开挖情况
较松	铁锹很容易铲入土中，试坑坑壁容易坍塌
中密	天然坡面不易陡立，试坑坑壁有掉块现象，部分需用镐开挖
密实	试坑坑壁稳定，开挖困难，土块用手使力才能破碎，从坑壁取出大颗粒处能保持凹面形状
胶结	细粒土密实度很高，粗颗粒之间呈弱胶结，试坑用镐开挖很困难，天然坡面可以陡立

路堑边坡高度大于 20m 的深路堑边坡、黄土、红黏土、高液限土、膨胀土等特殊路基地段挖方边坡，应按独立工点进行勘察设计。

（二）岩石路堑边坡

岩质路堑边坡形式及边坡比例应根据工程地质与水文地质条件、边坡高度、排水措施、施工方法等，结合自然稳定边坡和人工边坡的调查综合确定。必要时可采用稳定分析方法予以验算。边坡高度不大于 30m 时，无外倾软弱结构面的边坡，在确定边坡岩体类型和完整程度的基础上，边坡比例可按表 9-14 确定。

表 9-14　岩质路堑边坡比例

边坡岩体类型	风化程度	边坡比例	
		$H<15\text{m}$	$15\text{m}\leqslant H\leqslant 30\text{m}$
Ⅰ类	未风化、微风化	1∶0.1～1∶0.3	1∶0.1～1∶0.3
	弱风化	1∶0.1～1∶0.3	1∶0.3～1∶0.5
Ⅱ类	未风化、微风化	1∶0.1～1∶0.3	1∶0.3～1∶0.5
	弱风化	1∶0.3～1∶0.5	1∶0.5～1∶0.75
Ⅲ类	未风化、微风化	1∶0.3～1∶0.5	—
	弱风化	1∶0.5～1∶0.75	—
Ⅳ类	弱风化	1∶0.5～1∶1	—
	强风化	1∶0.75～1∶1	—

边坡高度大于 20m 的软弱松散岩质路堑，宜采用分层开挖、分层防护和坡脚预加固技术。当挖方边坡较高时，可根据不同的土质、岩石性质和稳定要求开挖成折线式或台阶形边坡，边沟外侧应设置碎落台，其宽度不宜小于 1.0m；台阶形边坡中部应设置边坡平台，其宽度不宜小于 2m。

边坡坡顶、坡面、坡脚和边坡中部平台应设置地表排水系统，当边坡土质潮湿或地下水露头时，应根据实际情况设置渗沟或仰斜式排水孔，或在上游沿垂直地下水流向设置排水隧洞等排导设施。应根据边坡稳定情况和周围环境确定边坡坡面防护形式，边坡防护应采取工程防护与植物防护相结合的措施。稳定性差的边坡应设置支挡工程。

第六节　路基防护和支挡结构

一、路基防护

路基防护是保证路基强度和稳定性的重要措施之一，其防护的重点是路基边坡，必要时也包括路肩表面，以及同路基稳定有直接关系的近旁河流与山坡。

由岩土修筑成的路基，大面积的暴露于自然中，长期受各种自然因素（如雨、雪、日晒、冲刷等）的强烈作用，在这种不利的水温条件下，岩土的物理力学性质常发生较大变化。路基浸水后湿度增大，土的强度降低；饱和后土的强度将急剧下降；岩性差的岩体，在水温变化条件下，会加剧其风化过程；路基表面在温差作用下形成胀缩循环，在湿差作用下形成干湿循环，也可导致强度的衰减和剥蚀；雨水冲刷和地下水浸入，使路基浸水和岩土表层失稳，易造成和加剧路基的水毁病害；在近旁河流的冲击、淘刷和侵蚀作用下，也会损坏路基。因此，路基的防护就显得非常重要。

合理的路基设计，不仅在路基位置、标高、横断面尺寸、岩土组成等方面均应有所考虑，而且应有合适的防护，这是确保路基的强度与稳定性的不可缺少的工程技术措施。随着公路技术等级的提高，为维护正常的汽车运输，确保行车安全，美化公路环境，以及减少公路的养护工作量，路基的防护更具有重要意义。实践已经证明，防护工程无论从保证公路使用品质还是提高投资效益上看，都具有举足轻重的地位。

路基防护是以路基稳定为前提，各种防护措施是针对可能出现的隐患而采取的辅助工程。由于路基破坏现象和原因是多方面，因此应遵循“因地制宜，就地取材，以防为主，防治结合”的方针。路基防护也直接关系到路基的外观，影响到路线景观和环境协调。城郊的高等级道路及风景区道路，尤其应兼顾经久耐用、节省造价和造型美观的要求。

路基防护的方法，一般可分为坡面防护和冲刷防护两类。冲刷防护又可分为直接防护和间接防护两种：直接防护是指在坡面加铺护面墙、混凝土板，或采用砌石护坡以及土工织物护面等，还包括对沿河浸水边坡或坡角进行抛石，或以石笼、浸水挡土墙防护；间接防护则指沿河路堤修筑调治构造物对河道进行整治，将危害路基的较大水流引向指定位置，以减小水流对路基的直接冲刷。

二、挡土墙的类型与布置

挡土墙是用来支撑天然边坡或人工填土边坡以保持土体稳定的建筑物。为防止路基填土或山坡土失稳塌滑，同时收缩路基边坡，以减少土石方、拆迁和占用土地的数量，克服地形（如陡崖、建筑物等）的限制和干扰，可在挖方或填方路基边坡的底部和路肩处设置挡土墙[图 9-18（a）、（b）、（c）]，分别称为路堑墙、路堤墙和路肩墙。沿河及水库地区道路，为防止水流对岸坡的浸蚀和冲淘，减少路基填方侵占河床和库容，可在傍水一侧堤岸设置挡土墙[图 9-18（d）]，则称浸水墙。挡土墙也可作为防治滑坡等病害的措施之一，它布置在滑坡体前缘［图 9-18（e）]，以阻挡下滑，故称抗滑墙。此外，还有设置在隧道口的洞口挡墙（称洞门）和桥梁两端的桥头挡墙（即桥台）等。

在路基工程中，设置挡土墙应同改移路线位置、拆迁妨碍路基的建筑物（如房屋、水渠等）、采取填挖路基或其他工程设施（如隧道、栈桥、导流结构物、护坡等）相比较，以求稳定可靠，经济合理。

在设置挡土墙的地段，应根据有关资料和设计要求，选定挡土墙的位置、形式和构造，并绘制布置图。

（一）挡土墙类型

按照挡土墙的结构形式与受力特点不同划分为重力式、薄壁式、锚固式、垛式、桩板式和加筋土挡土墙等。

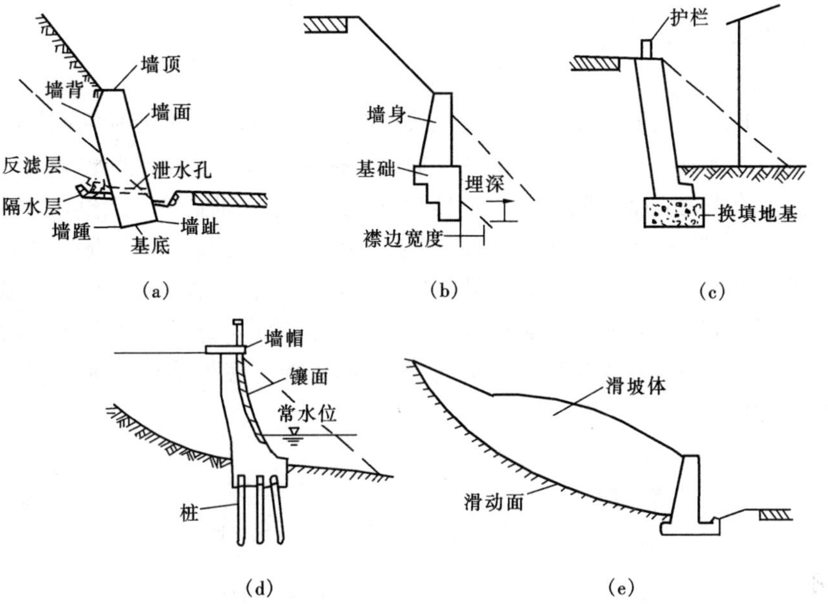

图 9-18　挡土墙的用途与位置（图中虚线表示不设挡土墙时的路基边坡）

（a）凸（折线）形墙背路堑墙；（b）俯斜式路堤墙；（c）仰斜式路肩墙；

（d）浸水式路肩墙；（e）抗滑墙

1. 重力式挡土墙

重力式挡墙大多采用片（块）石浆砌或干砌而成，主要依靠墙体自重抵抗墙后土体的侧压力（土压力）来维护其稳定。它的断面尺寸大，要求地基承载力高；但结构简单，取材较易，施工方便，故使用较广。干砌挡土墙的整体性较差，仅适用于地震烈度较低、不受水流冲淘、地基条件良好和墙高小于 6m 的场合。在缺乏石料的地区，重力式挡墙也可用砖或混凝土来建造。

挡土墙的各部位名称，如图 9-18（a）所示。其墙背可做成直线形（分仰斜、垂直和俯斜三种）或折线形（分凸形和衡重式等），以适应不同地形、地质条件及经济要求。

在墙高和其他条件相同时，仰斜墙背[图 9-18(c)]所承受的土压力比俯斜墙背小，墙身断面较为经济。但当墙趾处地面横坡较陡时，会使墙身增高，断面增大。故仰斜墙背适用于路堑墙及墙趾处地面平坦的路肩墙或路堤墙。仰斜墙背的坡度不宜缓于 1：0.3，以免施工困难。俯斜墙背[图 9-18(b)]所受的土压力较大，通常在地面横坡陡峻或占地受限制时选用，以便采取陡直的墙面(或称墙胸)，并减小墙高。垂直墙背的特点，介于仰斜和俯斜墙背之间。

凸形墙背[图 9-19(a)]，系将仰斜墙背的上部改为俯斜，以减小上部墙身的断面尺寸，多用于路堑墙。衡重式挡墙[图 9-19(b)]是在凸背挡墙的上下墙间增设衡重台，并采取陡直墙面，借助于台上填土的重力作用和全墙重心的后移，以提高墙体的稳定性，但基底应力较大，适用于坡面横坡陡峻的路肩墙和路堤墙，也可用于路堑墙(兼有拦挡坠石的作用)。为减小俯斜墙背所受的土压力，可将墙背做成台阶形[图 9-19(a)]，以增加墙背与填土的摩擦力，提高墙体的稳定性。

混凝土重力式挡土墙[图 9-19(c)]是指在墙背设少量钢筋，并将墙趾展宽，以保证基底必要的宽度，减薄墙身，节省圬工。

2. 薄壁式挡土墙

薄壁式挡土墙系用钢筋混凝土就地浇筑或预制拼装而成。它的墙身断面较薄，所承受的侧向土压力主要依靠底板上的土重来平衡。通常包括悬臂式和扶壁式两种主要形式。

悬臂式挡土墙是由立壁和底板组成，具有三个悬臂部分即立壁、趾板（趾部底板）和踵板（踵部底板），如图 9-19（d）所示。它主要利用踵板上的填土重来抵抗立壁所受的土压力，而趾板还可提高抗倾覆能力和减小基底应力，常用于地基情况较差的路肩墙。当墙高超过 6m 时，立壁下部的弯矩较大，钢筋和混凝土的用量剧增，悬臂式墙就不经济。此时，可沿墙长方向每隔一定距离设置扶壁（又称肋板），使立壁与底板获得加强，成为扶壁式挡土墙［图 9-19（e）］。

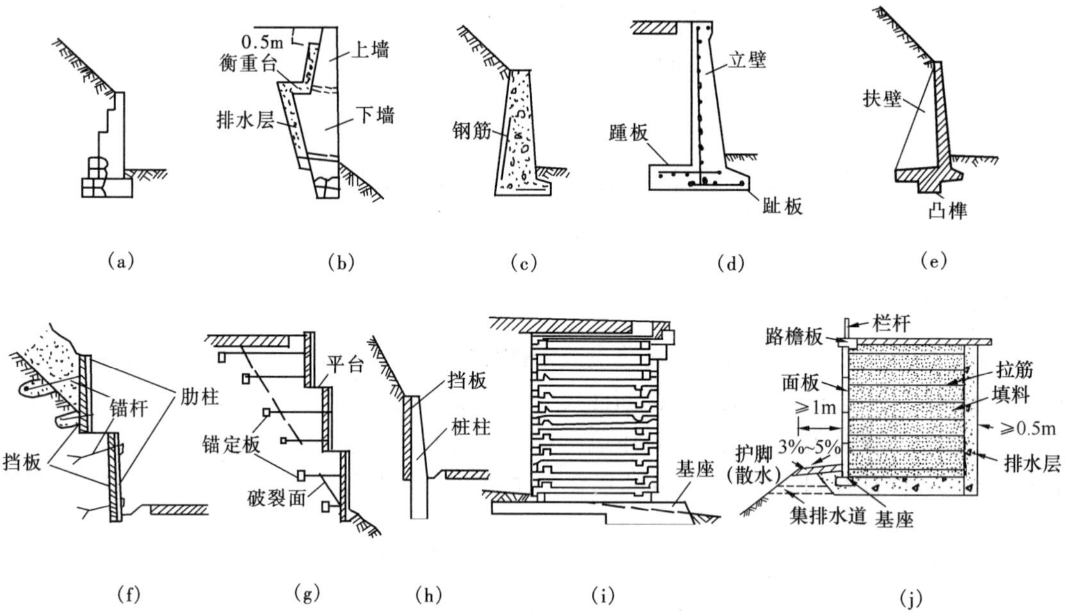

图 9-19　挡土墙的类型

（a）台阶形墙背；（b）衡重式挡墙；（c）半重力式挡墙；（d）悬臂式挡墙；（e）扶壁式挡墙；（f）锚杆式挡土墙；（g）锚定板式挡土墙；（h）桩板式挡土墙；（i）垛式挡土墙；（j）加筋土挡土墙

3. 锚固式挡土墙

锚固式挡土墙是由钢筋混凝土墙板和锚固件连接而成。它依靠埋设在稳定岩土层内锚固件的抗拔力，支承从墙板传来的侧压力。这类挡土墙属轻型结构，占地较少，工程省，不受地基限制，有利于机械化施工。墙板常用预制的立柱（又称肋柱）和挡板拼成，也可就地浇筑成整体板壁。挡板采用断面为矩形或槽形的平板，有时也用混凝土拱板。按照锚固的方式，又可分为锚杆式、锚定板式和桩板式等。

锚杆式挡土墙，采用锚入稳定地层内的钢杆（也可用钢丝束），称为锚杆，拉住墙板。锚杆插入钻好的锚孔内，通常需灌注水泥砂浆，使锚杆固定在地层内[图 9-19(f)上部]；也有对锚杆施加一定压力后，使杆端的楔子张开，从而将锚杆卡在岩石中[图 9-19(f)下部]，前者适用于高度较大、石料缺乏或挖基困难，具有锚固条件的挡土墙，一般多用于路堑墙，后者因锚固能力较差，常用于岩石边坡的防护及加固。

锚定板式挡土墙的结构形式与锚杆式基本相同，只是钢杆的锚固端改用锚定板（多为方形板块），并埋在破裂面后稳定土层内[图 9-19(g)]，依靠锚定板产生的抗拔力抵抗侧压力，保持墙的稳定。它的柔性较好，特别适用于地基不良的路肩墙或路堤墙。

桩板式挡土墙由钢筋混凝土柱和挡板组成[图 9-19(h)]。利用深埋的桩柱及其桩柱前的被动土压力来平衡墙后主动土压力。它适用于地基较差，墙后土体下滑力较大而要求基础埋置又深的滑坡整治地段，施工时可避免大面积开挖，对山体稳定有利。

4. 垛式挡土墙

垛式挡土墙，通常采用钢筋混凝土预制件装配成框架，内填以土石，借其自重抵抗墙后土体的推力［图 9-19(i)］。这种挡土墙，允许地基产生一定的变形，施工迅速，修复较易，常用作缺乏石料地区的高路肩墙、高路堤墙以及抗滑墙。

5. 加筋土挡土墙

加筋土挡土墙是由填土、填土中布置的拉筋条以及墙面板三部分组成［图 9-19（j)］。它通过拉筋与填土间摩阻作用，拉住面板，稳定土体，形成一个复合结构，再依靠其自重抵抗墙后（拉筋尾部后面）填土所产生的侧压力。墙面板一般用混凝土预制，也有采用半圆形铝板；拉筋材料通常为镀锌薄钢带、铝合金、高强塑料以及合成纤维等。加筋土挡土墙属于柔性结构，对地基变形适应性大，建筑高度大，适用于填土路基。它结构简单，圬工数量少，与其他类型的挡土墙相比，可节约投资 30%～70%，经济效益大。

（二）构造

常见的重力式挡土墙一般由墙身与基础、填料、排水设施和伸缩缝等构成。

1. 墙身与基础

各类挡土墙的墙身（包括底部的基础）构件，应根据墙的用途和高度以及墙趾处的地形、地质、水文等条件，在满足材料与地基强度及整体稳定性要求的前提下，按照就地取材、结构合理、断面经济、施工方便的原则来确定。

（1）墙身

石砌挡土墙的墙面（基础以上部分），一般采用稍向内倾斜的平面（直线），以利稳定。为降低墙高，墙面坡度常取 1∶0.05～1∶0.20，矮墙也可直立；地面平坦时，允许放缓到 1∶0.40。墙背坡度，仰斜时最好同墙面一致，缓些虽可减小压力，但会造成施工困难，常采用 1∶0.25，不宜缓于 1∶0.30；俯斜时，一般为 1∶0.20～1∶0.40，高墙取较缓的值。衡重式挡墙的墙面多用 1∶0.05 的陡坡，上下墙背的坡度要求可分别参考上述俯斜和仰斜墙背，上下墙高度的比例，同衡重台的宽度等有关，一般采用 2∶3。墙顶宽度，随墙高而增大，浆砌时不宜小于 50cm，干砌时不宜小于 60cm。浆砌挡墙墙顶应用强度等级 5MPa 的砂浆抹平，厚 2cm，或用较大石块砌筑并勾缝；干砌挡墙顶部 50cm 厚度范围内宜用强度等级 5MPa 的砂浆砌筑，以增加墙身的整体性和稳定性。路肩墙则宜用粗料石或混凝土做成墙帽，厚度为 40cm，帽檐悬出的宽度为 10cm。

悬臂式挡土墙，立壁的面坡通常采用 1∶0.02～1∶0.05。背坡则可直立，立壁的顶宽，一般取 $H/12$（H 为墙高），不宜小于 20cm。底板宽度常取（$2/5 \sim 2/3$）H，趾板宽度为（$1/10 \sim 1/8$）H。趾板与踵板在中间夹板处同厚，大致取（$1/12 \sim 1/10$）H；趾板端部厚度不宜小于30cm，踵板顶面要求水平。断面内钢筋布置，如图9-19（d）所示，扶壁式挡墙断面各部分尺寸的合适比例，与悬臂式相仿。扶壁的间距常取（1/3～1/2）H；厚度不小于20cm，按其中布置钢筋的需要而定。

锚杆式和锚定板式挡土墙，为便于立柱和接板的安装，大多采用竖直墙面。当墙较高时，则分级建造，两级之间设1～2m宽的平台以利施工，每级墙高一般不超过8m（锚杆挡土墙）或6m（锚定板挡土墙）。立柱间距，应考虑工地的吊装设备和锚杆或锚定板的抗拔能力等因素，可选用2～3m。每根立柱视高度可布设2～3根锚杆或拉杆，位置应尽可能使立柱的弯矩均匀分布，方便钢筋布置。锚杆一般沿水平方向向下倾斜10°～40°，倾角的大小视施工机具、稳定地层的情况和立柱受力条件而定，并使锚杆长度最短。锚杆埋入稳定地层内的长度（称有效锚固长度），根据地层、锚杆和抗拔力决定。为安全起见，锚杆的有效锚固长度，在岩层中一般不应小于4m；在土层中不得小于5m。连接锚定板的拉杆，都水平埋设在填土内，并与墙面垂直，拉杆的长度，取决于锚定板的抗拉力和整体稳定性等要求。锚拉杆与立柱的连接方式有焊短钢筋、弯钩、螺母等。

加筋土挡土墙的面板应坚固、美观，易于安装，混凝土预制面板，一般有十字形、六角形和长条形（断面有矩形、槽形和L形等）几种，其尺寸主要由受力情况和起吊能力来决定。通常十字形和六角形的高与长为50～150cm，长条形的高为30～100cm，长为100～200cm，厚（宽）均为8～25cm（槽形面板的底板和翼缘厚度不小于5cm），在墙顶等边缘处可采用异型面板拼装，拉筋应采用抗拉强度高、延伸率小、耐腐蚀、有韧性、能与填料产生较大的摩阻力、拼接方便、价格较低的材料制作。钢带分光面和有肋两种，常镀锌防锈，断面扁平形，厚度应不小于3mm，宽度应不小于30mm。钢筋混凝土带，考虑运输与施工方便，应分节预制，每节长度不宜大于300cm，平面矩形或楔形，断面厚8～10cm，宽10～25cm。高分子聚合物土工带，应耐老化、蠕变小，表面压有粗糙花纹，宽度宜大于18mm，厚度宜大于0.8mm。拉筋一般应水平布设并垂直于面板，当一个结点有两条以上拉筋（如采用土工带）时，为避免重叠扇状分开，拉筋（与面板的结点）的间距，通常横向为0.50～1.00m，最大不超过1.5m；竖向为0.25～0.75m。拉筋的长度，应按抗拔力和整体稳定性的要求确定。一般取（0.8～1.0）H，但底部拉筋的长度应不小于3m，同时不小于0.4H（H为加筋体高度）。相邻面板及面板与拉筋间的连接可采用连接件（如咬口、焊接、胶合等）。墙高超过12m时，也宜分级建造，并设置宽度不小于1m的错台。对于路肩墙，顶部的面板上，宜设置路檐板［图9-19（j）］。

墙顶高出地面6m以上，或连续长度大于20m的路肩墙，墙顶应设置护栏。护栏内侧边缘距路面边缘不应小于0.5m（四级路）或0.75m（二、三级路）。

（2）基础

一般挡土墙，可直接建造在天然地基上。但干砌挡土墙的底部宜浆砌。当地基较弱、地形平坦而墙身较高时，为了减小基底应力和提高抗倾覆能力，常采用扩大基础，如将墙趾或（和）墙踵部分加宽成台阶［图9-19(a)］。台阶的宽度，一般不小于0.20m；台阶的高宽比，浆砌材料不小于3∶2，混凝土不小于6∶5。为了避免加宽部分的台阶过高，可采用钢筋混凝土底板。加筋土挡土墙的面板铺筑于土质地基之上，其下部宜设宽不小于30cm，厚不小于20cm的混凝土基础（称基座）。遇到软弱地基（如淤泥、软黏土等）时，则可用砂砾、碎石、矿渣或灰土等材料进行换填，以扩散基底应力和增加抗滑稳定性；换填过深时，也可采用桩基等办法。挡土墙受滑动稳定控制时，可采用倾斜基底或凸榫基底等抗滑措施。基底倾斜度，土质地基一般不大于1∶5，岩石地基不大于1∶3，以防沿通过墙踵的地基内水平面滑动。

挡土墙砌筑在稳定坚硬的基岩横坡上时，为减少基坑开挖和节省圬工，可将基础底面做成台阶形，台阶的高宽比不宜大于2∶1，宽度不宜小于0.5m。墙趾处地面有纵坡时，挡土墙的基底宜做成不大于5%的纵坡。若地基为岩石时，也可沿纵向做成台阶，尺寸随地形而定，但高宽比不宜大于1∶2。

挡土墙的基础，应埋置足够的深度。为保证挡土墙的稳定，基础埋置深度应满足下列要求：①当冻结深度小于或等于1m时，基底应在冻结线以下不小于0.25m，并应符合基础最小埋置深度不小于1m的要求；②当冻结深度超过1m时，基底最小埋置深度不小于1.25m，还应将基底至冻结线以下0.25m深度范围的地基土换填为弱冻胀材料；③受水流冲刷时，应按路基设计洪水频率计算冲刷深度，基底应置于局部冲刷线以下不小于1m；④路堑式挡土墙基础顶面应低于路堑边沟底面，且不小于0.5m；⑤在风化层不厚的硬质岩石地基上，基底一般应置于基岩表面风化层以下；在软质岩石地基上，基底埋置深度不小于1m。

墙趾前地面横坡较大时，应留出足够的襟边宽度，以防地基剪切破坏。襟边的宽度，可按1～2倍嵌入深度考虑。

当挡土墙位于地质不良地段，地基土内可能出现滑动面时，应将基底埋置滑动面以下（抗滑墙埋入稳定岩层中的深度应不小于0.5m，稳定土层中不小于2.0m），或采取其他措施以防止挡土墙随滑动土体滑动。

2. 填料与排水设施

挡土墙应注意选择填料并采取排水等措施，以减小墙身承受的侧压力，避免地基承载力下降，提高拉筋等的抗拔力和耐久性。

挡土墙的背后，一般采用当地土回填和夯实，有条件时尽可能采用易于压实、内摩擦角大、透水性好、遇水后不膨胀和非冻胀性的材料，如砂砾、碎石或矿渣等，不用或少用细砂、粉土或软黏土等，不允许夹有冻土块、木屑、树根和杂草等。对于加筋体内的填料，还应限制有害化学物质的含量以及pH值和电阻率等。

墙后坡面和加筋体顶面应做好排水防水处理，例如设置截水沟、夯实地表松土和铺筑封闭层等，以减少降水和地表水的下渗。路堑墙墙趾前的边沟应予以铺砌加固，防止边沟水渗入地基；非浸水加筋土挡墙，应在墙前地表处设置宽度不少于1.0m的混凝土或浆砌片石散水［图9-19(j)］，其表面做成外倾3%～5%的横坡。如墙后有地下水渗入时，应设置渗沟或排水层，将地下水拦截和引走。

浆砌挡墙或混凝土挡墙，因自身不透水，为排除墙后土体内积水，应根据泄水情况在墙身的适当高度处布置泄水孔［图9-19(b)］，泄水孔的尺寸可视泄水量大小，采用直径为5～10cm的圆孔，或5cm×10cm，10cm×10cm，15cm×20cm的方孔；其间距一般为2～3m（干旱地区可适当增大，渗水量大时可适当加密），上下交错布置（图9-20）。为保证顺利泄水和避免水流倒灌，泄水孔应向外倾斜，最下一排泄水孔的出水口底部应高出地面（路堑墙为边沟水位，浸水墙为常水位）0.3m。为防止填料内细颗粒材料流失而阻塞孔道，泄水孔的进水口处应设置反滤层。下排泄水孔进水口的底部应铺设30cm厚的不透水黏土隔水层，以防水分渗入地基。

当墙背或墙面板后的填料采用细粒土（如黏性土和粉性土），排水不良或有冻胀可能时，应在墙或板背后设置排水、反滤或防冻层［图 9-19(b)］，通常采用厚度不小于 0.5m 的砂砾、卵石等材料。

3. 沉降缝与伸缩缝

挡土墙应根据地形及地基条件分段设计与施工。为防止墙身因不均匀沉降而引起断裂，在地基性质、墙高和墙身断面等条件的变异处，应设置沉降缝。同时，为防止混凝土或砖石砌体因结硬收缩和温度变化而产生裂缝，应设置伸缩缝。通常将沉降缝和伸缩缝结合在一起。

对于土质地基，宜每隔 10～15m（加筋土挡墙可达 30m）设置一道沉降伸缩缝；对于岩石地基，伸缩缝间距可适当增大。

沉降伸缩缝的缝宽为 2～3cm，一般可用胶泥填塞；但在渗水量大而填料容易流失，或冻害严重地区，则宜用沥青麻絮或沥青木板等具有弹性的防水材料，沿墙内、外、顶三边填塞，深度不宜小于 15cm；有水流淹没的部分，可灌砂浆；当墙后为填石料砌筑，使其形成竖直通缝。加筋土挡墙的沉降缝处，也应采用异型面板，以形成直缝。钢筋混凝土挡土墙表面需设置垂直的 V 形槽，间距不大于 10m；在沉降或伸缩缝处水平钢筋应截断，接缝可做成企口或前后墙面槽口式。

（三）挡土墙布置

挡土墙布置（设计），通常在路基横断面图和墙趾纵断面图上进行（必要时，还需在地形图上进行）。布置前，应现场核对路基横断面图（不足应补测），测绘墙趾处的纵断面图，收集地质和水文等资料。

1. 横向布置

布置挡土墙时，应先在横断面图上选定挡土墙的类型和位置，以满足路基宽度和用地的要求及技术经济的合理性。

路堑挡土墙大多数设在边沟旁。山坡挡土墙应考虑设在基础可靠处，墙的高度应保证墙后墙顶以上边坡的稳定。当路肩墙和路堤墙的墙高或截面圬工数量相近、基础情况相似时，应优先选用路肩墙，按路基宽布置挡土墙位置，因为路肩挡土墙可充分收缩坡脚，大量减少填方和占地。若路堤墙的高度或圬工数量比路肩墙显著降低，而且基础可靠时，宜选用路堤墙，并作经济比较后确定墙的位置。

沿河路堤设置挡土墙时，应结合河流情况来布置，注意设墙后仍保持水流顺畅，不致挤压河道而引起局部冲刷。

2. 纵向布置

挡土墙纵向布置在墙趾纵断面图上进行，布置后绘成挡土墙正面图（图 9-20）。布置的内容有：

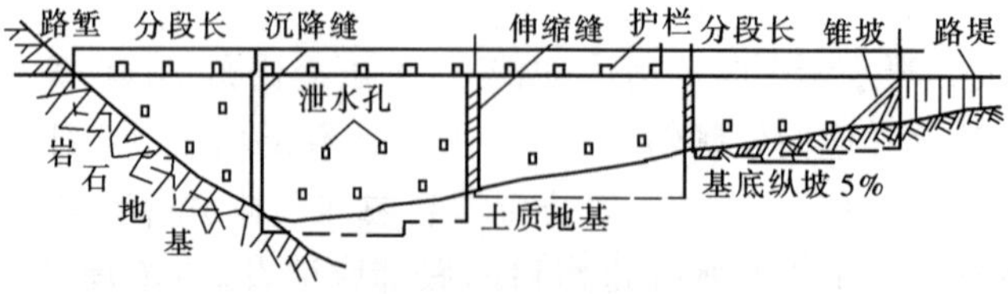

图 9-20　挡土墙纵向布置图

① 确定挡土墙的起讫点和墙长，选择挡土墙与路基或其他结构物的衔接方式。

路肩挡土墙端部可嵌入石质路堑中，或采用锥坡与路堤衔接，与桥台连接时，为了防止墙后回填土从桥台尾端与挡土墙连接处的空隙中溜出，需在台尾与挡土墙之间设置隔墙及接头墙。

路堑挡土墙在隧道洞口应结合隧道洞门、翼墙的设置做到平顺衔接；与路堑边坡衔接时，一般将墙高逐渐降低至 2m 以下，使边坡坡脚不致伸入边沟内，有时也可与横向端墙连接。

② 按地基及地形情况进行分段，确定伸缩缝与沉降缝的位置。

③ 布置各段挡土墙的基础。墙趾地面有纵坡时，挡土墙的基底应做成不大于 5%的纵坡。但地基为岩石时，为减少开挖，可沿纵向做成台阶。台阶尺寸视纵坡大小而定，但其高宽比不宜大于 1∶2。

④ 布置泄水孔的位置，包括数量、间隔和尺寸等。

在布置图上注明各特征点的桩号，以及墙顶、基础顶面、基底、冲刷线、常水位线或设计洪水位的标高等。

3. 横向布置

横向布置选择在墙高最大处、墙身断面或基础形式有变异处，以及其他必需桩号处的横断面图上进行。根据墙型、墙高及地基和填料的物理力学指标等设计资料，确定墙身断面、基础类型和埋置深度，指定填料类别，布置排水设施等，并绘制挡土墙横断面图。

4. 平面布置

对于个别复杂的挡土墙，如高、长的沿河曲线挡土墙，应做平面布置，绘制平面图，标明挡土墙与路线的平面位置及附近地貌与地物等情况，特别是与挡土墙有干扰的建筑物的情况。沿河挡土墙还应绘出河道及水流方向，防护与加固工程等。

在以上设计图纸上，可标写简要说明。必要时可另编写设计说明书，说明选用挡土墙方案的理由、选用挡土墙结构类型和设计参数的依据、对材料和施工的要求、注意事项以及主要工程数量等，如采用标准图，应注明其编号。

本章小结 路基病害的类型及影响路基稳定性的因素很多，归纳起来主要是水和温度两大方面，另外与路基填土本身的工程特性也有密切的关系。土基的荷载—弯沉关系，路基抗变形能力及刚度指标——土基回弹模量和 *CBR*，应作为重要的概念与指标来掌握。

路基压实是路基施工的主要工序，应重点掌握路基压实的原理、影响因素和方法以及检验方法。路基的边坡形式及坡度是确保路基稳定性的重要条件，采取必要的路基防护、加固与支挡工程措施对保证路基稳定性具有及其重要的作用。

关键概念 路基病害、干湿类型、弯沉、回弹模量、压实、路基防护、加固与支挡

复习思考题

1. 路基在道路上起什么作用？

2. 造成路基变形破坏的原因有哪些？各种原因的相互关系如何？
3. 路基湿度受哪些因素影响？什么是路基平衡湿度？它与路基干湿类型有何关系？
4. 如何评定路基抗变形能力，并确定路基回弹模量？
5. 如何评价并选择路基填料？
6. 何谓路基工作区？它与路基受力状况有什么关系？
7. 论述路基压实的目的及影响压实效果的因素。
8. 简述影响路基边坡稳定性的因素及常见的防护与加固措施。
9. 试述各类挡土墙的结构特点及其适用条件。

第十章 道路基层

学 习 要 求

学习目标：了解各种路面基层的特点及强度形成原理，能合理选用材料。
学习重点：各类结构层及其材料组成的选择。
学习难点：不同类型结构层的强度构成原理及其影响因素。
学习安排：课内2学时。

第一节 概 述

沥青路面的基层是路面结构的承重层，它承受由沥青面层传来的车辆荷载的垂直力，并扩散到下面的垫层和土基中去。因此，沥青路面的基层应具有足够的强度与刚度，并具有良好的扩散应力的能力。

水泥混凝土路面的基层是保证路面板具有均匀而稳定的支承、防止唧泥和错台、延长路面使用寿命的重要层次，并能为面层混凝土板施工提供方便。

基层受自然因素的影响虽然比面层小，但是仍然有可能受到地下水和通过面层渗入雨水的浸湿，同时也会产生一定幅度的温差变化和低温的作用。因此路面的基层应具有足够的水稳性和良好的抗冻性以及良好的抗冲刷和抗裂性能。基层表面虽不直接供车辆行驶，但仍然要求有较好的平整度，这是保证沥青面层平整度及水泥混凝土路面板厚度的基本条件。

当基层厚度较大时，为保证工程质量可分为两层或三层铺筑。当采用不同材料修筑基层时，基层的最下层称为底基层，对底基层材料的要求可降低一些。

路面对基层的具体要求一般有以下几个方面。

一、具有足够的强度和刚度

基层要能承受车轮及路面板荷载的反复作用，在预定设计标准轴次的反复作用下，基层不会产生过大的残余变形，更不会产生剪切破坏（粒料基层）或疲劳弯拉破坏（半刚性基层）。基层要满足上述技术要求，除必需的厚度外，主要取决于基层材料本身的强度。材料的强度包括两个方面：一方面是石料本身的硬度或强度，可用集料压碎值或集料磨耗值评定；另一方面是混合料的整体强度或刚度，如回弹模量、承载比、抗压强度、抗剪强度、抗弯拉强度或间接抗拉强度（劈裂强度）等。

沥青路面基层的刚度（回弹模量）必须与沥青面层的刚度相匹配。若面层和基层刚度不匹配，则沥青面层底面将会产生过大的拉应力或拉应变。在重交通道路上，基层材料还应该具有较高的抗疲劳破坏能力。

水泥混凝土路面基层具有足够的刚度（当量回弹模量），可以避免产生塑性变形（板底脱空现象），又能提高接缝处相邻板的荷载传递能力及其耐久性，从而减少或消除错台和唧泥现象的出现。

二、具有足够的水稳定性和冰冻稳定性

路面面层往往是透水的，尤其在使用初期及路面的裂（接）缝处，其透水性较大。因此，在雨季表面水有可能透过面层进入基层和底基层中，表面水也可能从两侧路肩或路面与路肩的结合处以及中央分隔带缘石与路面结合处渗入路面结构层内部。在地下水位较高，而路基填土又不高时，地下水可通过毛细作用上升到路面结构层。在冰冻地区，由于冬季水分重分布的结果，路面结构层中也会聚集水分。路面面层虽不是完全不透水的，但却能阻碍水分蒸发。进入结构层的水能使基层和底基层材料的含水量增大，强度降低。在冰冻地区由于冻融的交替作用，水造成的这种危害更大。

三、具有足够的抗冲刷能力

当面层渗下的水不能及时排除，而是停留在面层与基层的交界面上时，就会造成基层局部潮湿甚至接近饱和；特别是当路面面层和下面基层都存在裂（接）缝的情况下，基层裂缝中往往会充满自由水。在行车荷载作用下，路面结构层内或基层中的自由水会产生相当大的水压力，这种有压力的水会冲刷基层中的细料，在裂缝中形成细料浆。在行车荷载的反复作用下，细料浆被逐渐压挤出裂（接）缝，形成唧泥现象。

四、具有较小的收缩性

半刚性基层材料的收缩性包括两个方面：一是由于水分减少而收缩（干缩）；二是由于温度降低而收缩（温缩）。干缩性大的半刚性材料基层铺筑后，在铺筑面层之前就可能产生干缩裂缝。含细粒土较多的基层材料，如果不及时养护或养护结束后未及时铺筑面层或沥青封层，经暴晒后就可能出现干缩裂缝。随暴晒时间增长，裂缝越加严重，乃至形成网裂。铺筑沥青面层以后，在使用过程中，有时裂缝会逐渐向上扩展直至沥青面层表面；也有时基层的裂缝会促使沥青面层表面先开裂，并逐渐向下扩展与基层裂缝相连。由这两种方式形成的沥青面层的裂缝均称“反射裂缝”。在采用干缩性较大的半刚性材料做沥青路面的基层时，如果沥青面层较薄而又处于较干旱地区，即使在铺筑面层时基层并未开裂，在使用过程中基层材料的含水量仍有可能明显减少并先于沥青面层产生干缩裂缝，继而导致面层的反射裂缝。在采用干缩性较小的半刚性材料做沥青路面的基层时，如果碾压时的含水量适当，且能保护基层在铺筑面层前不开裂，则在铺筑较厚沥青面层后，一般情况下基层不会由于干缩而先于面层开裂。

半刚性基层内部的温度变化和温度差会引起温度应力。在降温季节，半刚性基层表面的温度低于底部，因而会在基层顶面产生拉应力；在升温季节，半刚性基层表面的温度高于底部，因而会在基层底面产生拉应力。这两种拉应力与行车荷载引起的拉应力相结合，会促使基层开裂。

在冰冻地区，特别是在重冰冻地区，温缩性大的半刚性基层材料上为较薄沥青面层时，由于这种基层材料的温缩系数明显大于沥青混合料的温缩系数，在冬季气温急骤降低时，半

刚性基层会先于沥青面层产生温缩裂缝。半刚性基层一旦开裂，在持续低温或骤然降温的过程中，半刚性基层裂缝的张开极易将沥青面层拉裂而形成反射裂缝。

五、具有足够的平整度

基层的平整度对沥青面层的平整度有着重要影响。同时，较差的基层平整度会引起沥青及水泥混凝土面层的厚度不匀，从而导致沥青面层在使用过程中平整度很快降低及路面有效承载厚度的不足。

六、与面层具有良好的结合性

面层与基层间的良好结合，对于沥青面层的使用质量极为重要。它可以减小面层底面由行车荷载引起的拉应力和拉应变，还可以明显降低由温度变化引起的沥青面层内的拉应力和拉应变。面层与基层的良好结合可以使薄沥青面层不产生滑移、推移等破坏。为此，基层表面应该稳定并且具有一定的粗糙度，表面应该结构均匀，无松散颗粒。

第二节　基层的基本类型及其特点

路面的基层，在使用过程中应具有足够的强度及稳定性，很少的变形性，因此，一般应采用密实类型的材料，如各种结合料稳定材料、级配碎（砾）石和填隙碎石等。基层材料还应适宜于机械化施工。

路面常用的基层可分为四大类：第一类是柔性基层材料，它包括级配型集料、嵌锁型碎石以及沥青（稳定）碎石混合料等；第二类是半刚性基层材料，它包括水泥稳定类、石灰稳定类和石灰工业废渣稳定类；第三类是刚性基层材料，包括水泥混凝土、贫混凝土和碾压混凝土等；第四类是复（混）合式基层，即上部使用柔性基层，下部使用半刚性基层。

我国目前常用的基层形式主要有六种，即水泥稳定土、石灰稳定土、石灰工业废渣稳定土、级配碎石、级配砾石或级配砂砾和填隙碎石。

一、水泥稳定土

可被水泥稳定土的范围相当宽，水泥用量越多，水泥稳定土的强度越高。因此，水泥稳定土的强度可以在大范围内进行调整，以适应不同等级道路以及不同路面结构层位的要求。考虑到不同水泥稳定土的干缩性能、温缩性能、抗冲刷性能等因素后，对于不同等级道路的路面和对于不同的路面结构层位，应该选用技术经济均合适的材料。例如：水泥稳定细粒土，不应直接用作高等级路面的上基层，而只能用作底基层。作为高等级道路上路面的基层，应选用水泥稳定粒料，且粒料的级配应符合有关规范的要求。

二、石灰稳定土

石灰稳定土的强度较水泥稳定土的强度低得多，且其可调整范围较窄。它虽然可用作各种路面的基层和底基层，但由于石灰稳定土的强度较低，抗冲刷能力较差，且收缩性较大，故一般不宜用作高等级路面的上基层。

三、石灰工业废渣稳定土

用于修建路面基层的工业废渣主要有粉煤灰、煤渣、矿渣、电石渣等，但具有普遍意义的主要材料是石灰粉煤灰稳定土，它包括：石灰粉煤灰稳定细粒土（如石灰粉煤灰、石灰粉煤灰土、石灰粉煤灰砂等）和石灰粉煤灰稳定粒料（如石灰粉煤灰碎、砾石，石灰粉煤灰矿渣等）。石灰粉煤灰稳定土，虽早期强度比水泥稳定土稍低，但其后期强度增长较快，且具有良好的收缩抗裂能力。石灰粉煤灰稳定细粒土虽然其强度会比石灰粉煤灰稳定粒料要高，但考虑到其干缩和温缩系数较大，且抗冲刷能力较差，故石灰粉煤灰稳定细粒土不宜用于高等级道路路面的上基层，而石灰粉煤灰稳定粒料可直接用作高等级道路路面的基层。

四、级配碎石

级配碎石是不用结合料的传统基层材料中最好的一种。级配碎石实际上可在各种等级道路上用作基层。但是，在重交通的高等级道路上用作沥青路面的基层时，基层上往往需要铺筑厚层沥青面层。在一些国家的重交通高等级道路上，常采用级配碎石作为半刚性基层与沥青面层间的隔离层或应力消减层。在石料丰富的地区，采用级配碎石基层往往是比较经济的。在潮湿多雨地区，采用级配碎石基层更具优越性，因施工过程中的降雨对其影响很小。

五、级配砾石或级配砂砾

一般用作低等级道路路面的基层，或用作高等级道路路面的底基层。在实际生产中，常用少量石灰或水泥改善级配砂砾。

六、填隙碎石

填隙碎石也是一种不用结合料的较好的基层材料。填隙碎石可用作二级以下公路及次干路以下城市道路路面的基层，也可用作应力消减层。

第三节　道路基层材料及其技术要求

一、道路基层用土的分类

土作为基层材料的骨架，按照土中单个颗粒（指碎石、砾石和砂等颗粒）的粒径大小和组成，将土分为三种，即细粒土、中粒土和粗粒土。

1. 细粒土

颗粒的最大粒径小于 9.5mm，且其中小于 2.36mm 的颗粒含量不少于 90%（如塑性指数不同的各种黏性土、粉性土、砂性土、砂和石屑等）。

2. 中粒土

颗粒的最大粒径小于 26.5mm，且其中小于 19mm 的颗粒含量不少于 90%（如砂砾土、碎石土、级配砂砾、级配碎石等）。

3. 粗粒土

颗粒的最大粒径小于 37.5mm，且其中小于 31.5mm 的颗粒含量不少于 90%（如砂砾石、碎石土、级配砂砾、级配碎石等)。

二、对原材料的基本要求

在道路基层施工前，一般应对拟采用的原材料做以下试验项目。

(1) 含水量：用烘干法、含水量快速测定仪或酒精法确定材料含水量。

(2) 颗粒分析：用筛分法（或用湿筛分析法）测定级配是否符合要求并确定材料配合比。

(3) 液限与塑限：计算塑性指数并审定是否符合规定（100g 平衡锥测液限，搓条法测塑限）。

(4) 相对密度与吸水率：用多孔网篮或容积 $1000cm^3$ 以上的比重瓶测定相对密度与吸水率，用以评定粒料质量。

(5) 压碎值：评定石料的抗压碎能力是否符合要求（压碎值仪测定）。

(6) 有机质和硫酸盐含量：确定土是否适宜用石灰或水泥稳定（对土有怀疑时做此试验）。

(7) 有效钙镁含量：确定石灰质量，常用滴定法或钙电极法测定。

(8) 水泥等级和终凝时间：确定水泥的质量，是否适宜应用。

(9) 烧失量确定粉煤灰是否适用。

三、对基层用土的技术要求

对道路基层用土的一般要求是易于粉碎，满足一定级配，便于碾压成型。

1. 液限与塑性指数

水泥稳定细粒土的液限不应超过 40，塑性指数不应大于 17。对中粒土和粗粒土，如土中小于 0.6mm 的颗粒含量在 30%以下，塑性指数可稍大。实际工程中，宜选用塑性指数小于 12 的土。塑性指数大于 17 的土，宜采用石灰稳定，或用水泥和石灰综合稳定。

塑性指数 15～20 的黏性土以及含有一定数量黏性土的中粒土和粗粒土（如天然砂砾土和砾石土、旧级配砾石和泥结碎石路面等）均适宜于用石灰稳定。用石灰稳定不含黏性土或无塑性指数的级配砂砾、级配碎石和未筛分碎石时，应添加 15%左右的黏性土。塑性指数在 15 以上的黏性土更适宜于用石灰和水泥综合稳定。塑性指数在 10 以下的亚砂土和砂土用石灰稳定时，应采取适当的措施或用水泥稳定。石灰工业废渣稳定土宜采用塑性指数 12～20 的黏性土（亚黏土），有机质含量超过 10%的土不宜选用。

2. 颗粒组成

一般地说，凡能被粉碎的土都可用水泥稳定，其最大颗粒和颗粒组成应满足规范的要求。最大粒径过大，拌和、摊铺、压实均有困难，表面平整度也难达到要求。最大粒径过小，则水稳性不足且投资增加。对细粒土，土的均匀系数 C_u（均匀系数 $C_u = d_{60} / d_{10}$ 。d_{60} 、d_{10} 分别为筛分土的颗粒组成时，通过量为 60%、10%的筛孔尺寸）应大于 5。对中粒土和粗粒土，均匀系数应大于 10。对于二级及以下公路和次干路以下城市道路用作基层时，集料最大粒径不应超过 37.5mm（方孔筛）；用作底基层时，集料最大粒径不应超过 53mm；对于高速、一级公路和城市快速路、主干路用作基层时，集料最大粒径不应超过 31.5mm（方孔筛）；用作底基层时，集料最大粒径不应超过 37.5mm。高速、一级公路和城市快速路、主干路水泥稳定类集料的颗粒组成应满足表10-1的要求。二级及以下公路和次干路以下城市道路应满足表10-2的要求。

表10-1　水泥稳定类集料的颗粒组成范围要求

适用层位	37.5	31.5	26.5	19	9.5	4.75	2.36	0.6	0.075
基层	—	100	90～100	72～89	47～67	29～49	17～35	8～22	0～7①②
底基层（中/粗粒土）	100	90～100	—	67～90	45～68	29～50	18～38	8～22	0～7①②
底基层（细粒土）	100	—	—	—	—	50～100	—	17～100	0～30

注：① 集料中0.5mm以下细粒土有塑性指数时，小于0.075mm的颗粒含量不应超过5%；细粒土无塑性指数时，小于0.075mm的颗粒含量不应超过7%；

② 液限应小于28%，塑性指数应小于9。

表10-2　水泥稳定类集料的颗粒组成范围要求

适用层位	53	37.5	26.5	19	9.5	4.75	2.36	1.18	0.6	0.075	0.002
基层	—	90～100	66～100	54～100	39～100	28～84	20～70	14～57	8～47	0～30	—
底基层	100	—	—	—	—	50～100	—	—	17～100	0～50	0～30

二灰稳定类集料的颗粒组成范围应满足表10-3的要求。

表10-3　二灰稳定类集料的颗粒组成范围要求

类型	适用层位	37.5	31.5	19.0	9.50	4.75	2.36	1.18	0.60	0.075
级配碎石	基层	—	100	81～98	52～70	30～50	18～38	10～27	6～20	0～7
	底基层	100	90～100	72～90	48～68	30～50	18～38	10～27	6～22	0～7
级配砂砾	基层	—	100	85～100	55～75	39～59	27～47	17～35	10～25	0～10
	底基层	100	85～100	65～85	50～70	35～55	25～45	17～35	10～27	0～15

3. 压碎值

半刚性基层材料所用的碎、砾石应具有一定的抗压碎能力。集料压碎值应符合表10-4的要求。

表10-4　集料压碎值要求

道路等级		高速、一级公路和城市快速路、主干路		二级及二级以下公路和城市次干路、支路
适用层位	基层	≤30		≤35
	底基层	水泥稳定≤30	二灰稳定≤35	≤40

4. 硫酸盐与腐殖质

水泥稳定时，土的腐殖质含量不应大于2%，硫酸盐含量不应大于0.25%。腐殖质含量超过2%以及塑性指数偏高的土，不应单用水泥稳定，若需采用这种土，必须先用石灰进行处理之后方可用水泥稳定。石灰及二灰稳定类所用土的有机质含量不应超过10%，硫酸盐含量不应超过0.8%。

四、无机结合料技术要求

1. 水泥

普通硅酸盐水泥、矿渣硅酸盐水泥、火山灰质硅酸盐水泥等都可使用，但应选用初凝时间 3h 以上和终凝时间较长（宜在 6h 以上）的水泥，快硬水泥、早强水泥以及已受潮变质的水泥不应使用。宜采用强度等级较低（如 32.5）的水泥。

2. 石灰

石灰质量应符合表 10-5 中规定的Ⅲ级以上的生石灰或消石灰的技术指标，要尽量缩短石灰的存放时间。石灰在野外堆放时间较长时，应妥善覆盖保管，不应遭日晒雨淋。使用等外石灰、贝壳石灰等，应进行试验，如混合料的强度符合表 10-6 的标准，即可使用。

对于高速公路、一级公路和城市快速路、主干路宜采用磨细生石灰粉。

表 10-5 石灰的技术指标

项目 \ 类型及等级		钙质生石灰			镁质生石灰			钙质消石灰			镁质消石灰		
		等级											
		Ⅰ	Ⅱ	Ⅲ	Ⅰ	Ⅱ	Ⅲ	Ⅰ	Ⅱ	Ⅲ	Ⅰ	Ⅱ	Ⅲ
有效钙加氧化镁含量（%）不小于		85	80	70	80	75	65	65	60	55	60	55	50
未消化残渣含量（5mm 圆孔筛的筛余，%）不大于		7	11	17	10	14	20	—	—	—	—	—	—
含水量（%）不大于		—	—	—	—	—	—	4	4	4	4	4	4
细度	0.71mm 方孔筛的筛余（%）不大于	—	—	—	—	—	—	0	1	1	0	1	1
	0.125mm 方孔筛的累计筛余（%）不大于	—	—	—	—	—	—	13	21	—	13	20	—
钙镁石灰的分类界限，氧化镁的含量（%）		≤5			>5			≤4			>4		

注：硅、铝、镁氧化物含量之和大于 5%的生石灰，有效钙加氧化镁的含量指标，Ⅰ等≥75%，Ⅱ等≥70%，Ⅲ等≥60%；未消化残渣含量指标与镁质生石灰指标相同。

表 10-6 无机结合料稳定类材料的抗压强度（MPa）

道路等级		高速、一级公路和城市快速路、主干路	二级及二级以下公路和城市次干路、支路
水泥稳定类材料	基层	3～5	2.5～3
	底基层	1.5～2.5	1.5～2.0
石灰稳定类材料	基层	—	≥0.8
	底基层	≥0.8	0.5～0.7
二灰稳定类材料	基层	0.8～1.1	0.6～0.8
	底基层	≥0.6	≥0.5

注：① 设计累计标准轴次小于 12×10^6 的道路可采用低限值；设计累计标准轴次超过 12×10^6 的道路可用中值；主要行驶重载车辆的道路应用高限值。某一具体道路应采用一个值，而不用某一范围；

② 二级以下公路和次干路以下城市道路可取低限值；行驶重载车辆的道路，应取较高的值；二级公路和城市次干路可取中值；行驶重载车辆的道路应取高限值。某一具体公路应采用一个值，而不用某一范围；

③ 在低塑性土（塑性指数小于 7）地区，石灰稳定砂砾土和碎石土的 7d 浸水抗压强度应大于 0.5MPa（100g 平衡锥测液限）；

④ 低限用于塑性指数小于 7 的黏性土，且低限值宜仅用于二级以下公路和次干路以下城市道路，高限用于塑性指数大于 7 的黏性土。

3. 工业废渣

用于路面基层的工业废渣，除石灰类渣外，主要有粉煤灰、煤渣、水淬渣、高炉重矿渣、钢渣及其他冶金矿渣、煤矸石等。

（1）粉煤灰

粉煤灰是火力发电厂燃烧煤粉产生的粉状灰渣。它的主要成分是SiO_2、Al_2O_3和Fe_2O_3，其总含量应大于70%，CaO含量大多为2%～6%，烧失量应小于20%，比面积宜大于$2500cm^2/g$（或90%通过0.3mm筛孔，70%通过0.075mm筛孔）。干粉煤灰和湿粉煤灰都可使用，但湿粉煤灰的含水量不宜超过35%。

粉煤灰与石灰混合后（俗称二灰），具有一定的水硬作用，但初期强度较低。铺筑二灰基层时，宜选用较粗的粉煤灰，以便于碾压稳定。

（2）煤渣

煤渣是煤燃烧后的残渣，粗细颗粒均有，孔隙较多。它的化学成分与粉煤灰相近。石灰煤渣基层，宜采用具有一定级配的煤渣。大于30mm的颗粒要剔除或打碎，以利拌和与压实。煤渣的烧失量不宜超过20%，否则将明显降低混合料的强度。

（3）水淬渣

水淬渣是冶金矿渣（如化铁炉渣等）在热熔状态下经水骤冷而成无定形玻璃体的松散颗粒材料，粒径一般不超过10mm。它的化学成分与粉煤灰类似，但CaO含量较多，活性也较高。水淬渣长久堆置，会自行胶结，品质下降。

（4）冶金矿渣

冶金矿渣从熔炉中排出后，经自然冷却而成比重较大、质地坚硬的重矿渣，常用来代替碎石。一般高炉重矿渣宜采用堆置三个月以上的陈渣。对于钢渣，必须已经崩解达到稳定后，才能使用。

本章小结 路面基层的强度和稳定性，主要依靠组成材料的嵌锁、密实和胶结作用；嵌锁型结构层应选用强度高、大小均匀、表面粗糙带有棱角并接近立方体形状的石料，并经充分压实来获取结构强度。按密实原则组成时，关键是颗粒组成应符合最佳级配要求及最佳的细粒含量和压实度要求。结合料稳定类主要依靠结合料和矿石材料之间的物理和化学反应，胶结成具有整体性的结构强度。因各种结合料和矿料的反应机理不同，使稳定类基层的强度和稳定性具有不同的效果和特点。

关键概念 基层、功能层、碎砾石、稳定、结合料

复习思考题

1. 简述路面基层的作用与基本要求。
2. 基层有哪些基本类型？其各有什么特点？
3. 路面基层用土是如何分类的？有哪些技术要求？
4. 路面基层用各种原材料有哪些基本要求？

第十一章　道路沥青路面

学　习　要　求

学习目标：了解各种沥青路面材料及其要求，沥青路面使用性能的气候分区方法，明确沥青路面的设计内容及常见损坏现象，掌握新建及改建沥青路面的设计方法。

学习重点：路面结构层次的选择和组合，各结构层厚度的计算。

学习难点：理论计算体系与实际路面结构、设计控制指标与破坏形式之间的关系。

学习安排：课内 6 学时。

沥青路面是用沥青材料作结合料，黏结矿料或混合料铺筑面层路面的总称。它适用于各种交通量的道路，是当前世界各国的高等级公路大多采用的路面类型。

沥青路面由于使用了黏结力较强的沥青材料作结合料，增强了矿料颗粒间的黏结力，提高了路面的技术性质，使之具有下列良好的性能：

1. 具有足够的力学强度，能够很好地承受车辆荷载施加的各种作用力。
2. 具有一定的弹性和塑性变形能力，能够承受较大应变而不被破坏。
3. 与汽车轮胎的附着力较好，可保证行车安全。
4. 有良好的减振性，便于汽车快速行驶、平稳而低噪声。
5. 养护维修工作比较简单，且沥青路面可再生利用。

第一节　沥青路面及其组成材料

一、沥青路面使用性能的气候分区

沥青路面的物理力学性质与使用环境如气候、温度和湿度关系密切，因此，在选择沥青胶结材料、进行沥青混合料配合比设计、检验沥青混合料的使用性能时，应考虑沥青路面工程所处的环境因素，尤其是温度和湿度因素。所以，应按照不同气候分区特点对沥青及沥青混合料的技术性能提出相应要求。

我国幅员辽阔，各地区气候相差很大，因此对沥青与沥青混合料的使用性能要求也各不相同，各地区应根据当地的气候特点对沥青混合料的技术指标进行分区，并以此作为沥青混合料组成设计的控制指标。工程建设项目在进行气候分区时，应该向气象台站了解有关数据，按统一的方法进行计算，确定本地区的气候分区，并采用 30 年的气象记录进行概率统计。对高速公路、一级公路和城市快速路、主干路应取95%～98%的概率，一般道路可取90%的概率。

1. 气候分区指标

（1）设计高温分区指标

采用工程所在地最近30年内年最热月份平均最高气温的平均值，作为反映沥青路面在高温和重载条件下出现车辙等流动变形的气候因子，并作为气候分区的一级指标。全年高于30℃的积温及连续高温的持续时间可作为辅助参考值。

按照设计高温指标，一级区划分为3个区，按如下步骤确定：①选择当地一年中最热的月份作为年最热月（通常是七月或八月），通过当地气象台站获得该月份记录的每一天的最高气温的温度和时间（通常为下午2时）；②求每年最热月的日最高气温的平均值作为一年最热月的月平均最高气温；③求取30年的最热月平均最高气温的平均值为最热月平均最高气温 T_{max}，作为设计高温分区指标。

（2）设计低温分区指标

采用工程所在地最近30年内的极端最低气温，作为反映沥青路面由于温度收缩产生裂缝的气候因子，并作为气候分区的二级指标。降温速率、冰冻指数可作为辅助参考值。

按照设计低温指标，二级区划分为4个区，按如下步骤确定：①选择当地一年中最冷月份作为年最冷月（通常是一月份），通过当地气象台站获得该月份记录的极端最低气温；②求取30年内的极端最低气温的最小值 T_{min}，作为设计低温分区指标。

（3）设计雨量分区指标

采用工程所在地最近30年内的年降雨量的平均值，作为反映沥青路面受水影响的气候因子，并作为气候分区的三级指标。降雨日数可作为辅助参考值。

按照设计雨量指标，三级区划分为4个区，按如下步骤确定：①通过当地气象台站获得当地的年降雨量；②求取30年内的年降雨量的平均值 W_{cp}，作为设计雨量分区指标。

此外，确定气候分区指标时还应参考各个指标的辅助指标值对计算得到的分区指标作必要的修正：①当全年高于30℃的积温较大或当地连续高温的持续时间长，以及预计重载车特别多、长大纵坡严重影响车速路段，可将高温气候区提高一级或两级看待；②对经常发生寒潮、寒流降温迅速的地区可将低温气候区提高一级；③对年雨日数特别长（如梅雨季节）的地区可将雨量气候区提高一级。

2. 气候分区的确定

沥青路面使用性能气候分区由一、二、三级区划组合而成，以综合反映该地区的气候特征，见表11-1。

表11-1 沥青路面使用性能的气候分区

气候分区指标		气候分区			
按照高温指标	高温气候区	1	2	3	
	气候区名称	夏炎热区	夏热区	夏凉区	
	最热月平均最高气温（℃）	>30	30～20	<20	
按照低温指标	低温气候区	1	2	3	4
	气候区名称	冬严寒区	冬寒区	冬冷区	冬温区
	极端最低气温（℃）	<−37.0	−37～−21.5	−21.5～−9.0	>−9

续表

气候分区指标		气候分区			
按照雨量指标	雨量气候区	1	2	3	4
	气候区名称	潮湿区	润湿区	半干区	干旱区
	年降雨量（mm）	>1000	1000～500	500～250	<250

沥青材料的气候分区，按最热月平均最高气温及年极端最低气温把全国分为3个大区、9种气候型。每个气候型用2个数字表示：第一个数字代表最热月平均最高气温的分布；第二个数字代表年极端最低气温的分布，见表11-2。

表11-2　沥青材料的气候分区

气候区名（气候型）		温度（℃）	
		最热月平均最高气温	年极端最低气温
1-1	夏炎热，冬严寒	>30	<−37
1-2	夏炎热，冬寒	>30	−37～−21.5
1-3	夏炎热，冬冷	>30	−21.5～−9
1-4	夏炎热，冬温	>30	>−9
2-1	夏热，冬严寒	20～30	<−37
2-2	夏热，冬寒	20～30	−37～−21.5
2-3	夏热，冬冷	20～30	−21.5～−9
2-4	夏热，冬温	20～30	>−9
3-2	夏凉，冬寒	<20	−37～−21.5

沥青混合料的气候分区用3个数字表示，增加第三个年降雨量的分布指标。第一个数字代表高温分区，第二个数字代表低温分区，第三个数字代表雨量分区，每个数字越小，表示气候因素对沥青路面的影响越严重。沥青混合料的气候分区全国共有26种气候型，见表11-3。

表11-3　沥青混合料的气候分区

气候区名（气候型）		温度（℃）		雨量（mm）
		最热月平均最高气温	年极端最低气温	降水量（mm）
1-1-4	夏炎热，冬严寒，干旱	>30	<−37	<250
1-2-2	夏炎热，冬寒，湿润	>30	−37～−21.5	500～1000
1-2-3	夏炎热，冬寒，半干	>30	−37～−21.5	250～500
1-2-4	夏炎热，冬寒，干旱	>30	−37～−21.5	<250
1-3-1	夏炎热，冬冷，潮湿	>30	−21.5～−9	>1000
1-3-2	夏炎热，冬冷，湿润	>30	−21.5～−9	500～1000
1-3-3	夏炎热，冬冷，半干	>30	−21.5～−9	250～500
1-3-4	夏炎热，冬冷，干旱	>30	−21.5～−9	<250
1-4-1	夏炎热，冬温，潮湿	>30	>−9	>1000

续表

气候区名（气候型）		温度（℃）		雨量（mm）
		最热月平均最高气温	年极端最低气温	降水量（mm）
1-4-2	夏炎热，冬冷，湿润	>30	>−9	500～1000
2-1-2	夏热，冬严寒，湿润	20～30	<−37	500～1000
2-1-3	夏热，冬严寒，半干	20～30	<−37	250～500
2-1-4	夏热，冬严寒，干旱	20～30	<−37	<250
2-2-1	夏热，冬寒，潮湿	20～30	−37～−21.5	>1000
2-2-2	夏热，冬寒，湿润	20～30	−37～−21.5	500～1000
2-2-3	夏热，冬寒，半干	20～30	−37～−21.5	250～500
2-2-4	夏热，冬寒，干旱	20～30	−37～−21.5	<250
2-3-1	夏热，冬冷，潮湿	20～30	−21.5～−9	>1000
2-3-2	夏热，冬冷，湿润	20～30	−21.5～−9	500～1000
2-3-3	夏热，冬冷，半干	20～30	−21.5～−9	250～500
2-3-4	夏热，冬冷，干旱	20～30	−21.5～−9	<250
2-11-1	夏热，冬温，潮湿	20～30	>−9	>1000
2-11-2	夏热，冬温，湿润	20～30	>−9	500～1000
2-11-3	夏热，冬温，半干	20～30	>−9	250～500
3-2-1	夏凉，冬寒，潮湿	<20	−37～−21.5	>1000
3-2-2	夏凉，冬寒，湿润	<20	−37～−21.5	500～1000

二、沥青路面的类型及对组成材料的要求

（一）沥青路面的分类

1. 按施工工艺分类

沥青路面可分为层铺法、路拌法和厂拌法三类。

2. 按技术特性分类

沥青面层可分为沥青混凝土、热拌沥青碎石、乳化（冷拌）沥青碎石混合料、沥青贯入式、沥青表面处治（拌和法施工/稀浆封层）等几种类型。

3. 按矿料级配类型及混合料设计空隙率分类

（1）连续密级配沥青混凝土混合料：采用连续密级配原理设计组成的矿料与沥青拌和而成。沥青混合料中的集料是按密级配原则，从大到小各级粒径都有，按比例互相搭配组成的连续级配混合料，其中包括：

① 密实型沥青混凝土混合料：按连续密级配原理设计组成，由适当比例的粗集料、细集料及适量填料与沥青结合料拌制而成的混合料，设计空隙率在3%～5%（重载交通道路4%～5%；行人道路2%～5%），以AC表示。

② 密级配沥青稳定碎石（柔性）基层：设计空隙率为 3%～6%，以 ATB 表示。

（2）间断密级配沥青混合料：矿料级配中缺少一个或几个粒级而形成的级配不连续的沥青混合料，空隙率控制在 3%～4%，典型代表是沥青玛𤥻脂碎石混合料，以 SMA 表示。

（3）开级配沥青混合料：矿料主要由粗集料组成，细集料和填料较少，采用高黏度沥青结合料黏结形成，压实后空隙率在 18%以上。代表类型有排水式沥青磨耗层混合料，以 OGFC 表示。另有排水式沥青稳定碎石（柔性）基层，以 ATPB 表示。

（4）半开级配沥青混合料：由适当比例的粗集料、细集料及少量填料（或不加填料）与沥青结合料拌和而成，压实后剩余空隙率在 10%左右，称为沥青碎石混合料，以 AM 表示。

4. 按集料的公称最大粒径分类

（1）特粗式沥青混合料：集料的公称最大粒径为 37.5mm；

（2）粗粒式沥青混合料：集料的公称最大粒径分别为 26.5mm 和 31.5mm；

（3）中粒式沥青混合料：集料的公称最大粒径分别为 16mm 和 19mm；

（4）细粒式沥青混合料：集料的公称最大粒径分别为 9.5mm 和 13.2mm；

（5）砂粒式沥青混合料：集料的公称最大粒径为 4.75mm。

这些沥青混合料类型汇总于表 11-4。

表 11-4　热拌沥青混合料种类

混合料类型	密级配			开级配		半开级配	公称最大粒径（mm）	最大粒径（mm）
	连续级配		间断级配	间断级配				
	沥青混凝土	沥青稳定碎石基层	沥青玛蹄脂碎石	排水式沥青磨耗层	排水式沥青稳定碎石基层	沥青碎石		
特粗式	—	ATB-40	—	—	ATPB-40	—	37.5	53.0
粗粒式	—	ATB-30	—	—	ATPB-30	—	31.5	37.5
	AC-25	ATB-25	—	—	ATPB-25	—	26.5	31.5
中粒式	AC-20	—	SMA-20		—	AM-20	19.0	26.5
	AC-16	—	SMA-16	OGFC-16	—	AM-16	16.0	19.0
细粒式	AC-13	—	SMA-13	OGFC-13	—	AM-13	13.2	16.0
	AC-10	—	SMA-10	OGFC-10	—	AM-10	9.5	13.2
砂粒式	AC-5	—	—	—	—	AM-5	4.75	9.5
设计空隙率	3%～5%	3%～6%	3%～4%	>18%	>18%	6%～12%	—	—

选择沥青混合料类型应在综合考虑道路所在地区的自然条件、道路等级、所处结构层位、路面性能要求、施工条件及工程投资等因素的基础上，合理确定沥青混合料的类型，见表 11-5。各层沥青混合料应满足所在层位的功能性要求，便于施工，不容易离析。各层应连续施工并连接成为一个整体。当发现混合料结构组合及级配类型的设计不合理时，应进行修改、调整，以确保沥青路面的使用性能。

表 11-5　沥青路面混合料类型选择及最小压实厚度（mm）

路面结构层类型	道路等级		高速公路、一级公路和城市快速路、主干路			其他等级公路和城市道路		行人道路	
表面层磨耗层	沥青混合料类型		AC	SMA	OGFC	AC	SMA	AC	
	集料公称最大粒径（mm）	4.75	×	×	×	×	×	10	
		9.5	×	25	25	25	25	20	
		13.2	40	35	35	35	35	25	
		16	45	45	45	45	40	×	
中面层	沥青混合料类型		AC	SMA	AC	AC	SMA	AC	
	集料公称最大粒径（mm）	16	45	40	×		×	×	
		19	60	50	×		×	×	
下面层或基层	沥青混合料类型		AC	ATB	AC	AM	ATB	AC	AM
	集料公称最大粒径（mm）	13.2	×	×	35	35	×	35	35
		16	×	×	45	40	×	40	40
		19	60	×	60	50	×	55	×
		26.5	80	80	×	60	80	×	×
		31.5	×	90	×	×	90	×	×
		37.5	×	100	×	×	100	×	×

注：×表示不适用。

各类沥青混合料的适用范围应遵循以下原则：①密级配沥青混凝土混合料（AC）适用于各级道路沥青面层的任何层次。②沥青玛琋脂碎石混合料（SMA）适用于铺筑新建道路的表面层、中面层或旧路面加铺磨耗层使用。③设计空隙率为6%～12%的半开级配的沥青碎石混合料（AM）仅适用于低等级道路、乡村道路，且沥青混合料拌和设备缺乏添加矿粉的装置和人工搅拌的情况。④设计空隙率3%～6%粗粒式及特粗式的密级配沥青稳定碎石混合料（ATB）适用于基层。⑤设计空隙率大于18%的粗粒式及特粗式排水式沥青稳定碎石混合料（ATPB）适用于基层。⑥设计空隙率大于18%的中、细粒式排水式沥青稳定碎石混合料（OGFC）适用于高速行车、多雨潮湿、不易被尘土污染、非冰冻地区铺筑排水式沥青路面磨耗层。

（二）沥青路面组成材料及其技术要求

沥青路面使用的各种材料运至现场后必须取样进行质量检验，经评定合格后方可使用，不得以供应商提供的检测报告或商检报告代替现场检测。

1. 道路石油沥青及其技术要求

道路石油沥青的质量应符合表 11-6 规定的技术要求。各个沥青等级的适用范围应符合表 11-7 的规定。

表 11-6 道路石油沥青的技术要求

指标	等级	160号	130号	110号			90号					70号					50号	30号
适用的气候分区		—	—	2-1	2-2	3-2	1-1	1-2	1-3	2-2	2-3	1-3	1-4	2-2	2-3	2-4	1-4	—
针入度(25℃,100g,5s)(0.1mm)		140～200	120～140	100～120			80～100					60～80					40～60	20～40
针入度指数PI	A	−1.5～+1.0																
	B	−1.8～+1.0																
软化点($T_{R\&B}$)(℃)不小于	A	38	40	43			45			44		46		45			49	55
	B	36	39	42			43			42		44		43			46	53
	C	35	37	41			42					43					45	50
60℃动力黏度(Pa·s)不小于	A	—	60	120			160			140		180		160			200	260
10℃延度(cm)不小于	A	50	50	40			45	30	20	30	20	20	15	25	20	15	15	10
	B	30	30	30			30	20	15	20	15	15	10	20	15	10	10	8
15℃延度(cm)不小于	A、B	100															80	50
	C	80	80	60			50					40					30	20
闪点(℃)不小于		230					245					260						
含蜡量(蒸馏法)(%)不大于	A	2.2																
	B	3.0																
	C	4.5																
溶解度(%)不小于		99.5																
15℃密度(g/cm³)		实测记录																
薄膜加热实验TFOT(或旋转薄膜加热实验RTFOT)后																		
质量变化(%)不大于		±0.8																
残留针入度比(25℃)(%)不小于	A	48	54	55			57					61					63	65
	B	45	50	52			54					58					60	62
	C	40	45	48			50					54					58	60
残留10℃延度(cm)不小于	A	12	12	10			8					6					4	—
	B	10	10	8			6					4					2	—

续表

指　标	等级	160号	130号	110号	90号	70号	50号	30号
残留15℃延度(cm)不小于	C	40	35	30	20	15	10	—

注：1. 试验方法按照现行《公路工程沥青混合料试验规程》规定的方法执行。用于仲裁试验时，求取针入度指数PI的5个温度与针入度回归关系的相关系数不得小于0.997；

2. 经主管部门同意，表中的针入度指数P、60℃动力黏度及10℃延度可作为选择性指标，也可不作为施工质量检验指标；

3. 30号沥青仅适用于沥青稳定基层。130号和160号沥青除了寒冷地区可直接用于中低等级公路外，通常用作乳化沥青、稀释沥青及改性沥青的基质沥青；

4. 70号沥青可根据需要要求供应商提供针入度范围60～70或70～80的沥青，50号沥青可要求提供针入度范围40～50或50～60的沥青老化试验以TFOT为准，也可以RTFOT代替。

表11-7　道路石油沥青适用范围

沥青等级	适用范围
A级沥青	各个等级的公路，适用于任何场合和层次
B级沥青	① 高速公路、一级公路沥青层上部80～100mm以下的层次，二级及二级以下公路的各个层次 ② 用作改性沥青、乳化沥青、改性乳化沥青、稀释沥青的基质沥青
C级沥青	三级及三级以下公路的各个层次

沥青路面采用的沥青标号，应按照道路等级、气候条件、交通条件、路面类型及在结构层中的层位及受力特点、施工方法等，结合当地的使用经验，经技术论证后确定。

对高速公路、一级公路和城市快速路、主干路，夏季温度高、高温持续时间长、重载交通、山区及丘陵区上坡路段、服务区、停车场等行车速度慢的路段，尤其是汽车荷载应力大的层次，应采用稠度大、60℃黏度大的沥青，也可提高高温气候分区的温度水平选用沥青等级；对冬季寒冷的地区或交通量小的道路、旅游道路，应选用稠度小、低温延度大的沥青；对温度日温差、年温差大的地区可选用针入度指数较大的沥青。当高温要求与低温要求发生矛盾时应优先考虑满足高温性能的要求。当缺乏所需标号的沥青时，可采用不同标号掺配的调和沥青，其掺配比例由试验决定。掺配后的沥青质量应符合表11-6的要求。

2. 集料的技术要求

沥青混合料的集料包括粗集料、细集料及矿质填料等三种。粗、细集料形成沥青混合料的矿质骨架，填料与沥青组成的沥青胶浆填充于集料间的空隙中并将集料颗粒黏结在一起，使沥青混合料具有抵抗行车荷载和环境因素作用的能力。我国沥青路面规范是以2.36mm为粗细集料的界限值，而矿质填料是指0.075mm通过百分率不小于70%的矿粉。沥青路面集料的选择必须经过认真的料源调查，确定料源应尽可能就地取材。质量符合使用要求，石料开采必须注意环境保护，防止破坏生态平衡。集料粒径规格以方孔筛为准。不同料源、品种、规格的集料不得混杂堆放。

（1）粗集料的技术要求

粗集料形成沥青混合料的主骨架，对沥青混合料的强度和高温稳定性影响很大。沥青混合料的粗集料应洁净、干燥、表面粗糙、无风化、无杂质，具有足够的强度和耐磨耗能力与沥青有良好的黏附性能，颗粒形状接近于立方体。碎石、破碎砾石、筛选砾石、钢渣、矿渣等均可作为沥青混合料的粗集料，但高速公路、一级公路与城市快速路、主干路不得使用筛选砾石和矿渣。粗集料必须由具有生产许可证的采石场生产或施工单位自行加工。

沥青路面常用粗集料的粒径规格和级配列于表 11-8，其质量应符合表 11-9 规定的技术要求。当单一规格集料的质量指标达不到表中要求，而按照集料配合比计算的质量指标符合要求时，工程上允许使用。对受热变质的集料，应采用经拌和机烘干后的集料进行检验。

表 11-8　沥青混合料用粗集料规格

规格	公称粒径（mm）	53	37.5	31.5	26.5	19.0	13.2	9.5	4.75	2.36	0.6
S5	20～40	100	90～100	—	—	0～15	—	0～5			
S6	15～30		100	90～100	—	—	0～15	—	0～5		
S7	10～30		100	90～100	—	—	—	0～15	0～5		
S8	15～25			100	90～100	—	0～15	—	0～5		
S9	10～20				100	90～100	—	0～15	0～5		
S10	10～15					100	90～100	0～15	0～5		
S11	5～15					100	90～100	40～70	0～15	0～5	
S12	5～10						100	90～100	0～15	0～5	
S13	3～10						100	90～100	40～70	0～20	0～5
S14	3～5							100	90～100	0～15	0～3

表 11-9　沥青混合料用粗集料质量技术要求

指标			高速公路、一级公路与城市快速路、主干路		其他等级公路与城市道路
			表面层	其他层次	
石料压碎值		不大于（%）	26	28	30
洛杉矶磨耗损失		不大于（%）	28	30	35
表观相对密度		不小于（t/m^3）	2.60	2.50	2.45
吸水率		不大于（%）	2.0	3.0	3.0
坚固性		不大于（%）	12	12	—
针片状颗粒含量	混合料	不大于（%）	15	18	20
	其中粒径大于 9.5mm	不大于（%）	12	15	—
	其中粒径小于 9.5mm	不大于（%）	18	20	—
水洗法<0.075mm 颗粒含量		不大于（%）	1	1	1
软石含量		不大于（%）	3	5	5
破碎砾石不同破碎面颗粒的含量不小于（%）	1 个破碎面		100	90	80（70）
	2 个或 2 个以上破碎面		90	80	60（50）
	SMA 混合料 1～2 个破碎面		100～90	—	—
	贯入式路面 1～2 个破碎面		—	80～60	80～60

注：1. 坚固性试验可根据需要进行；

2. 用于高速公路、一级公路时，多孔玄武岩的视密度可放宽至 2.45t/m³，吸水率可放宽至 3%，但必须得到建设单位的批准，且不得用于 SMA 路面。

3. 对 S14 即 3～5 规格的粗集料，针片状颗粒含量可不予要求，小于 0.075mm 颗粒含量可放宽到 3%。

破碎砾石应采用粒径大于 50mm、含泥量不大于 1%的砾石轧制，破碎砾石的破碎面应符合表 11-9 的规定。筛选砾石仅适用于次高级的沥青表面处治路面。经过破碎且存放期超过 6 个月的钢渣，可作为粗集料使用。除吸水率允许适当放宽外，各项指标应符合表 11-9 的要求。钢渣在使用前应进行活性检验，要求钢渣中的游离氧化钙含量不大于 3%，浸水膨胀率不大于 2%。

粗集料与沥青的黏附性应符合表 11-10 的要求。当使用不符合要求的粗集料时，应掺加石灰、水泥或用饱和石灰水处理后使用，必要时可同时在沥青中掺加耐热、耐水、长期性能好的抗剥落剂，也可采用改性沥青的措施，使沥青混合料的水稳定性检验达到要求。掺加外加剂的剂量由沥青混合料的水稳定性检验确定。

高等级道路沥青路面的表面层（或磨耗层）的粗集料的磨光值应符合表 11-10 的要求。除 SMA、OGFC 路面外，允许在硬质粗集料中掺加部分较小粒径的磨光值达不到要求的粗集料，其最大掺加比例由磨光值试验确定。

表 11-10　粗集料与沥青的黏附性、磨光值的技术要求

雨量气候区名称		潮湿区	湿润区	半干区	干旱区
年降雨量（mm）		＞1000	500～1000	250～500	＜250
高速公路、一级公路表面层，粗集料的磨光值 PSV（不小于）		42	40	38	36
粗集料与沥青的黏附性（不小于）	高速公路、一级公路表面层	5	4	4	3
	高速公路、一级公路其他层次及其他等级道路的各个层次	4	4	3	3

（2）细集料的技术要求

细集料指粒径小于 2.36mm 的天然砂、机制砂、石屑。细集料必须由具有生产许可证的采石场、采砂场生产。

天然砂包括河砂、山砂、海砂，其规格和细度模数应符合表 11-11 的技术要求。通常宜采用粗、中砂，砂的含泥量超过规定时应水洗后使用，海砂中的贝壳类材料必须筛除。开采天然砂必须取得当地政府主管的许可，并符合水利及环境保护的要求。热拌密级配沥青混合料中天然砂的用量通常不宜超过集料总量的 20%，SMA 和 OGFC 混合料不宜使用天然砂。

表 11-11　沥青混合料用天然砂规格和细度模数

方孔筛（mm）	通过下列筛孔（方孔筛，mm）的质量百分率（%）		
	粗砂	中砂	细砂
9.5	100	100	100
4.75	90～100	90～100	90～100
2.36	65～95	75～90	85～100
1.18	35～65	50～90	75～100
0.6	15～30	30～60	60～84
0.3	5～20	8～30	15～45
0.15	0～10	0～10	0～10
0.075	0～5	0～5	0～5
细度模数 M_x	3.1～3.7	2.3～3.0	1.6～2.2

石屑是采石场碎石加工后粒径为 2.36～4.75mm 的筛下部分，其规格（S15、S16）应符合表 11-12 的要求。热拌沥青混合料的细集料宜采用天然砂或机制砂，在缺少天然砂的地

区，也可使用石屑，但高等级的沥青混凝土面层及抗滑表层的石屑用量不宜超过天然砂及机制砂的用量，以确保沥青混凝土混合料的施工和易性和压实性。高等级道路的沥青混合料，应将S14与S16组合使用，S15可在沥青稳定碎石基层或其他等级道路中使用。采石场在生产石屑的过程中应具备抽吸设备，机制砂应采用专用制砂机制造，并选用优质石料生产，其级配应符合S16的要求。

表11-12　沥青混合料用机制砂或石屑规格

规格	公称粒径（mm）	水洗法通过下列筛孔（方孔筛，mm）的质量百分率（%）							
		9.5	4.75	2.36	1.18	0.6	0.3	0.15	0.075
S15	0～5	100	90～100	60～90	40～75	20～55	7～40	2～20	0～10
S16	0～3		100	80～100	50～80	25～60	8～45	0～25	0～15

细集料应洁净、干燥、无风化、无杂质，并有适当的颗粒级配，与沥青有良好的黏附能力，质量符合表11-13规定的技术要求。细集料的洁净程度，天然砂以小于0.075mm含量的百分率表示，石屑和机制砂以砂当量（适用于0～4.75mm）或亚甲蓝值（适用于0～2.36mm或0～0.15mm）表示。

表11-13　沥青混合料用细集料质量技术要求

指标		高速公路、一级公路城市快速路、主干路	其他等级公路与城市道路
表观相对密度	不小于（t/m^3）	2.50	2.45
坚固性（>0.3mm部分）	不小于（%）	12	—
含泥量（<0.075mm含量）	不大于（%）	3	5
砂当量	不小于（%）	60	50
亚甲蓝值	不大于（g/kg）	25	—

注：坚固性检验根据需要进行。

（3）填料的技术要求

通常采用强基性的石灰岩或岩浆岩等憎水性石料经磨细而得到的矿粉作填料。经试验确定为碱性、与沥青黏结良好的粉煤灰可作为填料的一部分，但应具有与矿粉同样的质量。由于填料的粒径很小，比表面积很大，使混合料中的结构沥青增加，从而提高沥青混合料的黏结力，因此填料是构成沥青混合料强度的重要组成部分。矿粉应干燥、洁净、无团粒，其质量应符合表11-14的技术要求。

拌和机的粉尘可作为矿粉的一部分回收使用，但每盘用量不得超过填料总量的25%，掺有粉尘填料的塑性指数不得大于4%。粉煤灰作填料时，用量不得超过填料总量的50%，高等级道路的沥青混合料不宜采用粉煤灰作填料。粉煤灰的烧失量应小于12%，与矿粉混合后的塑性指数应小于4%，其余质量要求与矿粉相同，并应经试验确认与沥青有良好的黏附性。沥青混合料的水稳性能满足要求。

表 11-14　沥青混合料用矿粉质量技术要求

指　　标		高速公路、一级公路与城市快速路、主干路	其他等级公路与城市道路
表观相对密度	不小于（t/m^3）	2.5	2.45
含水量	不大于（%）	1	1
粒度范围	<0.6mm（%）	100	100
	<0.15mm（%）	90～100	90～100
	<0.075（%）	75～100	70～100
外观		无团粒结块	
亲水系数		<1	
塑性指数		<4	
加热稳定性		实测记录	

（三）沥青混合料及其技术要求

沥青混合料中，由适当比例的粗集料（碎石）、细集料（砂、石屑）及适量填料（矿粉）组成一定类型的级配，其中粗集料分布在由细集料和沥青组成的沥青砂浆中，而细集料又分布在沥青与矿粉构成的沥青胶浆中，形成具有一定内摩阻力和黏聚力的多级空间网状结构。由于各组成材料用量比例的不同，压实后沥青混合料内部的矿料颗粒分布状态、剩余空隙率也会呈现出不同的特点，形成不同的组成结构，而具有不同组成结构特点的沥青混合料在使用时则会表现出不同的性质。

1. 沥青混合料的路用性能

沥青混合料作为沥青路面材料，在使用过程中要承受行驶车辆荷载的反复作用，以及环境因素的长期影响。所以沥青混合料在具备一定的承载能力的同时，还必须具有良好的抵抗自然因素作用的耐久性，也就是说，要能表现出足够的高温环境下的稳定性、低温状况下的抗裂性、良好的水稳性、持久的抗老化性和利于安全的抗滑性等诸多技术特点，以保证沥青路面良好的服务功能。

（1）高温稳定性

沥青混合料是一种典型的黏—弹—塑性材料，它的承载能力或模量随着温度的变化而改变，温度升高，承载力下降。特别是在高温条件下或长时间承受荷载作用时会产生明显的变形，变形中的一些不可恢复的部分累积成为车辙，或以波浪和鼓包的形式表现在路面上。所以沥青混合料的高温稳定性是指在高温条件下，沥青混合料能够抵抗车辆反复作用，不会产生显著永久变形，保证沥青路面平整的特性。

（2）低温抗裂性

与高温变形相对应，冬季低温时沥青混合料将产生体积收缩，但在周围材料的约束下，沥青混合料不能自由收缩，从而在结构层内部产生温度应力。由于沥青材料具有一定的应力松弛能力，当降温速率较为缓慢时，所产生的温度应力会随时间逐渐松弛减小，不会对沥青路面产生明显的消极影响。但当气温骤降时，这时产生的温度应力就来不及松弛，当温度应力超过沥青混合料允许应力值时，沥青混合料被拉裂，导致沥青路面出现裂缝造成路面的破坏。因此要求沥青混合料应具备一定的低温抗裂性能，即要求沥青混合料具有较高的低温强度或较大的低温变形能力。

（3）耐久性

耐久性是指沥青混合料在使用过程中抵抗环境不利因素的能力及承受行车荷载反复作用的能力，主要包括沥青混合料的抗老化性、水稳性、抗疲劳性等几个方面。

沥青混合料的老化主要是受到空气中氧、水、紫外线等因素的作用，引发沥青材料多种复杂的物理化学变化，逐渐使沥青变硬、发脆，最终导致沥青老化，产生裂纹或裂缝等与老化有关的病害。水稳定性问题是因为水的影响，促使沥青从集料表面剥离而降低沥青混合料的黏结强度，最终造成混合料松散被车轮带走，形成大小不等的坑槽等水损害现象。影响沥青混合料耐久性的因素很多，一个很重要的因素是沥青混合料的空隙率。空隙率的大小取决于矿料的级配、沥青材料的用量以及压实程度等多个方面。沥青混合料中的空隙率小，环境中易造成老化的因素介入的机会就少，所以从耐久性考虑，希望沥青混合料空隙率尽可能地小一些。但沥青混合料中还必须留有一定的空隙，以备夏季沥青材料的膨胀变形之用。另一方面，沥青含量的多少也是影响沥青混合料耐久性的一个重要因素。当沥青用量较正常用量减少时，沥青膜变薄，则混合料的延伸能力降低，脆性增加；同时因沥青用量偏少，混合料空隙率增大，沥青暴露于不利环境因素的可能性加大，加速老化，同时还增加了水侵入的机会，造成水损害。

（4）抗滑性

抗滑性是保障道路交通安全的一个很重要因素，特别是行驶速度很高的高速公路及城市快速路，确保沥青路面的抗滑性要求显得尤为重要。

沥青路面的抗滑性主要取决于集料自身或级配形成的表面构造深度、颗粒形状与尺寸、抗磨光性等方面。因此，用于沥青路面表层的粗集料应选用表面粗糙、坚硬、耐磨、抗冲击性好、磨光值大的碎石或破碎的碎砾石集料。同时，沥青用量对抗滑性也有非常大的影响，沥青用量超过最佳用量的0.5%，就会使沥青路面的抗滑性指标有明显的降低，所以对沥青路面表层的沥青用量要严格控制。

（5）施工和易性

沥青混合料应具备良好的施工和易性，要求在整个施工的各个工序中尽可能使沥青混合料的集料颗粒以设计级配要求的状态分布，集料表面被沥青膜完整覆盖，并能被压实到规定的密度，这是保证沥青混合料实现上述路用性能的必要条件。影响沥青混合料施工和易性的因素首先是材料组成。例如，当组成材料确定后，集料级配和沥青用量都会对和易性产生一定影响。如采用间断级配的集料，当粗细集料颗粒尺寸相差过大，缺乏中间尺寸颗粒时，沥青混合料容易离析。又比如当沥青用量过少时，则混合料疏松且不易压实；但当沥青用量过多时，则容易使混合料黏结成团，不易摊铺。另一个影响和易性的因素是施工条件，例如施工时的温度控制。如温度不够，沥青混合料就难以拌和充分，而且不易达到所需的压实度；但温度偏高，则会引起沥青老化，严重时将会明显影响沥青混合料的路用性能。

2. 沥青混合料的体积参数

我国现行的热拌沥青混合料技术标准，对不同类型沥青混合料提出了不同的技术指标。

在这一技术标准里，除了马歇尔试验涉及的指标稳定度、流值（包括残留稳定度）之外，还提出了诸如空隙率、饱和度及矿料间隙率等一些与混合料体积有关的指标。根据沥青混合料研究的发展，将这类反映压实后沥青混合料材料之间质量与体积的内容，统称为沥青混合料的体积参数。这些参数取决于沥青混合料中沥青与矿料的性质、组成材料的比例、混合料成型条件等因素，并对沥青混合料的路用性能有显著影响，是沥青混合料配合比设计的重要参数。

（1）沥青混合料密度

沥青混合料的密度是指压实沥青混合料试件单位体积的质量。针对密度指标中涉及的体积内容的不同，又有不同的密度形式。

① 沥青混合料理论最大密度：该密度是假设沥青混合料被压实至完全密实，没有空隙的理想状态下的最大密度，即压实沥青混合料试件全部被集料（包括矿料内部孔隙）和沥青所占有，且空隙率为零的密度；

② 沥青混合料试件的表观相对密度（视密度）：该密度是指在规定条件下，沥青混合料试件的单位表观体积（沥青混合料实体体积与不吸水的内部闭口孔隙体积之和）的干质量；

③ 沥青混合料试件的毛体积密度：是指沥青混合料单位毛体积（包括沥青混合料实体矿物成分体积，不吸水的闭口孔隙、能吸收水分的开口孔隙所占体积之和）的干质量。

（2）沥青混合料的空隙率

沥青混合料的空隙率指压实状态下沥青混合料内集料与沥青体积之外的空隙（不包括集料本身或表面已被沥青封闭的孔隙）的体积占试件总体积的百分率。

（3）沥青混合料的沥青体积百分率

压实沥青混合料试件中沥青实体的体积占试件总体积的百分率称为沥青体积百分率。

（4）沥青混合料的矿料间隙率

矿料间隙率是指压实沥青混合料试件中矿料实体以外的空间体积占试件总体积的百分率，它等于试件空隙率与沥青体积百分率之和。

（5）沥青混合料的沥青饱和度

沥青饱和度是指压实沥青混合料试件中沥青实体体积占矿料骨架实体以外的空间体积的百分率，又称为沥青填隙率。

3. 沥青混合料的技术要求

（1）沥青混合料马歇尔试验技术要求

热拌沥青混合料马歇尔试验技术标准，应符合表 11-15 的规定，并具有良好的工作性。表中重载交通是指设计交通量在 1000 万辆以上的路段，长大坡度的路段也按重载交通路段考虑。

（2）沥青混合料的高温稳定性指标

对用于高速公路、一级公路和城市快速路、主干路沥青路面上面层和中面层的沥青混合料进行配合比设计时，必须进行车辙试验检验。

沥青混合料的动稳定度应符合表 11-16 的要求。对于交通量特别大，超载车辆特别多的运煤专线、厂矿道路，可以通过提高气候分区等级来提高对动稳定度的要求。对于轻型交通为主的旅游区道路，可以根据情况适当降低要求。

表 11-15　热拌沥青混合料马歇尔试验技术标准

试验指标		高速公路、一级公路和城市快速路、主干路				其他等级公路和城市道路	行人道路
		夏炎热区（1-1、1-2、1-3、1-4 区）		夏热区及夏凉区（2-1、2-2、2-3、2-4、3-2 区）			
		中轻交通	重载交通	中轻交通	重载交通		
击实次数（双面）（次）		75				50	50
试件尺寸（mm×mm）		ϕ101.6mm×63.5mm					
空隙率 *VV*（%）	深约 90mm 以内	3～5	4～6	2～4	3～5	3～6	2～4
	深约 90mm 以下	3～6		2～4	3～6	3～6	—
稳定度 *MS*（kN）	不小于	8				5	3
流值 FL（mm）		2～4	1.5～4	2～4.5	2～4	2～4.5	2～5
矿料间隙率 *VMA*（%）不小于	设计空隙率（%）	相应于以下公称最大粒径（mm）的最小 *VMA* 及 *VFA* 技术要求（%）					
		26.5	19	16	13.2	9.5	4.75
	2	10	11	11.5	12	13	15
	3	11	12	12.5	13	14	16
	4	12	13	13.5	14	15	17
	5	13	14	14.5	15	16	18
	6	14	15	15.5	16	17	19
沥青饱和度 *VFA*（%）		55～70	65～75			75～85	

注：1. 对空隙率大于 5%的炎热区重载交通路段，施工时应至少提高 1 个百分点；
2. 当设计空隙率不是整数时，由内插确定要求的 *VMA* 最小值；
3. 对改性沥青混合料，马歇尔试验的流值可适当放宽。

表 11-16　沥青混合料车辙试验动稳定度技术要求

气候条件与技术指标		相应下列气候分区所要求的动稳定度（次/mm）								
七月平均最高温度及气候分区		＞30				20～30				＜20
		1. 夏炎热区				2. 夏热区				3. 夏凉区
		1-1	1-2	1-3	1-4	2-1	2-2	2-3	2-4	3-2
普通沥青混合料，不小于		800		1000		600	800			600
改性沥青混合料，不小于		2400		2800		2000	2400			1800
SMA 混合料	非改性，不小于	1500								
	改性，不小于	3000								
OGFC 混合料		1500（一般交通路段）、3000（重交通路段）								

注：① 如果其他月份的平均最高气温高于七月时，可使用该月平均最高气温；
② 在特殊情况下，如钢桥面铺装、重载车特别多或纵坡较大的长距离上坡路段、厂矿专用道路，可酌情提高动稳定度的要求；
③ 对因气候寒冷确需使用针入度很大的沥青（如大于 100），动稳定度难以达到要求，或因采用石灰岩等不很坚硬的石料，改性沥青混合料的动稳定度难以达到要求等特殊情况，可酌情降低要求；
④ 为满足炎热地区及重载车要求，在配合比设计时采取减少最佳沥青用量的技术措施时，可适当提高试验温度或增加试验荷载进行试验，同时增加试件的碾压成型密度和施工压实度要求；
⑤ 车辙试验不得采用二次加热的混合料，试验必须检验其密度是否符合试验规程的要求；
⑥ 如需要对公称最大粒径等于和大于 26.5mm 的混合料进行车辙试验，可适当增加试件的厚度，但不宜作为评定合格与否的依据。

（3）沥青混合料的低温抗裂性指标

为了提高沥青路面的低温抗裂性，对沥青混合料进行低温弯曲试验，试验温度为

−10℃，加载速度为50mm/min。通过实测破坏强度、破坏应变、破坏劲度模量，并根据应力应变曲线的形状，综合评价沥青混合料的低温抗裂性。其中沥青混合料的破坏应变应满足表11-17的要求。

表11-17　沥青混合料低温弯曲试验破坏应变技术要求

气候条件与技术指标	相应于下列气候分区所要求的破坏应变（$\mu\varepsilon$）								
年极端最低温度（℃）及气候分区	<−37.0		−21.5～−37.0			−9.0～−21.5		>−9	
	1. 冬严寒区		2. 冬寒区			3. 冬冷区		4. 冬温区	
	1-1	2-1	1-2	2-2	3-2	1-3	2-3	1-4	2-4
普通沥青混合料，不小于	2600		2300			2000			
改性沥青混合料，不小于	3000		2800			2500			

（4）沥青混合料的水稳定性指标

沥青混合料应具有良好的水稳性，在进行沥青混合料配合比设计及性能评价时，除了对沥青与石料的黏附性等级进行检验外，还必须在规定条件下进行沥青混合料的浸水马歇尔试验和冻融劈裂试验。残留稳定度和冻融劈裂残留强度比应满足表11-18的要求。达不到要求时应掺加石灰、水泥或用饱和石灰水处理后使用，必要时可同时在沥青中掺加耐热、耐水、长期性能好的抗剥落剂，也可采用改性沥青的措施，并调整最佳沥青用量后经再次试验使水稳定性指标合格。

表11-18　沥青混合料水稳定性技术要求

气候条件与技术指标		相应于下列气候的技术要求（%）			
年降雨量（mm）及气候分区		>1000	500～1000	250～500	<250
		1. 潮湿区	2. 湿润区	3. 半干区	4. 干旱区
浸水马歇尔试验残留稳定度（%），不小于					
普通沥青混合料		80		75	
改性沥青混合料		85		80	
SMA混合料	普通沥青	75			
	改性沥青	80			
冻融劈裂试验残留强度比（%），不小于					
普通沥青混合料		75		70	
改性沥青混合料		80		75	
SMA混合料	普通沥青	75			
	改性沥青	80			

（5）渗水系数检验指标

沥青路面表面渗水系数要在路面成型后立即测定，渗水系数检验应采用轮碾成型的车辙试件，脱模架起进行渗水试验，并符合表11-19的要求。

表11-19　沥青混合料试件渗水系数技术要求

级配类型	密级配沥青混凝土，不大于	SMA混合料，不大于	OGFC混合料，不大于
渗水系数要求（mL/min）	120	80	实测

第二节　沥青路面常见的损坏现象与设计内容

一、损坏现象及原因

沥青路面常见的损坏现象主要有裂缝（横向、纵向及网状裂缝）、车辙、松散剥落和表面磨光等。

1. 裂缝

沥青路面上出现的裂缝，按其成因不同分为横向裂缝、纵向裂缝和网状裂缝三种类型。裂缝是高等级公路沥青路面最主要的一种破损形式。

横向裂缝是指垂直于行车方向的裂缝。按其成因不同，横向裂缝又可分为荷载型裂缝与非荷载型裂缝两大类。

荷载型裂缝是由于路面结构设计不当或施工质量低劣，或者由于车辆严重超载，致使半刚性基层沥青路面在反复的车辆荷载作用下，沥青面层或半刚性基层内产生的拉应力超过其疲劳强度而断裂。荷载性裂缝首先在路面的底面发生，在车辆荷载的反复作用，裂缝逐渐向上扩展至表面。

由车轮荷载产生的裂缝反映在面层上，往往不是单独的、稀疏的或较有规则的裂缝，而是稠密的、有时是互相联系的裂缝。

非荷载型裂缝是横向裂缝的主要形式。这种裂缝又有两种情况：沥青面层缩裂和基层反射裂缝。

沥青面层缩裂多发生在冬季气温较低的地区或易发生温度骤变的地区。当沥青面层中的平均温度低于其断裂温度时，或者说在降温过程中沥青面层所产生的拉应力超过其在该温度时的抗拉强度时，沥青面层即发生断裂。另外，当骤然降温（如南方高温天气突然降雨，或北方寒流袭击）时，沥青面层骤然收缩，其产生的应力来不及松弛，也会导致沥青面层的开裂。应指出的是，沥青面层的缩裂缝经常是在温度应力的反复作用下，逐渐发展与扩张的。

基层反射裂缝是半刚性基层先于沥青面层开裂。在荷载应力与温度应力的共同作用下，在基层开裂处的面层底部产生应力集中而导致面层底部开裂，而后逐渐向上扩张而使裂缝贯穿。半刚性基层的开裂通常由温缩干缩引起，多数情况是在基层铺筑后，由于未及时按规定养护或由于未及时铺筑沥青面层，使基层长期暴露在大气中，在降温和水分蒸发联合作用下而开裂；当然也可能是在铺筑沥青面层后，路面在使用过程中，由于温度骤变使基层的日温差超过某一范围致使其温度应力超过其抗拉强度时而断裂。后者一般发生在沥青面层较薄且在日温差较大的地区。

非荷载型横向裂缝一般比较规则，每隔一定的距离产生一道裂缝，裂缝间距的大小取决于当地的气温和沥青面层与半刚性基层材料的抗裂性能。气温高、日温差变化小、面层和基层材料抗裂性能好的路段，一般间距较大，且出现裂缝的时间也较晚。

纵向裂缝产生的原因有两种可能性：一种情况是沥青面层分路幅摊铺时，两幅接槎处未处理好，在车辆荷载与大气因素作用下逐渐开裂；另一种情况是由于路基压实度不均匀或由于路基边缘受水侵蚀产生不均匀沉陷而引起。

网状裂缝主要是由于路面的整体强度不足而引起，其原因可能是路面结构设计不合理，路基路面压实度不足，路面材料配比不当或未拌和均匀等；也可能是由于路面出现横向或纵向裂缝后未及时封填，致使水分渗入下层，尤其在融雪期间冻融交加，加剧了路面的破损。沥青在施工期间以及在长期使用过程中的老化也是导致沥青面层形成网裂的原因之一。

2. 车辙

车辙是渠化交通的高等级公路沥青路面的主要损坏类型之一。当车辙达到一定深度时，由于辙槽内积水，极易发生汽车飘滑而导致交通事故。车辙一般是在温度较高的季节，沥青面层在车辆的反复碾压下产生永久变形和塑性流动而逐渐形成。车辙通常是在伴随着沥青面层压缩沉陷的同时，出现侧向隆起，二者组合起来构成车辙。应指出的是，对于半刚性基层沥青路面，由于半刚性基层具有较大的刚度，路面的永久变形主要发生在沥青面层中。因此，为了延缓车辙的形成，应主要从提高沥青面层材料的高温稳定性着手。

3. 松散剥落

是指沥青从矿料表面脱落。在车辆的作用下沥青面层呈现松散状态，以致从路面剥落形成坑凹。产生松散剥落的原因主要是由于沥青与矿料之间的黏附性较差，在水或冰冻的作用下，沥青从矿料表面剥离所致。产生松散剥落的另一种可能性是由于施工中混合料加热温度过高，致使沥青老化失去黏性。

4. 表面磨光

沥青路面在使用过程中，在车轮反复滚动摩擦的作用下，集料表面被逐渐磨光，有时还伴有沥青的不断上翻，从而导致沥青面层光滑，尤其是在雨季常会因此而酿成车祸。表面磨光的内在原因是集料质地软弱，缺少棱角，或矿料级配不当，粗集料尺寸偏小，细料偏多，或沥青用量偏多等。

二、设计内容与原则

（一）沥青路面结构设计的内容

沥青路面结构设计包括原材料选择、沥青混合料配合比设计、设计参数的测试、路面结构组合与厚度计算，以及路面结构的方案比选等内容。

沥青路面结构设计除行车道部分的路面外，对高速公路和一级公路还包括路缘带、硬路肩、加减速车道、紧急停车带、收费站和服务区的场面设计，以及路面排水系统设计等。

（二）路面结构设计的原则

1. 路面结构设计应根据使用要求及气候、水文、土质等自然条件，密切结合当地实践经验，进行路基路面综合设计。

2. 在满足交通量和使用要求的前提下，应遵循因地制宜、合理选材、方便施工、利于养护、节约投资的原则，进行路面设计方案的技术经济比较，选择技术先进、经济合理、安全可靠的方案。

3. 应结合当地条件，积极推广成熟的科研成果，对行之有效的新材料、新工艺、新技术，在路面设计方案中应积极、慎重地加以运用。

4. 路面设计方案应注意环境保护和施工人员的健康和安全。

5. 为提高路面工程质量，对高等级公路应选择有利于机械化、工厂化的施工方案。

6. 高速公路和一级公路的路面不宜分期修建。对软土地基、填土路基，当已采取了技术措施后仍可能产生较大沉降时，可按“一次设计、分期实施”的方法进行设计。即按远景交通量设计路面结构与厚度，但沥青面层分两次实施。第二期工程在开放交通 1～3 年后，待路基趋于稳定时再施工。

7. 沥青路面结构设计理论与方法按我国现行的《公路沥青路面设计规范》（JTG D50），沥青路面结构设计采用了双圆垂直均布荷载作用下的多层弹性体系理论，以设计弯沉值为路面整体刚度的设计指标。对沥青混凝土面层和半刚性基层、底基层尚应进行层底拉应力的验算。在城市道路设计时，对沥青混凝土面层还应进行剪应力验算。对于多年冻土、沙漠、盐渍土、膨胀土等特殊地区的路面结构，除按规范的规定进行设计外，尚应根据当地的气候、水文地质、材料等特点，并结合各地的科研成果和实践经验进行设计。

路面结构的选择，路基和路面材料各项设计参数的确定，以及对材料的要求等，均应结合当地的自然区划进行考虑。

第三节 沥青路面结构组合设计

一、沥青路面应力状况分析

沥青路面在行车荷载作用下主要产生竖直压应力、径向弯拉应力和剪应力；在温度升降时主要产生弯拉应力或径向压力。

在常温下，竖直应力使沥青路面产生的竖直变形一般是黏弹性的，即随着荷载的消逝逐渐得到恢复。沥青路面的竖直变形连同基层和土基的竖直变形一起，构成路面的整体弯沉。

路面的整体弯沉，随沥青面层或基层厚度的增加而减小，但在面层或基层厚度薄时，增加厚度对降低弯沉量的影响要比层厚大时显著得多。增加路面多层和土基的刚度，也可使路面的整体弯沉降低。

在高温时，沥青面层“软化”，在车辆荷载作用下，伴随着黏弹性变形的同时，常常要产生塑性变形，它构成了沥青路面车辙的一部分，也是沥青路面车辙形成的初级阶段。

在竖直荷载作用下，面层变厚或刚度变强时，面层底面便出现拉应力，并随面层的相对刚度的增强而增强。特别在面层的相对刚度较强时，拉应力随刚度的增强而急剧增大。沥青面层底面最大拉应力的位置，一般在荷载面的中轴处。双圆荷载时，最大拉应力一般出现在某一荷载面的中轴处。但当面层很厚时，随层厚的增大而移向双圆荷载面的对称轴处。

在圆形均布水平荷载作用下，面层内会出现较大的径向拉应力，特别在荷载边缘处，其数值更大。

增加面层的刚度，会导致层内剪应力的增大。在竖直荷载作用下，面层内任一水平面上的最大径向剪应力一般出现在通过荷载作用面边缘的垂线上，最大值出现在面层的中部。在面层和基层的相对刚度固定不变的情况下，剪应力随着面层厚度的增大而减小。路面在受到圆形均布的单向水平荷载作用下，沥青面层内最大径向剪应力也随深度的增加而减小，并随面层相对刚度增强和厚度减薄而增大。

在高温季节，由于沥青路面软化，在剪应力作用下，会导致车辙和鼓包的出现。通过以上分析可以看到，沥青路面中的应力状况是极为复杂的，它随路面结构组合、各结构层的刚度以及作用荷载的类型等的不同而变化。不同厚度和不同刚度的路面结构，采用不同的结构组合可以得到应力和应变状况差异很大的路面体系。因而根据荷载及材料的强度和刚度特性，组成经济而适用的路面结构，使体系内所产生的各个应力和位移分量均恰当控制在容许范围内，是路面设计的主要任务之一。

此外，当路面温度变化时（升温或降温），由于热胀冷缩，层间的结合力又限制了路面的自由胀缩，从而在路面中产生温度应力。特别是在降温过程，由于沥青面层的收缩受到基层的制约而产生拉应力，当该应力超过其自身的抗拉强度时则引起路面开裂，在荷载与温差的共同作用下，逐渐向沥青面层扩展，最终形成面层的横向裂缝。该种裂缝称为反射裂缝。

二、沥青路面结构组成

沥青路面结构层可由面层、基层、底基层、功能层组成。

面层是直接承受车轮荷载反复作用和自然因素影响的结构层，一般由 1～3 层组成，其表面层可根据使用要求设置耐磨的抗滑层或密级配的沥青层，中面层、下面层可根据公路等级、沥青层厚度、气候条件等，选择适当的沥青结构层。

基层是设置在面层之下，并与面层一起将车轮荷载传布到底基层、垫层、土基，起主要承重作用的层次，故基层材料应具有较高的强度与稳定性。按强度原理和技术性能的不同，基层分为柔性基层和半刚性基层两大类：柔性基层是用各种粒料按嵌锁原理或密实原理构筑；半刚性基层是用无机结合料稳定地方性材料构筑。半刚性基层按稳定剂的种类分为水泥稳定类、石灰稳定类和工业废渣稳定类。

底基层是设置在基层之下，与基层一起共同承重的结构层。底基层所用材料的强度和稳定性可比基层略低一些。

基层、底基层视公路等级和交通量需要可设置一层或两层。不同交通荷载等级时，各结构层厚度可参照表 11-20。

表 11-20　各结构层厚度范围（mm）

交通荷载等级	极重、特重	重	中等	轻
沥青面层	250～100	350～100	300～80	200～20
基层（粒料类）	—	450～350	400～300	350～250
基层（无机结合料类）	600～250	550～200	500～150	500～150
基层（沥青结合料类）	240～120	250～100	220～100	200～80
底基层（粒料类）	200～150	200～150 400～300①	200～150 400～300①	200～150 350～250①
底基层（无机结合料类）	200～150② 600～200	200～150② 600～200	200～150② 550～200	200～150② 450～150

注：① 适用于基层为沥青结合料类，底基层为粒料类且该粒料类底基层下再无其他路面结构层；

② 适用于基层也为无机结合料类的路面结构。

功能层包括路基改善层和垫层。为了提高路基顶面回弹模量或改善路基湿度状态而设置的粒料层或无机结合料稳定层，称为路基改善层。垫层位于基层以下，起排水、隔水、防冻、防污等作用。一般设置在地下水位高、排水不良或有裂隙水等水文不良、路基经常处于潮湿的路段。垫层材料可采用粗砂、砂砾、煤渣、矿渣等粒料或无机结合料稳定材料。

三、沥青路面结构组合设计原则

沥青路面结构层次的合理选择和安排，是整个路面结构是否能在设计使用年限内承受行车荷载和自然因素的共同作用，同时又能发挥各结构层的最大效能，是整个路面结构经济合理的关键。根据理论分析和多年的使用经验，在路面结构组合设计中要遵循下列原则。

（一）适应行车荷载作用的要求

作用在路面上的行车荷载，通常包括垂直力和水平力。路面在垂直力作用下，内部产生的应力和应变随深度向下而递减。水平力作用产生的应力、应变，随深度递减的速度更快。路面表面还同时承受车轮的磨耗作用，因此，要求路面面层具有足够的强度和抗变形能力，在其下各层的强度和抗变形能力可自上而下逐渐减小。这样，在进行路面结构组合时，各结构层应按强度和刚度自上而下递减的规律安排，以使各结构层材料的效能得到充分发挥。

按照这种原则组合路面时，结合层的层数越多越能体现强度和刚度沿深度递减的规律。但就施工工艺、材料规格和强度形成原理而言，层数又不宜过多，也就是不能使结构层的厚度过小。适宜的结构层厚度需结合材料供应、施工工艺并参考表 11-20，从强度要求和造价考虑，宜自上而下由薄到厚。

路面设计时应根据公路等级、交通量大小、重车所占的比率、选用沥青质量等因素，综合考虑确定沥青层厚度。基层、底基层厚度应根据交通量大小、材料力学性能和扩散应力的效果，发挥压实机具的功能以及有利于施工等因素选择各结构层的厚度。

沥青路面相邻结构层材料的模量比对路面结构的应力分布有显著影响，是合理确定结构层层数，选定适宜结构层材料的重要考虑因素。根据分析和经验，基层与面层的模量比应不小于 0.3，土基与基层或底基层的模量比宜为 0.08～0.40。

（二）在各种自然因素作用下稳定性好

为了保证路面的强度和耐久性，作为路面基础的路基应稳定、密实和均匀，具有足够的承载能力。新建公路路床应处于干燥或中湿状态，并应采取措施防止地表水或地下水的浸入。路床顶面回弹模量值应符合表 11-21 的规定。当路床顶面回弹模量值不满足要求时，应采取改变填料、设置粒料类或无机结合料稳定类路基改善层，或采用石灰或水泥处理等措施提高路基顶面回弹模量。

表 11-21　路床顶面回弹模量要求　　单位：MPa

交通荷载等级	极重	特重	重	中等、轻
回弹模量，不小于	70	60	50	40

如何保证沥青路面的水稳定性，是路面结构层选择与组合需要解决的重要问题。在某些中湿路段上修筑沥青路面时，由于沥青层不透气，使路基和基层中水分蒸发的通路被隔断，因而向基层积聚。如果基层材料中含土量多（如泥结碎石、级配砾石），尤其是土的塑性指数较大时，遇水变软，强度和刚度急剧下降，结果导致路面开裂破坏。所以沥青路面的基层一般应选择水稳性好的材料，在中湿路段尤应如此。

在季节性冰冻地区，当冻深较厚，路基土为易冻胀土时，常常产生冻胀和翻浆。在这种路段上，路面结构中应设置防止冻胀和翻浆的垫层。路面总厚度的确定，除满足强度要求外，还应满足防冻厚度的要求，以避免在路基内出现较厚的聚冰带，防止产生导致路面开裂的不均匀冻胀。防冻的厚度与路基潮湿类型，路基土类、道路冻深以及路面结构层材料热物性有关。根据经验及试验观测，表 11-22 给出路面防冻最小厚度推荐值，可供生产使用。如按强度计算的路面总厚度小于表 11-22 所列厚度规定时，应增设或加厚垫层使路面总厚度达到表 11-22 所列要求。

表 11-22　沥青路面结构最小防冻厚度（cm）

路基土质	基层、底基层材料类型	对应于以下公路多年最大冻深 Z_{max}（mm）和路基干湿类型的最小防冻厚度							
		中湿				潮湿			
		500～1000	1000～1500	1500～2000	>2000	500～1000	1000～1500	1500～2000	>2000
黏性土、细亚砂土	粒料类	400～450	450～500	500～600	600～700	450～550	550～600	600～700	700～800
	水泥或石灰稳定类、水泥混凝土	350～400	400～450	450～550	550～650	400～500	500～550	550～650	650～750
	水泥粉煤灰或石灰粉煤灰稳定类	300～350	350～400	400～500	500～550	350～450	450～500	500～550	550～700
粉性土	粒料类	450～500	500～600	600～700	700～750	500～600	600～700	700～800	800～1000
	水泥或石灰稳定类、水泥混凝土	400～450	450～500	500～600	600～700	450～550	550～650	650～700	700～900
	水泥粉煤灰或石灰粉煤灰稳定类	300～400	400～450	450～500	500～650	400～500	500～600	600～650	650～800

注：① 在《公路自然区划标准》（JTJ 003—1986）中，对潮湿系数小于 0.5 的地区，Ⅱ、Ⅲ、Ⅳ等干旱地区防冻厚度可比表中值减少 15%～20%；

② 对Ⅱ区砂性土路基防冻厚度应相应减少 5%～10%；

③ 公路多年最大冻深大时，靠近上限取值，反之靠近下限取值；

④ 基层、底基层采用不同材料类型时，按厚度较大的材料类型确定。

在冰冻地区和气候干燥地区，无机结合料稳定土或粒料的基层常常产生收缩裂缝。如果沥青表面层直接铺筑其上，会导致面层出现反射裂缝，为此可在其间加设一层粒料或优质沥青材料层，或者适当加厚面层。

（三）考虑各类结构层的特点

路面结构层应具有一定的强度、刚度和稳定性，因而如何构成具有要求强度和刚度并且稳定的结构层是设计和施工都必须注意的问题。影响结构层构成的因素，除材料选择、施工工艺之外，路面结构组合也是十分重要的。例如沥青面层不能直接铺筑在片石基层上，而应在其之间加设碎石过渡层，否则片石不平稳或片石可能的松动都会反映到沥青面层上，造成面层不平整甚至沉陷开裂。这类片石也不能直接铺在软弱的路基上，而应在其之间铺粒料层。又如，沥青混凝土或热拌沥青碎石之类的高级面层与粒料基层或稳定土基层之间应设沥青碎石或应设沥青贯入式联结层。

为了保证路面结构的整体性和结构层之间应力传递的连续性，应尽量使结构层之间结合紧密稳定。

在进行路面设计时，要按照面层耐久、基层坚实、土基稳定的要求，贯彻因地制宜、合理选材、方便施工、利于养护的原则以及上述结构的组合原则，结合当地经验拟定几种路面结构方案，进行分析比较，并优先选用便于机械化施工和质量管理的方案，做到技术先进经济合理。

第四节　我国沥青路面结构层厚度设计验算

我国沥青路面结构层厚度设计主要控制设计使用年限内的沥青混合料层永久变形、路基永久变形，对季节性冻土地区应增加沥青面层低温开裂验算和防冻厚度验算。由于汽车在沥青面层上启动、制动常常引起面层表面产生推挤和拥起等剪切破坏，我国《城市道路工程设计规范》（CJJ 37）针对面层表层还增加了剪应力指标。路面结构组合及各结构层厚度设计应使得路面结构的各项指标满足设计指标的极限标准。

一、我国沥青路面设计指标与标准

1. 设计指标

我国现行《公路沥青路面设计规范》（JTG D50）采用双圆垂直均布荷载作用下的多层弹性体系理论，以 5 个单项设计指标分别控制沥青混合料层疲劳开裂损坏、无机结合料稳定层疲劳开裂损坏、沥青混合料层永久变形量、路基顶面竖向压应变，以及季节性冻土地区的路面低温开裂等多项沥青路面使用性能。路面交（竣）工验收时，采用落锤式弯沉仪（FWD）实测中心点路表弯沉值，检验其是否达到设计强度要求；采用横向力系数 SFC_{60}h 和构造深度 TD 考核路面的抗滑性能是否满足要求。

由于不同结构组合的沥青路面主要损坏类型不同，其设计控制指标也不同。因此，沥青路面结构验算应根据路面结构组合，参照表 11-23 选择相应的设计指标。

表 11-23　不同结构组合沥青路面的设计指标

基层类型	底基层类型	设计指标①
无机结合料稳定类	粒料类	无机结合料稳定层层底拉应力、沥青混合料层永久变形量
	无机结合料稳定类	
沥青结合料类	粒料类	沥青混合料层层底拉应变、沥青混合料层永久变形量、路基顶面竖向压应变
	无机结合料稳定类	沥青混合料层永久变形量、无机结合料稳定层层底拉应力
粒料类②	粒料类	沥青混合料层层底拉应变、沥青混合料层永久变形量、路基顶面竖向压应变
	无机结合料稳定类	沥青混合料层层底拉应变、沥青混合料层永久变形量、无机结合料稳定层层底拉应力
水泥混凝土③	—	沥青混合料层永久变形量

注：① 季节性冻土地区应增加沥青面层低温开裂验算和防冻厚度验算；

② 在沥青混合料层与无机结合料稳定层间设置粒料层时，应验算沥青混合料层疲劳开裂寿命；

③ 水泥混凝土基层应按现行《公路水泥混凝土路面设计规范》（JTG D40）设计。

2. 沥青路面结构计算图式

不同设计指标对应的力学指标及其竖向位置如表 11-24 所示。水平方向计算点为单圆中心点、单圆边缘点、双圆中心距中点以及后两点的中点，如图 11-1 所示的 A、B、C、D 点，取四个点计算的最大力学响应量进行路面结构验算。

表 11-24　各设计指标对应的力学响应及其竖向位置

设计指标	力学响应	竖向位置
沥青混合料层层底拉应力	沿行车方向的水平拉应变	沥青混合料层层底
无机结合料稳定层层底拉应力	沿行车方向的水平拉应力	无机结合料稳定层层底
沥青混合料层永久变形量	竖向压应力	沥青混合料层各分层顶面
路基顶面竖向压应变	竖向压应变	路基顶面

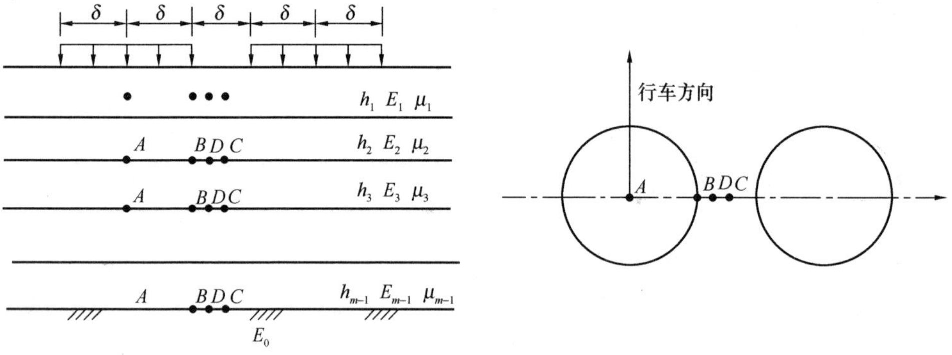

图 11-1　力学响应计算点图示

3. 设计标准

(1) 沥青路面结构可靠度指标

各级公路沥青路面结构的目标可靠度和目标可靠指标不应低于表 11-25 的规定。

表 11-25　目标可靠度和目标可靠指标

公路等级	高速公路	一级公路	二级公路	三级公路	四级公路
目标可靠度（%）	95	90	85	80	70
目标可靠指标 β	1.65	1.28	1.04	0.84	0.52

(2) 沥青路面设计使用年限

新建沥青路面结构设计使用年限不应低于表 11-26 的规定，应根据公路等级、经济、交通荷载等级等因素综合确定。

表 11-26　沥青路面结构设计使用年限（年）

公路等级	设计使用年限	公路等级	设计使用年限
高速公路、一级公路	15	三级公路	10
二级公路	12	四级公路	8

（3）设计轴载

沥青路面设计应采用轴重为 100kN 的单轴-双轮组轴载作为设计轴载，设计参数按表 11-27确定。

表 11-27　设计轴载的参数

设计轴载	轮胎接地压强（MPa）	单轮接地当量圆直径（mm）	两轮中心距（mm）
100	0.70	213.0	319.5

（4）当量设计轴载累计作用次数与交通等级

路面设计所用的交通资料，可以通过实地设立站点进行各类车辆的轴型调查和轴重测定，或者利用该地区或相似类型公路已有称重站的测定统计资料，也可以从已有的计重收费数据中提取所需的信息。所收集的信息包括交通量及增长率、方向系数、车道系数，以及车辆类型、轴型、轴重、轮组等轴载谱资料。现行《公路沥青路面设计规范》（JTG D50）附录 A 按沥青结合料层层底拉应变、无机结合料层层底拉应力、沥青层竖向压应力和剪切应力、路基顶面压应变引起路面相应损伤等效的原则，将不同车型、不同轴载的作用次数换算为与设计轴载相当的轴载作用次数即当量轴次。在路面设计使用年限期内，考虑方向系数和车道系数后，一个车道上的累计当量轴次总和即为设计使用年限内当量设计轴载累计作用次数。

沥青路面所承受的设计交通荷载作用等级，按设计使用年限内设计车道所承担的大型客车和货车累计交通量分为 5 个等级，见表 11-28。

表 11-28　设计交通荷载等级

设计交通荷载等级	极重	特重	重	中等	轻
设计使用年限内设计车道累计大型客车和货车交通量（$\times10^6$，辆）	≥50.0	50.0～19.0	19.0～8.0	8.0～4.0	<4.0

注：大型客车和货车为《公路沥青路面设计规范》（JTG D50）附录 A.1.2 所列的 2 类～11 类车。

（5）路面使用性能设计指标应满足下列要求：

① 按现行《公路沥青路面设计规范》（JTG D50）附录 B.1 和附录 B.2 计算的沥青混合料层和无机结合料稳定层的疲劳开裂寿命，均不应小于设计使用年限内当量设计轴载累计作用次数。

② 按现行《公路沥青路面设计规范》（JTG D50）附录 B.3 计算的沥青混合料层永久变形量不应大于表 11-29 所列容许永久变形量。

表 11-29　沥青混合料层容许永久变形量（mm）

基层类型	沥青混合料层容许永久变形量	
	高速、一级公路	二级、三级公路
无机结合料稳定类基层、水泥混凝土基层和底基层为无机结合料稳定类的沥青混合料基层	15	20
其他基层	10	15

③ 路基顶面竖向压应变不应大于按现行《公路沥青路面设计规范》（JTG D50）附录

B. 4 计算的容许值。

④ 按现行《公路沥青路面设计规范》(JTG D50) 附录 B. 5 计算的季节性冻土地区沥青面层低温开裂指数不宜大于表 11-30 所列数值。

表 11-30 低温开裂指数要求

公路等级	高速、一级公路	二级公路	三级、四级公路
低温开裂指数 CI，不大于	3	5	7

注：低温开裂指数 CI—竣工验收时 100m 调查单元内横向裂缝条数，贯彻全幅的裂缝按 1 条计，未贯穿且长度超过一个车道宽度的裂缝按 0. 5 条计，不超过一个车道宽度的裂缝不计入。

(6) 路面抗滑技术指标要求

高连公路、一级公路以及山岭重丘区二级和三级公路的路面在交工验收时，其抗滑技术指标应满足表 11-31 的技术要求。

表 11-31 抗滑技术要求

年平均降雨量 (mm)	交工检测指标值	
	横向力系数 SFC_{60} ¹	构造深度 TD^2
>1000	≥54	≥0. 55
500～1000	≥50	≥0. 50
250～500	≥45	≥0. 45

注：① 横向力系数 SFC_{60}—用横向力系数测试车，在(60±1)km/h 车速下测定；

② 构造深度 TD—用铺砂法测定。

二、材料性质要求和设计参数

1. 路面结构层材料设计参数

路面结构层材料设计参数的确定可分为下列三个水平：

水平一：通过室内试验实测确定。

水平二：利用已有经验关系式确定。

水平三：参照典型数值确定。

高速公路和一级公路的施工图设计阶段宜采用水平一，其他设计阶段可采用水平二或水平三；二级及二级以下公路可采用水平二或水平三。

① 粒料层的回弹模量在结构验算时应采用粒料回弹模量乘以湿度调整系数后得到，湿度调整系数可在 1. 6～2. 0 范围内选取。粒料回弹模量应取用最佳含水率和与压实度要求相应的干密度条件下的试验值。压实度要求应符合现行《公路路面基层施工技术细则》(JTG/T F20) 的有关规定。

② 结构验算时，无机结合料稳定类材料弹性模量应乘以结构层模量调整系数 0. 5。

2. 路基回弹模量

新建公路路基回弹模量设计值 E_0 可由标准状态下的路基回弹模量按式 (11-1) 确定，并应满足式 (11-2) 的要求。

$$E_0 = K_S K_\eta M_R \tag{11-1}$$

$$E_0 \geqslant [E_0] \tag{11-2}$$

式中 E_0 ——路基回弹模量设计值（MPa）；

$[E_0]$ ——路面结构设计的路基回弹模量要求值（MPa），应符合表 11-21 的规定；

M_R ——标准状态下路基动态回弹模量，按现行《公路路基设计规范》（JTG D30）第 3.2.6 条确定。

K_S ——路基回弹模量湿度调整系数，为平衡湿度（含水率）状态下的回弹模量与标准状态下的回弹模量之比，按现行《公路路基设计规范》（JTG D30）第 3.2.7 条确定。

K_η ——干湿循环或冻融循环条件下路基土模量折减系数，通过试验确定。初步设计时，非冰冻地区可根据土质类型、失水率确定，季节冻土区可根据冻结温度、含水率确定，折减系数可取 0.7 ～0.95。非冰冻区粉质土、黏质土，失水率大于 30% ，取小值，反之取较大值；粗粒土取大值。季节冻土地区粉质土、黏质土冻结温度低于－15℃，冻前含水率高，取小值，反之取较大值；粗粒土取大值。

三、沥青路面结构验算

1. 温度调整系数和等效温度

气温条件是影响路面性能的重要外部因素。尤其是沥青混合料，其模量对温度具有典型的依赖性。而我国当前沥青路面结构设计中，路面结构验算时，沥青混合料结构层模量取用的是 20℃标准试验温度条件下的固定值。为了考虑温度的影响，基于路面温度场的研究，我国现行《公路沥青路面设计规范》（JTG D50）根据所在地区的气温条件、路面结构类型和结构层厚度，采用温度调整系数表征不同地区气候条件对路面结构层疲劳开裂和路基顶面竖向压应变的影响，根据所在地区的气候条件采用等效温度表征对沥青混合料层永久变形的影响。

一般分两个步骤确定温度调整系数和等效温度，首先确定基准路面结构温度调整系数和等效温度，然后进行结构层厚度和模量修正，得到不同结构路面的温度调整系数和等效温度。

基准路面结构是指面层、基层与路基组成的三层路面结构，一般分为粒料基层沥青路面和无机结合料稳定类基层沥青路面两种结构形式，结构层的标准厚度和模量参数如下：沥青面层厚度 h_a =180mm，粒料基层或无机结合料稳定类基层厚度h_b=400mm。沥青混合料动态模量E_a=8000MPa，粒料层回弹模量E_b=400MPa，无机结合料稳定层弹性模量E_b=7000MPa，路基回弹模量E_0=100MPa。

不同气温状况下基准路面结构的损坏，转换成标准温度（20℃）条件下基准路面结构的等效破坏，得到基准路面结构温度调整系数。部分地区各类路面结构设计指标的基准结构温度调整系数以及沥青混合料层的等效温度，可参照现行《公路沥青路面设计规范》（JTG D50）表 G. 1. 2 取用。其他地区的基准结构温度调整系数和沥青混合料层的等效温度，可按气温条件相近地区的系数值取用，气温资料取连续 10 年的平均值。

2. 沥青路面抗疲劳开裂验算

（1）沥青混合料层

基于沥青混合料的柔性特征，一般采用沥青混合料层层底拉应变计算和控制沥青混合料层的疲劳开裂寿命。研究表明薄沥青混合料层适宜采用常应变加载模式疲劳开裂模型，厚沥青混合料层适宜采用常应力加载模式疲劳开裂模型，介于中间厚度的沥青混合料层，需要在两者之间建立过渡关系。我国现行《公路沥青路面设计规范》（JTG D50）在大量常应力加载模式和常应变加载模式疲劳试验的基础上，综合国内外大量加速加载试验路的疲劳数据，建立了基于沥青混合料层层底拉应变的沥青混合料层疲劳开裂寿命计算模型，见式（11-3），为了考虑不同加载模式的过渡与转换，在该模型中引入了疲劳开裂加载模式系数。

$$N_{f1} = 6.32 \times 10^{15.96-0.29\beta} k_a k_b k_{T1}^{-1} \left(\frac{1}{\varepsilon_a}\right)^{3.97} \left(\frac{1}{E_a}\right)^{1.58} (VFA)^{2.72} \tag{11-3}$$

式中 N_{f1}——沥青混合料层疲劳开裂寿命（轴次）；

β——目标可靠指标，根据公路等级按表 11-25 取值；

k_a——季节性冻土地区调整系数，按表 11-32 采用内插法确定；

k_b——疲劳加载模式系数，按式（11-4）计算：

$$k_b = \left[\frac{1+0.3E_a^{0.43}(VFA)^{-0.85}e^{0.024h_a-5.41}}{1+e^{0.024h_a-5.41}}\right]^{3.33} \tag{11-4}$$

E_a——沥青混合料 20℃时的动态压缩模量（MPa）；

VFA——沥青混合料的沥青饱和度（%），根据混合料设计结果或按现行《公路沥青路面施工技术规范》（JTG F40）的有关规定确定；

h_a——沥青混合料层厚度（mm）；

k_{T1}——温度调整系数；

ε_a——沥青混合料层层底拉应变（10^{-6}），根据弹性层状理论计算获取。

表 11-32　季节性冻土地区调整系数 k_a

冻区	重冻区	中冻区	轻冻区	其他地区
冻结指数 F（℃·d）	≥2000	2000～800	800～50	≤50
k_a	0.60～0.70	0.70～0.80	0.80～1.00	1.00

沥青混合料层的疲劳开裂寿命应大于设计使用年限内设计车道的当量设计轴载累计作用次数。否则应调整路面结构方案，重新验算，直至满足要求。

（2）无机结合料稳定层

基于无机结合料稳定类材料的半刚性特征，一般采用无机结合料稳定层层底拉应力计算和控制无机结合料稳定层的疲劳开裂寿命。我国现行《公路沥青路面设计规范》（JTC D50）在归纳水泥稳定砂砾、水泥稳定碎石、水泥稳定土和石灰粉煤灰稳定碎石四种常用混合料大量疲劳开裂试验结果的基础上，建立了无机结合料稳定粒料和稳定土的疲劳开裂计算模型，如式（11-5）所示。由于缺少足够的现场数据，无机结合料稳定层疲劳开裂模型的验证工作难度较大。对比大量无机结合料稳定基层沥青路面结构的损坏状况与上述疲劳开裂模型分析结果，引入现场综合修正系数 k_c，以反映室内性能模型与现场疲劳开裂损坏间的差异。

$$N_{f2} = k_a k_{T2}^{-1} 10^{a-b\frac{\sigma_t}{R_s}+k_c-0.57\beta} \tag{11-5}$$

式中 N_{f2}——无机结合料稳定层的疲劳开裂寿命（轴次）；

k_a——季节性冻土地区调整系数，按表 11-32 确定；

k_{T2}——温度调整系数；

R_s——无机结合料稳定类材料的弯拉强度（MPa）；

a、b——疲劳试验回归参数，按表 11-33 确定；

σ_t——无机结合料稳定层的层底拉应力（MPa），根据弹性层状理论计算获取。

k_c——现场综合修正系数，按式（11-6）确定：

$$k_c = c_1 e^{c_2(h_a+h_b)} + c_3 \tag{11-6}$$

式中 c_1, c_2, c_3——参数，按表 11-34 取值；

h_a, h_b——沥青混合料层和计算点以上无机结合料稳定层厚度；

β——目标可靠指标，根据公路等级按表 11-25 取值；

表 11-33 无机结合料稳定层疲劳破坏模型参数

材料类型	a	b
无机结合料稳定粒料	13.24	12.52
无机结合料稳定土	12.18	12.79

表 11-34 现场综合修正系数 k_c 相关参数

	新建路面结构层或改建工程既有路面结构层		改建工程加铺层	
材料类型	无机结合料稳定粒料	无机结合料稳定土	无机结合料稳定粒料	无机结合料稳定土
c_1	14.0	35.0	18.5	21.0
c_2	−0.0076	−0.0156	−0.01	−0.0125
c_3	−1.47	−0.83	−1.32	−0.82

无机结合料稳定层的疲劳开裂寿命应大于设计使用年限内设计车道的当量设计轴载累计作用次数。否则，应调整路面结构组合或层厚，重新验算，直至满足要求。

3. 沥青混合料层永久变形量验算

按照我国现行《公路沥青路面设计规范》（JTG D50）规定，首先对路面结构中的各沥青混合料层进行分层：表面层，采用 10～20mm 作为一分层；第二层沥青混合料层，每一分层厚度应不大于 25mm；第三层沥青混合料层，每一分层厚度应不大于 100mm；第四层及其以下沥青混合料层，作为一个分层。然后，根据标准条件下的车辙试验，得到各层沥青混合料的车辙试验永久变形量，按式（11-7）计算各分层的永久变形量和沥青混合料层总的永久变形量。

$$R_a = \sum_{i=1}^{n} R_{ai}$$

$$R_{ai} = 2.31 \times 10^{-8} k_{Ri} T_{pef}^{2.93} P_i^{1.80} N_{e3}^{0.48} \left(\frac{h_i}{h_0}\right) R_{0i} \tag{11-7}$$

式中 R_a——沥青混合料层永久变形量（mm）；

R_{ai}——第 i 层永久变形量（mm）；

n——分层数；

T_{pef}——沥青混合料层永久变形等效温度（℃）；

N_{e3}——设计使用年限内或通车至首次针对车辙维修的期限内，设计车道上当量设计轴载累计作用次数；

h_i——第 i 分层厚度（mm）；

h_0——车辙试验试件的厚度（mm）；

R_{0i}——第 i 分层沥青混合料在试验温度为 60℃，压强为 0.7MPa，加载次数为 2520 次时，车辙试验永久变形量（mm）；

k_{Ri}——综合修正系数，按式（11-8）～式（11-10）计算：

$$k_{Ri} = (d_1 + d_2 \cdot z_i) \cdot 0.9731^{z_i} \qquad (11\text{-}8)$$

$$d_1 = -1.35 \times 10^{-4} h_a^2 + 8.18 \times 10^{-2} h_a - 14.50 \qquad (11\text{-}9)$$

$$d_2 = 8.78 \times 10^{-7} h_a^2 - 1.50 \times 10^{-3} h_a + 0.90 \qquad (11\text{-}10)$$

z_i——沥青混合料第 i 分层厚度（mm），第一分层取为 15mm，其他分层为路表距分层中点的深度；

h_a——沥青混合料层厚度（mm），h_a 大于 200mm 时，取 200mm；

P_i——沥青混合料第 i 分层顶面竖向压应力（MPa），根据弹性层状体系理论，计算获取。

验算得到的沥青混合料层永久变形量应满足表 11-29 要求。否则，应调整沥青混合料设计，直至满足要求。满足沥青混合料层容许永久变形量要求的沥青混合料，尚应满足现行《公路沥青路面设计规范》（JTG D50）要求的标准车辙试验的动稳定度要求，其永久变形量 R_0 对应的稳定度可用作沥青混合料的质量要求和施工控制指标。标准车辙试验温度为 60℃，压强为 0.7MPa，试件厚度为 50mm，加载次数为 2520 次时沥青混合料的动稳定度 DS，可根据永久变形量 R_0 按式（11-11）计算。

$$DS = 9365 R_0^{-1.48} \qquad (11\text{-}11)$$

式中 DS——沥青混合料动稳定度（次/mm）。

4. 路基顶面竖向压应变验算

路基顶面竖向压应变是粒料类基层沥青路面和底基层为粒料的沥青结合料类基层沥青路面的重要设计指标。国外相关设计方法一般通过控制路基顶面竖向压应变防止路基产生过大的永久变形，并采用试验路或现场观测数据拟合竖向压应变与交通荷载参数的关系。我国粒料类基层沥青路面应用较少，缺乏足够的实测数据。为此，整理了 AASHO 试验路的路面结构资料以及轴载作用次数等数据，建立了路基顶面竖向压应变与 100kN 轴载作用次数间的经验关系式，经调整和修正，建立了路基顶面容许竖向压应变的计算模型，如式（11-12）所示。

$$[\varepsilon_z] = 1.25 \times 10^{4-0.1\beta} (k_{T3} N_{e4})^{-0.21} \qquad (11\text{-}12)$$

式中 $[\varepsilon_z]$——路基顶面容许竖向压应变（10^{-6}）；

β——目标可靠指标，根据公路等级，按表 11-25 取值；

N_{e4}——设计使用年限内设计车道上的当量设计轴载累计作用次数；

k_{T3}——温度调整系数。

应按表 11-24 和图 11-1 选取计算点，根据弹性层状体系理论计算出的路基顶面竖向压应变应小于容许压应变值。否则，调整路面结构方案，重新验算，直至满足要求。

5. 沥青面层低温开裂指数验算

季节性冻土地区沥青路面低温开裂是常见病害。我国沥青路面设计规范采用经验法，分析了东北地区多个路段沥青性质、路面结构、路基土质类型等与路面低温开裂状况的关系，参考加拿大 Haas 模型，建立了路面低温开裂指数预估模型，如式（11-13）所示。

$$CI = 1.95 \times 10^{-3} S_t \lg b - 0.075(T + 0.07 h_a) \lg S_t + 0.15 \qquad (11\text{-}13)$$

式中　CI——沥青面层低温开裂指数；

T——路面开裂设计温度（℃），为连续 10 年最低气温平均值；

S_t——在路面低温设计温度加 10℃试验温度条件下，表面层沥青弯曲梁流变试验加载 180s 时蠕变劲度（MPa）；

h_a——沥青混合料类材料层厚度（mm）；

b——路基类型参数，砂 $b=5$，粉质黏土 $b=3$，黏土 $b=2$。

沥青面层低温开裂指数值，应满足表 11-30 的要求，否则应改变所选用的沥青材料，直至满足要求。

6. 防冻厚度的验算

季节性冻土地区路基为中湿或潮湿状态时，应按照式（11-14）计算公路多年最大冻深。根据公路多年最大冻深，按表 11-22 的规定验算路面的防冻厚度，路面结构厚度小于表 11-22 规定的最小防冻厚度时，应增设防冻层，使其满足最小防冻厚度的要求。

$$Z_{max} = abc\,Z_d \tag{11-14}$$

式中　Z_{max}——公路多年最大冻深（mm）；

Z_d——大地多年最大冻深（mm），根据调查资料确定；

a——大地冻深范围内路基、路面各层材料热物性系数，按表 11-35 确定；

b——路基湿度系数，按表 11-36 确定；

c——路基断面形式系数，根据表 11-37 按内插法确定。

表 11-35　路基、路面材料热物性系数 a

路基材料	黏质土	粉质土	粉土质砂	细粒土质砂、黏土质砂	含细粒土质砾（砂）
热物性系数	1.05	1.10	1.20	1.30	1.35
路面材料	水泥混凝土	沥青结合料类	级配碎石	二灰或水泥稳定粒料	二灰土及水泥土
热物性系数	1.40	1.35	1.45	1.40	1.35

注：a 值取多年最大冻深范围内路基及路面各层材料的加权平均值。

表 11-36　路基湿度系数 b

干湿类型	干燥	中湿	潮湿
湿度系数	1.0	0.95	0.90

表 11-37　路基断面形式系数 c

填挖形式和高（深）度	路基填土高度					路基挖方深度			
	零填	＜2m	2～4m	4～6m	＞6m	＜2m	2～4m	4～6m	＞6m
断面形式系数	1.0	1.02	1.05	1.08	1.10	0.98	0.95	0.92	0.90

7. 交（竣）工弯沉检测验收

路基顶面验收弯沉值 l_g，应按式（11-15）计算。一般建议采用落锤式弯沉仪进行路基验收，落锤式弯沉仪荷载为 50kN，荷载盘半径为 150mm 。路基顶面实测代表弯沉值 l_0 应符合式（11-16）的要求。

$$l_g = \frac{176pr}{E_0} \tag{11-15}$$

式中　l_g——路基顶面验收弯沉值（0.01mm）；

p——落锤式弯沉仪承载板施加荷载（MPa）；

r——落锤式弯沉仪承载板半径（mm）；

E_0——平衡湿度状态下路基顶面回弹模量（MPa）。

$$l_0 \leqslant l_g \tag{11-16}$$

式中　l_g——路基顶面验收弯沉值（0.01mm）；

l_0——路段内实测的路基顶面弯沉代表值（0.01mm），以1～3km为一评定路段，按式（11-17）计算：

$$l_0 = (\bar{l}_0 + \beta \cdot s)K_1 \tag{11-17}$$

式中　l_0——路段内实测路基顶面弯沉平均值（0.01mm）；

s——路段内实测路基顶面弯沉标准差（0.01mm）；

β——目标可靠指标，根据公路等级按表11-25取值；

K_1——路基顶面弯沉湿度影响系数，根据当地经验确定。

路表验收弯沉值l_a应根据设计路面结构，采用弹性层状体系理论按式（11-18）计算。路面结构层参数与路面结构验算时相同。路基顶面回弹模量应采用平衡湿度状态下路基顶面回弹模量乘以模量调整系数k_1，用以协调理论弯沉与实测弯沉的差异。

$$l_a = p\bar{l}_a$$

$$\bar{l}_a = f\left(\frac{h_1}{\delta},\frac{h_2}{\delta},\cdots,\frac{h_{n-1}}{\delta};\frac{E_2}{E_1},\frac{E_3}{E_2},\cdots,\frac{k_1 E_0}{E_{n-1}}\right) \tag{11-18}$$

式中　l_a——理论弯沉系数；

k_1——路基顶面回弹模量调整系数，无机结合料稳定类基层沥青路面和水泥混凝土基层沥青路面，取0.5；粒料类基层沥青路面和沥青结合料类基层沥青路面，当采用无机结合料稳定底基层时，取0.5，否则取1.0；

E_0——平衡湿度状态下路基顶面回弹模量（MPa）；

p、δ——标准轴载的轮胎接地压强（MPa）和当量圆半径（mm）；

h_1、h_2、…、h_{n-1}——各结构层厚度（mm）；

E_1、E_2、…、E_{n-1}——各结构层模量（MPa）。

路表交（竣）工时应对路表弯沉值进行检测，检测时需要考虑对弯沉进行湿度和温度修正。落锤式弯沉仪中心点弯沉代表值应符合式（11-19）要求。

$$l_0 \leqslant l_a \tag{11-19}$$

式中　l_a——路表验收弯沉值（0.01mm）；

l_0——路段内实测的路表弯沉代表值（0.01mm），以1～3km为一评定路段，按式（11-20）计算：

$$l_0 = (\bar{l}_0 + \beta \cdot s)K_1 K_3 \tag{11-20}$$

式中　$\bar{l}_0$——路段内实测路表弯沉平均值（0.01mm）；

s——路段内实测路表弯沉标准差（0.01mm）；

β——目标可靠指标，根据公路等级按表11-25取值；

K_1——路表弯沉湿度影响系数，根据实测弯沉值通过反算得到路基模量值，再对路基模量进行修正得到结构模量值，然后得出测试状态下弯沉湿度修正系数 K_1，或者根据当地经验确定；

K_3 ——路表弯沉温度影响系数，按式（11-21）确定：

$$K_3 = e^{[9\times10^{-6}(\ln E_0-1)h_a+4\times10^{-3}](20-T)} \tag{11-21}$$

式中 T——弯沉测定时沥青结合料类材料层中点实测或预估温度（℃）；

h_a ——沥青结合料类材料层厚度（mm）；

E_0 ——平衡湿度状态下路基顶面回弹模量（MPa）。

第五节 沥青路面改建设计

沥青路面随着使用时间的延续，其使用性能和承载能力不断降低，超过设计使用年限后便不能满足正常行车的要求，而需补强或改建。当原有路面需要提高等级时，对不符合技术标准的路段应先进行线形改善，改线路段应按新建路面设计。加宽路面、提高路基、调整纵坡的路段应视具体情况按新建或改建路面设计，在原有路面上补强时，按改建路面设计。路面补强设计工作包括既有路面调查与分析、改建方案确定以及改建路面结构验算。

1. 既有路面结构状况调查与分析

对使用中的路面进行结构状况的调查与评定，其目的主要是了解路面现有结构状况和强度，据以判断是否需要加强或预估剩余使用寿命，分析路面损坏的原因及提出处理措施，提出针对性改建对策。

既有路面调查与分析应包括下列主要内容：

（1）收集既有路面及其排水设施的设计、施工及历史养护维修情况等技术资料。

（2）调查分析交通量、轴载组成和增长率等交通荷载参数。

（3）调查路面破坏状况，包括路面病害类型、严重程度、范围和数量等。

（4）采用落锤式动态弯沉仪或其他弯沉仪检测评价既有路面结构承载力。

（5）采用钻芯、探坑取样、路面雷达、切割等方式，调查分析既有路面厚度、层间结合及病害程度情况，并取样进行室内试验，测定试件模量、强度等，分析路面材料组成与退化情况。

（6）对因路基问题导致路面损坏的路段，取样调查路基土质类型、含水率和 *CBR* 值等，分析路基稳定性和承载力等。

（7）调查沿线气候条件、地下水及路基路面排水状况。

（8）调查沿线跨线桥、隧道净空要求及其他影响路面改建设计的因素。

既有路面损坏状况的评定应符合现行《公路技术状况评定标准》（JTG 5210）和《公路养护技术规范》（JTG H10）的有关规定，可结合路面损坏特点采用路面横向裂缝间距、纵向裂缝率、网裂面积率和修补面积率等指标进行补充评价。

2. 既有路面承载力评定与设计参数

基于既有路面调查与分析，经技术经济分析后，结合工程经验确定适应预期交通荷载等级和使用性能要求的改建设计方案。确定改建设计方案时，应充分利用既有路面结构性能，减少废弃材料，并积极、稳妥地再生利用既有路面材料。改建设计应采用动态设计理念，工程实施阶段逐段调查分析现场路况，动态调整改建方案。并应考虑施工期交通组织设计和临时安全设施设计。改建方案设计的一般要求如下：

（1）应根据不同路段路面状况和损坏程度，对既有路面采取相应的处理方案。

（2）既有路面处理可采用局部病害处治、整体性处理的方式或局部病害处治与整体性处理相结合的方式，并应符合下列规定：既有路面破损不严重且结构性能较好地路段可参照现行《公路沥青路面养护技术规范》(JTJ 073.2）对局部病害处治后加铺；既有路面破损严重或结构性能不足的路段，宜采用整体性处理方式，处理深度和范围应根据路面破损程度、层位和处理工艺确定。

（3）改建方案应充分利用既有路面结构和材料，可视具体情况选择经局部病害处治后直接加铺一层或多层改建方案、将既有路面铣刨至某一结构层或将既有路面就地再生后再加铺一层或多层改建方案。

（4）既有路面存在较多裂缝时，应采取减缓反射裂缝的措施。

（5）既有路面出现因内部排水不良引起的水损坏时，应改善或重置路面防排水系统。加铺层与既有路面间应采取设置粘层或封层等层间结合措施。

（6）加铺层材料组成和技术要求应符合现行《公路沥青路面设计规范》（JTG D50）的规定。再生材料技术要求应符合现行《公路沥青路面再生技术规范》（JTG F41）的有关规定。

3. 加铺补强层设计

改建路面结构验算的步骤与流程与新建路面结构类似，主要区别在于，与新建路面结构相比，改建路面结构验算需要依据既有路面是否破损严重或结构性能不足来确定既有路面结构设计参数以及是否需要对既有路面结构进行验算。改建路面结构验算包括下列主要内容：

（1）调查分析设计使用年限内预期的交通荷载参数，并确定交通荷载等级。依据交通数据调查以及轴载换算方法，调查分析交通参数，计算获取设计使用年限内设计车道在不同控制指标（沥青混合料层层底拉应变，沥青混合料层永久变形，无机结合料层层底拉应力，路基顶面竖向压应变）下的当量设计轴载累计作用次数，并确定交通荷载等级。

（2）对既有路面技术状况进行调查和分析。充分调查和分段评估既有路面状况，分析路面损坏原因，提出针对性改建对策。

（3）分段初拟改建方案。根据路况调查结果，对既有路面进行分段，结合当地工程经验，分段初拟适应预期交通荷载等级和使用性能要求的改建方案。

（4）既有路面破损不严重且结构性能较好，采用直接加铺方案或铣刨至某一结构层再加铺方案时，应同时对既有路面结构层和加铺层进行结构验算。加铺层的设计参数应按新建路面结构确定。既有路面结构层的设计参数应按下列要求确定：

将既有路面简化为由沥青结合料类材料层、无机结合料稳定层或粒料层和路基组成的三层体系，利用弯沉盆反演或芯样实测的方法确定各层的结构模量。

既有路面无机结合料稳定层弯拉强度，宜根据现场取芯实测的无侧限抗压强度按式（11-22)计算，无条件时，可根据既有路面整体强度、基层和面层损坏状况，结合当地经验确定。

$$R_s = 0.21R_c \tag{11-22}$$

式中 R_s ——无机结合料稳定类材料试件的弯拉强度（MPa）；

R_c ——无机结合料稳定类材料试件的无侧限抗压强度（MPa）。

(5) 既有路面破损严重或结构性能不足时，无论采用直接加铺方案还是采用铣刨至某一结构层再加铺方案，均应对加铺层进行结构验算。加铺面层的设计参数应按新建路面结构确定。既有路面或铣刨后留用的路面结构层不再进行结构验算，其顶面当量回弹模应按式（11-23)计算。

$$E_d = \frac{176pr}{l_0} \tag{11-23}$$

式中 E_d——既有路面结构顶面当量回弹模量（MPa）；

p——落锤式弯沉仪承载板施加荷载（MPa）；

r——落锤式弯沉仪承载板半径（mm）；

l_0——落锤式弯沉仪承载板中心点弯沉值（0.01mm）。

(6) 按照新建路面要求，检验加铺层材料的性能设计参数是否符合要求，如检验加铺层粒料的 *CBR* 值，无机结合料稳定类材料的无侧限抗压强度，沥青低温性能要求，沥青混合料的低温破坏应变、动稳定度、贯入强度和水稳定性等。

(7) 收集工程所在地区气温资料，确定各设计指标相应的温度调整系数或等效温度。

(8) 采用多层弹性体系理论程序计算各设计指标的力学响应量。

(9) 进行路面结构验算。沥青混合料层疲劳开裂验算，无机结合料稳定层疲劳开裂验算，沥青混合料层永久变形量验算，路基顶面竖向压应变验算，低温开裂指数验算以及最小防冻厚度验算等，均应符合各自的设计标准要求，验算不满足要求时，调整路面改建方案重新验算，直至符合要求为止。

(10) 对通过结构验算的路面结构进行技术经济分析，选定路面改建方案。

(11) 计算改建路面结构的路表验收弯沉值，用于路面交（竣）工验收。

本章小结 路面作为道路行车部分的铺装，应坚固、平整而粗糙以满足车辆的运行要求。路面在使用过程中受到行车荷载和自然因素的影响，会产生各种各样的病害和变形，导致路况逐渐恶化。为了保证路面结构具有足够的强度和稳定性，应充分考虑当地的自然条件和交通状况，运用本学科的知识进行结构分析，并采取各种工程技术措施予以保证。

关键概念 沥青路面、沥青、混合料、病害、设计、验算

复习思考题

1. 简述沥青路面的技术特性、使用性能及其气候分区的关系。
2. 沥青路面可分为哪些类型？
3. 对沥青路面及其组成材料有哪些技术要求？
4. 道路石油沥青的基本技术要求有哪些？应如何选用？
5. 沥青混合料的路用性能及其技术要求有哪些？
6. 如何确定沥青混合料的体积参数及其技术标准？
7. 沥青路面为什么要选用多指标控制？说明每个指标的意义及其与路面损坏现象的联系。

8. 路面结构组合设计应包括哪些内容及遵循哪些原则？试对你所了解的一些路面结构进行评述。

9. 水泥混凝土路面的结构组合特点如何？各层次作用及应考虑的主要因素与沥青路面有何不同？

10. 试归纳新建路面和改建路面设计中的异同处。

11. 在一个多层弹性体系中，请标出各特征点的位置：路面弯沉计算点、各层的拉应力验算点，并写出这些点的 r、z 坐标值。

第十二章　道路水泥混凝土路面

学　习　要　求

学习目标：了解水泥混凝土路面结构及构造特点。了解弹性地基板理论的基本概念，学会混凝土板内荷载应力和温度应力的计算方法。能正确运用设计规范进行水泥混凝土路面结构设计。

学习重点：水泥混凝土路面结构层的材料选择，普通混凝土路面结构层的组合，路面板尺寸的确定，接缝构造和配筋设计。

学习难点：荷载疲劳应力与温度疲劳应力的计算，可靠度的概念与应用。

学习安排：课内 6 学时。

与其他类型路面相比，水泥混凝土路面具有以下特点：

1. 强度高、刚度强、板体性好，具有较高的承载能力和扩散荷载能力。

2. 稳定性好，其水稳性和温度稳定性均优于沥青路面。

3. 耐久性及抗侵蚀能力强。

4. 抗滑性能好，表面可具有较高的粗糙度，能保证车辆在潮湿不利的路面条件下安全行驶而不滑行。

5. 接缝多是混凝土路面的薄弱之处，易产生错台、唧泥等现象。

6. 对超载敏感，易产生断板。

7. 不能立即开放交通，需一定的养护期。

8. 正常的养护费用少，但出现损坏后的修复比较困难。

第一节　水泥混凝土路面结构组合设计

一、面层类型

水泥混凝土面层可以选用普通混凝土、碾压混凝土、钢筋混凝土、连续配筋混凝土、钢纤维混凝土或预应力混凝土等铺筑。

1. 普通混凝土

或称有接缝素混凝土，是指除接缝处和一些局部范围（如角隅、边缘或孔口周围）外，面层板内不配置钢筋的水泥混凝土面层，这是目前应用最为广泛的一种面层类型。道路路面的混凝土面层通常采用等厚断面，其厚度变动于 18～30cm 范围内，视轴载大小和作用次数以及混凝土强度而定。面层混凝土的弯拉强度变动于 4.0～5.0MPa 范围内，面层通常采用整体式（整层）浇筑，集料最大粒径为 40mm。面层厚时，也可采用双层浇筑方式，上层采用较小的集料（最大粒径 20mm 以下）。面层由纵向和横向接缝划分为矩形板块，其平面尺寸通常不宜超过 $25m^2$。纵缝的位置通常按车道宽度设定，缝内设置拉杆。横缝间距一般用 4～6m（随基层刚度的增强而减小），交通繁重时，缝内设置传力杆。

2. 碾压混凝土

采用沥青摊铺机等机械摊铺干硬性混凝土混合料，并使用振动压路机、轮胎压路机碾压密实的水泥混凝土。这类面层具有不需普通混凝土专用铺面机械施工，不必用模板，施工速度快，能较早地开放交通（如 7d 或 14d）以及可以通过粉煤灰掺代水泥而降低造价等优点。然而，其表面的平整度较差，接缝处难以设置拉杆或传力杆。因而，碾压混凝土面层目前主要用于行车速度不太快的道路、停车场或停机坪的面层。或者用作下面层，在其上面铺普通混凝土、钢纤维混凝土或沥青混凝土上面层，而形成复合式面层。碾压混凝土集料的最大粒径一般不超过 20cm，用作下面层时，最大粒径可略大。

3. 钢筋混凝土

为防止混凝土面层板产生的裂缝而在板内配置纵向和横向钢筋的混凝土面层。通常，它只在下述情况下采用：①板的长度较大，如 6～8m 以上；②板下埋有沟、管子、线等地下设施或者路基可能产生不均匀沉降而使板开裂；③板的平面形状不规则或板内开设孔口等随板长、板底摩阻和钢筋强度的不同配筋率（钢筋占面层横断面面积的百分率）一般 0.10%～0.15%。由于板的长度长，接缝缝隙宽，因而横缝内应设置传力杆以提供相邻板的传荷能力。这类面层，除特殊情况外，已很少采用。

4. 连续配筋混凝土

除了在邻近构造物处或与其他路面交接处设置胀缝，以及视施工需要设置施工缝外，在路段长度内不设横缝，而配置纵向连续钢筋和横向钢筋的混凝土面层。纵向钢筋的配筋率通常为 0.5%～0.7%，横向钢筋的用量为纵向钢筋的 1/8～1/5，由于不设横缝，面层会产生横向裂缝，其平均间距为 0.5～1.0m，但由于纵向钢筋的作用，缝隙的宽度较小，平均为 0.2～0.5mm。为了约束连续配筋混凝土面层端部有过量纵向位移，以减小对邻接构造物或其他路面的推力（或压力），在其端部须采用矩形地梁或灌注桩锚固措施，或者接连设置多条胀缝等。这类面层由于钢筋用量大，造价高，一般仅用于高速公路或交通繁重的道路，或者用于加铺已损坏的旧混凝土路面。

5. 钢纤维混凝土

在混凝土中掺拌钢纤维，以提高混凝土的韧度和强度，减少其收缩量。钢纤维可以采用不同方式制造，如钢丝截断法、薄钢板剪切法、熔抽法和钢胚铣削法，相应地得到不同形状和横截面的纤维。前两种钢纤维所需的用量较大，体积掺量（混凝土体积的百分率）一般为 1.0%～1.2%（78～94kg/m^3）。熔抽法主要生产不锈钢纤维。铣削纤维的掺量为 30～60kg/m^3。由于钢纤维混凝土的弯拉强度高于普通混凝土，所需的面层厚度薄于普通混凝土面层。但钢纤维混凝土的造价高，因而主要用作设计标高受到限制的旧混凝土路面的上加铺层，或者用作复合式混凝土面层的上面层。

二、土基

由于混凝土面层的刚度大，板体性强，具有良好的扩散荷载能力，传到土基顶面的荷载应力很小，一般情况下不会超过 0.07MPa。因而对混凝土面层下的土基不要求强度高或承载力大，然而由于混凝土是脆性材料，对土基变形的适应能力较差，因而更重要的是要求地基提供稳定而均匀的支承。

土基不稳定或不均匀支承，可能在下述情况下出现：

（1）膨胀性黏土（包括液限大于 40、塑性指数大于 10 的很高、高或中液限黏土）的不均匀收缩和膨胀变形；

（2）不均匀冻胀；

（3）软弱地基的不均匀沉降；

（4）填挖交替或新老填土交替；

（5）填料不均质，压实不均匀或压实度不足。

为提供均匀支承，可采用下列技术措施：

① 选用优质填料（如粗粒土、低膨胀性土、不易冻胀土等），合理安排填筑顺序（将土质较差的细粒土放在路基的下层，上层用优质填料填筑），适当拌和不同来源和性质的填料等，以避免或减轻膨胀（冻胀）和收缩引起的不均匀变形；

② 适当地控制压实时的含水量和达到要求密实度；对于膨胀性土和易冻胀土，宜在含水量接近其塑限时按轻型击实标准的压实度要求进行压实，以提供体积变化小而支承均匀的路基；

③ 对软弱地基进行加固处理（各种固结排水或强夯压实措施）以减少工后沉降量和不均匀沉降量；

④ 在地下水位高时，尽可能提高路基设计标高和加深边沟，以增加路床顶面离地下水位的距离；设置地下排水设施，拦截浅携水层中流向路基的渗流水，或者降低地下水位；

⑤ 采用低剂量石灰、石灰粉煤灰或水泥稳定路基上层湿软的细粒土。

现行《公路水泥混凝土路面设计规范》（JTG D40）中规定，路床顶面的综合回弹模量值，轻交通荷载等级时不得低于 40MPa，中等或重交通荷载等级时不得低于 60MPa，特重或极重交通荷载等级时不得低于 80MPa。

三、功能层

遇有以下情况时，应在基层或底基层下设置功能层：

（1）季节性冰冻地区，路面结构厚度小于最小防冻厚度要求（表 12-1）时，应设置防冻层，使路面结构厚度符合要求；

表 12-1　水泥混凝土路面结构层最小防冻厚度（m）

路基干湿类型	路基土质	当地最大冰冻深度（m）			
		0.50～1.00	1.00～1.50	1.50～2.00	>2.00
中湿路基	易冻胀土	0.30～0.50	0.40～0.60	0.50～0.70	0.60～0.95
	很易冻胀土	0.40～0.60	0.50～0.70	0.60～0.85	0.70～1.10
潮湿路基	易冻胀土	0.40～0.60	0.50～0.70	0.60～0.90	0.75～1.20
	很易冻胀土	0.45～0.70	0.55～0.80	0.70～1.00	0.80～1.30

注：① 易冻胀土——细粒土质砾（GM、GC）、除极细粉土质砂外的细粒土质砂（SM、SC）、塑性指数小于 12 的黏质土（CL、CH）；
② 很易冻胀土——粉质土（ML、MH）、极细粉质砂（SM）、塑性指数在 12～22 之间的黏质土（CL）；
③ 冻深小或填方路段，或者基、垫层采用隔温性能良好的材料，可采用低值；冻深大或挖方及地下水位高的路段，或者基、垫层采用隔温性能稍差的材料，应采用高值；
④ 冻深小于 0.50m 的地区，可不考虑结构层防冻厚度。

（2）水文地质不良的土质路堑，路床土湿度较大时，宜设置排水层。

功能层应与路基同宽，厚度不得小于 150mm。防冻层和排水层宜采用碎石、砂砾等颗粒材料。

四、基层

水泥混凝土面层下设置基层应具有足够的抗冲刷能力和一定的刚度，设置基层的目的为防冲刷及唧泥——混凝土面层如直接放在路基上，会由于路基土变形量大，细料含量多和抗冲刷能力低而极易产生唧泥现象。铺设基层后，可减轻甚至消除唧泥的产生。但未经处治的砂砾基层，其细料含量和塑性指数不能太高，否则仍会产生唧泥；防冰冻——在季节性冰冻地区，用对冰冻不敏感的粒状多孔材料铺筑基层，可以减少路基的冰冻深度，从而减轻冰冻的危害作用；减小路基顶面的压应力，并缓和路基不均匀变形对面层的影响；防水——在湿软土基上，铺筑开级配粒料基层，可以排除从路表面渗入面层板下的水分以及隔断地下毛细水上升；为面层施工（如立侧模，运送混凝土混合料等）提供方便；提高路面结构的承载能力，延长路面的使用寿命。

因此，除非土基本身就是有良好级配的砂砾类土，而且是良好排水条件的轻交通道路之外，都应设置基层。基层应具有足够的强度和稳定性，且表面平整。理论计算和实践都已证明，采用整体性好（具有较高的弹性模量如贫混凝土、沥青混凝土、水泥稳定碎石、石灰粉煤灰稳定碎石、级配碎石等）的材料修筑基层，可以确保混凝土路面良好的使用特性和延长路面的使用寿命。因为如果基层出现较大的塑性变形累积（主要在接缝附近），面层板将与之脱空，支承条件恶化，从而增加板的应力；同时，若基层材料中含有过多的细料，还将促使唧泥和错台等病害产生。

承受极重、特重或重交通荷载的路面，基层下应设置底基层；承受中等或轻交通荷载时，可不设底基层。当基层采用无机结合料稳定类材料，且上路床由细粒土组成时，应在基层下设置粒料类底基层。

各种基层和底基层的结构层适宜压实厚度，应按所选集料的公称最大粒径和压实效果的要求而定。基层厚度以 20cm 左右为宜。研究资料表明，用较厚的基层来提高土基的承载力，或是用以降低面层应力及减薄面层厚度一般是不经济的。但随着稳定类基层厚度的减小，基层底面的拉应力随之增大，因此基层厚度不宜太薄。各类基层适宜厚度的范围见表 12-2。

表 12-2 各类基层适宜厚度的范围

材料种类		适宜施工层厚（mm）
贫混凝土、辗压混凝土		120～200
无机结合料稳定粒料		150～200
沥青混凝土	集料公称最大粒径 9.5mm	25～40
	集料公称最大粒径 13.2mm	35～65
	集料公称最大粒径 16mm	40～70
	集料公称最大粒径 19mm	50～75
沥青稳定碎石	集料公称最大粒径 19mm	
	集料公称最大粒径 26.5mm	75～100
多孔隙水泥稳定碎石		100～150
级配碎石、未筛分碎石、级配砾石或碎砾石		100～200

基层宽度应比混凝土路面板每侧各宽出25～50cm，或与路基同宽，以供施工时安装模板，并防止路面边缘渗水至土基而导致路面破坏。

五、面层板

1. 面层混凝土材料的要求

修筑水泥混凝土面层所用的混合料，比其他结构物所使用的混合料要有更高的要求，因为受到动荷载的冲击、摩擦和反复弯曲作用，同时还受到湿度和温度反复变化的影响。面层混合料必须具有较高的抗弯拉强度和耐磨性，良好的耐冻性以及尽可能低的膨胀系数和弹性模量。此外，新拌混合料还应有适当的施工和易性，一般规定其坍落度为0～30mm，工作度约30s。在施工时，应力求混凝土强度满足设计要求。通常，要求面层混凝土的28d抗弯拉强度达到4.0～6.0MPa，28d抗压强度达到30～35MPa。

混凝土混合料中的粗集料（>5mm）宜选用岩浆岩或未风化的沉积岩碎石。采用连续级配的集料，混凝土的和易性和均匀性较好；采用间断级配的集料则强度较高。粗集料应质地坚硬、耐久、洁净，符合规定级配，最大粒径不应超过40mm。

混凝土中小于5mm的细集料可用天然砂。要求颗粒坚硬耐磨，具有良好的级配，表面粗糙而有棱角，清洁和有害杂质含量少，细度模数在2.5以上。

面层混凝土一般使用普通硅酸盐水泥。水泥混凝土的水泥用量为300～350kg/m^3。

拌制和养生混凝土用的水，以饮用水为宜。对工业废水、污水、海水、沼泽水、酸性水（pH<4）和硫酸盐含量较多（按SO_2计超过2.7mg/cm^3）的水，均不允许使用。混凝土的用水量为130～170L/m^3。

为保证混凝土具有足够的强度和密实度，水灰比应为0.40～0.55。水灰比低时混凝土和易性差，可添加塑化剂或减水剂。混合料的含砂率一般为28%～33%。

2. 面层板厚度

理论分析表明，轮载作用于板中部时，板所产生的最大应力约为轮载作用于板边部时的2/3。因此，面层板的横断面应采用中间薄两边厚的形式，以适应荷载应力的变化。一般边部厚度较中部约厚25%，是从路面最外两侧板的边部，在0.6～1.0m宽度范围内逐渐加厚。但是厚边式路面对土基和基层的施工带来不便；而且使用经验也表明，在厚度变化转折处，易引起板的折裂。因此，目前国内外常采用等厚式断面。混凝土面层板厚度的参考范围见表12-3。

表12-3　水泥混凝土面层厚度（mm）的参考范围表

<table>
<tr><td>交通荷载等级</td><td>极重</td><td colspan="4">特重</td><td colspan="4">重</td></tr>
<tr><td>公路等级</td><td>—</td><td>高速</td><td colspan="2">一级</td><td>二级</td><td>高速</td><td colspan="2">一级</td><td>二级</td></tr>
<tr><td>变异水平等级</td><td>低</td><td>低</td><td>中</td><td>低</td><td>中</td><td>低</td><td>中</td><td>低</td><td>中</td></tr>
<tr><td>面层厚度</td><td>≥320</td><td>320～280</td><td>300～260</td><td colspan="3">280～240</td><td>270～230</td><td colspan="2">260～220</td></tr>
<tr><td>交通荷载等级</td><td colspan="6">中等</td><td colspan="3">轻</td></tr>
<tr><td>公路等级</td><td colspan="2">二级</td><td colspan="4">三、四级</td><td colspan="3">三、四级</td></tr>
<tr><td>变异水平等级</td><td>高</td><td>中</td><td colspan="2">高</td><td colspan="2">中</td><td>高</td><td colspan="2">中</td></tr>
<tr><td>面层厚度</td><td>250～220</td><td colspan="2">240～210</td><td colspan="3">230～200</td><td>220～190</td><td colspan="2">210～180</td></tr>
</table>

混凝土面层板应保证具有足够的强度、耐久性、表面平整、耐磨、抗滑。混凝土面板的抗滑标准以使用初期的构造深度为指标。路面表面构造应采用刻槽、压槽、拉槽或拉毛等方法制作。

六、路肩和排水

水泥混凝土路面的路间铺面结构应具有一定的承载能力，其结构层组合和材料选用应与行车道路面相协调，并能保证进入路面结构中的水的排除。路间铺面可选用水泥混凝土面层或沥青面层。路肩水泥混凝土面层的厚度通常采用与行车道面层等厚，其基层宜与行车道基层相同。选用薄面层时，其厚度不宜小于150mm，基层应采用开级配粒料。路肩沥青面层宜选用密实型沥青混合料。其基层可选用无机结合料稳定粒料或级配粒料。行车道路面结构不设内部排水设施时，沥青面层和不透水基层的总厚度不宜超过行车道面层的厚度，基层下应选用透水性粒料填筑。

水泥混凝土路面的排水应根据道路等级、地形、地质、气候、年降雨量、地下水等条件，结合路基排水进行设计，使之形成良好的排水系统，确保排水畅通、路基路面稳定和行车安全。行车道路面结构应设置双向或单向横坡，坡度为1%～2%。路肩的横向坡度值应比行车道路面的坡度值大1%～2%。行车道路面结构设置排水基层或垫层时，应在排水基层或垫层外侧边缘设置纵向集水沟和带孔集水管，并间隔50～100m设置横向排水管。排水基层的纵向边缘集水沟，硬路肩采用水泥混凝土面层时，可设在路肩下或路肩外侧边缘内；硬路肩采用沥青面层时，可设在路肩内侧边缘内。排水垫层的纵向边缘集水沟设在路床边缘。

第二节　水泥混凝土路面板厚设计

一、设计理论与计算模型

水泥混凝土路面板具有较高的力学强度，在车轮荷载作用下变形小，同时按照现行的设计理论，混凝土板工作在弹性阶段，基层和土基所承受荷载单位应力及产生的变形也微小，它们也都工作于弹性阶段。同时，由于混凝土板与基层或土基之间的摩阻力一般不大，所以在力学图式上，可把水泥混凝土路面结构看作是弹性地基上的小挠度薄板，用弹性地基板理论进行分析计算。因此，我国现行《公路水泥混凝土路面设计规范》（JTG D40）规定，水泥混凝土路面结构分析采用弹性地基板理论。

按基层和面层类型和组合的不同，路面结构分析可分别采用下述力学模型：

（1）弹性地基单层板模型——适用于粒料基层上混凝土面层，旧沥青路面加铺混凝土面层；面层板底面以下部分按弹性地基处理。

（2）弹性地基双层板模型——适用于无机结合料类基层或沥青类基层上混凝土面层，旧混凝土路面上加铺分离式混凝土面层；面层和基层或者新旧面层作为双层板，基层底面以下或者旧面层底面以下部分按弹性地基处理。

（3）复合板模型——适用于两层不同性能材料组成的面层或基层复合板。旧混凝土路面上加铺结合式混凝土面层，两层不同性能材料组成的层间黏结的面层，作为弹性地基上的单层板或者弹性地基上双层板的上层板；无机结合料类基层或沥青类基层与无机结合料类底基层组成的基层，作为弹性地基上双层板的下层板。

混凝土面层板的临界荷位处位于纵缝边缘中部。基层板的临界荷位与面层板相同。

二、设计依据与设计参数

（一）设计依据

1. 设计安全等级和目标可靠度

水泥混凝土路面结构的设计安全等级及相应的设计基准期、目标可靠指标和目标可靠度，应符合表12-4的规定。各安全等级路面的材料性能和结构尺寸参数的变异水平可分为低、中和高三级，应按公路等级以及所采用的施工技术和所能达到的施工质量控制和管理水平，通过调研确定变异水平等级和相应的变异系数，高速公路、一级公路的变异水平等级宜为低级，二级公路的变异水平等级应不大于中级。确有困难时可按表12-5规定的主要设计参数变异系数范围选择相应的变异系数。

表12-4　可靠度设计标准

公路等级	高速	一级	二级	三级	四级
安全等级	一级		二级	三级	
设计基准期（a）	30		20	15	10
目标可靠度（%）	95	90	85	80	70
目标可靠指标	1.64	1.28	1.04	0.84	0.52

表12-5　变异系数 C_v 的变化范围

变异水平等级	低	中	高
水泥混凝土弯拉强度	$0.05 \leqslant C_v \leqslant 0.10$	$0.10 < C_v \leqslant 0.15$	$0.15 < C_v \leqslant 0.20$
基层顶面当量回弹模量	$0.15 \leqslant C_v \leqslant 0.25$	$0.25 < C_v \leqslant 0.35$	$0.35 < C_v \leqslant 0.55$
水泥混凝土面层厚度	$0.02 \leqslant C_v \leqslant 0.04$	$0.04 < C_v \leqslant 0.06$	$0.06 < C_v \leqslant 0.08$

2. 水泥混凝土路面板厚设计的极限状态

水泥混凝土路面结构设计应以面层板在设计基准期内，在行车荷载和温度梯度综合作用下，不产生疲劳断裂作为设计标准；并以最重轴载和最大温度梯度综合作用下，不产生极限断裂作为验算标准。其极限状态设计表达式可分别采用式（12-1）和式（12-2）。

$$\gamma_r(\sigma_{pr}+\sigma_{tr}) \leqslant f_r \tag{12-1}$$

$$\gamma_r(\sigma_{p,max}+\sigma_{t,max}) \leqslant f_r \tag{12-2}$$

式中　σ_{pr}——面层板在临界荷位处产生的行车荷载疲劳应力（MPa），计算方法见式(12-16)；

σ_{tr}——面层板在临界荷位处产生的温度梯度疲劳应力（MPa），计算方法见式(12-28)；

$\sigma_{p,max}$——最重的轴载在临界荷位处产生的最大荷载应力（MPa），计算方法见式(12-22)；

$\sigma_{t,max}$——所在地区最大温度梯度在临界荷位处产生的最大温度翘曲应力（MPa），计算方法见式（12-30）；

γ_r——可靠度系数，依据所选目标可靠度、变异水平等级及变异系数通过计算确定（表 12-6）；

f_r——水泥混凝土弯拉强度标准值（MPa），按表 12-9 取值。

表 12-6　可靠度系数 γ_r

变异水平等级	目标可靠度（%）			
	95	90	85	80～70
低	1.20～1.33	1.09～1.16	1.04～1.08	—
中	1.33～1.50	1.16～1.23	1.08～1.13	1.04～1.07
高	—	1.23～1.33	1.13～1.18	1.07～1.11

注：变异系数接近表 12-5 下限时，可靠度系数取低值；接近上限时，取高值。

贫混凝土或碾压混凝土基层应以设计基准期内行车荷载不产生疲劳断裂作为设计标准。其极限状态设计表达式可采用式（12-3）。

$$\gamma_r \sigma_{bpr} \leqslant f_{br} \tag{12-3}$$

式中　σ_{bpr}——基层内产生的行车荷载疲劳应力（MPa），计算方法见式（12-24）；

f_{br}——基层材料的弯拉强度标准值（MPa）。

（二）设计参数

1. 标准轴载与轴载换算

水泥混凝土路面结构设计以汽车轴重为 100kN 的单轴双轮组荷载作为标准轴载，并以水泥混凝土面板底面的弯拉应力为指标进行轴载换算。对于各种不同汽车轴载的作用次数，可按等效疲劳损坏原则换算成标准轴载的作用次数，并根据标准轴的作用次数判断道路的交通繁重程度。

① 以轴型为基础的换算方法

各类车辆按轴型称重和统计时，可采用以轴型为基础的轴载当量换算系数法计算分析设计车道使用初期的设计轴载日作用次数。随机统计 3000 辆 2 轴 6 轮及以上车辆中单轴、双联轴和三联轴等不同轴型出现的单轴次数，并分别称取其单轴轴重。可按单轴轴重级位统计整理后得到轴载谱，并按式（12-4）计算确定不同轴重级位的设计轴载当量换算系数。

$$k_{p,i} = \left(\frac{P_i}{P_s}\right)^{16} \tag{12-4}$$

式中　$k_{p,i}$——不同单轴轴重级位 i 的设计轴载当量换算系数；

P_i——单轴级位 i 的轴重（kN）；

P_s——设计轴载的轴重（kN）；

16——轴载换算指数。

依据单轴轴载谱和相应的设计轴载当量换算系数，可按式（12-5）计算得到设计车道使用初期的设计轴载日作用次数。

$$N_s = \text{ADTT}\,\frac{n}{3000}\sum_i k_{p,i} \times p_i \tag{12-5}$$

式中　N_s——设计车道的设计轴载日作用次数［轴次/（车道·日）］；

ADTT——设计车道的年平均日货车交通量［辆/（车道·日）］；

n——随机调查 3000 辆 2 轴 6 轮及以上车辆中出现的单轴总轴数；

p_i——单轴轴重级位 i 的频率（以分数计）。

② 以车辆类型为基础的换算方法

以车辆类型为基础进行各种轴型的轴载称重和统计时，可采用车辆当量轴载系数法计算分析设计车道使用初期的设计轴载日作用次数。

可将 2 轴 6 轮及以上车辆分为整车、半挂和多挂 3 大类，每类车再按轴数细分，分别按车型称重后得到单轴轴载谱。可由式（12-4）和式（12-6）计算得到各类车辆的设计轴载当量换算系数。

$$k_{p,k} = \sum_i k_{p,i} p_i \tag{12-6}$$

式中　$k_{p,k}$——k 类车辆的设计轴载当量换算系数；

p_i——k 类车辆单轴轴重级位 i 的频率（以分数计）。

依据调查所得的车辆类型组成数据，可按式（12-7）计算确定设计车道使用初期的设计轴载日作用次数。

$$N_s = \text{ADTT} \times \sum_k k_{p,k} p_k \tag{12-7}$$

式中　p_k——k 类车辆的组成比例（以分数计）。

2. 设计轴载累计作用次数及交通荷载分级

设计基准期内设计轴载累计作用次数与第一年的交通量、交通轴载组成和交通量的预测增长情况等因素有关。同时应对上述交通进行详细调查、观测与预测。然后根据所得到的交通资料，按下式计算确定设计基准期内水泥混凝土面层临界荷位处所承受的标准轴载累计作用次数 N_e。

$$N_e = \frac{N_s \times [(1+g_r)^t - 1] \times 365}{g_r}\eta \tag{12-8}$$

式中　N_e——设计基准期内设计车道所承受的设计轴载累计次数（轴次/车道）；

t——设计基准期（a）；

g_r——基准期内货车交通量的年平均增长率（以分数计）；

η——临界荷位处的车辆轮迹横向分布系数，按表 12-7 选用。

车辆轮迹仅具有一定的宽度（一侧轮迹通常为 50cm 左右——包括轮胎宽 2×20cm 和轮隙 10cm），车辆通过设计车道时只能覆盖一小部分的宽度，因此，车道横断面上各点所受到的轴载作用次数仅为通过该断面的总作用次数中的一部分。η 的取值根据公路等级见表2-12-7。

表 12-7　车辆轮迹横向分布系数

公路等级		纵缝边缘处
高速公路、一级公路、收费站		0.17～0.22
二级及二级以下公路	行车道宽＞7m	0.34～0.39
	行车道宽≤7m	0.54～0.62

注：车道、行车道较宽或者交通量较大时，取高值；反之，取低值。

水泥混凝土路面承受的交通荷载作用，按设计基准期内设计车道所承受的标准轴载累计作用次数 N_e。划分为五个等级，即极重交通、特重交通、重交通、中等交通、轻交通。具体分级见表 12-8。

表 12-8 交通荷载分级

交通荷载等级	极重	特重	重	中等	轻
设计基准期内设计车道临界荷位处承受设计轴载（100kN）累计作用次数 N_e（10^4 ）	$>1\times 10^6$	$1\times 10^6\sim 2000$	2000～100	100～3	<3

3. 基层顶面的当量回弹模量

（1）新建公路的基层顶面模量值

新建公路的板底地基当量回弹模量 E_t ，可按式（12-9）计算确定。

$$E_t = \left(\frac{E_x}{E_0}\right)^{\alpha} E_0 \tag{12-9}$$

$$\alpha = 0.86 + 0.26\ln h_x \tag{12-10}$$

$$E_x = \sum_{i=1}^{n}(h_i^2 E_i)/\sum_{i=1}^{n} h_i^2 \tag{12-11}$$

$$h_x = \sum_{i=1}^{n} h_i \tag{12-12}$$

式中 E_0 ——路床顶综合回弹模量（MPa）；

α——与粒料层总厚度 h_x 有关的回归系数，按式（12-10）计算；

E_x ——粒料层的当量回弹模量（MPa），按式（12-11）计算；

h_x ——粒料层总厚度（m），按式（12-12）计算；

n——粒料层的层数；

E_i 、h_i ——第 i 结构层的回弹模量（MPa）与厚度（m）。

（2）原有沥青路面顶面的地基综合当量回弹模量值

在旧沥青混凝土路面上铺筑水泥混凝土面层时，原沥青混凝土路面顶面的地基综合当量回弹模量 E_t可根据落锤式弯沉仪（荷载 50kN、承载板半径 150mm）的中心点弯沉的测定结果应按式（12-13），或根据贝克曼梁（后轴重 100kN 的车辆）的弯沉测定结果，按式（12-14）计算确定。

$$E_t = 18621/\omega_0 \tag{12-13}$$

$$E_t = 13739\,\omega_0^{-1.04} \tag{12-14}$$

$$\omega_0 = \bar{\omega} + 1.04\,s_w \tag{12-15}$$

式中 ω_0 ——路段代表弯沉值（0.01mm），按式（12-15）计算；

$\bar{\omega}$ ——路段弯沉平均值（0.01mm）；

s_w ——路段弯沉的标准差（0.01mm）。

4. 水泥混凝土的设计强度与弯拉弹性模量

水泥混凝土的设计强度应采用 28d 龄期的弯拉强度。各交通荷载等级要求的水泥混凝土弯拉强度标准值不得低于表 12-9 的规定。

表 12-9　混凝土弯拉强度标准值和弯拉弹性模量经验参考值

交通荷载分级	极重、特重、重	中等	轻
水泥混凝土的弯拉强度标准值（MPa）	≥5.0	4.5	4.0
弯拉弹性模量（GPa）	≥31	29	27
钢纤维混凝土的弯拉强度标准值（MPa）	≥6.0	5.5	5.0

三、荷载疲劳应力

1. 弹性地基单层板荷载应力

设计轴载在面层板临界荷位处产生的荷载疲劳应力 σ_{pr} 应按式（12-16）确定。

$$\sigma_{pr} = k_r\, k_f\, k_c\, \sigma_{ps} \tag{12-16}$$

式中　σ_{pr}——设计轴载在面层板临界荷位处产生的荷载疲劳应力（MPa）；

σ_{ps}——设计轴载在四边自由板的临界荷位处产生的荷载应力（MPa），按式(12-19)计算确定；

k_r——考虑接缝传荷能力的应力折减系数，采用混凝土路肩时，k_r=0.87～0.92（路肩面层与路面面层等厚时取低值，减薄时取高值）；采用柔性路肩或土路肩时，k_r=1；

k_c——考虑计算理论与实际差异以及动载等因素影响的综合系数，按公路等级查表 12-10确定。

k_f——考虑设计基准期内荷载应力累计疲劳作用的疲劳应力系数，可按式（12-17）计算。

$$k_f = N_e^{\lambda} \tag{12-17}$$

其中　N_e——设计基准期内设计轴载累计作用次数；

λ——材料疲劳指数，普通混凝土、钢筋混凝土、连续配筋混凝土 λ=0.057；碾压混凝土和贫混凝土 λ=0.065；刚纤维混凝土，λ 按下式计算确定；

$$\lambda = 0.053 - 0.017\,\rho_f\,\frac{l_f}{d_f} \tag{12-18}$$

其中　ρ_f——钢纤维的体积率（%）；

l_f——钢纤维的长度（mm）；

d_f——钢纤维的直径（mm）；

表 12-10　综合系数 k_c

道路等级	高速公路	一级公路	二级公路	三、四级公路
k_c	1.15	1.10	1.05	1.00

设计轴载在四边自由板临界荷位处产生的荷载应力 σ_{ps} 应按式（12-19）计算。

$$\sigma_{ps} = 1.47 \times 10^{-3}\, r^{0.70}\, h_c^{-2}\, P_s^{0.94} \tag{12-19}$$

$$r = 1.21\,(D_c / E_t)^{1/3} \tag{12-20}$$

$$D_c = \frac{E_c\, h_c^{\,3}}{12(1-\nu_c^2)} \tag{12-21}$$

式中　P_s——设计轴载的单轴重（kN）；

h_c、E_c、v_c——混凝土面层板的厚度（m）、弯拉弹性模量（MPa）、泊松比；

r——混凝土面层板的相对刚度半径（m），按式（12-20）计算；

D_c——混凝土面层板的截面弯曲刚度（MN·m），按式（12-21）计算；

E_t——板底地基当量回弹模量（MPa），新建公路按式（12-9）计算，旧柔性路面上加铺混凝土面层按式（12-13）或式（12-14）计算。

最重轴载在面层板临界荷位处产生的最大荷载应力，应按式（12-22）计算

$$\sigma_{p,max} = k_r k_c \sigma_{pm} \tag{12-22}$$

式中　$\sigma_{p,max}$——最重轴载 P_m 在面层板临界荷位处产生的最大荷载应力（MPa）；

σ_{pm}——最重轴载 P_m 在四边自由板临界荷位处产生的最大荷载应力（MPa），按式（12-19）计算，式中的设计轴载 P_s 改为最重轴载 P_m（以单轴计，kN）。

2. 弹性地基双层板荷载应力

面层板或上面层板的荷载疲劳应力 σ_{pr} 应按式（12-16）计算。其中，荷载疲劳应力系数 k_f、应力折减系数 k_r 和综合系数 k_c 的确定方法，与单层板的相同；设计轴载 P_s 在上层板临界荷位处产生的荷载应力 σ_{ps} 应按式（12-23）确定。

$$\sigma_{ps} = \frac{1.45 \times 10^{-3}}{1 + D_b / D_c} r_g^{0.65} h_c^{-2} P_s^{0.94} \tag{12-23}$$

$$D_b = \frac{E_b h_b^3}{12(1 - \nu_b^2)} \tag{12-24}$$

$$r_g = 1.21 \left[(D_c + D_b) / E_t \right]^{1/3} \tag{12-25}$$

式中　D_b——下层板的截面弯曲刚度（MN·m），按式（12-24）计算；

h_b、E_b、ν_b——下层板的厚度（m）、弯拉弹性模量（MPa）和泊松比；

r_g——双层板的总相对刚度半径（m），按式（12-25）计算；

h_c、D_c——上层板的厚度（m）和截面弯曲刚度（MN·m），按式（12-21）计算。

贫混凝土或碾压混凝土基层板或者下面层板的荷载疲劳应力，应按式（12-26）计算。其中，疲劳应力系数 k_f 和综合系数 k_c 的确定方法与单层板的确定方法相同；设计轴载 P_s 在下层板临界荷位处产生的荷载应力应按式（12-27）计算。

$$\sigma_{bpr} = k_f k_c \sigma_{bps} \tag{12-26}$$

$$\sigma_{bps} = \frac{1.41 \times 10^{-3}}{1 + D_c / D_b} r_g^{0.68} h_b^{-2} P_s^{0.94} \tag{12-27}$$

式中　σ_{bpr}——下层板的荷载疲劳应力（MPa）；

σ_{bps}——设计轴载 P_s 在下层板临界荷位处产生的荷载应力（MPa）。

最重轴载在上层板临界荷位处产生的最大荷载应力应按式（12-22）计算。其中，应力折减系数 k_r 和综合系数 k_c 应按式（12-16）的规定确定；最重轴载在四边自由板临界荷位处产生的最大荷载应力应按式（12-23）计算，式中的设计轴载 P_s 改为最重轴载 P_m（以单轴计，kN）。

3. 复合板荷载应力

略。

四、温度疲劳应力分析

1. 弹性地基单层板温度应力

水泥混凝土面层板内的温度梯度经历着年变化和日变化，水泥混凝土面层板内温度梯度的日变化可近似地用半正弦曲线表征。并可以按各地的太阳辐射热年变化规律推演出温度梯度的变化，进而为不同的路面结构分析出相应的温度应力变化。依据等效疲劳损伤的原则，可以寻求温度疲劳应力值，它所产生的疲劳损伤量，与年变化的温度应力所产生的累计疲劳损伤量相等。经计算分析，在临界荷位处产生的温度疲劳应力 σ_{tr} 可用下式计算：

$$\sigma_{tr} = k_t \sigma_{t,max} \tag{12-28}$$

式中 σ_{tr}——面层板临界荷位处的温度疲劳应力（MPa）；

k_t——温度疲劳应力系数，可按式（12-29）确定。

$$k_t = \frac{f_r}{\sigma_{t,max}}\left[a_t\left(\frac{\sigma_{t,max}}{f_r}\right)^{b_t} - c_t\right] \tag{12-29}$$

其中 a_t、b_t和 c_t——回归系数，按所在地区的公路自然区划查表 12-11 确定。

表 12-11 回归系数 a_t、b_t和 c_t

系数	公路自然区划					
	Ⅱ	Ⅲ	Ⅳ	Ⅴ	Ⅵ	Ⅶ
a_t	0.828	0.855	0.841	0.871	0.837	0.834
b_t	1.323	1.355	1.323	1.287	1.382	1.270
c_t	0.041	0.041	0.058	0.071	0.038	0.052

$\sigma_{t,max}$——最大温度梯度时面层板的温度翘曲应力（MPa），可按式（12-30）确定。

$$\sigma_{t,max} = \frac{\alpha_c E_c h_c T_g}{2} B_L \tag{12-30}$$

式中 α_c——混凝土的线膨胀系数（1/℃），根据粗集料的岩性确定，通常可取 10×10^{-6} /℃；

T_g——公路所在地 50 年一遇的最大温度梯度，可按照公路所在地的公路自然区划，查表 12-12 取用；

表 12-12 最大温度梯度标准值 T_g

公路自然区划	Ⅱ、Ⅴ	Ⅲ	Ⅳ、Ⅵ	Ⅶ
最大温度梯度（℃/m）	83～88	90～95	86～92	93～98

注：海拔高时，取高值；湿度大时，取低值。

B_L——综合温度翘曲应力和内应力的温度应力系数，可式（12-31）确定；

$$B_L = 1.77 e^{-4.48h_c} C_L - 0.131(1 - C_L) \tag{12-31}$$

$$C_L = 1 - \frac{\sinh t\cos t + \cosh t\sin t}{\cos t\sin t + \sinh t\cosh t} \tag{12-32}$$

$$t = \frac{L}{3r} \tag{12-33}$$

式中 C_L——混凝土面层板的温度翘曲应力系数，按式（12-32）计算；

L——面层板的横缝间距，即板长（m）；

r——面层板的相对刚度半径（m）。

2. 弹性地基双层板温度应力

上层板的温度疲劳应力σ_{tr}、最大温度翘曲应力$\sigma_{t,max}$、综合温度翘曲应力和内应力作用的温度应力系数B_L的计算式与单层板的相同，应分别按式（12-28）、式（12-30）、式（12-32)计算，式（12-32）中的温度翘曲应力系数C_L应按式（12-34）计算。下层板的温度疲劳应力不需计算分析。

上层板的温度翘曲应力系数C_L应按式（12-34）计算。

$$C_L = 1 - \left(\frac{1}{1+\xi}\right)\frac{\sinh t\cos t + \cosh t\sin t}{\cos t\sin t + \sinh t\cosh t} \tag{12-34}$$

$$t = \frac{L}{3r_g} \tag{12-35}$$

$$\xi = -\frac{(k_n r_g^4 - D_c)r_\beta^3}{(k_n r_\beta^4 - D_c)r_g^3} \tag{12-36}$$

$$r_\beta = \left\{\frac{D_c D_b}{(D_c + D_b)k_n}\right\}^{\frac{1}{4}} \tag{12-37}$$

$$k_n = \frac{1}{2}\left(\frac{h_c}{E_c} + \frac{h_b}{E_b}\right)^{-1} \tag{12-38}$$

式中 ξ——与双层板结构有关的参数，按式（12-36）计算；

r_β——层间接触状况参数（m），按式（12-37）计算；

k_n——面层与基层之间竖向接触刚度，上下层之间不设沥青混凝土夹层或隔离层时按式（12-38）计算，设沥青混凝土夹层或隔离层时，k_n取3000MPa/m。

3. 复合板温度应力

略。

五、设计方法与步骤

混凝土板厚度计算流程：

1. 按第一节进行行车道路面结构的组合设计，初拟路面结构，包括路床、垫层、基层和面层的材料类型和厚度，并按表12-3所列的水泥混凝土面层厚度建议范围，依据交通等级、公路等级和所选变异水平等级初选混凝土板厚度。

2. 按照初拟路面结构的组合情况，选择相应的结构分析模型。

3. 分别计算混凝土面层板（单层板或双层板的面层板）的最重轴载产生的最大荷载应力、设计轴载产生的荷载疲劳应力、最大温度梯度产生的最大温度应力及温度疲劳应力。

4. 当荷载疲劳应力与温度疲劳应力之和与可靠度系数的乘积，小于且接近于混凝土弯拉强度标准值，同时，最大荷载应力与最大温度应力之和与可靠度系数的乘积，小于混凝土弯拉强度标准值，即满足式（12-1）和式（12-2）时，初选厚度可作为混凝土板的计算厚度。

5. 贫混凝土或碾压混凝土基层或者双层板的下面层板，需计算其荷载疲劳应力，并验算荷载疲劳应力与可靠度系数的乘积是否小于其材料的弯拉强度标准值，即应满足式（12-3）。

6. 若不能同时满足式（12-1）及式（12-2），则应改选混凝土面层板厚度或（和）整调基层类型或（和）厚度，重新计算，直到同时满足式（12-1）及式（12-2）。

7. 计算厚度加 6mm 磨损厚度后，应按 10mm 向上取整，作为混凝土面层的设计厚度。

第三节　水泥混凝土路面接缝构造设计

水泥混凝土面层是由一定厚度的混凝土板所组成，它具有热胀冷缩的性质。由于一年四季气温的变化，混凝土板会产生不同程度的膨胀和收缩。而在一昼夜中，白天气温升高，混凝土板顶面温度较底面为高，这种温度坡差会形成板的中部隆起的趋势。夜间气温降低，板顶面温度较底面为低，会使板的周边和角隅发生翘起趋势。

为避免这些缺陷，混凝土路面不得不在纵横两个方向设置许多接缝，把整个路面分割成许多板块。接缝设计主要内容是确定接缝的构造、布置、间距。接缝设计要能实现三方面的要求：(1) 控制温度收缩应力和翘曲应力引起的裂缝出现位置；(2) 通过接缝能提供一定的荷载传递能力；(3) 防止坚硬的杂物落入接缝缝隙内和路表水的渗入。为此，设计时要考虑接缝设置位置、构造和缝隙的填封。

一、横缝的构造与布置

横向接缝共有三种：缩缝、胀缝和施工缝。缩缝保证板因温度和湿度的降低而收缩时沿该薄弱断面缩裂，从而避免产生不规则的裂缝。胀缝保证板在温度升高时能部分伸张，从而避免产生路面板在热天的拱胀和折断破坏，同时胀缝也能起到缩缝的作用。另外，混凝土路面每天完工以及因雨天或其他原因不能继续施工时，应做成施工缝的构造形式。

1. 缩缝的构造

缩缝一般采用假缝形式，如图 12-1 (b) 所示，即只在板的上部设缝隙，当板收缩时将沿此最薄弱断面有规则地自行断裂。缩缝缝隙宽 3～8mm，深度为板厚的 1/5～1/4，一般为 5～6cm，近年来国外有减小假缝宽度与深度的趋势。假缝缝隙内亦需浇灌填缝料，以防地面水下渗及杂物进入缝内。

由于缩缝缝隙下面板断裂面凹凸不平，能起一定的传荷作用，一般不必设置传力杆，但对交通繁重、收费广场或地质水文条件不良路段，也应在板厚中央设置传力杆。这种传力杆长度为 30～40cm，直径 14～16mm，每隔 30～60cm 设一根，如图 12-1 (a) 所示，一般全部锚固在混凝土内，以使缩缝下部凹凸面的传荷作用有所保证；但为便于板翘曲，有时也将传力杆半段涂以沥青，称为滑动传力杆，而这种缝称为翘曲缝。

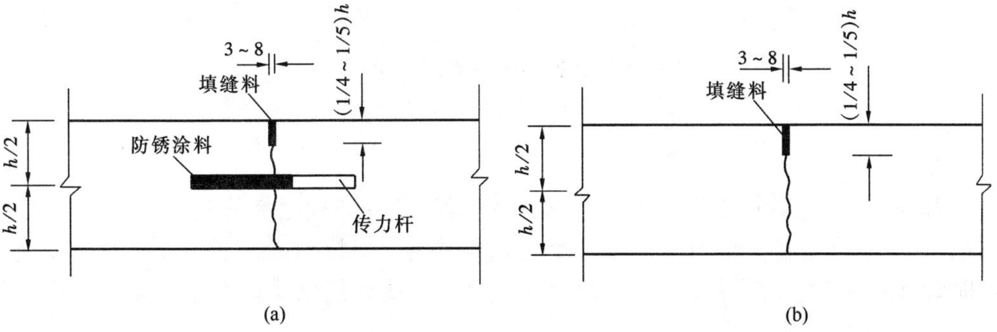

图 12-1　横向缩缝构造形式（单位：mm）

(a) 设传力杆假缝型；(b) 不设传力杆假缝型

2. 胀缝的构造

胀缝的缝隙宽 20～25mm。如施工时气温较高，或胀缝间距较短，应采用低限；反之用高限。缝隙上部 3～4cm 深度内浇灌填缝料，下部则设置富有弹性的嵌缝板，它可由油浸或沥青浸制的软木板制成。

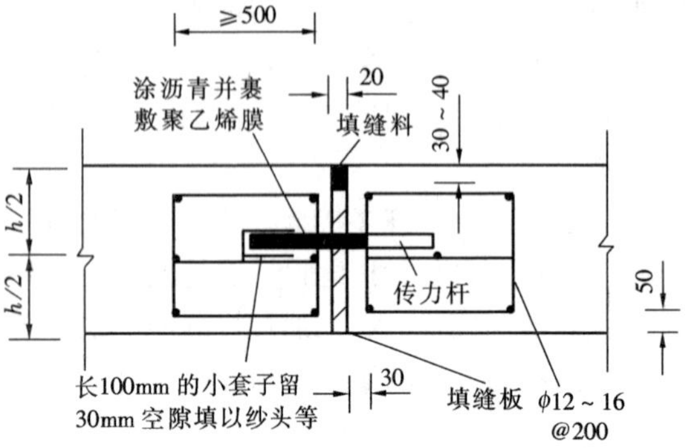

图 12-2　胀缝构造形式（单位：mm）

对于交通繁重的道路，为保证混凝土板之间能有效地传递荷载，防止形成错台，应在胀缝处板厚中央设置传力杆。传力杆一般为长 40～60cm，直径 20～25mm 的光圆钢筋，每隔 30～50cm 设一根。杆的半段固定在混凝土内，另半段涂沥青并套上长 8～10cm 的铁皮或塑料套筒，筒底与杆端之间留出宽 3～4cm 的空隙，并用木屑与弹性材料填充，以利板的自由伸缩，如图 12-2 所示。在同一条胀缝上的传力杆，设有套筒的活动端最好在缝的两边交错布置。

3. 施工缝的构造

施工缝采用平头缝或企口缝的构造形式。平头缝上部应设置深为 3～4cm，宽为 5～10mm 的沟槽，内浇灌填缝料。为利于板间传递荷载，在板厚的中央也应设置传力杆，如图 12-3（a）所示。传力杆长约 40cm，直径 20mm，半段锚固在混凝土中，另半段涂沥青或润滑油，亦称滑动传力杆。另一种形式是企口缝，如图 12-3（b）所示。

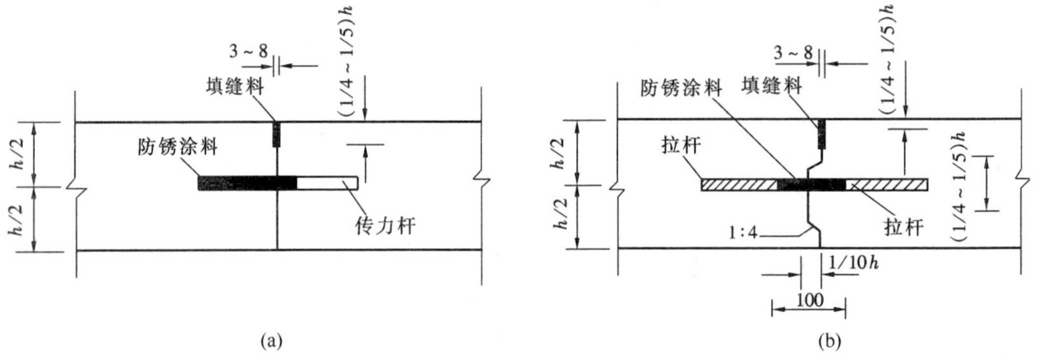

图 12-3　横向施工缝构造形式（单位：mm）

（a）设传力杆平缝型；（b）设传力杆企口缝型

4. 横缝的布置

横缝间距大小直接影响板内温度应力、接缝缝隙宽度和接缝传荷能力，一般取 4～6m。路面结构相对刚度半径大的可取高值；反之，取低值。即板越厚、基层顶面的回弹模量越小，横缝间距可越大。在昼夜气温变化较大的地区，或地质水文情况不良路段，应取低限值；反之，取高限。

在桥涵两端以及小半径平、竖曲线处应设置胀缝。胀缝是混凝土路面的薄弱环节，它不仅给施工带来不便，同时，由于施工时传力杆设置不当（未能正确定位），使胀缝处的混凝土常出现碎裂等病害；当雨水通过胀缝渗入地基后，易使地基软化，引起唧泥、错台等破坏；当砂石进入胀缝后，易造成胀缝处板边挤碎、拱胀等破坏。同时，胀缩容易引起行车跳动，其中的填缝料又要经常补充或更换，增加了养护的麻烦。因此，近年来国内外修筑的混凝土路面均有减少胀缝的趋势。但是，采用长间距胀缝或无胀缝路面结构时，需注意采取一些相应的措施，如增大基层表面的摩阻力，以约束板在高温或潮湿时伸长的趋势；在气温较高时施工，以尽量减少水泥混凝土板的胀缩幅度；相对地缩短缩缝间距，以便减小板的温度翘曲应力，缩小缩缝缝隙的拉宽度以提高传荷能力，并增进板对地基变形的适应性。

二、纵缝的构造与布置

纵缝应与路线中线平行，间距一般按 3～4.5m 设置，这对行车和施工都较方便。当双车道路面按全幅宽度施工时，纵缝可做成假缝形式。为防止板沿两侧路拱横坡松动拉开和形成错台，在纵缝的板厚中央应设置拉杆，拉杆间距 0.8m 左右，锚固在混凝土内，以保证两侧板不致被拉开而失掉缝下部的颗粒嵌锁作用，如图 12-4 所示。当按一个车道施工时，可做成平头式纵缝。为利于板间传递荷载，也可采用企口式纵缝，缝壁应涂沥青，缝的上部也应留有宽 6～8mm 的缝隙，内浇灌填缝料。

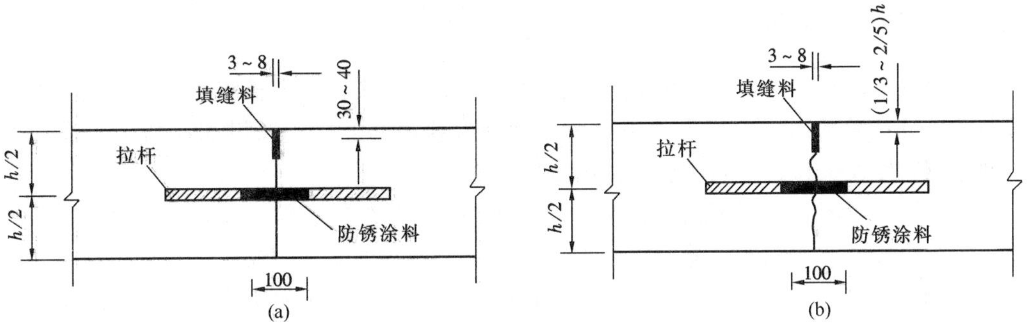

图 12-4　纵缝的构造形式（单位：mm）

（a）纵向施工缝；（b）纵向缩缝

三、纵、横缝的布置与补强钢筋

混凝土路面板的纵缝与横缝一般做成垂直正交，以改善其受力状况。如横缝在纵缝两旁错开，将导致板产生从横缝延伸出来的裂缝。一般将板宽和板长之比控制在 1∶1.3 左右。当采用板中计算厚度的等厚式板时，或混凝土板纵、横向自由边缘下的基础有可能产生较大的塑性变形时，应在其自由边缘和角隅处设置下述两种补强钢筋。

（1）边缘钢筋，一般用两根直径 12～16mm 的螺纹钢筋或圆钢筋，设在板的下部板厚的 1/4～1/3 处，且距边缘和板底均不小于 5cm，两根钢筋的间距不应小于 10cm，如图 12-5 所示。纵向边缘钢筋一般只做在一块板内，不得穿过缩缝，以免妨碍板的翘曲；但有时亦可将其穿过缩缝，但不得穿过胀缝。为加强锚固能力，钢筋两端应向上弯起。在横胀缝两侧板边缘以及混凝土路面的起始终端处，为加强板的横向边缘，亦可设置横向边缘钢筋。

（2）角隅钢筋，设置在胀缝两侧板的角隅处，一般可用两根直径 12～14mm、长 2.4m

的螺纹钢筋弯成如图 12-6 所示的形状。角隅钢筋应设在板的上部，距板顶面不小于 5cm，距胀缝和板边缘各为 10cm。钢筋布置在板的上下部，距板顶（底）5～7cm 为宜。

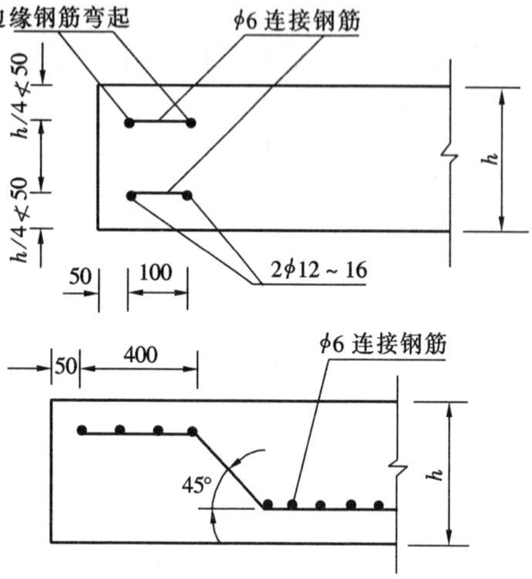

图 12-5　边缘钢筋布置（单位：mm）

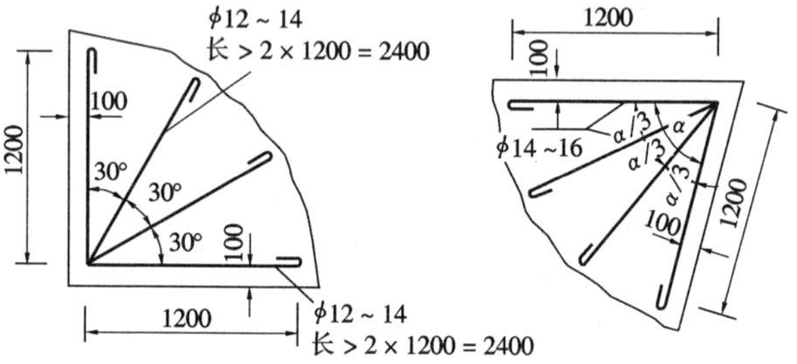

图 12-6　角隅钢筋的布置（单位：mm）

四、交叉口接缝布设

布设交叉口的接缝时，不能将交叉口孤立出来进行。应先分清相交道路的主次，保持主要道路的接缝位置和形式全线贯通。而后，考虑次要道路的接缝布设如何与主要道路相协调，并适当调整交叉口范围内主要道路的横缝位置。

两条道路正交时，各条道路的直道部分均保持本身纵缝的连贯，而相交路段内各条道路的横缝位置应按相对道路的纵缝间距做相应变动，保证两条道路的纵横缝垂直相交，互不错位。两条道路斜交时，主要道路的直道部分保持纵缝的连贯，而相交路段内的横缝位置应按次要道路的纵缝间距做相应变动，保证与次要道路的纵缝相连接。相交道路弯道加宽部分的接缝布置，应不出现或少出现错缝和锐角板。在次要道路弯道加宽段起终点断面处的横向接缝，应采用胀缝形式。膨胀量大时，应在直线段连续布置 2～3 条胀缝，并将胀缝设置在次要道路上。

五、特殊部位混凝土路面的处理

水泥混凝土路面与固定构造物相衔接的胀缝无法设置传力杆时，可在毗邻构造物的板端部内配置双层钢筋网；或在长度为 6～10 倍板厚的范围内逐渐将板厚增加 20%。水泥混凝土路面与桥梁相接，桥头设有搭板时，应在搭板与混凝土面层板之间设置长 6～10m 的钢筋混凝土面层过渡板。后者与搭板间的横缝采用设拉杆平缝形式，与混凝土面层间的横缝采用设传力杆胀缝形式。膨胀量大时，应连续设置 2～3 条设传力杆胀缝。当桥梁为斜交时，钢筋混凝土板的锐角部分应采用钢筋网补强。桥头未设搭板时，宜在混凝土面层与桥台之间设置长 10～15m 的钢筋混凝土面层板；或设置由混凝土预制块面层或沥青面层铺筑的过渡段，其长度不小于 8m。

水泥混凝土路面与沥青路面相接时，其间应设置至少 3m 长的过渡段。过渡段的路面采用两种路面呈阶梯状叠合布置，其下面铺设的变厚度混凝土过渡板的厚度不得小于200mm。过渡板与混凝土面层相接处的接缝内设置直径25mm、长700mm、间距400mm的拉杆。混凝土面层毗邻该接缝的1～2条横向接缝应设置胀缝，如图12-7所示。

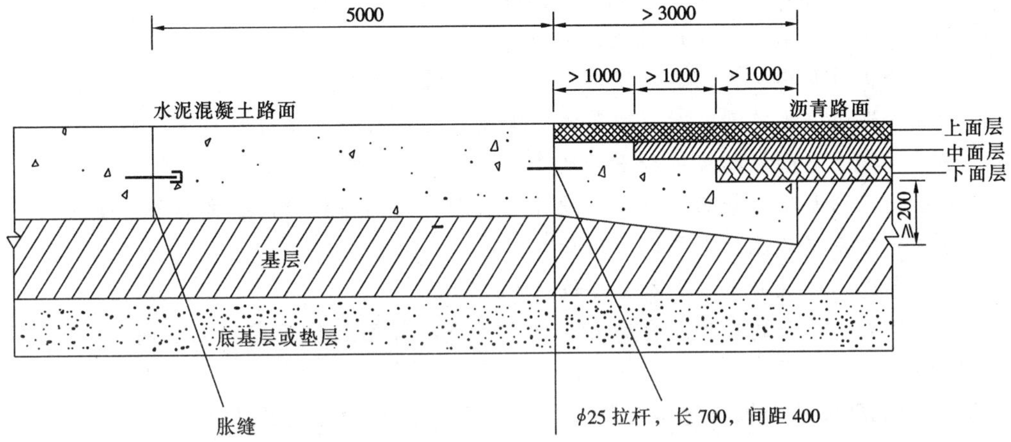

图12-7　混凝土路面与沥青路面相接段的构造布置（单位：mm）

六、接缝材料及技术要求

接缝材料按使用性能分接缝板和填缝料两类。接缝板要求能适应混凝土面板的膨胀与收缩，且施工时不变形、耐久性良好。填缝料要求能与混凝土面板缝壁黏结力强，且材料的回弹性好、能适应混凝土面板的膨胀与收缩、不溶于水、不渗水、高温时不溢出、低温时不脆裂和耐久性好。

接缝板可采用杉木板、纤维板、泡沫树脂板等。填缝料按施工温度分加热施工式和常温施工式两类。加热施工式填缝料主要由沥青橡胶类、聚氯乙烯胶泥类和沥青玛𤧛脂类等。常温施工式填缝料有聚氨酯胶泥类、氯丁橡胶类、乳化沥青橡胶类等。

本章小结　水泥混凝土路面板的刚度大，扩散荷载能力强，板下基础的模量大小对板内荷载应力值影响不显著。但不能忽视对路基和基（垫）层的要求，采用稳定性好、刚度及强度大的材料铺筑基层有利于保证路面整体强度，防止唧泥和错台等病害，延长路面使用寿命。各种接缝是水泥混凝土路面板的薄弱环节，对接缝的布置和构造设计以及边角加强等应予重视。

我国的路面设计规范采用弹性半无限地基板理论和有限元法计算板内荷载应力和温度翘曲应力，并按照等效疲劳损坏原则进行标准轴载换算。水泥混凝土路面结构的设计应考虑安全等级及相应的设计基准期、目标可靠指标和目标可靠度。

关键概念　水泥、路面、组合设计、接缝构造、混凝土

复习思考题

1. 水泥混凝土路面的主要损坏现象有哪些？在设计中是如何考虑的？

2. 如何分析计算路面板的荷载疲劳应力？

3. 如何分析计算路面板因温度变化而产生的胀缩应力和翘曲应力？

4. 设计水泥混凝土路面时对交通荷载的考虑与沥青路面相比有何异同？

5. 水泥混凝土路面板的厚度和平面尺寸是如何确定的？

6. 如何确定路面安全等级及相应的设计基准期、目标可靠指标和目标可靠度？

7. 如何确定基层顶面的当量回弹模量？

8. 怎样考虑水泥混凝土路面加铺层设计？

9. 水泥混凝土路面的结构组合特点如何？各层次作用及应考虑的主要因素与沥青路面有何不同？

10. 水泥混凝土路面板为何要划分板块（设缝）？依据的原则是什么？

11. 对路面混凝土的基本要求有哪些？

第十三章　道路排水设计

学　习　要　求

学习目标：了解道路排水的方法及各种设施。掌握道路排水设计的内容及要点。

学习重点：路基及路面排水设施的构造与布置。

学习难点：地下及路面排水设施的设计及设置。

学习安排：课内 4 学时。

路基和路面结构外露在地表，直接感受自然因素的影响。这些自然因素主要是温度和湿度，而湿度与道路排水能力密切相关。路基的各种病害和变形的产生，无不与地面水和地下水的浸湿和冲刷等破坏作用有关。要保证路基的稳定性，提高路基的强度和抗变形能力，防止地面水浸入路面，从而提高路面结构的强度和耐久性，延长路面使用寿命，必须做好道路的排水设计。在进行排水设计时，除应考虑道路等级、地形、气候、年降雨量、地下水等条件外，还必须将路面排水和路基排水结合起来综合考虑，使路基、路面形成良好的排水系统。

道路排水包括地面排水和地下排水。地面排水包括路面（含路肩、中央分隔带）排水、路基边坡排水、沟渠排水等。地下排水包括路基地下排水、中央分隔带地下排水、纵向填挖方交界处地下排水等。

第一节　路基排水设计

根据水源不同，影响路基的水流可分为地面水和地下水两类，相应的路基排水工程分为地面排水及地下排水两大类。地面水主要是由降水（雨和雪）形成的地面径流。地下水是埋藏在地表下面土中孔隙、岩石孔隙和裂隙中的水，地下水又可分为：

上层滞水：从地面渗入尚未深达下层的土中水。

层间水：在地面以下任何两个隔水层之间的含水层中的水。当地面低于水源时，它可以通过岩层裂隙冒出地面而成为泉水。

潜水：在地面以下第一个隔水层以上的含水层中的水，距地面较近，在重力作用下可沿土层流动。

暴雨径流、冰雪覆盖、上层滞水、潜水和泉水等均能软化路基以及冲刷甚至毁坏路基，造成路基的一系列病害。因此，在设计中，必须考虑将影响路基稳定的地面水加以拦截，排除于路基范围以外，并防止漫流、停滞或下渗。对于影响路基稳定的地下水，应注意予以截流、疏干、降低并引导至路基范围以外。

一、地表排水设施

常用的路基地表排水设施有边沟、截水沟、排水沟、跌水与急流槽等，必要时还有倒虹吸及积水池等。这些排水设备，分别设在路基的不同部位，各自的排水功能、布置要求和构造形式，均有所差异。

1. 边沟

边沟分为路堑边沟和路堤边沟，位于土路肩或护坡道外侧，用于汇集和排除路面、路肩及边坡的水。边沟走向多与路中线平行，紧靠路基，通常不允许其他排水沟渠的水流引入，亦不与其他人工沟渠合并使用。边沟不宜过长，尽量使边沟的水流就近排至路旁自然水沟或低洼地带，必要时增设涵洞，将边沟水经涵洞引至路基另一侧排出。

常用的边沟断面形式有：梯形、矩形、三角形、浅碟形、带盖板矩形、暗埋式边沟等，如图 13-1 所示。

土质或软弱石质边沟，一般用梯形，其底宽与深度 0.4～0.6m，高速公路、一级公路边沟的深度及底宽应不小于 0.6m，其他等级公路应不小于 0.4m。梯形边沟内侧边坡一般取 1∶1～1∶1.5，石质或铺砌加固时可采用直坡，外侧边坡通常与挖方边坡一致。边沟有可能被冲刷或兼作其他排水用途时，应加大边沟横断面尺寸，并进行防护。高速公路、一级公路土质边沟应全部进行防护，可采用浆砌片石、栽砌卵石、水泥混凝土预制块防护。砌筑用的砂浆强度：高速公路、一级公路采用 M7.5，其他等级公路采用 M5。

石质路段的边沟宜采用矩形断面形式，以减少沟顶宽度。当采用机械化施工时，土质边沟可采用三角形，其边坡为 1∶2～1∶3。三角形边沟的水流条件较差，流量较大时，沟深宜适当加大。浅碟形边沟是将路堤横断面的边角整修圆滑，以防止路基旁侧积沙或堆雪，适用于沙漠或积雪地区的路基。

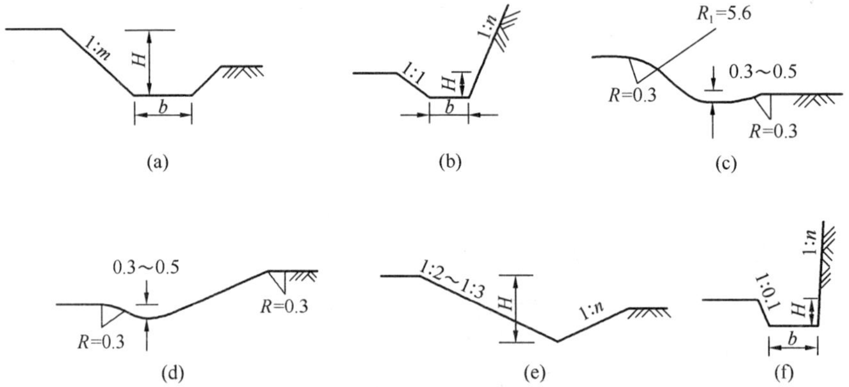

图 13-1　边沟横断面形式示意图（单位：m）

（a）梯形；（b）梯形；（c）浅碟形；（d）浅碟形；（e）三角形；（f）矩形

边沟应具有合适的纵坡，不宜过陡，以免水流冲刷造成损害；亦不宜过缓，造成水流不畅，形成阻滞和淤积。一般情况下，边沟纵坡以 1%～2%为宜，任何情况下均不应小于 0.3%～0.5%。

边沟不宜过长，一般不超过500m，多雨地区不宜超过300m，三角形边沟长度不宜超过200m。边沟出水口附近，水流冲刷比较严重，必须慎重布置和采取相应措施。边沟水流向桥涵进水口时，为避免边沟水流产生冲刷，应设置跌水和急流槽等构筑物，以降低水流落差。

2. 截水沟

截水沟又称天沟，一般设置在挖方路基边坡坡顶以外，或深路堑高边坡分台碎落台上，或高填方分台碎落台（亦称护坡道）上，或山坡路堤上方的适当地点。截水沟走向与路中线基本平行，用以拦截路基上方流向路基的地面径流，减轻边沟的水流负担，保护挖方边坡和填方坡脚不受水流冲刷。降水量较少或坡面坚硬边坡较低，以至冲刷影响不大的地段，可以不设截水沟；反之，如果降水量较多，且暴雨频率较高，山坡覆盖层比较松软，坡面较高，水土流失比较严重的地段，必要时可设置两道或多道截水沟。

截水沟应根据地形条件及汇水面积等进行设置，挖方路基的堑顶截水沟应设置在坡口5m以外，并宜结合地形进行布设，如图13-2所示。

填方路段斜坡上方的路堤截水沟距路堤坡脚的距离，应不小于2.0m，并做成2%的向沟倾斜的横坡，确保路堤不受水害，如图13-3所示。截水沟下方一侧，可堆置挖沟的弃方，要求做成顶部向沟倾斜2%的土台。

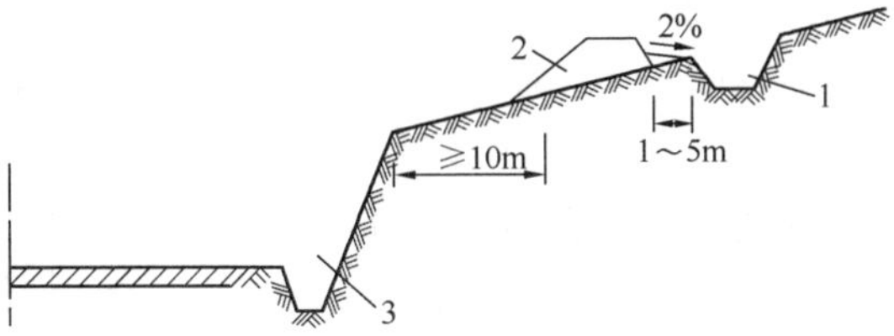

图13-2　挖方路基截水沟示意图

1—截水沟；2—土台；3—边沟

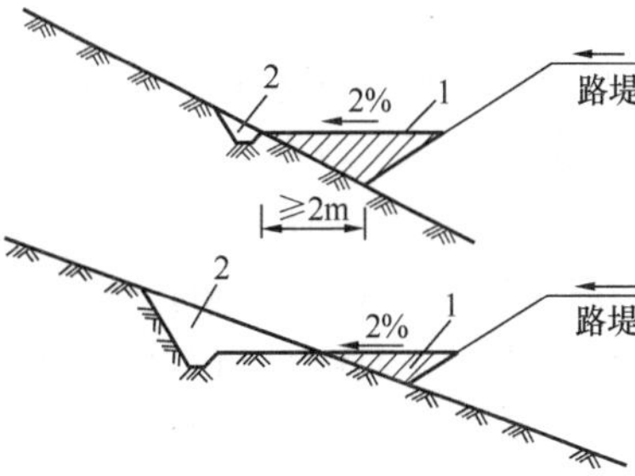

图13-3　填方路段截水沟示意图

1—土台；2—截水沟

截水沟的横断面形式及尺寸应结合设置位置、排水量、地形及边坡情况确定，一般为梯形，沟的边坡坡度因岩土条件而定，一般采用1∶1.0～1∶1.5，沟底宽度不小于0.5m，沟深应按设计流量确定，但不应小于0.5m，截水沟长度一般以200～500m为宜。

截水沟沟底应具有0.3%以上的纵坡，当条件允许时，纵坡应适当加大，亦不宜超过3%；否则，应进行加固和铺砌。沟底和沟壁要求平整密实、不滞水、不渗水，当边坡较高，且地质不良时予以加固。

截水沟的位置，应尽量与绝大多数地面水流方向垂直，以提高沟的拦截效能及缩短沟长。截水沟应保证水流通畅，并就近引入自然河沟内排出，必要时配以急流槽或涵洞等泄水构造物，将水流引入指定地点。截水沟水流不应引入边沟，当必须引入时，应增大边沟横断面，并进行防护。

3. 排水沟

排水沟主要用于排除来自边沟、截水沟、取（弃）土场和路基附近低洼处汇集的水或其他水源的水流，并将其引至桥涵或路基范围以外的指定地点。当路线受到多段沟渠或水道影响时，为保证路基不受水害，可设置排水沟或改移河道，以调节水流，整治水道。

排水沟的横断面形式，一般采用梯形，尺寸大小应经水力水文计算确定。其横断面尺寸应经过水力水文计算选定，用于边沟、截水沟及取土坑出水口的排水沟由于流量较小，不需特别计算，但深度与底宽不宜小于 0.5m，土沟的边坡坡度为 1∶1.0～1∶1.5，石质排水沟或加固排水沟，可采用矩形断面形式。

排水沟的位置，可根据需要并结合当地地形、地质条件而定。高速公路、一级公路通过耕地、居民区的填方路基宜设坡脚排水沟。路堤边坡设急流槽地段，排水沟距路基坡脚距离不宜小于 2.0m。边坡平台设排水沟时，平台应做成 2%～5%向内侧倾斜的排水坡度。排水沟可采用三角形或梯形横断面，当水量大时，宜设置 30cm×30cm 的矩形、三角形或 U 形排水沟，排水沟可用水泥混凝土预制构件拼装，沟壁厚度 5～10cm。

排水沟水流注入其他沟渠或水道时，应使原水道不产生冲刷或淤积。通常应使排水沟与原水道两者成锐角相交，即交角不大于 45°，有条件时可用半径 $R=10b$（b 为沟顶宽）的圆曲线朝向下游与其他水道相接。

排水沟应具有合适的纵坡，以保证水流畅通，但不致流速过大而产生冲刷，亦不可流速过小而产生淤积，因此宜通过水文水利计算而确定。一般情况下，可取 0.5%～1.0%，不小于 0.3%，亦不宜大于 3%，如果大于 3%，应对排水沟进行加固处理。

4. 跌水与急流槽

跌水与急流槽均为人工排水沟渠的特殊形式，用于纵坡大于 10%，水头高差大于 1.0m 的陡坡地段或特殊陡坎地段，是山区公路路基排水常见的结构物。由于纵坡陡、水流速度快、冲刷力大，要求跌水与急流槽的结构物必须稳固耐久，通常应采用浆砌块石或水泥混凝土预制块砌筑，并具有相应的防护加固措施。

跌水的构造，有单级和多级之分，沟底有等宽和变宽之别。单级跌水一般用于沟渠连接处，此处水位落差较大，需要消能或改变水流流向，多级跌水底宽和每级长度，依地形与需要而定，可以相等，也可以做成变宽或长度与高度不等的形式。较长陡坡地段的沟渠，为减缓水流速度，应予以消能，可采用多级跌水。

急流槽的纵坡比跌水的平均纵坡更陡，要求坚固耐用。主要用于山区公路回头曲线处，是沟通上下路基排水及沟渠出水口的一种常见排水设施。急流槽主体部分的纵坡，依地形而定，一般可达 67%（1∶1.5），如果地质条件良好，需要时还可更陡，但结构要求更严，造价亦相应提高，设计时应通过比较而定。

5. 倒虹吸与渡水槽

当水流需要横跨路基，同时受到设计高程的限制时，可以采用管道或沟槽，从路基底部或上部架空跨越，前者称倒虹吸，后者为渡水槽，分别相当于涵洞和渡水桥，两者均属于路基地面排水的特殊结构物，并且大都是配合农田水利所需而设置的。

二、地下排水设施

路基及边坡土体中的上层滞水、潜水、承压水，称为地下水。当地下水影响路基稳定或强度时，应设置暗沟、渗沟、渗井、渗水隧道或仰斜式排水管等地下排水设施，拦截、引排含水层的地下水，降低地下水位或疏干坡体内地下水。应根据地下水类型、含水层埋藏深度、地层渗透性、地下水对环境的影响，并考虑与地表排水设施协调等，选用适宜的地下排水设施，并应符合以下规定：

（1）有地下水出露的挖方路基、斜坡路堤、路基填挖交替地段，当地下水埋藏浅或无固定含水层时，宜采用渗沟。

（2）赋存有地下水的坡面，当坡体土质潮湿、无集中的地下水流但危及路基安全时宜设置边坡渗沟或支撑渗沟。

（3）当地下水埋藏深或为固定含水层时，可采用渗水隧洞、渗井。渗井宜用于地下含水层较多，但路基水量不大，且渗沟难以布置的地段。

（4）路基基底范围有泉水外涌时，宜设置暗沟（管）将水引排至路堤坡脚外或路堑边沟内。

（5）当坡面有集中地下水时，可设置仰斜式排水孔。

地下排水设施的特点是排水量不大，主要是以渗流的方式汇集水流，并就近排出路基范围以外。对于流量较大的地下水，应设置专用地下管道予以排除。埋置于地下的排水设施，经常性的养护维修比较困难，故要求其牢固有效。

1. 暗沟（管）

暗沟（管）又称盲沟，是设在地面以下用于排除泉水或集中的地下水流。当路基遇到泉眼、泉水外涌、路线不能绕行时，为将泉水引至填方坡脚以外或挖方边沟加以排出，可在泉眼与出水口之间开挖沟槽，修建暗沟或暗管。市区或穿过集、镇路段的街道污水管或雨水管，以及公路中央分隔带弯道处的排水设施，也有采用暗沟或暗管排除集积水。

图 13-4 为一侧边沟下面所设的暗沟，用以拦截流向路基的层间水，防止路基边坡滑坍和毛细水上升危及路基的强度和稳定性。图 13-5 是路基两侧边沟下均设暗沟，用以降低地下水位，防止毛细水上升至路基工作区范围内，形成水分积聚而造成冻胀翻浆，或土基过湿而降低强度等。

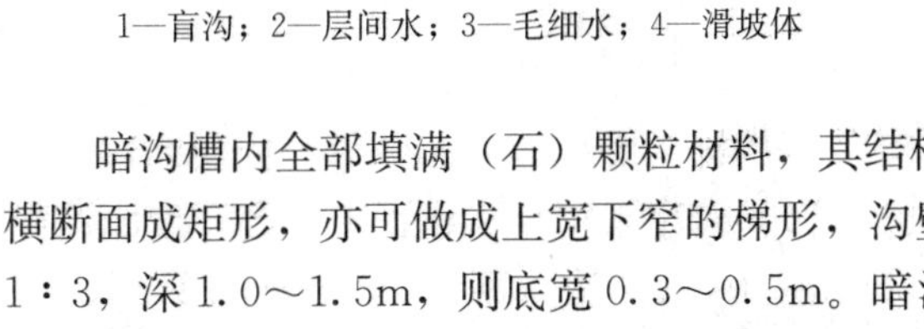

图 13-4　一侧边沟下设暗沟

1—盲沟；2—层间水；3—毛细水；4—滑坡体

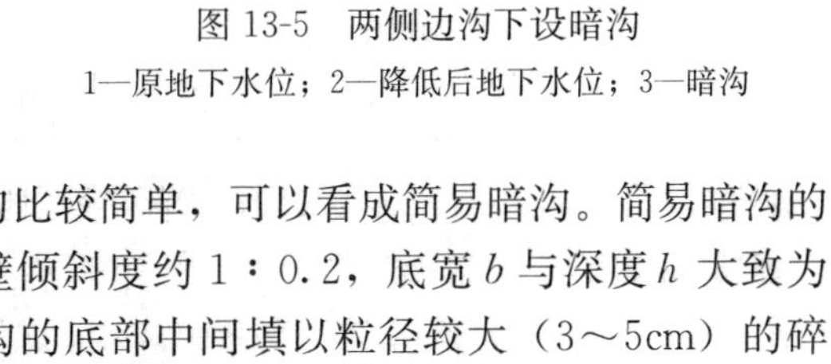

图 13-5　两侧边沟下设暗沟

1—原地下水位；2—降低后地下水位；3—暗沟

暗沟槽内全部填满（石）颗粒材料，其结构比较简单，可以看成简易暗沟。简易暗沟的横断面成矩形，亦可做成上宽下窄的梯形，沟壁倾斜度约 1∶0.2，底宽 b 与深度 h 大致为 1∶3，深 1.0～1.5m，则底宽 0.3～0.5m。暗沟的底部中间填以粒径较大（3～5cm）的碎石，其空隙较大，水可以在空隙中流动。粗粒碎石两侧和上部按一定比例分层填以较细粒径的粒料，每层厚约为 10cm。暗沟的顶面和底面，一般设有厚 30cm 以上的不透水层，或顶部设有双层反铺草皮。

暗沟的排水能力较小，不宜过长，沟底应具有不小于 1% 的纵坡，出水口处应加大纵坡，并应高出地表排水沟常水位 0.2m 以上，以防水流倒渗。暗沟可采用浆砌片石或水泥混凝土预制块砌筑，沟顶应设置混凝土或石盖板，盖板顶面上的填土厚度不应小于 0.5m。季冻地区的暗沟应做防冻保温处理或将暗沟设在冻结深度以下。

2. 渗沟

采用渗透方式将地下水汇集于沟内，并通过沟底通道将水排至指定地点，此种地下排水设备统称为渗沟。渗沟具有疏干表层土体、增加坡面稳定性、截断及引排地下水、降低地下水位、防止细颗粒土被冲移的作用。在有地下水出露的挖方路基、斜坡路堤、路基填挖交界结合部以及地下水埋深小于 0.5m 的低路堤等路段，应设置排水渗沟，保证路基处于干燥或中湿状态。

渗沟的位置与作用，同上述简易暗沟相仿，但尺寸更大、埋置更深。渗沟类型应根据地下水赋存条件、渗流量、使用部位及排水距离等确定，渗沟横断面尺寸应通过水力计算按地下水渗流量计算确定。

渗沟根据材料和结构形式，可分为有填石渗沟、无砂混凝土渗沟、洞式渗沟、管式渗沟、边坡渗沟，支撑渗沟等。

填石渗沟也称盲沟式渗沟，与上述简易暗沟相仿，但构造更完善，使用中较易淤塞，一般适用于地下水流量不大、渗沟不长的地段［图 13-6（a)］。当地下水流量较大，引水较长的地段，要求埋置更深时，可在沟底设洞或管，前者称为洞式渗沟［图 13-6（b)］，后者称为管式渗沟［图 13-6（c)］。条件允许时，应优先采用管式渗沟。在盛产石料地区，可采用洞式渗沟，洞式渗沟应在路基范围外设置。渗沟洞顶板条间应留有宽 20mm 的缝隙，缝隙间距不宜超过 300mm。洞式渗沟施工麻烦、质量不易保证。实际工程中多采用管式渗沟代替填石渗沟和洞式渗沟。

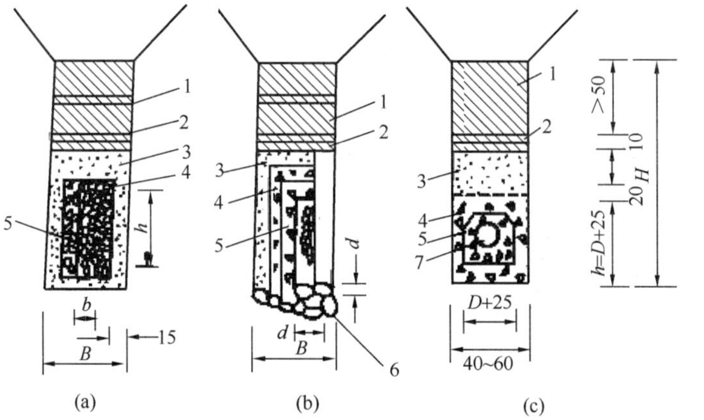

图 13-6　渗沟结构图式（单位：cm）

（a）盲沟式；（b）洞式；（c）管式

1—黏土夯实；2—双层反铺草皮：3—粗砂；4—石屑；5—碎石；

6—浆砌片石沟洞；7—预制混凝土管

当排除地下水的流量更大，或排水距离长，可考虑采用管式渗沟。管式渗沟的排水管管径不宜小于 150mm，可选用带孔的 PVC、PP、PE 塑料管、软式透水管、无砂混凝土管或带孔的水泥混凝土管等材料。

用于疏干边坡坡体的边坡渗沟、支撑渗沟应垂直嵌入边坡坡体，根据边坡情况可按条带形、分岔形或拱形布设，间距宜为 6～10m。渗沟宽度宜为 1.2～1.5m，基底宜呈阶梯状，基础宜采用浆砌片石。沟内应回填透水性粒料，回填料外周应设置反滤层。沟顶部可采用干砌片石铺砌。下部出水口宜采用干砌片石垛支撑。

无砂混凝土既可作为反滤层，也可作为渗沟，用无砂混凝凝土作为透水的井壁和沟壁以代替施工较复杂的反滤层和渗水孔设施，并可承受适当的荷载，具有透水性和过滤性好、施工简便、省料等优点。

填石渗沟、无砂混凝土渗沟最小纵坡不宜小于 1%，管式渗沟、洞式渗沟最小纵坡不宜小于 0.5%。渗沟的渗水部分应采用洁净的透水性粒料充填，粒料中粒径小于 2.36mm 的细粒料含量不得大于 5%，回填料外围应设置反滤层。渗沟位于路基范围外时，透水性回填料顶部应覆盖厚度不小于 0.15m 的不透水填料。

3. 渗井

渗井是一种立式（竖向）排水设施，可用于拦截、汇集、引排有多层固定含水层的深层地下水以及排除下挖式通道的地表水。在多层含水的地基上，如果影响路基的地下含水层较薄，且平式盲沟排水不易布置时，可考虑设置立式渗水井，向地下穿过不透水层，将上层地下水引入更深的含水层中，以降低上层的地下水位或全部予以排除疏干路基。因此，采用渗井排水措施前必须探明路基下层是否存在透水层，能否通过渗井汇集并排除地下水。

图 13-7 为路基内圆形渗井的结构与布置示意图。渗井上部结构为集水结构，下部为排水结构。用于拦截和引排地下水的渗井，宜成井群布设，并与排水隧洞等排水设施配合使用。渗井排列方向宜垂直于渗流方向，其深度宜穿过含水层，断面尺寸与间距应通过渗流计算确定。直径一般为 1.0～1.5m 的圆柱形，亦可是边长为 1.0～1.5m 的正方形。井深视地层构造情况而定，井内由中心向四周按层次，应分别采用由粗而细的洁净砂砾或碎石等填充，粗料渗水，细料过滤。井壁与填充料之间应设反滤层。

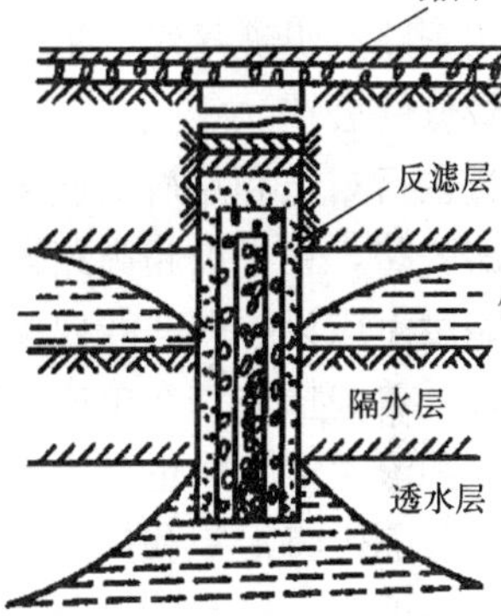

图 13-7　渗井结构与布置示意图

由于渗井施工难度大，单位渗水面积的造价高于渗沟，一般尽量少用，只有当路基含水量大，严重影响路基路面强度，其他地下排水设施不易布置时，渗井可作为方案之一进行技术经济比较后合理选用。

4. 仰斜式排水孔

仰斜式排水孔可用于引排边坡内的地下水，是采用小直径的排水管在边坡坡体内排除深层地下水的一种有效方法，一般用于排泄坡体内部有固定的含水层、坡面上有集中地下水出露的地下水，通常成群布置，疏干坡体内地下水的效果较好。

仰斜式排水孔的直径一般为 75～150mm，仰角不小于 6°、长度应伸至地下水富集部位或潜在滑动面，并应根据边坡渗水情况成群分布。仰斜式排水孔内透水管直径一般为 50～100m，进水口及透水管段应包裹 1～2 层渗水土工布，防止泥土将渗水孔堵塞。

5. 排水隧洞

排水隧洞适用于拦截和引排深层地下水，与渗井或渗管群联合使用，以排除具有多层含水层的复杂地层中的地下水。

排水隧洞埋设深度应根据主要含水层的埋藏深度确定，要埋入欲拦截和引排的主要含水层附近的稳定地层中。滑坡区的隧洞，其顶部需设置在滑动面或滑动带以下稳定地层中不小于 0.5m 的位置。对滑动面以上的其他含水层，可采用在渗水隧洞顶上设置渗井或渗管等将水引入洞内。渗水隧洞以下为承压含水层时，应在洞底部设置渗水孔。

排水隧洞的平面轴线宜顺直，洞底纵坡应不小于 0.5%，不同纵坡段可采用设台阶跌水或折线坡等形式连接。隧洞横断面净高不宜小于 1.8m，净宽不宜小于 1.0m。

第二节　路面排水设计

一、路面表面排水

路面表面排水的目的是通过排水设施将降落在公路用地范围内的表面水有效地汇集，并迅速排出路界外，同时将可能流入路界的地表水拦截在路界范围外（但不包括横穿路界的自然水道内的水流），以减少地表水对路基和路面的危害，以及对行车安全的威胁。

路面表面排水有分散漫流式路表排水和集中截流式路表排水两种方式。

1. 分散漫流式路表排水

分散漫流式路表排水主要是依靠路面及路肩的横坡及时将降水排除路面。这种排水方式一般适用于路线纵坡平缓、汇水量不大、路堤较低且边坡坡面不会受到冲刷的路段，主要用于等级较低的公路。

通过在行车道和路肩上设置的横向坡度，使表面水流向路基边缘。无中间带或采用分离式路基的公路，在未设超高路段上，应沿行车道路面中心线设置向两侧倾斜的双向横坡，在设超高路段上应设置向曲线内侧倾斜的单向横坡。设中间带的公路，各个行车方向的行车道路面应设置单向横坡。在单向车道数超过 3 个的高速公路和一级公路上，为了避免汇水区过大，流量和流速太快，也可为每个行车方向设置双向横坡（但超高路段仍为单向横坡），此时，中央分隔带将汇集和排除内倾车道的路面表面水。

路面横坡大，有利于迅速排水，但不利于行车安全。路肩横坡值应较行车道横坡值大 1%～2%。右侧硬路肩边缘设拦水带时，其横向坡度宜采用 5%；或者，也可在临近拦水带边缘 0.5～1.0m 宽度范围内将路肩铺面的横向坡度加到 5%或 5%以上，六车道、八车道的高速公路宜采用较大的路面横坡。

2. 集中截流式路表排水

集中截流式路表排水是为避免路堤边坡坡面受排水冲刷，在硬路肩外侧边缘设置拦水带或路肩排水沟。将路面水拦在硬路肩范围内，通过一定距离设置的泄水口和急流槽排入边沟。这种排水方式一般适用于路堤较高，边坡坡面未做防护且易受路面表面水流冲刷，或虽已采取防护措施但仍有可能受冲刷的地段，主要用在等级较高的公路上。

路表排水设施主要有路拱及路肩横坡、拦水带、三角形或矩形集水槽、泄水口和急流槽等。

拦水带一般由沥青混凝土、水泥混凝土或块石制作。沥青混凝土拦水带可用自动化缘石机或带有缘石成型附件的沥青摊铺机制作。当需修筑小半径的短节段时，可用自动缘石机。现浇拦水带采用与硬路肩相同的沥青混凝土，施工时与硬路肩面层同时做成。

水泥混凝土拦水带通常采用预制块，由人工铺砌而成。在季冻区不宜使用水泥混凝土拦水带。

块石拦水带主要应用在石料比较丰富的地区，施工方法同水泥混凝土预制块拦水带。

设置拦水带后，路面表面水会汇集在拦水带过水断面内而形成积水，如过水断面内的积水浸入行车道路面，会对行车的安全性造成不利影响。因此，在设计降雨强度条件下，拦水带过水断面内的水面，在高速公路及一级公路上不得漫过右侧车道外边缘，在二级及二级以下公路上不得漫过右侧车道中心线。拦水带的顶面应略高于水深，在低路堤不设防撞护栏的路堤上，拦水带的外露高度不宜超过 10cm，其迎车面的坡度不宜陡于 1∶2。

拦水带泄水口宜设置成喇叭口式。设在纵坡较大坡段上的泄水口，宜采用不对称的喇叭口式，喇叭口上游方向与下游方向的长度之比不宜小于 3∶1，上游方向渐变段最小半径不宜小于 900mm，下游方向最小半径不宜小于 600mm。

拦水带泄水口的间距应根据过水断面水面漫盖宽度的要求和泄水口的泄水能力计算确定，宜为 25～50m；高速公路、一级公路车道较多时，宜采用较小的泄水口间距。在凹形竖曲线底部、道路交叉口、匝道口、与桥涵构造物连接、填挖交界等处应设置拦水带泄水口。凹形竖曲线的底部应加密设置泄水口。采用水泥混凝土预制块及块石铺砌拦水带时，应注意路面边缘与水泥混凝土间灌缝密实，防止雨水从接缝处下渗，影响路基路面稳定。

排除路肩积水用的急流槽，其纵坡应与所在的路基边坡坡度一致，槽身的横断面为槽形，多由水泥混凝土预制构件拼装、砌筑而成。进水口为喇叭式的簸箕形，出水口设置消能设施，下端与路基下边坡的排水沟相接要顺适，防止水流冲出排水沟。

在硬路肩宽度较窄或爬坡车道占用了路肩过水断面，而路面的汇水宽度或汇水量都较大，拦水带的流水断面不足时，可在土路肩上设置由 U 形水泥混凝土预制件铺筑的路肩边沟，沟底纵坡同路肩纵坡，并不小于 0.3%。

二、中央分隔带排水

中央分隔带排水是高速公路及一级公路路面排水的重要内容，超高路段一侧的路面水以及中央分隔带内的表面水，均由中央分隔带排水设施排除。从排水性能和构造上考虑，可对中央分隔带分类，按照中央分隔带表面形状的不同可分为凸式、平式和凹式等；按照中央分隔带封水与否可分为不铺面式和铺面封闭式；按照中央分隔带所处段落的不同可分为非超高段和超高段。当中央分隔带无铺面，经常有雨水侵入时，应视当地降雨量大小考虑设计中央分隔带地下排水系统；若中央分隔带有薄层现浇水泥混凝土或铺设预制水泥方砖铺面，雨水难以下渗时，可不设地下排水系统。中央分隔带排水设施的选用应从当地气候、降水量、土石性质、排水条件、工程造价、施工和维护等方面综合考虑，采用适合本地区的排水形式，确保路基、路面稳定和行车安全。

1. 非超高段中央分隔带排水

（1）铺面封闭式中央分隔带

降雨量较小、中央分隔带较窄时，中央分隔带可采用表面铺面封闭分散排水。分隔带铺面应采用两侧外倾的横坡，坡度宜与路面横坡度相同，铺面材料可采用沥青处治材料或其他封闭材料，如图 13-8 所示。

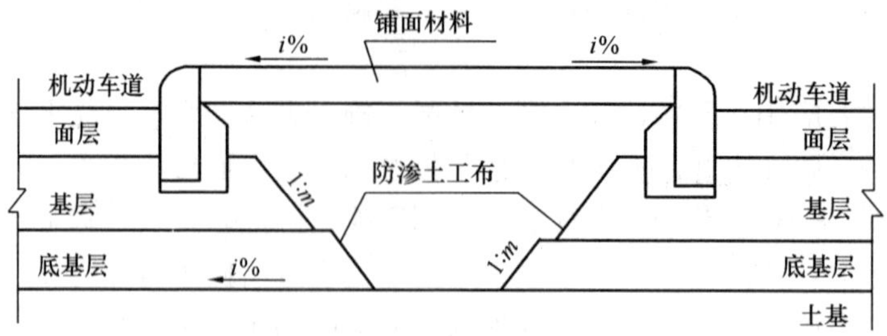

图 13-8 设铺面中央分隔带防排水系统示意图

（2）不铺面中央分隔带

中央分隔带表面未采用铺面封闭时，分隔带内部宜设置由防水层、纵向排水渗沟、集水槽和横向排水管等组成的防排水系统，如图 13-9 所示。宽度大于 3m 的中央分隔带表面宜设置成浅碟形，横向坡度宜为 1∶4～1∶6。

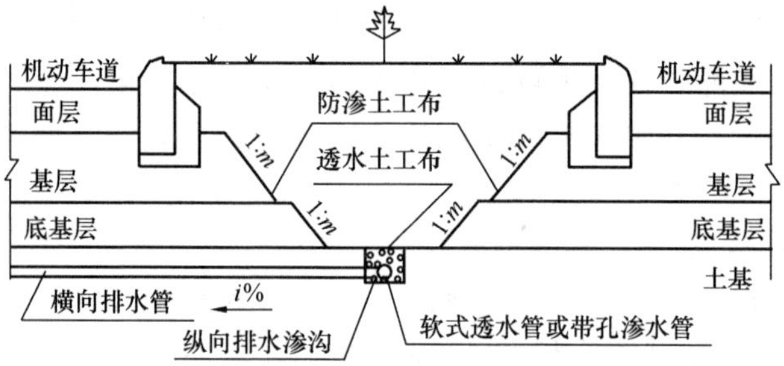

图 13-9 不铺面中央分隔带防排水系统示意图

中央分隔带排水渗沟宜设置在通信管道之下，渗沟顶面与回填土之间应设置反滤层，渗沟两侧及底部应设置防水层。中央分隔带回填土与路面结构之间应设置防水层。横向排水管宜采用直径为 100～200mm 的塑料管。

2. 超高段中央分隔带排水

不论是凸形、凹形或封闭式中央分隔带，在设超高路段，下半幅路面的表面水自分隔带起流向路肩排出，而上半幅路面的表面水均需流向分隔带旁集中，沿分隔带旁集中的水流，视路面径流情况可采用以下三种方式予以排除：

（1）分隔带上的过水明槽

一般年降水量小于 400mm 的地区，双向四车道公路，可采用在中央分隔带设开口明槽方案，路面水流经内侧路面排除，明槽可用水泥混凝土筑成，底宽 20～50cm，槽形的高与分隔带的高相同，每 10～20m 设一道，明槽出入口槽底高程应与紧靠分隔带的路缘石处高程相同。

（2）分隔带内设置纵向排水沟

在中央分隔带内设置纵向排水沟，用以拦截上半幅路面的表面水，并通过横向排水管排到桥涵或路界外。中央分隔带纵向排水沟常用的有扁平式和路拦式两种形式。扁平式排水沟横断面可采用碟形、三角形、U 形或矩形；路拦式排水沟多用圆形或侧沟形。排水沟的长度及横向排水管的间距通过流量计算确定，排水沟底纵坡可与路面纵坡相同，可采用水泥混凝土预制件或浆砌片石砌筑，在过水断面无铺面时不得缓于 0.25%，有铺面时不得缓于 0.12%。

(3) 封闭式刚性护栏底部设置孔洞

在封闭式中央分隔带设超高路段，如分隔带采用刚性护栏，可在其底部设置半圆形的孔洞，以排除上半幅路面流入的雨水。孔洞半径应根据设计流量确定，一般为 10cm 左右，孔洞间隔为 50～100cm，大多在刚性护栏施工时同时完成孔洞的制作。

三、路面内部排水

路面内部排水系统可由路面边缘排水系统、排水基层或排水垫层单独或组合构成。我国《公路排水设计规范》(JTG/T D33—2012) 中建议遇有下列情况之一时，宜设置路面内部排水系统：

(1) 年降水量为 600mm 以上的湿润多雨地区，路床由渗透系数不大于 10^{-4}mm/s 的细粒土填筑的高速、一级或重要的二级公路。

(2) 路基两侧有滞水，可能渗入路面结构内。

(3) 重冰冻地区，路床为粉性土的潮湿路段。

(4) 现有公路路面改建或路基改善工程，需排除积滞在路面结构内的水。

路面结构内的积滞水如不能迅速排除，会对路面产生不利影响。影响路面内自由水积滞及排除的条件包括降水、两侧滞水、路基冻融水和旧路面结构内的滞留水及路基土的透水性等。因此，路面内部排水设计应符合以下规定：

(1) 路面内部排水系统中各种排水设施的设计排泄量均应不小于路面表面水渗入量的 2 倍，下游排水设施的泄水能力应超过上游排水设施的泄水能力。

(2) 排水设施应能避免被渗流从路面结构、路基或路肩中带来的细颗粒堵塞。

(3) 系统的排水功能不应随时间很快降低。

(4) 渗入水在路面结构内的最大渗流时间，冰冻地区不应超过 1h，其他地区不应超过 2h。

1. 路面边缘排水系统

路面边缘排水系统就是沿路面外侧边缘设置的纵向集水沟和集水、出水管。渗入路面结构内的水分，先沿路面结构层的层间空隙或某一透水层次横向流入由透水性材料组成的纵向集水沟，并汇流入沟中的带孔集水管内，再由间隔一定距离的横向出水管排出路基之外。

路面边缘排水系统宜由透水性填料集水沟、纵向排水管、横向出水管和过滤织物等组成，如图 13-10 所示。

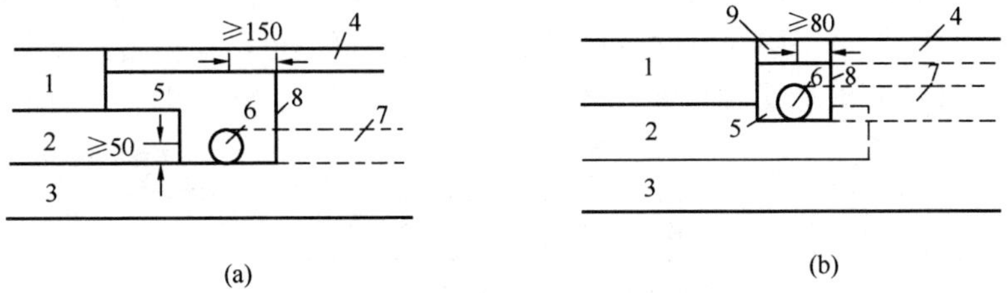

图 13-10 边缘排水系统示意图（单位：mm）

(a) 新建路面；(b) 旧路面新增

1—面层；2—基层；3—垫层；4—路肩面层；5—集水沟；6—排水管；7—出水管；8—反滤织物；9—回填路肩面层

2. 排水基层的排水系统

排水基层排水系统是直接在路面面层下设置透水性排水基层，渗入路面结构中的水分，先通过竖向渗流进入透水层，然后横向渗流到路基边坡以外，或进入纵向集水沟和管，再由横向出水管排引出路基。由于自由水进入排水基层的渗流路径短，在高透水性材料中渗流的速度快，排水效果好，因此，在高速公路和一级公路新建路面时可采用此方案。排水基层在实施时通常采用全宽式与组合式两种。

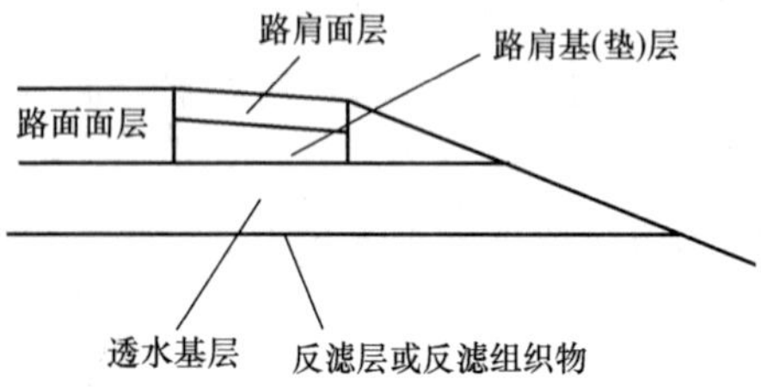

图 13-11　全宽式透水基层

（1）全宽式排水基层。排水基层可修筑成全宽式，渗入基层的水分横向直接排流到路基边坡坡面以外，如图 13-11 所示，这种形式便于施工，但存在一个主要缺点，排水层在坡面出口处易于生长杂草或被其他杂物堵塞，使用几年后排泄渗入水便出现困难，造成路面结构出现损坏，因此，使用这种形式的排水基层必须克服上述缺点。

排水基层可采用水泥或沥青处治的不含或含少量粒径 4.75mm 以下细料的开级配碎石材料，也可采用未经结合料处治的开级配碎石材料，并应符合以下规定：

① 集料应选用洁净、坚硬的碎石，其压碎值不得大于 28%。采用沥青处治时，最大公称粒径宜为 16mm；采用水泥处治时，最大公称粒径宜为 19mm；最大公称粒径不得超过层厚的 2/3。粒径 4.75mm 以下细料的含量不得大于 10%。混合集料级配应满足透水性要求，且渗透系数不得小于 300m/d。

② 水泥处治碎石集料的水泥用量不得少于 160kg/m^3，其 7d 浸水抗压强度不得低于 3MPa。沥青处治碎石集料的沥青用量可为集料烘干质量的 2.5%～4.5%。

③ 渗透系数可采用常水头或变水头渗透试验测定。

④ 水泥混凝土面层的排水基层，宜采用水泥处治开级配碎石。沥青混凝土路面的排水基层，宜采用沥青处治碎石。

排水基层下必须设置反滤层和不透水垫层。不透水垫层主要防止表面水下渗入垫层，浸湿垫层和路基。反滤层主要是防止垫层或路基土中的细粒进入排水基层而造成堵塞。

（2）组合式排水基层。为克服全宽式排水基层的缺点，可设置组合式的排水基层。此种方式的排水系统由排水基层、纵向集水沟管和横向出水管等组成，是全宽式排水基层与路面边缘排水系统的组合，在新建道路中常采用，如图 13-12 所示。排水基层的设计、施工要求同全宽式排水基层。排水基层的宽度应根据面层施工需要确定，宜超出面层宽度 30～90cm。纵向集水沟管以及横向出水管的要求同路面边缘排水系统。纵向集水沟中的填料采用与排水

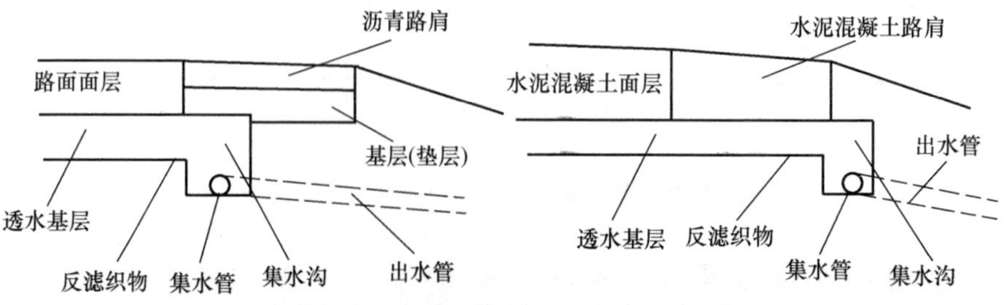

图 13-12　设纵向集水沟和管的透水基层排水系统

基层相同的透水性材料。集水沟的下部设置带槽口或圆孔的纵向排水管，并间隔适当距离设置不带槽孔的横向出水管。集水沟、纵向排水管和出水管的尺寸和布设要求可按边缘排水系统设置。

3. 排水垫层的排水系统

当路基存在地下水、临时滞水或泉水时，为拦截因负温差作用而积聚在路基上层的自由水，可直接在路基顶面设置由开级配粒料组成的全宽式透水性排水垫层。并根据具体情况相应配置反滤层、纵向集水沟和管、横向出水管等组成排水系统。

排水垫层宜采用横贯路基整个宽度的形式，也可采用结合边缘排水系统的形式，其厚度不宜小于 0.15m。路基为路堑或半路堑时，挖方坡脚处还应设置纵向集水沟和排水管，如图 13-13所示。

图 13-13　排水垫层排水系统示意图

1—面层；2—基层；3—垫层；4—排水垫层；5—集水沟；6—排水管

排水垫层宜选用开级配集料（砂或砂砾石），其级配应满足以下要求：

$$5d_{15} \leqslant D_{15} \leqslant 5d_{85}$$

$$D_{50} \leqslant 25d_{50}$$

$$D_{60}/D_{10} \leqslant 20$$

式中　D_x——开级配集料在通过率为 $x\%$时的粒径（mm）；

d_x——路基土级配在通过率为 $x\%$时的粒径（mm）。

四、城市道路路面排水

城区道路排水一般采用管渠排水形式，其设计包括偏沟（街沟）、雨水口和连接管的布设。郊区道路排水与一般公路并无差异，其设计内容包括路拱排水、边沟、排水沟与涵洞等内容。设计流量可按当地水文公式计算，并处理好与农田排灌的关系。

城区道路雨水沿横坡从路面上和相应的地面上流到车道两侧的街沟，然后沿街沟的纵坡流进雨水口，再经雨水支管、干管排至天然水系。

街沟是排水系统的一部分，街沟的侧面利用了车行道的侧石（缘石），底面利用了车行道靠边的路面部分或沿路面边缘铺的平石。缘石宜控制在 10～20cm 的高度。当道路的纵坡等于零，或小于 2‰～3‰，纵向排水发生困难时，可考虑将雨水口前后街沟都以大于最小排水纵坡的坡度斜向雨水口。如此连续起来，则街沟纵坡成锯齿状，即俗称锯齿形街沟。

雨水口是道路上的雨水进入雨水管的孔口，其设置位置，应根据路面种类、道路纵坡、沿路建筑与排水情况以及汇水面积所形成的流量及进水口的泄水能力而定。计算道路雨水口流量时，街沟水深不宜大于缘石高度 2/3。道路汇水点、人行横街上游、沿街单位出入口上游、常有地面径流的街坊或庭院出水口等处均应设置雨水口。道路低洼和易积水地段应根据需要适当增加雨水口。雨水口的间距宜为 25～50m。

雨水口是一个带有进水箅子（铁箅或水泥混凝土制品）的井，包括进水箅子、井筒和连接管三部分。断面大小按泄水量确定。井的形状分圆形和方形两种，圆形井的直径为0.7～1.0m，矩形井的尺寸约为0.6m×0.9m。井筒可以用砖砌或水泥混凝土筑成。雨水口的深度一般不大于1m，实践中多不设沉泥槽。雨水口底部用连接管与城市排水管线上的检查井相连，连接管最小管径为200mm，坡度宜大于或等于10%，长度不超过25m，覆土厚度大于或等于0.7m。串联的雨水口不宜超过三个，并应加大出口连接管直径。

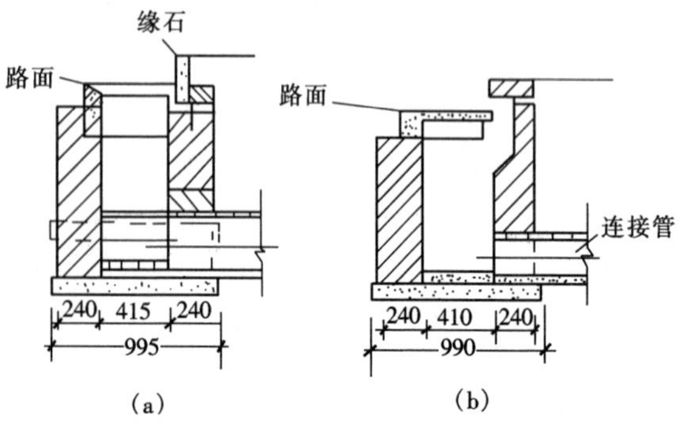

图13-14　雨水口（单位：mm）

(a) 平箅式；(b) 联合式

雨水口按进水方式有三种类型，如图13-14所示。

(1) 平箅式雨水口：箅子水平放置[图13-14 (a)]。

缘石平箅式雨水口：适用于有路缘石的道路，主要排除路面水；

地面平箅式：适用于无路缘石的路面、广场及地面低洼聚水处等。

(2) 竖式雨水口：进水口与街沟垂直，有立孔式和立箅式，适用于有缘石的道路。其中立孔式适用于箅隙容易被杂物堵塞的地方。

(3) 联合式雨水口：在街沟和缘石上都设有进水口。适用于路面较宽、有缘石、径流量较集中且有杂物处[图13-14 (b)]。

本章小结　路基路面排水是一项简易而有效的保证路基路面稳定性的措施，在道路路线、路基、路面设计时应予以充分重视。道路排水设施包括汇集或拦截、疏干或排除两大类型，以及地面与地下两方面。排水设计的任务即是把这些设施组合成排水系统，然后对各种设施进行截面设计和验算。道路路基排水设计的主要内容有地面排水和地下排水，注意各种排水设施的排水特点及与其他构筑物的衔接；路面排水包括一般道路路面排水、城市道路路面排水及路表渗水的排除。

关键概念　路基、路面、排水、设计

复习思考题

1. 路基地面排水设施有哪些？其设置位置及作用如何？
2. 路基地下排水设施有哪些？其结构构造及排水特点有何不同？
3. 路面排水设施的设置及要点有哪些？

参考文献

[1] 中华人民共和国交通运输部．公路工程技术标准：JTG B01—2014[S]．北京：人民交通出版社，2014.

[2] 中华人民共和国交通运输部．公路路线设计规范：JTG D20—2017[S]．北京：人民交通出版社，2017.

[3] 中华人民共和国住房和城乡建设部．城市道路工程设计规范：CJJ 37—2012[S]．北京：中国建筑工业出版社，2012.

[4] 中华人民共和国住房和城乡建设部．城市道路路线设计规范：CJJ 193—2012[S]．北京：中国建筑工业出版社，2012.

[5] 中华人民共和国交通运输部．公路路基设计规范：JTG D30—2015[S]．北京：人民交通出版社，2015.

[6] 中华人民共和国交通运输部．公路沥青路面设计规范：JTG D50—2017[S]．北京：人民交通出版社，2017.

[7] 中华人民共和国交通运输部．公路水泥混凝土路面设计规范：JTG D40—2011[S]．北京：人民交通出版社，2011.

[8] 中华人民共和国交通运输部．公路路基施工技术规范：JTG F10—2006[S]．北京：人民交通出版社，2005.

[9] 中华人民共和国交通运输部．公路路面基层施工技术细则：JTG/T F20—2015[S]．北京：人民交通出版社，2015.

[10] 中华人民共和国交通运输部．公路沥青路面施工技术规范：JTG F40—2004[S]．北京：人民交通出版社，2005.

[11] 中华人民共和国交通运输部．公路水泥混凝土路面施工技术细则：JTG/T F30—2014[S]．北京：人民交通出版社，2014.

[12] 《公路设计手册》编写组．路线[M]．北京：人民交通出版社，1979.

[13] 交通部第二公路勘察设计院．路基[M]．2 版．北京：人民交通出版社，2004.

[14] 姚祖康．路面[M]．2 版．北京：人民交通出版社，2004.

[15] 许金良．道路勘测设计[M]．5 版．北京：人民交通出版社，2018.

[16] 孙家驷．道路勘测设计[M]．北京：人民交通出版社，2018.

[17] 吴瑞麟．城市道路设计[M]．3 版．北京：人民交通出版社，2018.

[18] 大塚胜美，木仓正美．公路线形设计[M]．沈春华，译．北京：人民交通出版社，1981.

[19] 孙家驷．道路立交规划与设计[M]．北京：人民交通出版社，2013.

[20] 贺栓海．道路立交的规划与设计[M]．北京：人民交通出版社，1994.

[21] 宋金华．路基路面工程[M]．2 版．北京：人民交通出版社，2019.

[22] 黄晓明．路基路面工程[M]．5 版．北京：人民交通出版社，2017.

[23] 中华人民共和国交通运输部．公路工程质量检验评定标准第一册土建工程：JTG F80/1—2017[S]．北京：人民交通出版社，2017.